Wanderungen für Langschläfer
Rhein-Main

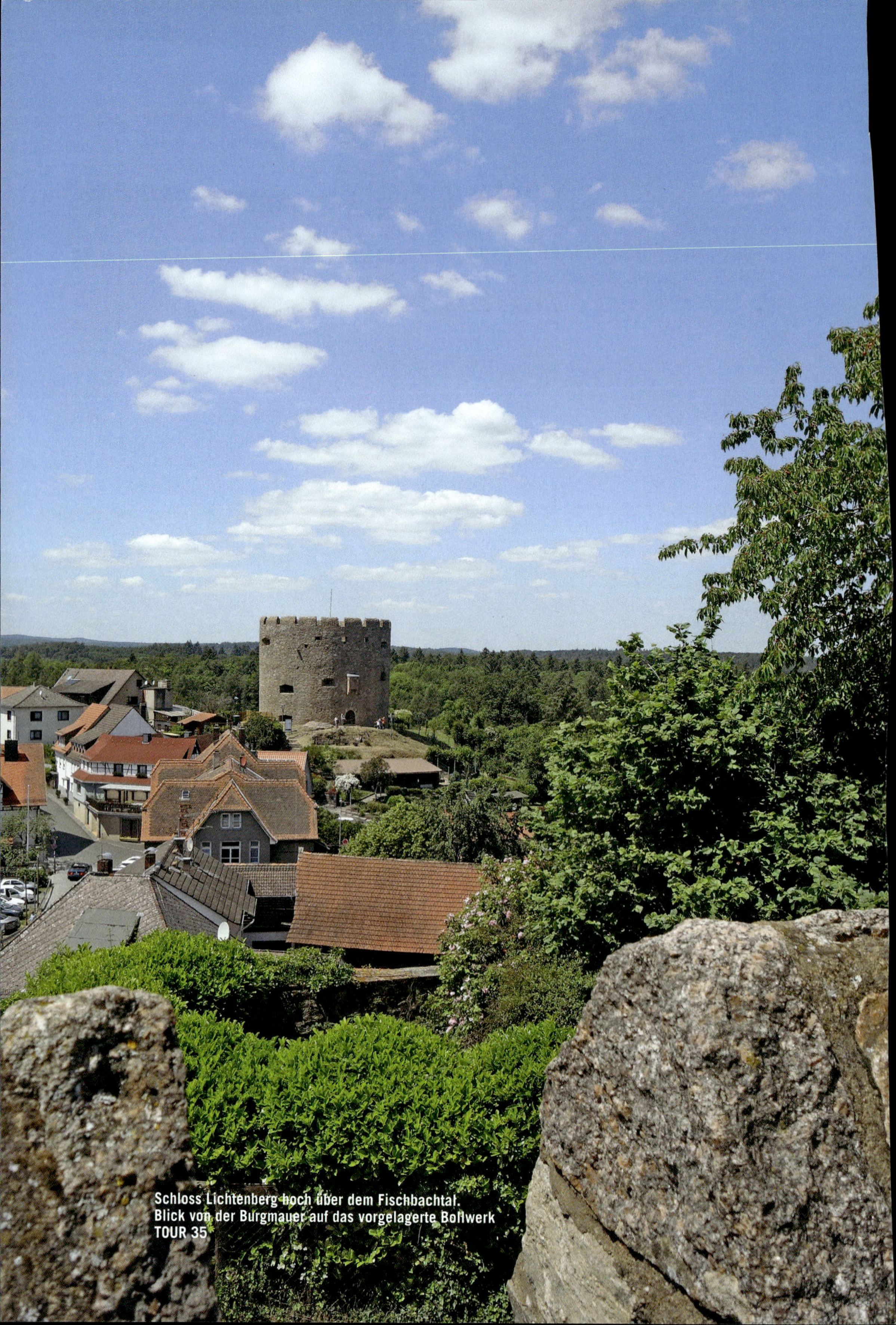

Schloss Lichtenberg hoch über dem Fischbachtal.
Blick von der Burgmauer auf das vorgelagerte Bollwerk
TOUR 35

Sabine Holicki

Wanderungen für Langschläfer

RHEIN-MAIN

36 abwechslungsreiche Halbtagestouren zwischen Taunus, Rheinhessen und Odenwald

BRUCKMANN

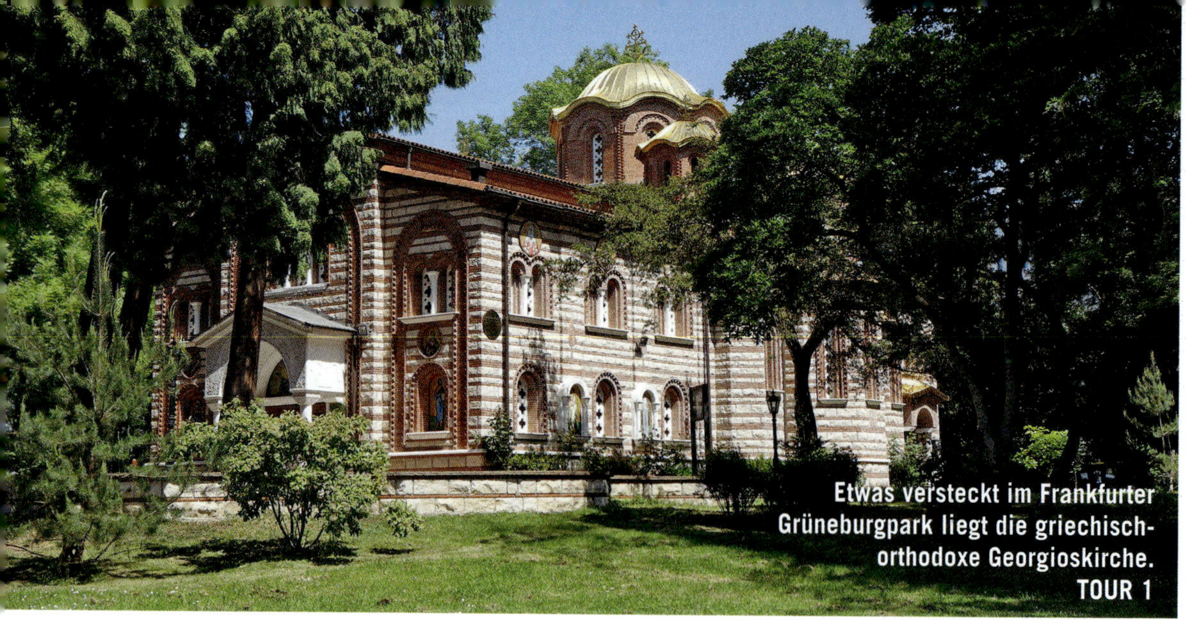

Etwas versteckt im Frankfurter Grüneburgpark liegt die griechisch-orthodoxe Georgioskirche. TOUR 1

Inhalt

Frische Kunst am Mainufer, zu entdecken nahe Hanau-Steinheim TOUR 2

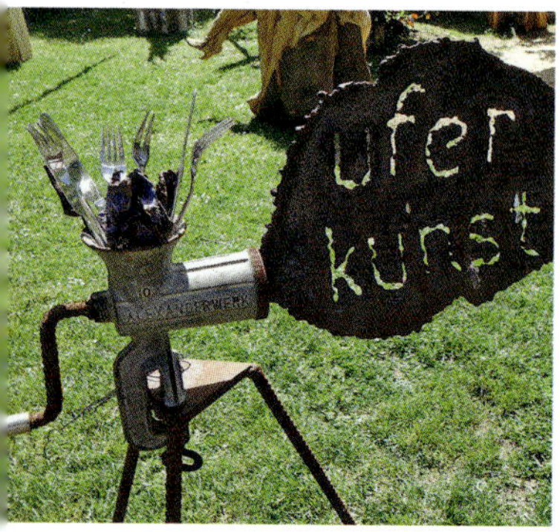

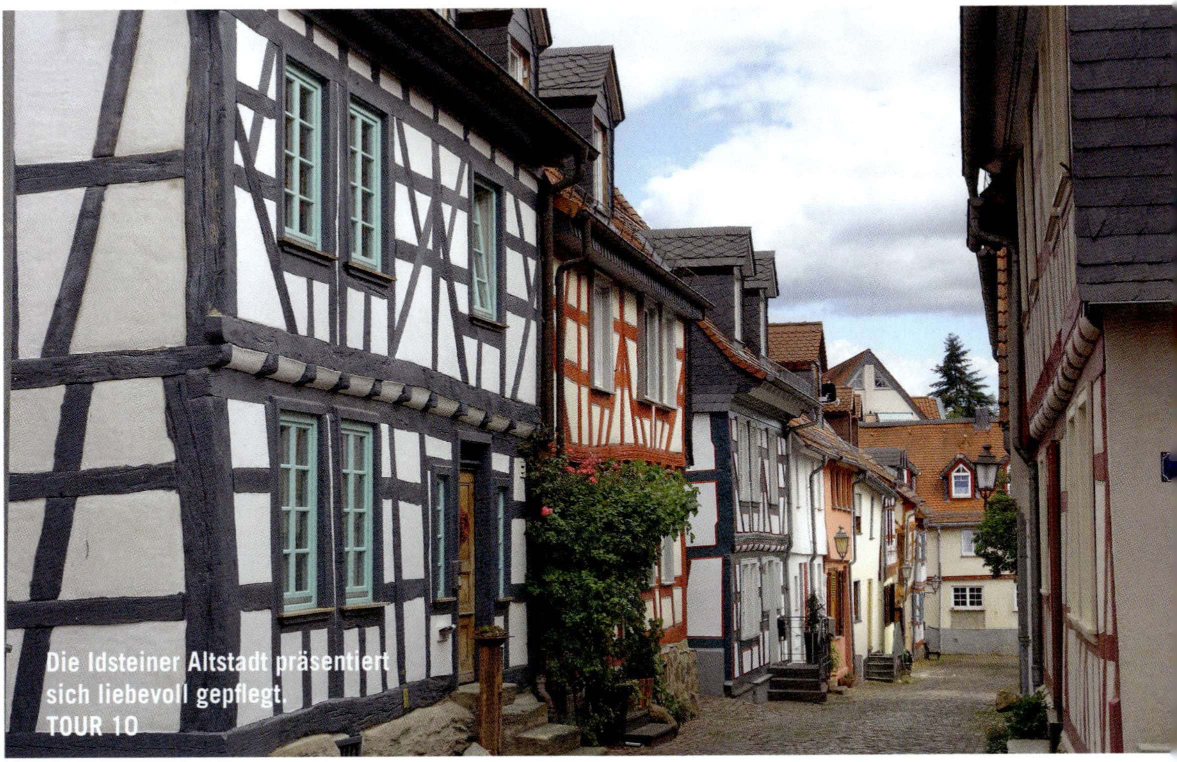

Die Idsteiner Altstadt präsentiert sich liebevoll gepflegt.
TOUR 10

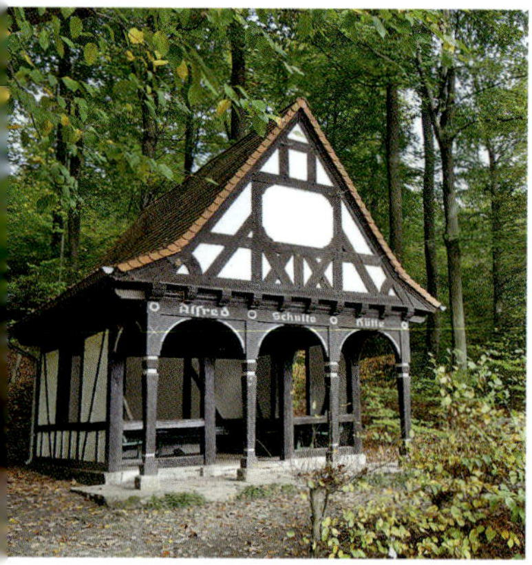

Nostalgie im Wiesbadener Stadtwald: Hüttchen wie diese luden schon vor 120 Jahren zur Rast ein. TOUR 13

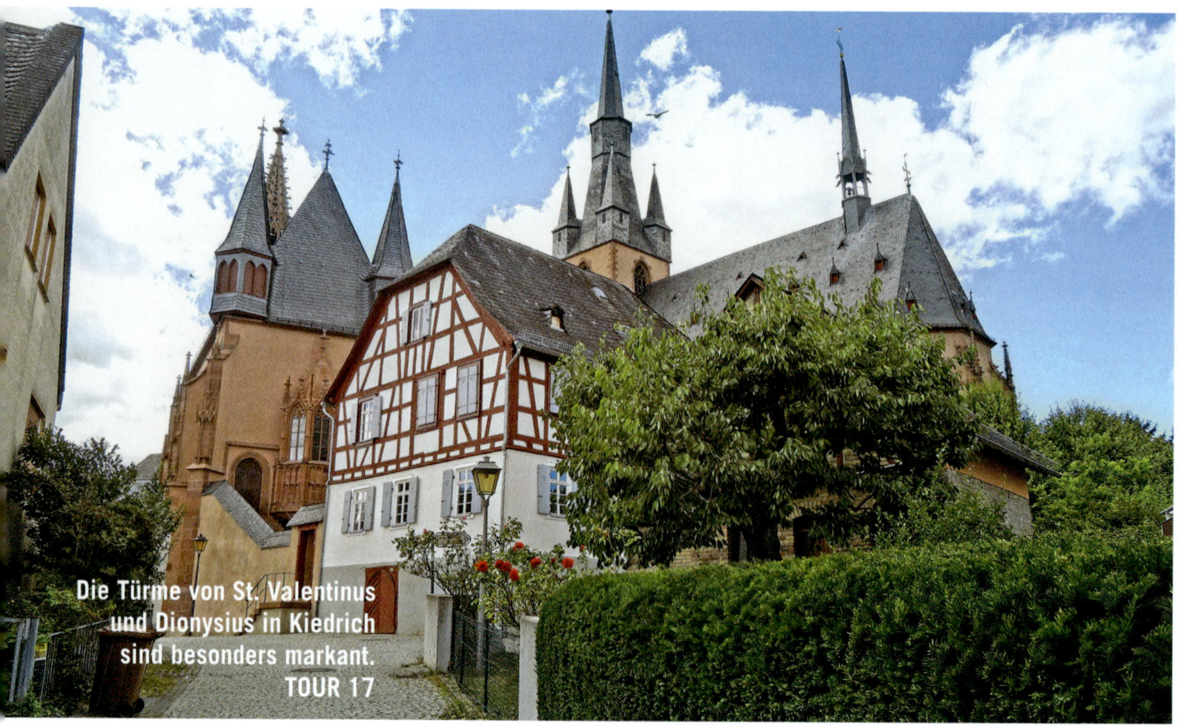

Die Türme von St. Valentinus und Dionysius in Kiedrich sind besonders markant. TOUR 17

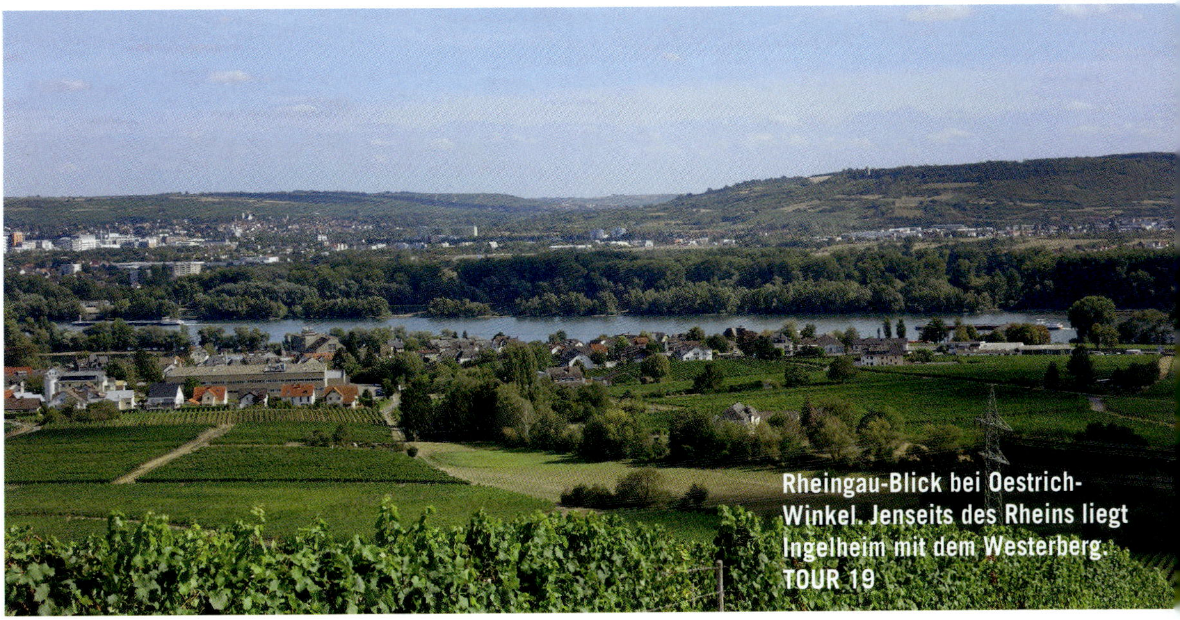

Rheingau-Blick bei Oestrich-Winkel. Jenseits des Rheins liegt Ingelheim mit dem Westerberg. TOUR 19

Eine Geste des Segens. Wanderer finden sie in der Basilika von Schloss Johannisberg. TOUR 19

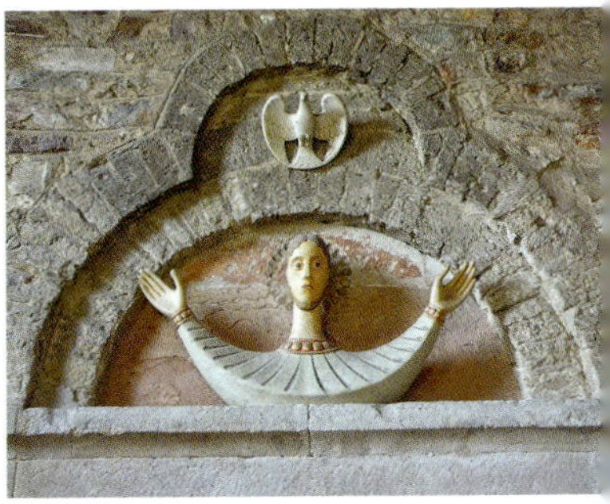

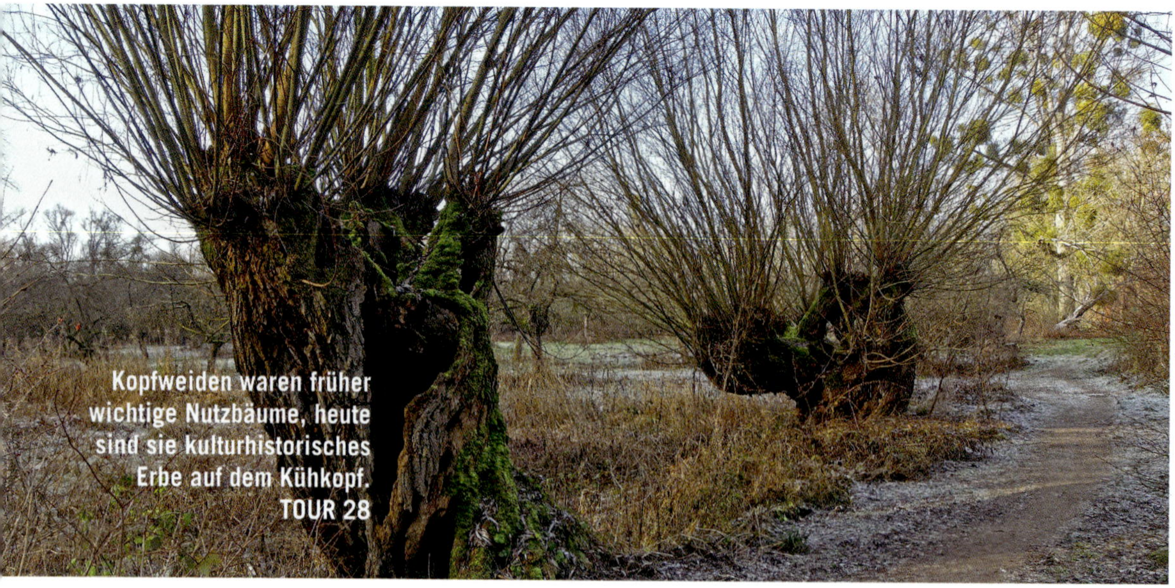
Kopfweiden waren früher wichtige Nutzbäume, heute sind sie kulturhistorisches Erbe auf dem Kühkopf.
TOUR 28

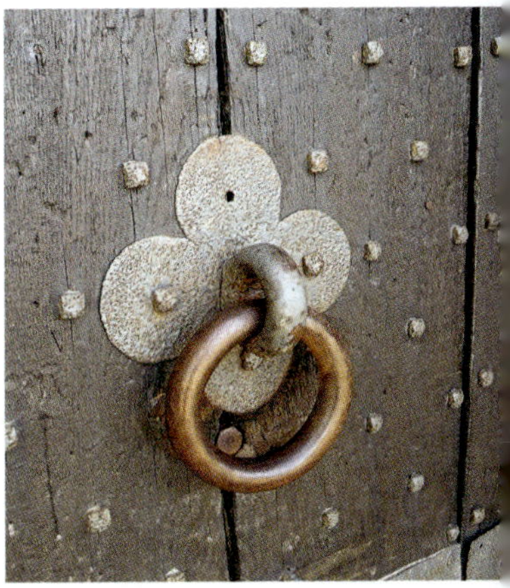

Ist das Burgtor verschlossen oder gewährt es uns Zutritt? Hier am Otzberg. TOUR 36

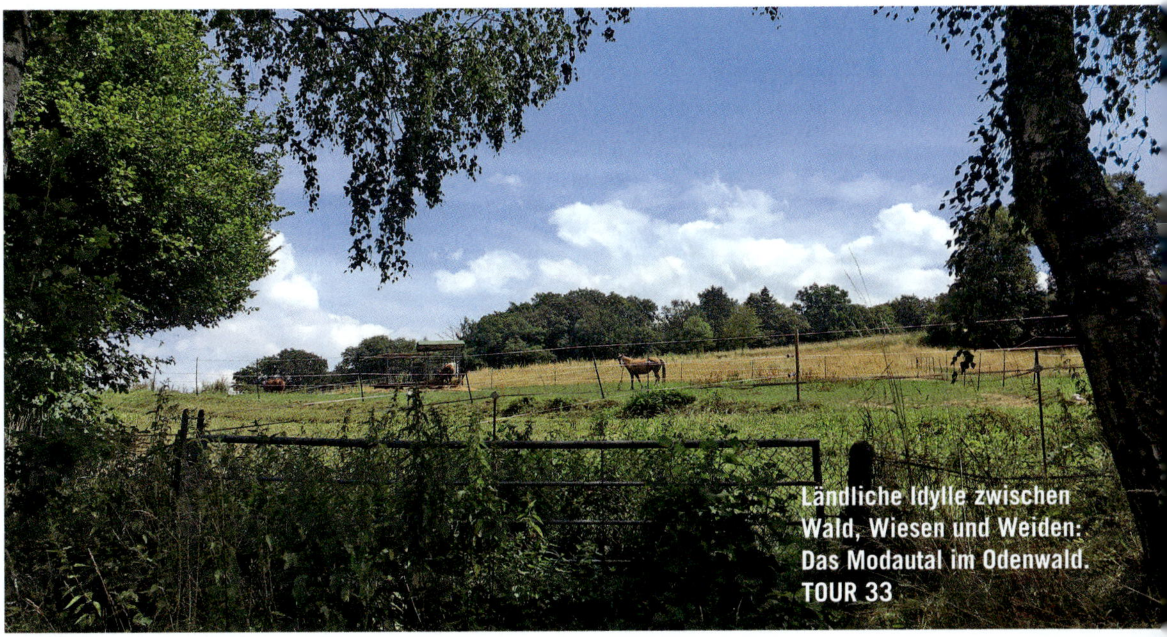

Ländliche Idylle zwischen Wald, Wiesen und Weiden: Das Modautal im Odenwald. TOUR 33

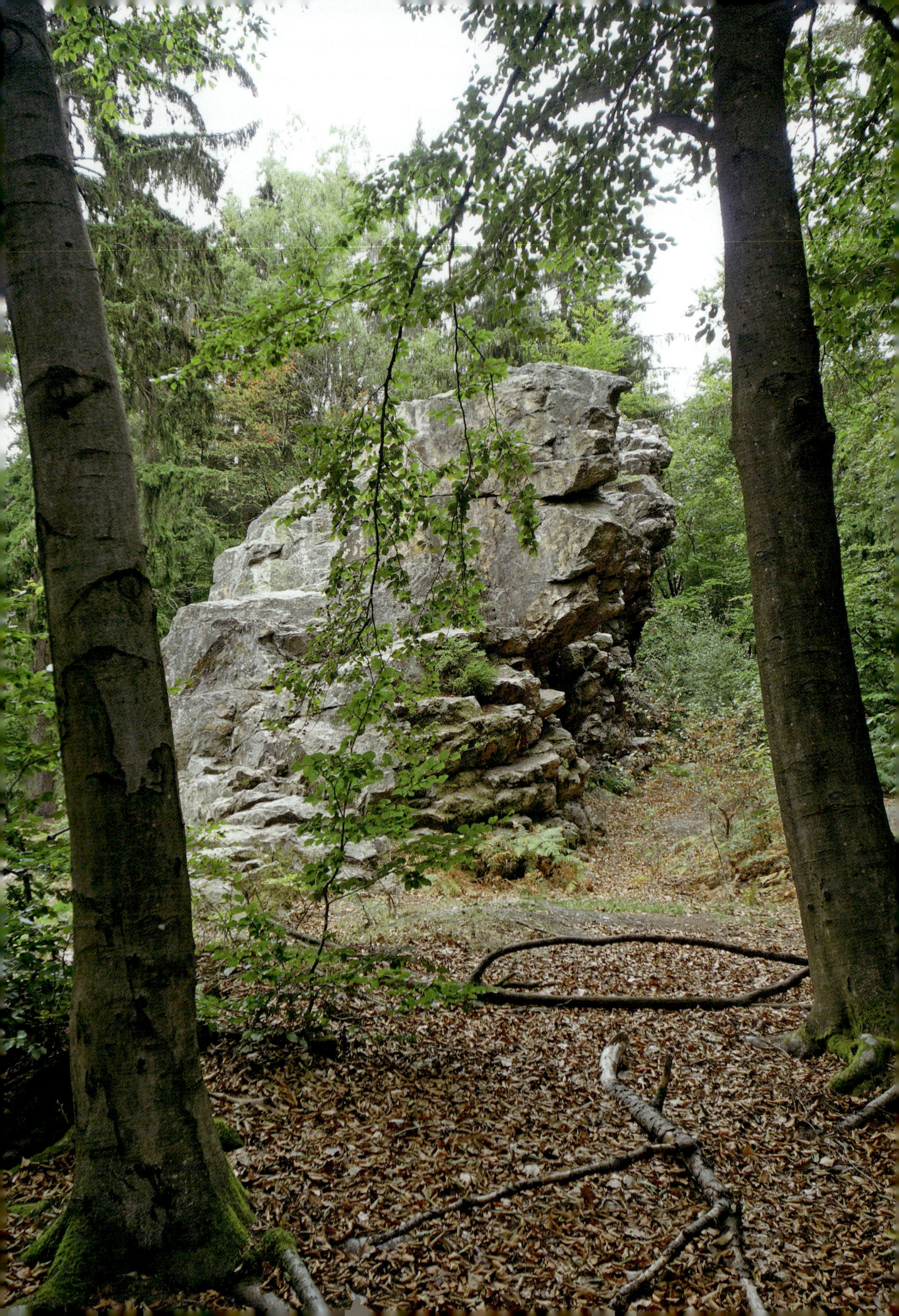

Vorwort

Im Rhein-Main-Gebiet zu leben, hat viele Vorteile. Einer davon ist der Reiz einer vielfältigen Wandergegend. In dem pulsierenden, eng vernetzten Ballungsraum finden sich höchst unterschiedliche Landschaftsformationen von Taunus und Odenwald, Rheinebene und Rheinhessen. Zwischen Städten und Ortschaften prägen Naturschutzgebiete, Forst- und Landwirtschaft das Bild, locken stille Winkel, Landidylle und üppige Natur.

Auf kurzer Distanz und meist gut erreichbar, treffen wir abseits der Metropolen auf sehenswerte Wanderziele: enge gewundene Täler wie in Eppstein oder Königstein; liebliche Wiesen und Wälder wie im Modautal, Lautertal oder bei Idstein; hohe Kuppen mit weitem Blick wie am Altkönig oder am Otzberg; Flussauen wie am Kühkopf oder am Main; Parklandschaften wie in Darmstadt, Wiesbaden oder Bad Nauheim; Industriekultur wie bei Hochheim oder Hanau; Fachwerkkunst wie in Idstein, Zwingenberg oder am Rettershof; Burgen und Schlösser wie am Taunusrand, im Rheingau oder an der Bergstraße; stille Klöster wie auf dem Jakobsberg oder bei Rüdesheim; Türme, Tempel und Aussichtspunkte wie im Vordertaunus oder rund um Wiesbaden, wo schon die Prominenz vergangener Zeiten das Panorama genoss. Als Wanderin bin ich regelrecht verliebt in diese Gegend.

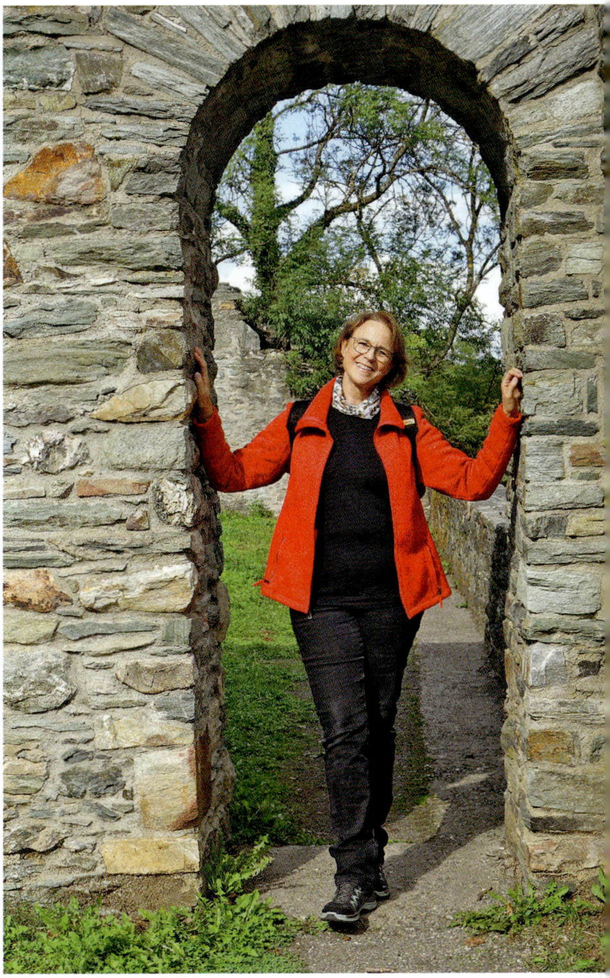

Welcher Wanderer kraxelt nicht gerne durch alte Gemäuer? Burgruine Falkenstein bei Königstein. TOUR 6

Nicht zuletzt ist Rhein-Main auch eine Genussregion. Weinkultur, Obstanbau und fruchtbares Land haben ihr den Stempel aufgedrückt. Das kulinarische Angebot schöpft aus der traditionellen Küche, ihrer modernen Interpretation und vielen internationalen Einflüssen. Wenn wir die Anbaugebiete durchwandern, uns mit Kilometern und Höhenmetern abgemüht haben, können wir diese Fülle umso intensiver genießen.

Wer neu ist in Rhein-Main, hat viel zu entdecken. Aber auch wer seine Gegend kennt, wird hier noch Überraschendes finden. Egal wo Sie wandern, es wird Sie bereichern.

Ihre Sabine Holicki

Linke Seite: Felsige Grüße: Die Verwitterung legt an vielen Stellen den Quarzitstein des Untergrunds frei. TOUR 15

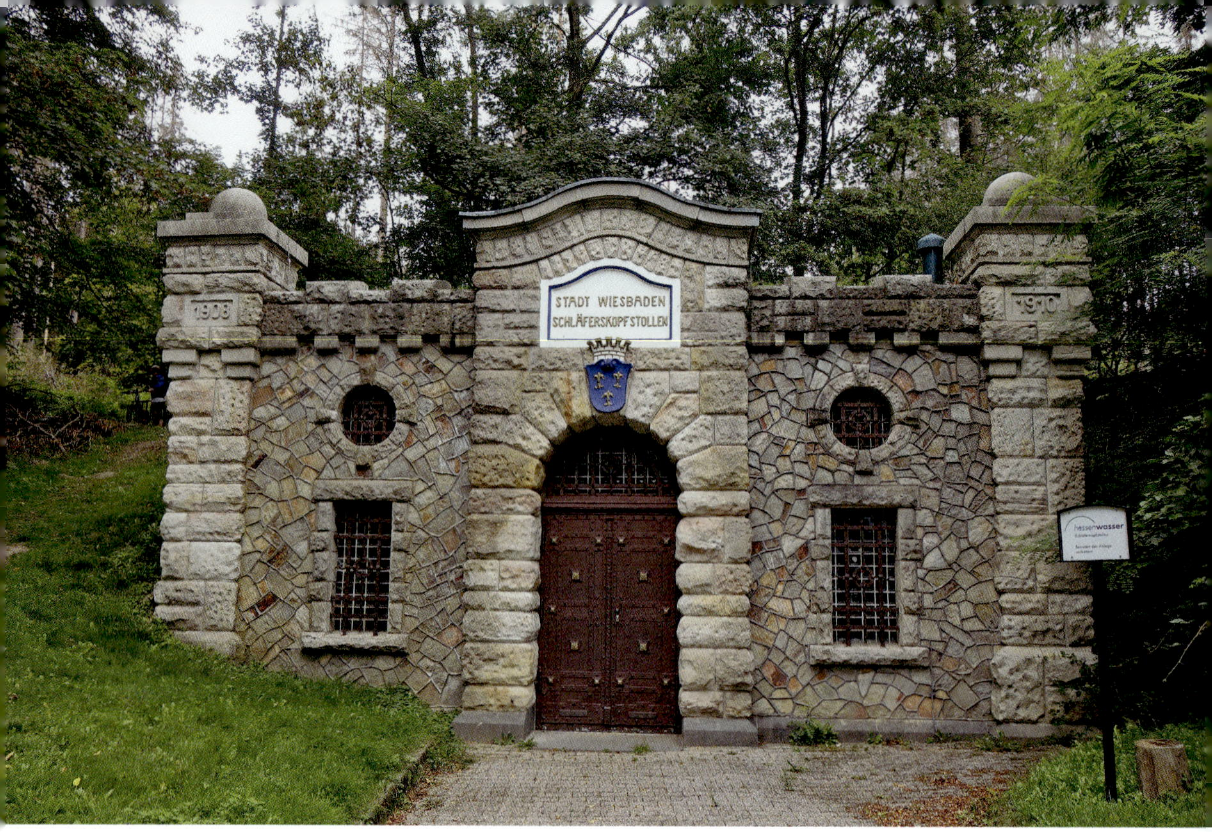

Die Taunusquellen rund um Wiesbaden versorgen die Stadt. Hier der Wasserstollen am Schläferskopf. TOUR 15

Einleitung

Wo wir wandern, war ganz schön viel los

Der Grundstein für unser Wandervergnügen wurde vor rund 420 Millionen Jahren gelegt: Zwei Kontinentalplatten schoben sich zusammen, Gebirge falteten sich auf. So der Taunus, eines der ältesten Gebirge Deutschlands, und etwas später der Odenwald vor rund 380 Millionen Jahren. Vulkanausbrüche kamen hinzu und auch die Kraft des Wassers, waren doch Teile des Odenwalds, genauso wie Rheinhessen, zeitweise vom Meer überspült.

Der Taunus liegt da wie ein schiefes Pult, im Süden und Westen aufgebäumt und zum Vordertaunus und Mittelrheingraben steil abfallend. Der nördliche und östliche Taunus senkt sich dagegen sanft in Richtung Lahn und Gießener Becken ab. Wir sehen es selbst, wenn wir die Wandertouren im Vorder- und Hochtaunus oder im Rheingau mit denen in der Wetterau oder bei Idstein vergleichen.

Der Odenwald ist geologisch zweigeteilt. Unsere Touren führen durch den westlichen, kristallinen Odenwald, entstanden durch Auffaltung und Aufschmelzung von altem Gestein. Wir sehen es an zahlreichen Granit-Steinbrüchen und natürlich im Felsenmeer. Der östliche Buntsandstein-Odenwald ist durch Kalk- und Sandablagerungen auf dem Grundgebirge geprägt. Auf der Kante zwischen beiden sitzt der Vulkankegel Otzberg, von dort können wir die Landschaftsformationen vergleichen.

So kamen Rhein und Main ins Spiel

Das heutige Landschaftsbild entstand erst vor etwa 45 Millionen Jahren, als der Oberrheingraben sich absenkte. Infolgedessen hoben sich die Gebirge. Flüsse schnitten sich ein, legten Gebirgssockel frei und ließen Täler entstehen. Der Rhein wiederum schob Lössablagerungen in die Ebene und machte sie fruchtbar. Hinzu kamen Sand und Kies, die mancherorts eine Dünenlandschaft gestalteten. Die Auswirkungen dieser Kräfte erahnt man zum Beispiel an der Abbruchkante des Niersteiner Roten Hangs.

Der Rhein hat auch starken Anteil am milden Klima in Rhein-Main. Warme Luft strömt aus dem Rhonetal durch den Rheingraben. Wir erleben es zum Beispiel im März, wenn die Bäume an der Bergstraße früher blühen als anderswo. Außerdem gedeiht ein prächtiger Wein in der Region.

Durch den Aufbruch des Rheingrabens verschob sich allmählich auch die Wasserscheide, Gewässer änderten ihre Fließrichtung. Das bescherte unserer Region den Main! Zuvor entwässerte er sich Richtung Donau, hatte sich aber durch Trümmermassen nach einem Asteroideneinschlag im Nördlinger Ries zu einem riesigen See aufgestaut und fand nun einen anderen Abfluss. Dass der Main hier in den Rhein mündet, ist – erdgeschichtlich gesehen – erst seit Kurzem der Fall, nämlich seit rund 2,6 Millionen Jahren. Daran können wir denken, wenn wir die Dreibrückentour nachwandern und an der Mündung stehen.

Wenn das keine spannende Geschichte ist! Ich habe sie nur laienhaft geschildert. Aber ich möchte den Lesern den Blick weiten für die größeren Zusammenhänge, für die Kräfte, die in der Landschaft und in der Natur stecken.

Bleiben noch die Menschen. Kelten und Römer haben ihre Spuren hinterlassen, im Mittelalter waren es Ritter, Märtyrer und Heilige. Später prägten Bischöfe und der Adel das Geschehen, Kriege zogen durch, Handwerker, Künstlerinnen und Künstler hinterließen ihre Werke. Ihnen allen begegnen wir auf der einen oder anderen Tour.

Die Kraft der Natur sprengt auch massive Felsen. Zu beobachten unter anderem im Odenwälder Felsenmeer. TOUR 34

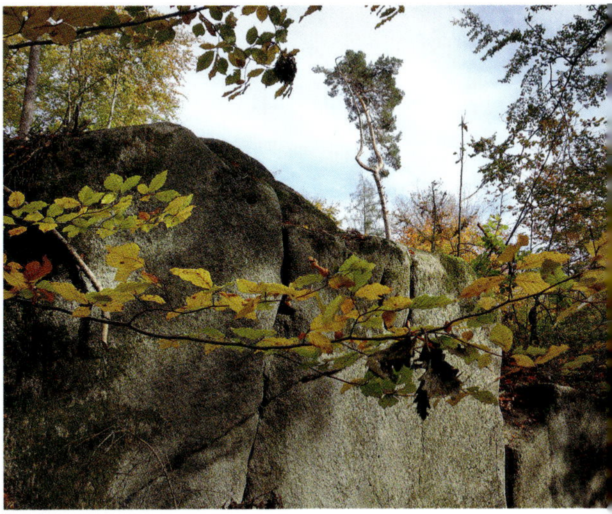

Kondition, Ausrüstung, Wetter – was ist zu beachten?

Die Wanderungen sind auch für Anfänger machbar, alle Strecken sind als gut zu bewältigende Halbtagestouren konzipiert. Dennoch können größere Distanzen oder Steigungen für den Wanderneuling eine Herausforderung sein. Mein Tipp: Wer noch keine Wandererfahrung hat, steigt mit den kürzeren und leichteren Touren ein.

Bei der Ausrüstung ist vor allem der Schuh wichtig. Gute Wanderschuhe »fressen« die Kilometer weg, weniger gute machen die Schritte schwer und den Weg hart. Bei durchgängig gepflasterten oder geteerten Wegen können allerdings auch Laufschuhe das Mittel der Wahl sein. Lesen Sie dazu meine Empfehlungen in der Rubrik Tourencharakter. Wanderstöcke sind mitunter hilfreich. Speziell im Herbst und Win-

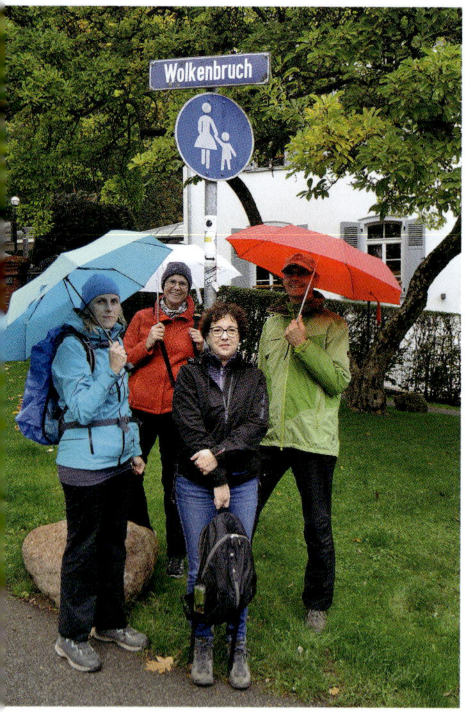

Von gelegentlichen Wolkenbrüchen lassen sich Wanderer nicht abschrecken! TOUR 13

ter, wenn es rutschig ist. Beim Tourencharakter weise ich darauf hin.

Für die Kleidung nur ein Tipp: Eine warme Reserveschicht im Rucksack dabeihaben. Wer beim Rasten friert, kann die Pausen nicht genießen.

Ein Hinweis zum Proviant: Nicht überall kann man unterwegs etwas kaufen oder einkehren (siehe Rubrik Einkehr). Auch wenn es nur Halbtagestouren sind, sollten Sie zumindest Getränke dabeihaben.

Zum Schluss das Wetter: Wandern ist im Rhein-Main-Gebiet ganzjährig möglich, und ich möchte meine Leser sogar dazu ermuntern, auch im Winter oder bei Regen – mit passender Kleidung – loszugehen. Meist sieht es von drinnen ungemütlicher aus, als es sich draußen anfühlt, oft werden wir mit stillen und intensiven Naturerlebnissen belohnt. Ein klares NEIN gibt es aber: Bei Sturm- und Orkanwarnung bleiben wir zu Hause.

Sechsunddreißig Appetithäppchen

Alle 36 Strecken sind individuell zusammengestellt. Durchgängig markierte und bekannte Wege kann sich jeder selbst erschließen. Ich möchte meine wandernden Leser abseits der gängigen Pfade durchs Land führen, dabei aber auch einige herausragende Wanderziele nicht auslassen. Zugleich will ich Lust machen, in den präsentierten Gegenden auf eigene Faust loszugehen. Daher gebe ich auch Empfehlungen zu Wanderzielen in der Nähe. Nach diesen Kriterien habe ich die Touren zusammengestellt:

- Jede Tour soll innerhalb von etwa 8 bis 14 Kilometern eine in sich schlüssige Strecke mit eigenem Charakter und schönem Wandererlebnis ergeben.
- Die einzelnen Touren sollen die vielfältigen Gegenden des Rhein-Main-Gebiets präsentieren und Lust machen, mehr davon zu entdecken.
- Alle Ausgangspunkte sollen von den Städten in Rhein-Main mit dem Auto in maximal einer Stunde angefahren werden können und außerdem gut mit öffentlichen Verkehrsmitteln zu erreichen sein.

Dennoch ist die Auswahl auch subjektiv. Mit vielen Strecken verbinde ich persönliche Erlebnisse und empfehle sie umso herzlicher weiter. Manch schönes Ziel hat es nicht ins Buch geschafft – aus verschiedenen Gründen, aber mitunter einfach, weil ich es auch noch nicht kenne.

Bleiben wir auf der Markierung oder nicht?

Bei vielen Touren folgen wir auf längeren Abschnitten einer Wandermarkierung. Meist schreibe ich dazu, wie lange wir auf einem Wanderzeichen bleiben. In jedem Fall sage ich explizit, wann wir das Zeichen verlassen! Wenn Sie ohne GPS unterwegs sind, gleichen Sie die Beschreibung mit einer guten Wanderkarte ab.

»Wir folgen dem blauen Balken für rund 1,5 Kilometer« – wie weit ist das? Wer (noch) kein Gefühl für Wander-Entfernungen hat, kann sich daran orientieren: In meiner Wandergruppe laufen wir bei normalem An- und Abstieg 4 Kilometer pro

Stunde, ist es sehr steil nur 3,5 Kilometer pro Stunde, auf ebenen und guten Wegen 4,5 Kilometer pro Stunde. Sportliche Wanderer schaffen in normalem Gelände auch 5 Kilometer pro Stunde. Kennen Sie Ihr Wandertempo, können Sie die Entfernung in Minuten umrechnen.

Oft gibt es neben den erwähnten Wanderzeichen noch weitere. Ich nenne nur die, die uns ein längeres Stück führen. Wenn ich »auf unmarkiertem Weg« schreibe, ist nicht ausgeschlossen, dass zum Beispiel Nordic-Walking-Zeichen vorhanden sind – jedoch keine Zeichen, nach denen wir uns richten. Und leider kommt es immer wieder vor, dass Wanderzeichen fehlen. Sei es, weil der Baum, an dem sie waren, umgestürzt ist oder ein Pfahl im Weinberg erneuert wurde. Mancher findet es auch lustig, Wanderzeichen abzureißen. Seien Sie aufmerksam und kombinieren Sie, wenn eine von mir genannte Markierung fehlt.

Wo geht's lang? Nicht alle Wanderzeichen sind so gut zu erkennen. TOUR 12

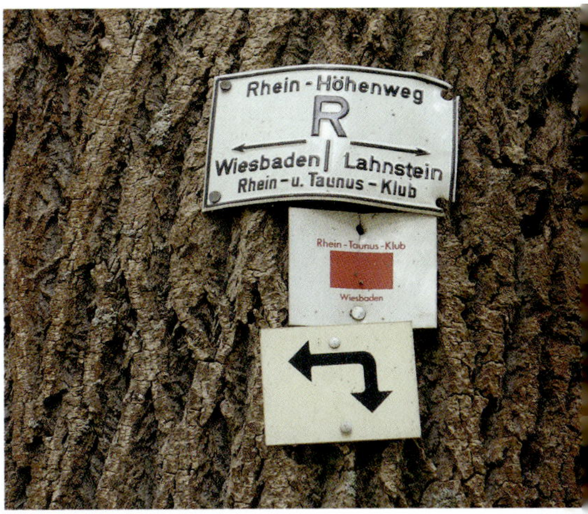

Hilfe, eine Wegspinne ...!

Wer an Spinnenphobie leidet (ich übrigens auch), muss nicht erschrecken: Wenn es heißt »an einer Wegspinne«, sitzt kein achtbeiniges Tierchen an der Böschung. Vielmehr handelt es sich um eine Kreuzung, bei der fünf oder mehr Wege zusammenkommen. Ich unterscheide zwischen Gabelung, Kreuzung, T-Kreuzung und Wegspinne. Dies soll Ihnen die Orientierung erleichtern.

Auch bei den Wegen differenziere ich. Mit Waldweg meine ich normale Wege durch den Wald, ein Pfad ist dagegen schmaler, oft stärker zugewachsen und mit rauerem oder weicherem Untergrund. Ein Forstweg ist erkennbar für Fahrzeuge der Forstwirtschaft angelegt. Sind Wege betoniert, geteert oder gepflastert, erwähne ich es oft als zusätzlichen Hinweis. Da sich jedoch auch Wege ändern, gibt es keine Garantie, dass Sie alle so vorfinden wie ich beim Erarbeiten der Strecken.

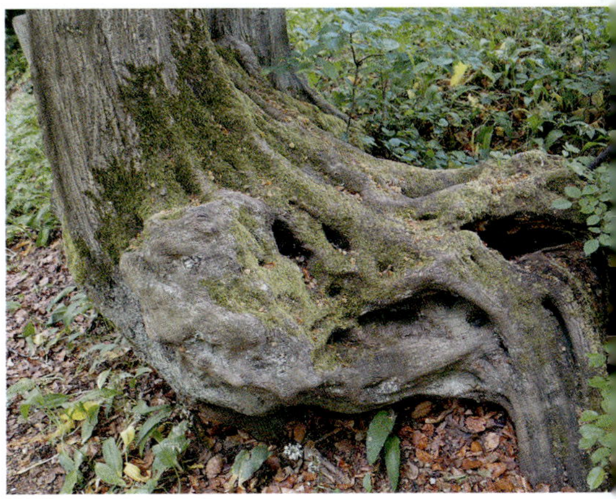

Wurzelwunderwerke: Das Besondere liegt oft am Wegesrand. TOUR 3

Wechselnde Wegbeschaffenheit

Ich weiß, ein Premium-Wanderweg meidet geteerte oder betonierte Wege. Doch wir sind hier in einer Wirtschaftsregion unterwegs. Trotz zahlreicher Naturschutzgebiete durchqueren wir immer wieder forst- und landwirtschaftliche Nutzflächen oder auch Ortschaften. Das hat einerseits seinen Reiz: In idyllischen Tälern sehen wir den grasenden Kühen, Pferden oder Schafen zu, wandern im Blütenmeer durch Obstplantagen oder durch üppig behangene Weinberge, gelangen durch die Felder in ein Dorf oder aus der Stadt hinaus aufs Land.

Andererseits heißt es, dass eben auch manchmal Straßen, Radwege oder befestigte Feldwege dabei sind, um die Tour in der angestrebten Länge hinzubekommen. Zudem sollten alle Ausgangspunkte mit Bus oder Bahn gut erreichbar sein. Abgelegene

Waldparkplätze kamen da nicht in Frage. Wenn der Anteil an befestigten Wegen hoch ist, erwähne ich das in der Rubrik Tourencharakter. Mitunter empfehle ich sogar explizit Lauf- statt Wanderschuhe.

Noch ein Hinweis zu den Feld- und Weinbergswegen: Gerade in der Ernte-/Lesezeit können sie verschmutzt, mit Fahrzeugen oder Gerät blockiert sein. Bleiben Sie gelassen und denken Sie daran, wir stiefeln gerade durch den Arbeitsplatz eines Bauern oder Winzers.

Wanderkarte? Ist das nicht von gestern?

Viele wandern heute mit GPS, auch ich, und ich empfehle es auch meinen Lesern. Das GPS gibt vor allem Sicherheit, wo man sich gerade befindet. Das ist beim Kartenlesen die größte Fehlerquelle. Eingefleischte Kartenwanderer können das natürlich, aber wenn die Vermutung »Wir sind hier!« nicht stimmt, geht ab da alles schief. Doch auch mit GPS sind Wanderkarten eine wertvolle Ergänzung, nicht nur weil Akku oder GPS-Signal versagen können. Karten haben zwei Vorteile. Erstens zeigen sie einen breiten und tiefen Überblick über eine Gegend: Wo sind Berge und Täler, Bäche und Flüsse, Ortschaften und Gehöfte? Wo ist es steil? Wo ist Wald, Feld, Weinberg? Und wo liegt die Tour überhaupt? Zweitens zeigen Karten die Wegmarkierungen an. Das tun die allermeisten GPS-Systeme nicht, womit uns eine entscheidende Information fehlt.

Deshalb bedauere ich, dass nur noch wenige Verlage Wanderkarten produzieren. Eine Auswahl für unsere Region bieten die Verlage NaturNavi, Meki Verlag und Geo-Naturpark Bergstraße-Odenwald (siehe Hinweise in der Rubrik Wanderkarten). Zu Rheinhessen gibt es nur noch eine Wanderkarte, die schon vor zwei Jahren eingestellt wurde. Im Buchhandel ist sie nicht mehr erhältlich, aber große Vorräte hat noch das Landesamt für Vermessung und Geobasisinformation Rheinland-Pfalz in Koblenz. Hier können Sie die Karte zum Restposten-Preis von 3 Euro plus 2 Euro Porto beziehen.

Anforderungen

Wanderer mit normaler Grundkondition können die Touren problemlos bewältigen. Die Gehzeiten sind auf eine mittlere Wandergeschwindigkeit (4 km/h in ebenem Gelände) ausgerichtet und berücksichtigen gelegentliches Stehenbleiben, längere Pausen sind jedoch nicht eingerechnet. Es werden drei Schwierigkeitsgrade unterschieden:

- **Leicht:** Kurze und mittellange Wanderungen auf gut begehbaren Wegen, wenig An-/Abstieg
- **Mittel:** Etwas längere Wanderungen auf meist gut begehbaren Wegen, wenig oder moderater An-/Abstieg
- **Schwer:** Längere Wanderungen auf oft schmalen oder felsigen Pfaden, moderater oder starker An-/Abstieg

Hinweis: Da es sich um Halbtagestouren handelt, ist diese Einteilung nicht vergleichbar mit Ganztagestouren in anderen Wanderführern. Auch die anspruchsvollen Strecken sind keine schwierige Wander-Herausforderung.

Noch etwas Nachdenkliches

»Der Wald sieht schlimm aus!«, sagte eine Freundin nach einer Probewanderung. Als ich auf dieser Strecke unterwegs war, konnte ich noch durch einen baumgesäumten Bachgrund gehen wie durch einen grünen Dom. Doch nun sind die Bäume ausgedünnt, der Bach voller Totholz. Das trifft für viele Gebiete zu: Unsere Wälder verändern sich gerade massiv. Wir können zusehen, wie der Klimawandel ihnen zusetzt. Dürren, Unwetter, Schädlinge – wir kennen es alle aus den Medien.

Hier können wir es mit den eigenen Sinnen erfahren.

»Kann ich meine wandernden Leser trotzdem hier entlangführen?«, dachte ich. Ein klares Ja. Wir Wanderer bewegen uns in der Natur, sind ihr verbunden und verpflichtet. Wenn die Wälder so aussehen, wie sie es gegenwärtig teils tun, leiden wir mit. Natürlich können wir auf nachwachsende, robustere Pflanzen hoffen. Aber wir sollten uns auch die Frage stellen: Wie konnte es so weit kommen? Ein jeder mag seinen ökologischen Fußabdruck anschauen. Viele von uns tracken Wanderkilometer, Höhenmeter, Geschwindigkeit, Puls und was nicht alles. Vielleicht könnten wir auch tracken, wie stark wir zu dieser fatalen Situation beitragen – oder eben nicht (mehr).

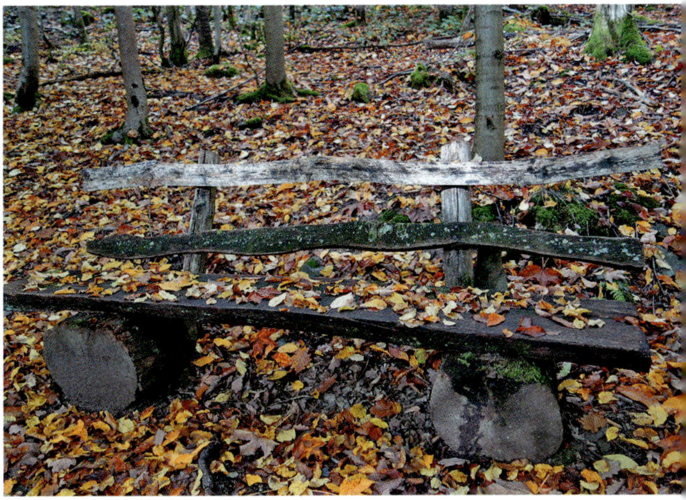

Diese Bank am Altkönig hat sich gut getarnt. Ob wir uns trotzdem setzen dürfen?
TOUR 5

Grüßen Sie mir die Gegend!

Ein nachdenklicher Impuls, aber auch die Botschaft, sich mit der Natur zu verbinden. Daher: Nehmen Sie die Füße in die Hand und stiefeln Sie los! Machen Sie Augen, Ohren, Lunge und das Herz weit. Einige Strecken sind mir sehr nah – ich deute es hin und wieder an. Wenn Sie dort vorbeikommen, grüßen Sie sie bitte von mir.

Der Rheingau-Taunus von seiner schönsten Seite: Burgen, Wälder, Weinberge
TOUR 17

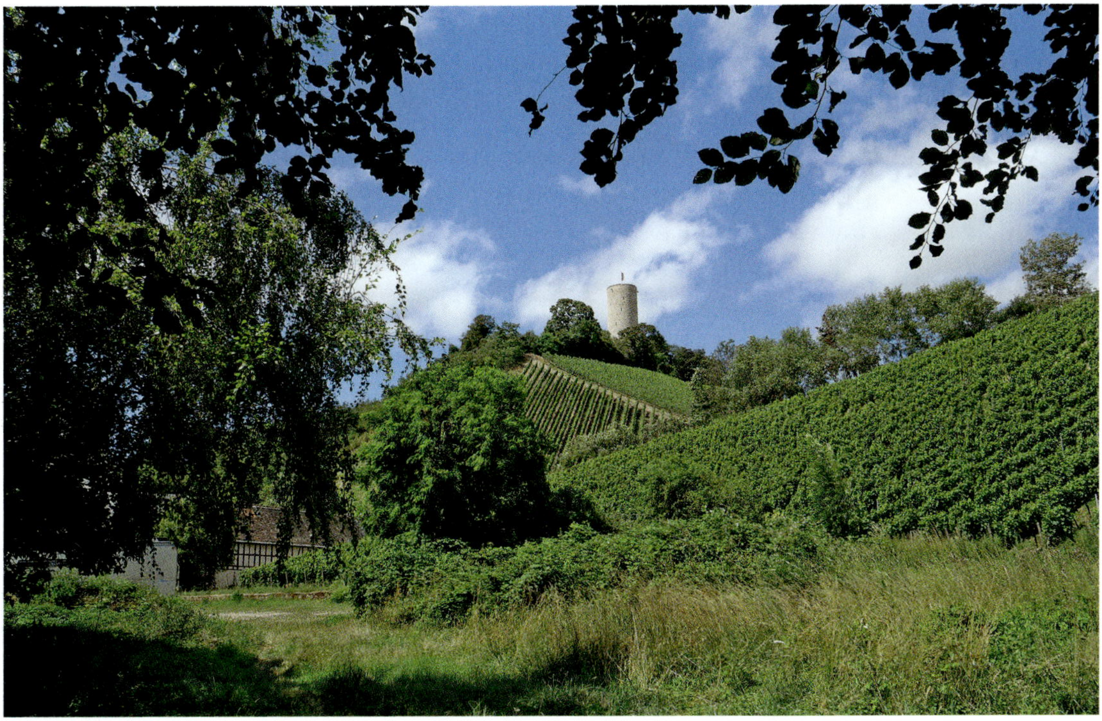

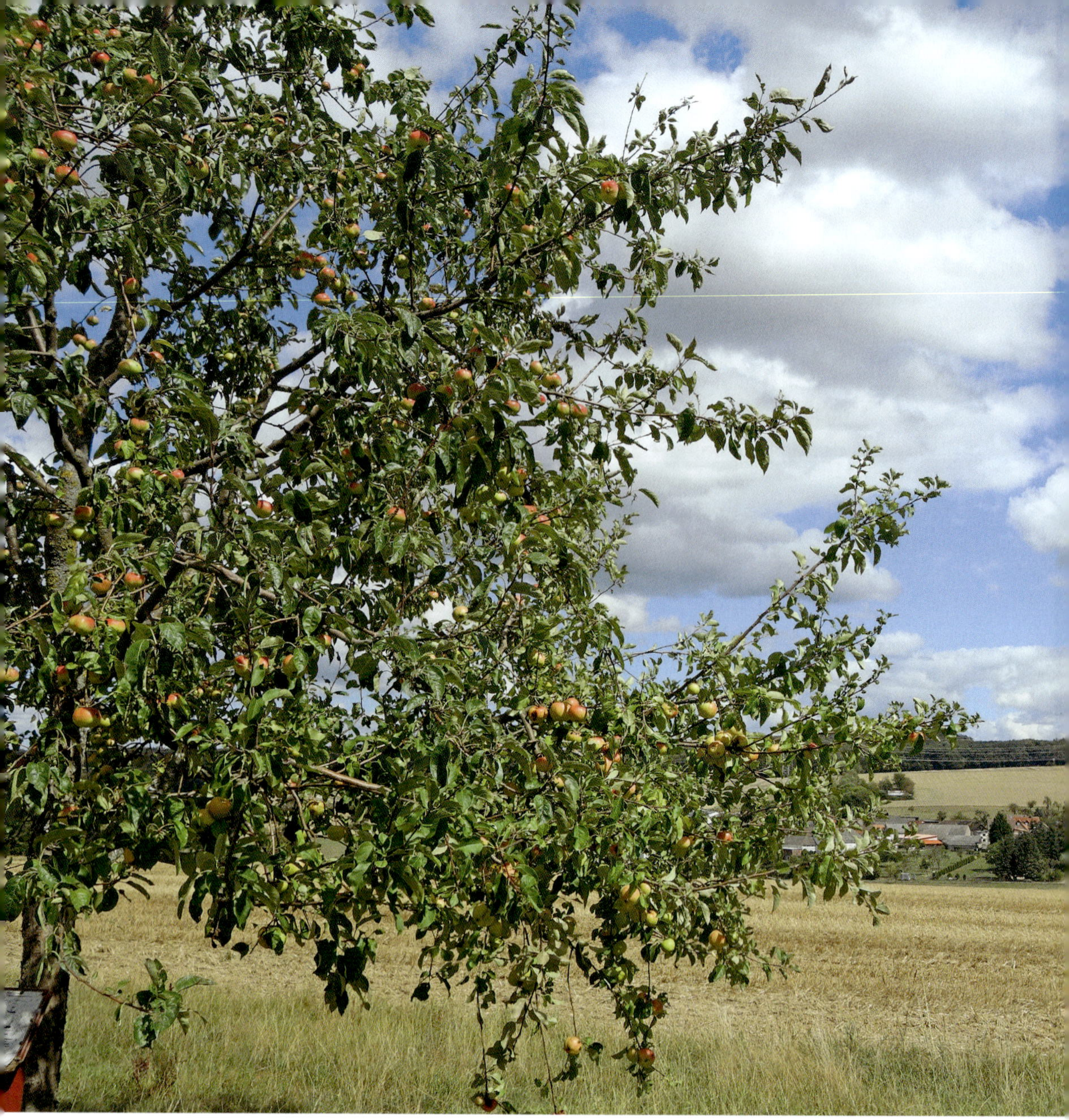

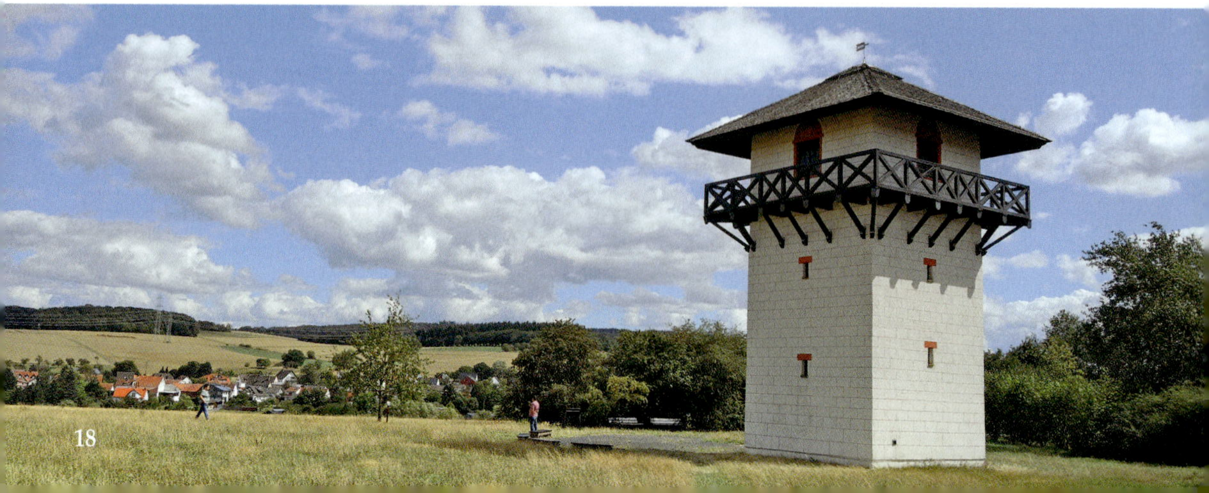

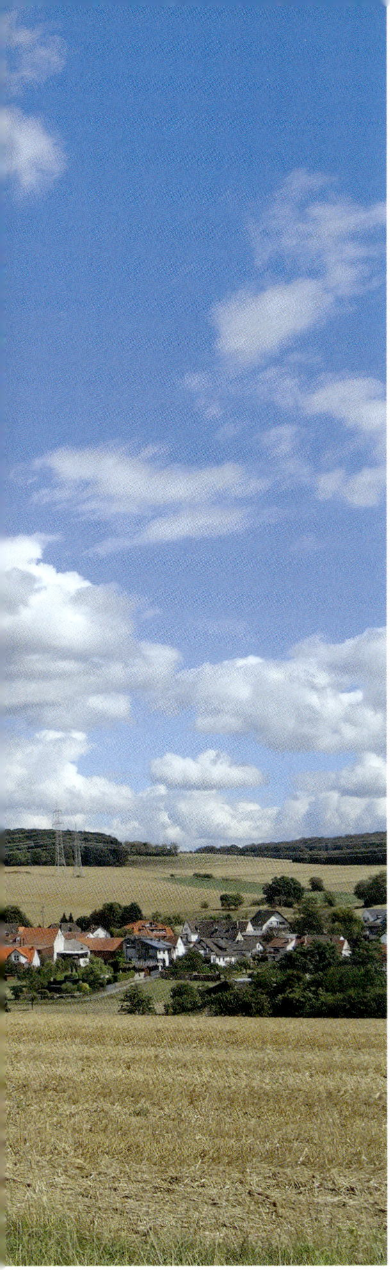

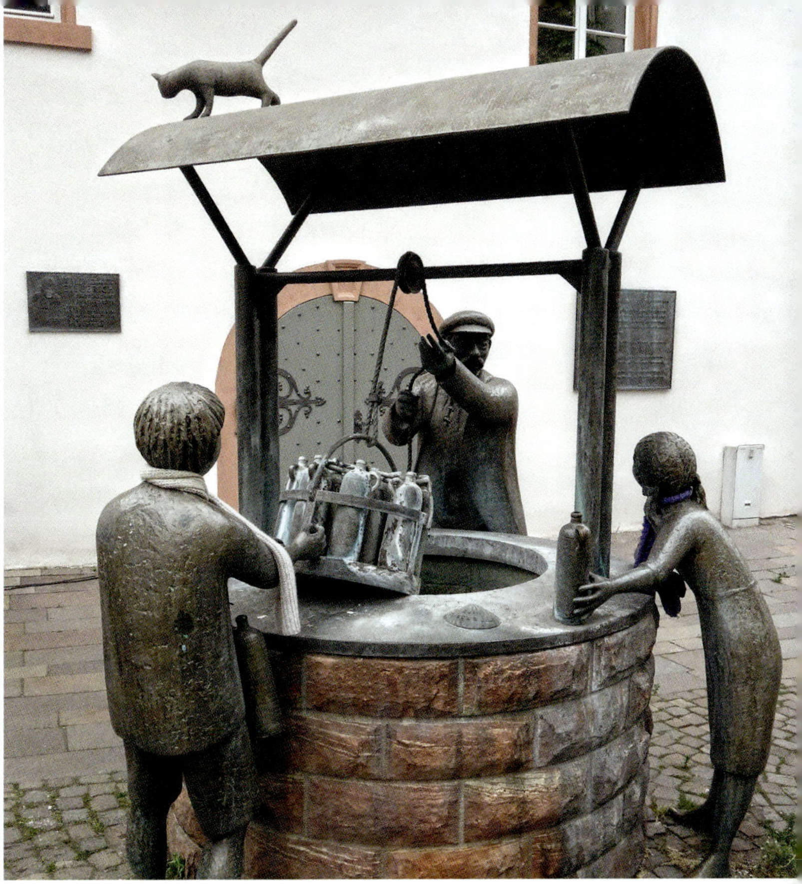

Frankfurt, Wetterau, Vorder- und Hochtaunus

Üppige Natur: Streuobstwiesen begleiten uns auf vielen Touren (o. li.). Diese fröhlichen Wasserschöpfer stehen vor dem Brunnen- und Bädermuseum in Bad Vilbel (o. re.). Burg Eppstein thront auf einem Felsrücken über der Altstadt (u. re.). Weiten Blick hatten die römischen Grenzsoldaten am Limesturm bei Idstein (u. li.).

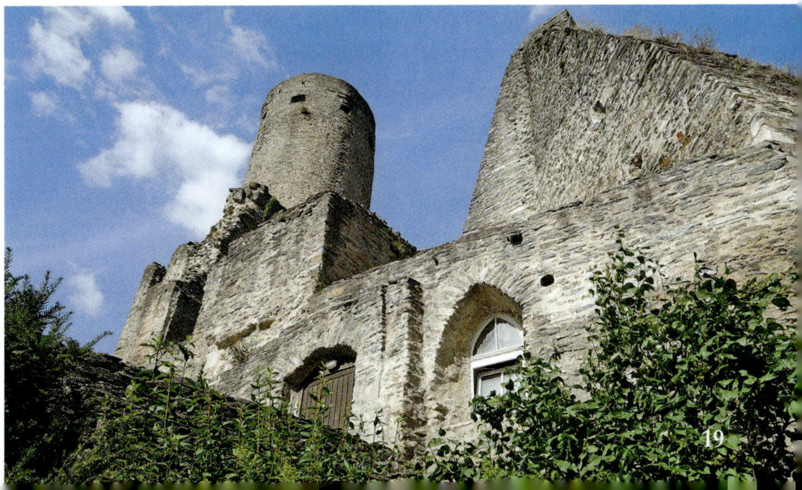

1

Grüne Großstadt-Oasen

Frankfurter Stadtwanderung vom Botanischen Garten zum Niddapark

Leicht | 10 km | 100 hm | 2.30 Std.

Tourencharakter
Leichte Rundwanderung im Stadtgebiet, fast durchgängig durch Parks, Auen und Anlagen. Gut begehbare, teils befestigte Spazierwege ohne nennenswerte Steigungen

Ausgangs-/Endpunkt
Frankfurt, Frauenfriedenskirche (Ecke Zeppelinallee/Franz-Rückert-Allee)

Anfahrt
ÖPNV: Ab Frankfurt Hbf. mit Straßenbahn 16 Richtung Ginnheim, Haltestelle Frauenfriedenskirche
Auto: In Frankfurt-Innenstadt Richtung Bockenheim (Navi: Frankfurt a. M., Zeppelinallee 101), Parken im Wohngebiet

Einkehr
Unterwegs: Gaststätte Niddapark (Am Ginnheimer Wäldchen)
Am Ziel: Gastronomie in Bockenheim, z. B. rund um die Leipziger Straße

Informationen
Frankfurt Tourismus: Tel. 069/ 21 23 88 00, www.frankfurt-tourismus.de (Infos zu Parks und Gärten unter Entdecken und Erleben/Sport und Freizeit)

Wanderkarte
ADAC Stadtplan Frankfurt a. M., 1:20 000

Wanderziele in der Nähe
Schwanheimer Dünen, Niddaauen, Bad Vilbel

Auch mitten in Frankfurt ist die Natur nah. Diese Tour zwischen Skyline und Nidda führt uns das abwechslungsreich vor Augen. Sie verläuft fast komplett durchs Grün. Manchmal müssen wir das Verkehrsrauschen ein wenig ausblenden – aber wir wissen ja, die Vögel singen lauter in der Großstadt!

Gründerzeit-Villenviertel Schon die Ⓐ **Frauenfriedenskirche** mit ihrem gedrungenen Bau und dem schönen Kreuzgang ist eine Besichtigung wert! Wir überqueren die ❶ **Franz-Rückert-Allee** und gehen durch die Anlage, vorbei an dem für Frankfurt typischen Wasserhäuschen, der Rollschuhbahn und schmucken Gründerzeitvillen. Am Ende des Grünstreifens geht es links (Am Leonhardsbrunn), rechts (Ditmarstraße), an der Ampel über die Miquelallee, nach links und gleich rechts auf den Fußweg zum ❷ **Botanischen Garten**. Nach der Linkskurve gelangen wir zum Eingangstor. Wenn der Garten geöffnet ist (Sommermonate:

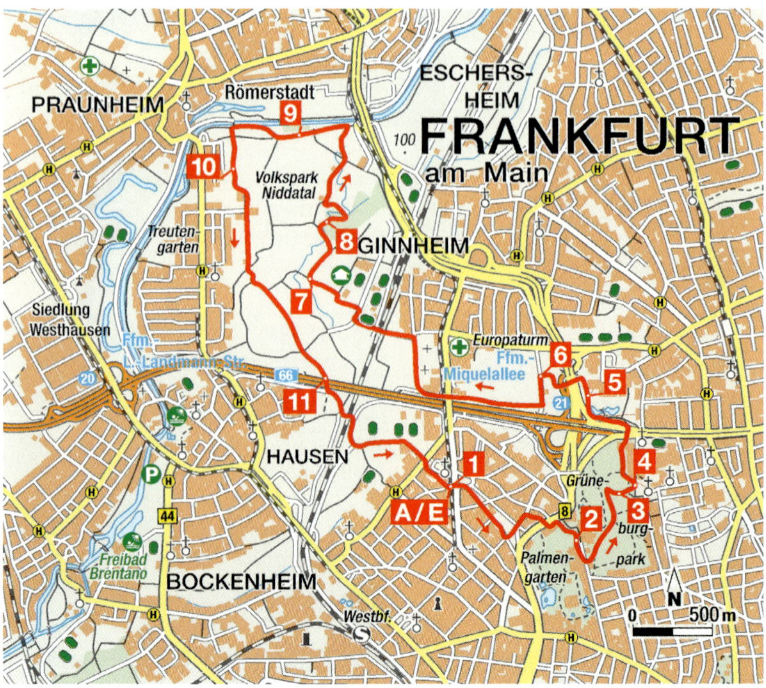

9–18 Uhr, So/Fei 9–13 Uhr), lohnt sich die im Kasten beschriebene Variante! Sonst gehen wir um den Botanischen Garten herum: Am Tor rechts vorbei, an der ersten Möglichkeit links in den Grüneburgpark und links auf den breiten Weg. Nach 200 Metern münden von rechts mehrere Wege ein, rund 70 Meter weiter treffen wir auf einen kleinen Ausgang vom Botanischen Garten. Hier rechts und im Bogen nach rechts, gelangen wir zu dem Platz mit der ❸ **Rothschild-Gedenkstele**.

Variante durch den Botanischen Garten

Vom Fußweg durch zwei Tore in den Garten, geradeaus und leicht bergauf am Weiher vorbei. Nach rund 100 Metern auf dem Hauptweg verlassen wir den Garten nach rechts durchs Tor in den Grüneburgpark. Geradeaus und dann im Bogen nach rechts, gelangen wir zu dem Platz mit der Gedenkstele.

Park mit Geschichte Wir laufen hinter dem Beet nach links, um die Stele zu betrachten. Sie erinnert an die Familie von Rothschild, deren Schlösschen hier einst stand. Im Nationalsozialismus enteignet, wurde das Gebäude 1944 schwer beschädigt und abgerissen. Von der Stele aus nehmen wir den zweiten Weg, der nach rechts führt, folgen ihm geradeaus und an der ersten Möglichkeit links, vorbei an der griechisch-orthodoxen ❹ **Georgioskirche**. Im Bogen daran vorbei und hinter den beiden Banken rechts, treffen wir auf das schwarze X des Europäischen Fernwanderwegs E1. Ihm folgen wir für die nächsten 2,5 Kilometer. Es führt zum nördlichen Ende des Parks, nach rechts auf die Fußgängerbrücke, dann links vorbei an einer Anlage mit kleinem Teich – dahinter liegt die ❺ **Zentrale der Deutschen Bundesbank**. Nach rechts überqueren wir den Teich, am Ende des Bundesbank-Geländes führt uns das X links über die nächste Fußgängerbrücke. Nun haben wir freien Blick auf den

Gedenken, Dank und Friedensgesinnung: Die Frauenfriedenskirche aus den späten 1920er-Jahren strahlt eine besondere Würde aus.

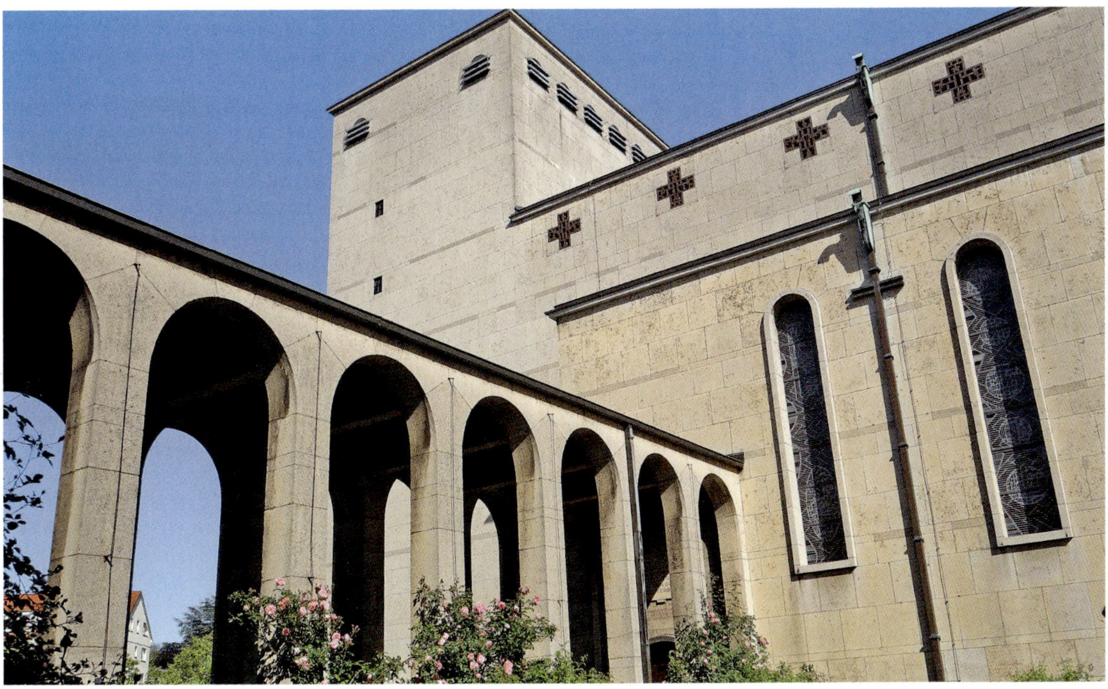

❻ **Europaturm**, im Volksmund »Ginnheimer Spargel« genannt, obwohl er noch auf Bockenheimer Gebiet steht. Rechts am Horizont erspähen wir den Taunus, links die Hochhauskulisse des Frankfurter Westends.

In die Niddaauen Vor dem Fernsehturm links, vor der Schrebergartenanlage Feldbergblick nochmals links und kurz vor einem Tunnel nach rechts, führt unser Weg lauschig an den Gärten entlang. Am Ende der Anlage bleiben wir geradeaus und unterqueren eine breite Straße. Unser Fußweg führt neben einem Sträßchen im Bogen nach rechts und zwischen Kleingärten und Friedhof bis zum Rand der Wohnbebauung. Vor den ersten Häusern geht es mit dem X links, durch die Bahnunterführung und geradeaus in den Niddapark, nach den Tennisplätzen rechts durch eine Lindenallee, an der ersten Abzweigung links zwischen Streuobstwiese und Sportplatz, nochmals kurz rechts und links zur ❼ **Gaststätte Niddapark** mit Biergarten. Dahinter verlassen wir das schwarze X und wenden uns nach rechts, an der ersten Abzweigung nach links und bleiben nach wenigen Metern an der folgenden Gabelung links auf dem Hauptweg. Etwa 50 Meter weiter biegen wir halb rechts auf einen Pfad ins Unterholz. Er führt uns im Bogen durch das naturbelassene, fast schon wild wirkende ❽ **Ginnheimer Wäldchen**. Etwa 250 Meter schlängelt sich der Pfad an einem Graben entlang, dann biegen wir bei der ersten Gelegenheit nach links und treten aus dem Wald heraus auf eine kleine Lichtung. Der Weg macht eine Linkskurve und mündet auf einen Weg, dem wir nach rechts folgen. Wir bleiben ein ganzes Stück geradeaus bis zum Parkausgang Römerstadt (U-Bahn).

Flussaue auf Frankfurter Stadtgebiet: Entlang der Nidda lässt es sich gut radeln, wandern und flanieren.

Träges Flüsschen Vor der Brücke biegen wir links auf den Uferweg entlang der träge dahinfließenden Nidda. Wir umrunden das ❾ **Vogelschutzgebiet Nachtigallenwäldchen**, wenden uns wieder zum Ufer, vorbei an einer imposanten Pappel, und biegen bei der Brücke am Wehr links ab. Hier treffen wir wieder auf das

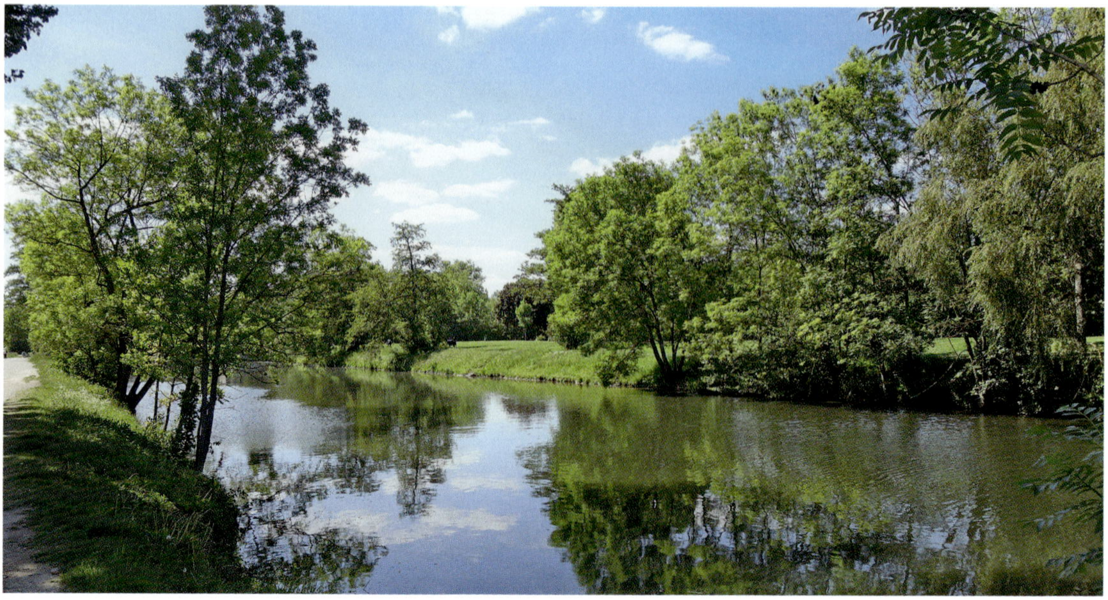

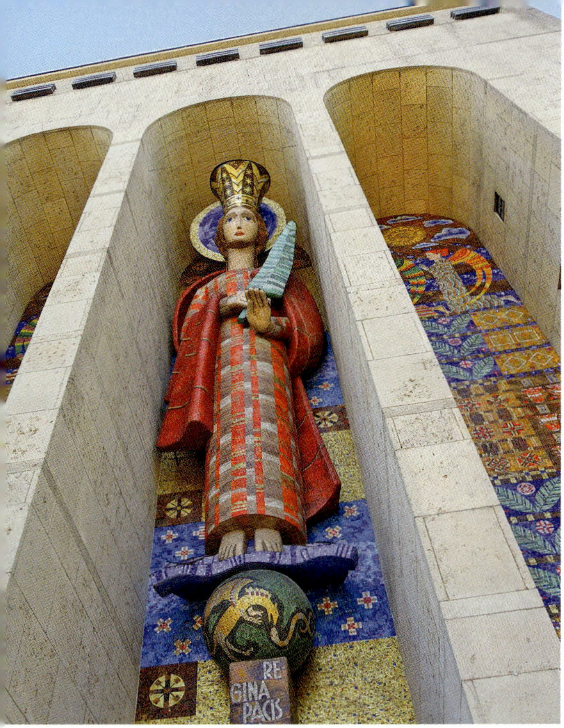

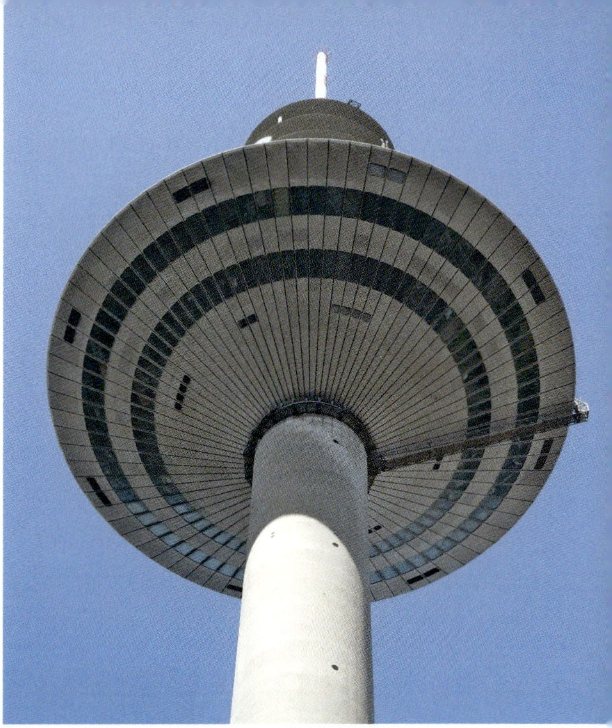

schwarze X und folgen ihm nun für etwa 1 Kilometer: am kleinen Pavillon vorbei geradeaus ins ⑩ **Praunheimer Wäldchen**, an einer Gabelung links und durch eine Schranke, passieren wir das Freiluftatelier der Bildhauerin Marita Kaus, das Wasserwerk und einige Häuser und Gärten. Rund 20 Meter nach der nächsten Schranke geht es links und gleich wieder rechts, an einer Lichtung mit Insektenhotel rechts im Bogen um die Wiese, dann geradeaus Richtung Ausgang Bockenheim. Am Querweg kurz rechts und sofort wieder links, wandern wir durch weite Wiesen. Unser schwarzes X führt uns noch bis zur nächsten Kreuzung.

Links: Maria als Friedenskönigin: Eingangsportal der Frauenfriedenskirche

Rechts: Frankfurter Europaturm, auch »Ginnheimer Spargel« genannt

Skyline voraus Dann verlässt es uns nach links, wir bleiben geradeaus Richtung Ausgang Bockenheim und der Skyline entgegen. An der Autobahnunterführung gehen wir links zwischen den graffiti-geschmückten, von Street-Art-Künstlern gestalteten ⑪ **Pfeilern** hindurch, passieren ein schmales Wäldchen und nehmen an der Bahnlinie die Unterführung. Dahinter biegen wir rechts auf den Fuß-/Radweg zwischen Sportplätzen und Schrebergärten ein. Am Knöterichweg links und wenige Meter weiter erneut links auf den geteerten Weg, erreichen wir die Ginnheimer Landstraße, überqueren sie und nehmen die Treppen zum Grünstreifen in der Mitte der Zeppelinallee. Von der Terrasse aus können wir nochmals einen Blick Richtung Taunus werfen. Geradeaus durch die Anlage gelangen wir wieder zum Ⓔ **Ausgangspunkt**.

Grüne Oasen – Frankfurt und seine Parks

Banken, Messen, Handel, Forschung, Kultur – zu Frankfurt fällt einem vieles ein. Natur gehört eher nicht dazu. Dabei ist die Stadt seit 2014 Preisträgerin als »European City of the Trees«, verliehen für vorbildlichen Einsatz von Bäumen im städtischen Umfeld und hohes Engagement für Grün im urbanen Raum. Das hat Tradition, wie der Grüneburgpark als einer der schönen alten Frankfurter Parks nach englischem Vorbild belegt. Jünger ist der Niddapark: Angelegt zur Bundesgartenschau 1989, ist der naturnahe Landschaftspark mit Auen, Wiesenflächen, Baumgruppen, Wäldchen und Streuobstwiesen Teil des Grüngürtels von der Innenstadt bis in die nördlichen Stadtteile.

2

Steinbruchseen und Mainufer

Von Mühlheim nach Hanau-Steinheim

Mittel | 11,5 km | 125/110 Hm | 2.30 Std.

Tourencharakter
Streckenwanderung mittlerer Anforderung durch Wiesen, Wald, auf Uferwegen (teils Wander-/Radweg) und Altstadt-Gassen, kaum Steigungen

Ausgangspunkt
Mühlheim am Main, S-Bahn-Haltestelle Mühlheim-Dietesheim, P+R-Parkplatz (Am Wingertsweg 5)

Endpunkt
Hanau-Steinheim, Kardinal-Volk-Platz

Anfahrt
ÖPNV: Ab Frankfurt mit der S9 Richtung Hanau bis Mühlheim-Dietesheim.
Auto: Über B43, vor der S-Bahn-Haltestelle Dietesheim die Bahn unterqueren, links am Sportplatz vorbei, P+R-Parkplatz am Bahnhof

Einkehr
Unterwegs: Mainpark-Restaurant (Hanauer Mainufer)
Am Ziel: Gastronomie in Hanau-Steinheim, z. B. Lug ins Land (Schloßstraße 1A), MaaÄppelsche (Hans-Sachs-Straße 2), Hofbrauhaus (Brauhausstraße 6), Mühlheim z. B. Sportheim Dietesheim (Am Wingertsweg 5)

Informationen
Stadt Mühlheim a. M.: Tel. 06108/60 10, www.muehlheim.de; Hanau: Tel. 06181/29 57 39, www.hanau.de; Steinbruchseen: www.muehlheim.de/steinbrueche

Wanderkarte
MeKi Landkarten: Kreis Offenbach und Stadt Offenbach, Radfahren, 1:30 000

Wanderziele in der Nähe
Wildpark Alte Fasanerie Klein-Auheim

Die Gegend um Hanau kommt uns nicht sofort als Wanderziel in den Sinn. Doch verbirgt sich zwischen Mühlheim und Hanau-Steinheim mit den Grünen Seen eine echte landschaftliche Überraschung. Zusammen mit schönem Wald, Streuobstwiesen, dem Mainufer und der gemütlichen Steinheimer Altstadt wird aus dieser Streckenwanderung eine runde Sache.

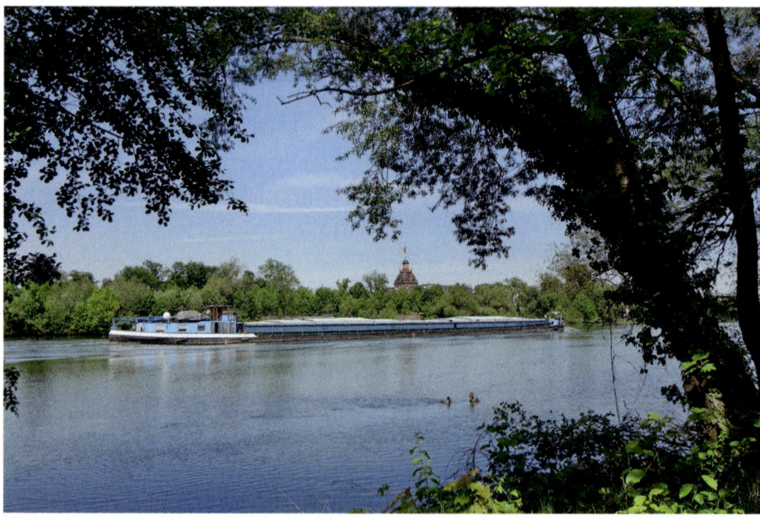

Steinbruchseen und Streuobstwiese Start ist am östlichen S-Bahn-Ausgang/P+R-Parkplatz Ⓐ **Am Wingertsweg**. Mit dem Rücken zur Bahn geht es geradeaus an den Sportplätzen vorbei und über die Straße. Nun folgen wir für die nächsten 2 Kilometer dem grünen N (Kulturweg). Es führt uns rechts am Concordia-Heim vorbei, eine gefüllte Lore vor der Tür erinnert an die Steinbruch-Vergangenheit. Am Parkplatz bleiben wir geradeaus, rechts blinkt schon der erste der ehemaligen Steinbruchseen durch die Bäume. Gleich darauf, an einer Wegspinne geradeaus, erreichen wir den ❶ **Vogelsberger See** mit beeindruckender Steilwand am gegenüberliegenden Ufer. Mit unserem N rechts am See vorbei, sehen wir einige Meter weiter am Aussichtspunkt auch den Canyon-Steg, den wir später überqueren werden. Kurz danach stößt der Weg auf ein Feld. Wir gehen links, an der nächsten Kreuzung geradeaus und bleiben auf dem Hauptweg, bis wir den ❷ **Gailenberg** erreichen – eine weite Streuobstwiese, die den Namen »Berg« kaum rechtfertigt.

Dietesheimer Steinbrüche – die Grünen Seen zwischen Hanau und Mühlheim

Aufgelassene Steinbrüche gibt es viele im Rhein-Main-Gebiet. Doch die Seenlandschaft, die sich nach Ende des Basaltabbaus 1982 hier in diesem rekultivierten Gelände entwickelt hat, ist in der Region einzigartig. Insgesamt neun Seen, dicht bewachsene Ufer, Steilwände und Felsen formen ein sehenswertes Naherholungsgebiet. Das Baden ist allerdings sehr gefährlich und daher verboten.

Durch den Galgen hindurch Am NABU-Bienenhotel sehen wir das rote L des Lämmerspielwegs, dem wir den nächsten knappen Kilometer folgen. Bald erreichen wir die kleine Kuppe. Das N verlassend, wandern wir nun mit dem L links Richtung Waldrand, in den Wald hinein, nach wenigen Metern rechts, durch die Schranke und im Linksbogen weiter. Unser rotes L biegt rechts auf einen breiten Weg ein, wir folgen bis zur ersten Kreuzung, wo wir das L schließlich nach rechts verabschieden. Wir gehen rund 20 Meter weiter geradeaus

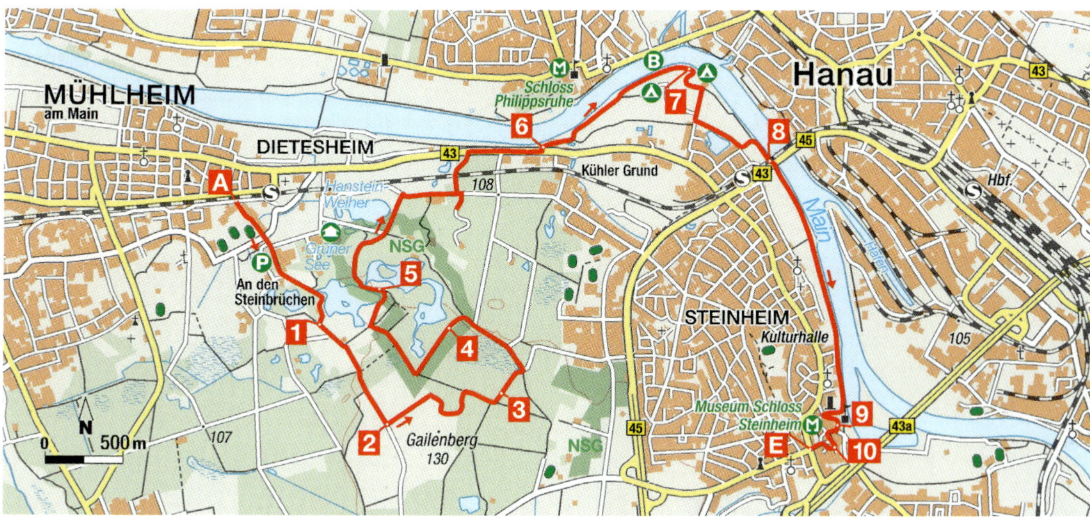

und dann links in Richtung ❸ **Steinheimer Galgen**, dessen historische Pfeiler den Weg flankieren. Bis ins 18. Jahrhundert fanden hier noch Hinrichtungen statt. Heute führen Wanderwege hindurch, so die grüne 1 des TGS Hausen und das blaue M. An der ersten Kreuzung nach dem Galgen folgen wir der grünen 1 nach links. Das M verläuft kurz anders, schwingt aber gleich wieder auf unseren Weg ein. Wir bleiben auf dem Hauptweg, biegen mit beiden Zeichen am Schild »An der Bruchgrenze« links ab und erreichen die Bruchkante des ❹ **Oberwaldsees**. Wenn wir hier rechts des Weges schauen, sehen wir in ein beeindruckend tiefes Loch.

Linke Seite: Mainaufwärts tuckert der Frachter vorbei an Schloss Philippsruhe

Canyon und grüne Seen Noch besser wird die Sicht auf das grüne Wasser an der Aussichtsplattform rund 400 Meter weiter. Dahinter gehen wir an der nächsten Kreuzung mit blauem M und grüner 1 rechts. Die 1 biegt dann ab, wir bleiben mit dem M geradeaus und erreichen kurz darauf eine Wegspinne. Hier verlassen wir das blaue M für eine spektakuläre Sicht auf die Steilwand und die Canyonbrücke des Vogelsberger Sees. Unser (unmarkierter) Weg ist der zweite, der rechts abbiegt, ein Pfad am Ufer entlang, dann über eine Treppe hoch auf das kleine Wiesenplateau zwischen Vogelsberger und Oberwaldsee. Hier können wir eine Rast einlegen und die Uferblicke in alle Richtungen genießen. Dann geht es über den ❺ **Canyon-Steg** und geradeaus auf dem breiten Hauptweg weiter. An einer Gabelung halten wir uns rechts und bleiben kurz auf dem Hanau-Rundweg, bis er an einem geteerten Sträßchen links abbiegt. Hier bleiben wir geradeaus, kommen über einen schmalen Waldweg zur Straße (Pfaffenbrunnenweg) und biegen rechts ein. Vorbei an Schrebergärten, Hundesportplatz und Polizeihunde-Akademie, geht es über eine Brücke, direkt danach rechts die Brückenrampe hinab, vorbei an der Infotafel und scharf rechts unter der Brücke hindurch. Der Weg zum Mainufer ist schon ausgeschildert, er führt uns noch unter der Eisenbahnbrücke hindurch und zur Bundesstraße, die wir geradeaus überqueren.

Am Mainufer entlang Am Picknickplatz vorbei, biegen wir nach rechts auf den Rad-/Wanderweg am Mainufer. Auf ihm bleiben wir für die nächsten Kilometer, lassen uns von dem ❻ **Uferkunst-Garten** des Bildhauers Reinhold Mehling überraschen, genießen den Blick auf das Schloss Philippsruhe mit seinen Gärten, erspähen die ❼ **Kinzig-Mündung** und erreichen bald darauf das Restaurant Mainpark. Hier verlassen wir den zeitweise stark frequentierten Rad-/Wanderweg, gehen ein Stück auf der Straße nach rechts und gegenüber dem geteerten Weg »Durch den

Links: Spitze Zinnen markieren den Bergfried des Steinheimer Schlosses.

Rechts: Blick auf das Steilufer des Vogelsberger Sees

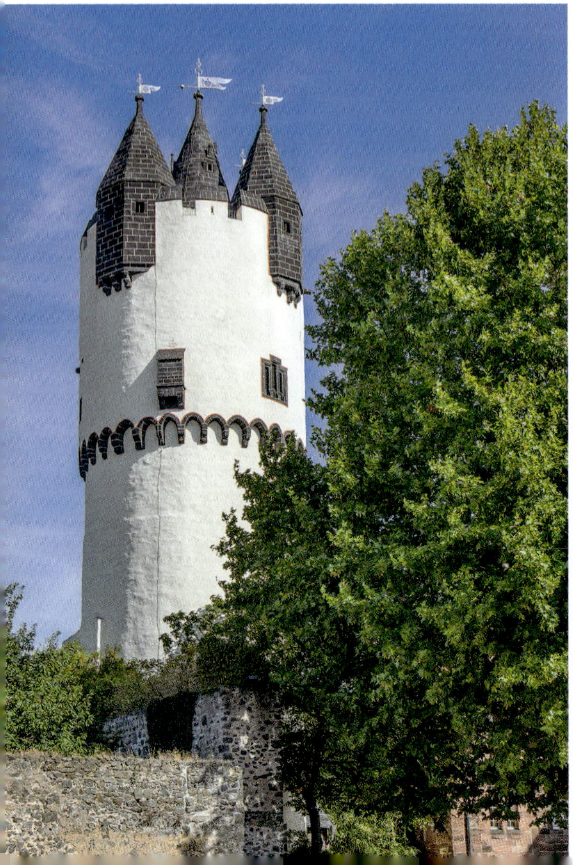

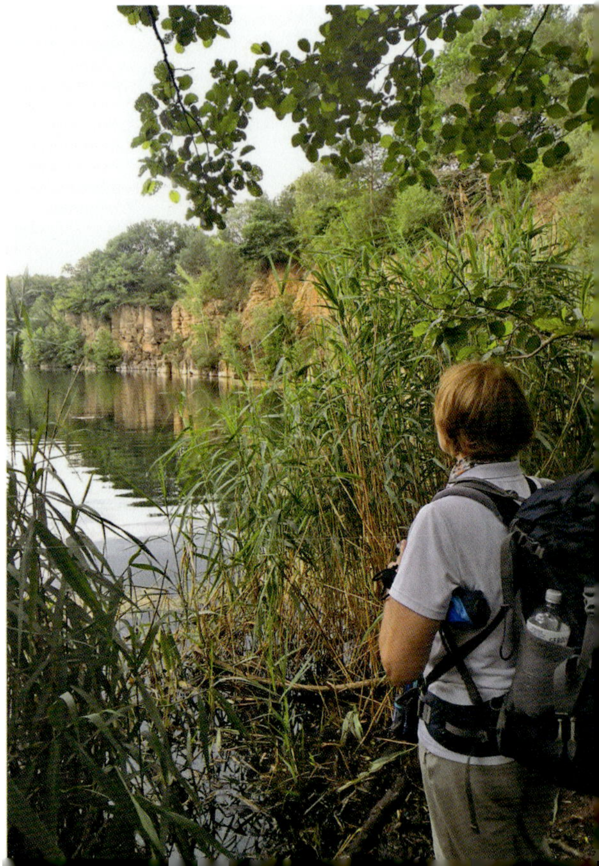

Grund« links auf einen Wiesenweg zur Eisenbahnbrücke. Er endet bald an einem Betonweg, hier gehen wir links, biegen dann wieder rechts auf den Mainuferweg ein und wandern unter der Eisenbahnbrücke hindurch. Wer jetzt schon müde ist, kann hier zur 8 S-Bahn abkürzen (ca. 2,5 km weniger).

Altstadt mit Fachwerk und Schloss Weiter geradeaus und mit Blick auf den gegenüberliegenden Hafen, treffen wir ungefähr 1,5 Kilometer nach der Brücke auf eine Hochwasserschutzmauer. Hier gehen wir rechts den geteerten Weg hoch zum 9 **Steinheimer Schloss** und können nach wenigen Metern durch einen Torbogen in den Schlosshof schlüpfen. Sehenswert sind der Bergfried mit seinen Spitzhauben sowie der klassizistische Schlossbau, heute ein Museum. Am Hof-Ende steigen wir die paar Stufen hinab zum Kräutergarten mit gepflegten Beeten. Nach rechts durch ein kleines Tor, verlassen wir den Garten und gehen rechts durch das alte Maintor in die Altstadt mit hübschen Fachwerkhäusern und Apfelweinkneipen. Sehenswert entlang der Hans-Sachs-Straße sind z. B. das 10 **Alte Rathaus**, das Kellermeister-Haus, das Hofbrauhaus und das Fischerzunft-Haus. Nach rechts durch die Häfnergasse gelangen wir zum Kardinal-Volk-Platz. Der Bus 4 fährt zum S-Bahnhof Steinheim, von wo uns die S-Bahn halbstündlich zum E **Ausgangspunkt** zurückbringt.

EVENT-TIPPS Steinheimer Altstadtfest mit Johannisfeuer am Mainufer (im Juni um den Johannistag), Bundesäppelwoifest im Steinheimer Schlosshof (letztes August-Wochenende)

Die Altstadt Hanau-Steinheim ist eine Station der Deutschen Fachwerkstraße.

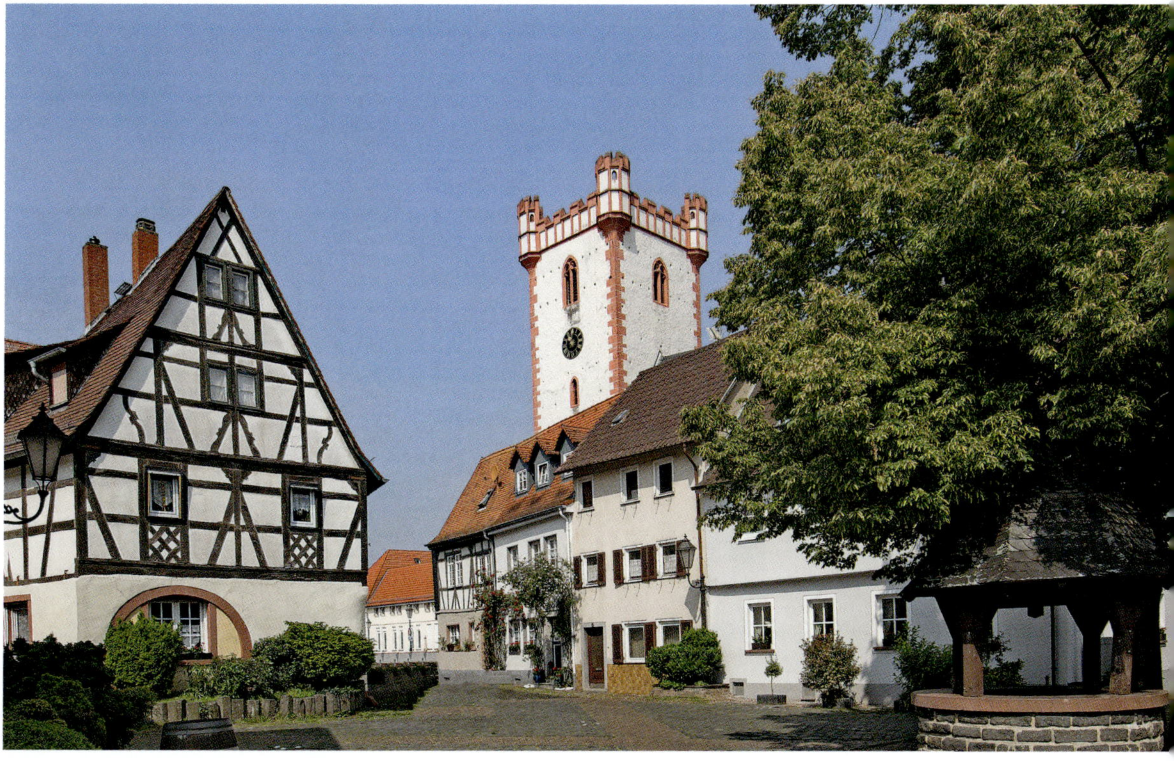

3

Streuobst und ein schöner Wald

Vom Nidda-Kurpark in den Bad Vilbeler Stadtwald

Leicht | 9,5 km | 170 Hm | 2.30 Std.

Tourencharakter
Leichte stadtnahe Rundwanderung auf gut begehbaren Wegen durch Streuobstwiesen, Feld, Wald und Park. Besonders schön während der Baum- und Bärlauchblüte sowie im Herbst. Moderate An- und Abstiege

Ausgangs-/Endpunkt
Bad Vilbel, Vereinsheim am FFH-Platz (Ecke Heinrich-Heine-Straße/FFH-Platz)

Anfahrt
ÖPNV: Ab Frankfurt Hbf. mit der S6 bis Bad Vilbel, zu Fuß in wenigen Minuten zum Ausgangspunkt
Auto: Ab Frankfurt über B3, sonst A5 und A661, am Preungesheimer Dreieck auf die B3, Parkplatz (kostenlos) am FFH-Platz

Einkehr
Unterwegs: keine
Am Ziel: Gastronomie in der Bad Vilbeler Altstadt, z. B. Restaurant-Café in der Alten Mühle (Lohstraße 13)

Informationen
Bad Vilbel: Tel. 06101/60 22 46, www.bad-vilbel.de

Wanderkarte
ADAC Stadtplan Frankfurt a. M., 1:20 000

Wanderziele in der Nähe
Niddaauen, Lohrberg zwischen Frankfurt und Bad Vilbel, Berger Warte

An der Stadtgrenze zu Frankfurt, in den fruchtbaren Hügeln der Wetterau, lockt Bad Vilbel mit seinem Kurpark in den Nidda-Auen, weitläufigen Streuobstwiesen und einem kleinen Stadtwald. Früher von der US-Armee als Schießplatz genutzt, wurde er renaturiert und ist heute ein zauberhaftes Naturschutzgebiet, das im Frühjahr vor Bärlauch förmlich explodiert.

Hinauf in die Streuobstwiesen Am Ⓐ **Vereinsheim auf dem FFH-Platz** gehen wir einige Stufen hoch Richtung Kurpark, aber nicht hinein, sondern gleich links und nochmals links, rechts über die Brücke und sofort rechts auf den Fußweg entlang der Nidda. Vor dem Spielplatz/Bewegungspark biegen wir scharf links, vorbei am ❶ **Gerber-Brunnen**, zur Straße. Hier einige Schritte nach links, dann rechts die Treppe hoch zwi-

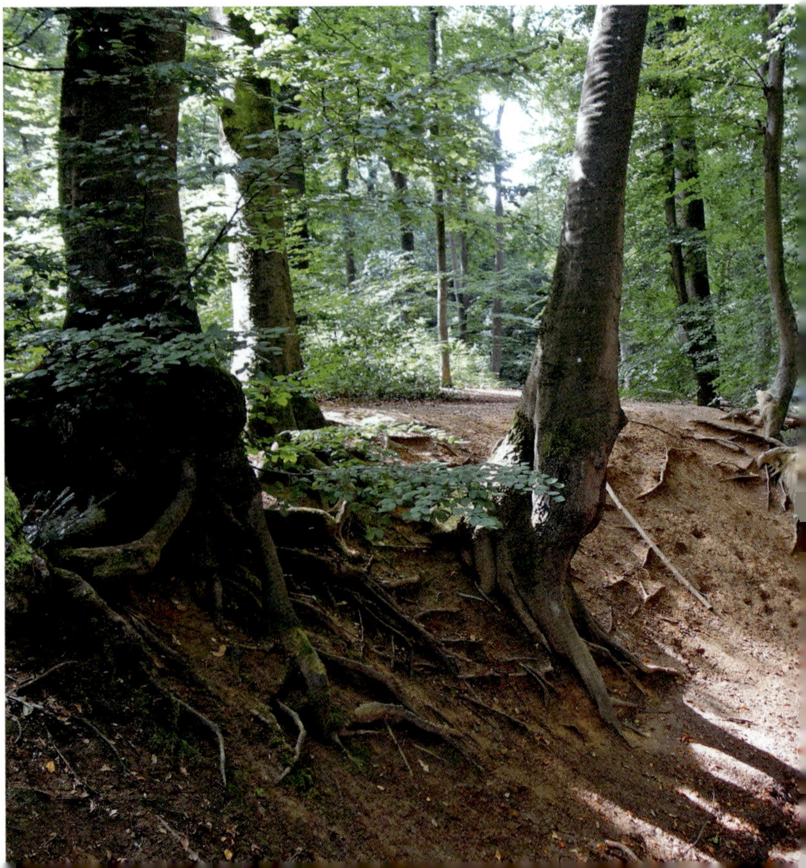

Besonderer Wald – die Bäume zeigen Biss!

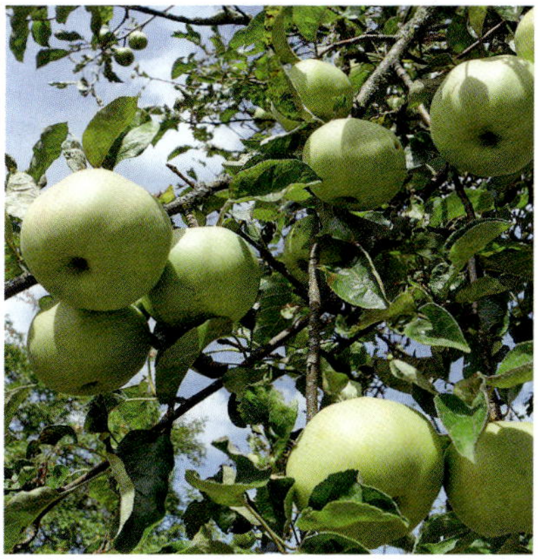

Streuobstwiesen und Mineralwasser

Alles da für die Apfelschorle! So könnte man die Schätze von Bad Vilbel augenzwinkernd zusammenfassen. Hier findet sich das größte zusammenhängende Streuobstwiesengebiet der Wetterau. Wertvoll für das Ökosystem, doch die Areale sind durch Erbteilung und Wegzug teilweise in schlechtem Zustand. Ein Verein hat sich ihrer angenommen. Ungetrübt sprudeln dagegen die über 20 Mineral- und Heilwasserquellen im Stadtgebiet. Das wertvolle Bad Vilbeler Wasser wird vom Trinkbrunnen im Kurpark bis zum deutschlandweit aktiven Brunnenbetrieb Hassia Mineralquellen an die Durstigen gebracht.

schen Häusern und Böschung zur Lohstraße. Dieser folgen wir nach links, im Rechtsbogen am Friedhof entlang und bei den Hausnummern 86 und 86b wieder rechts. Hinter dem letzten Haus nochmals rechts und wieder links, verläuft unser Fußweg entlang der Gärten oberhalb der Häuser und mündet an einer T-Kreuzung. Wir gehen links die Treppe hoch und weiter auf dem Weg, ignorieren an der nächsten Biegung die Treppe geradeaus zu den Häusern und biegen nach links, nun vorbei an einem ❷ **alten Steinbruch**. Durch den Zaun erkennen wir den Sandsteinabbruch. Bald tauchen links die ersten Streuobstwiesen auf und wir haben den sogenannten Weinberg erklommen, mit 157 Metern eine markante Erhebung in der Wetterau!

Apfelduft begleitet im Spätsommer den Wanderer.

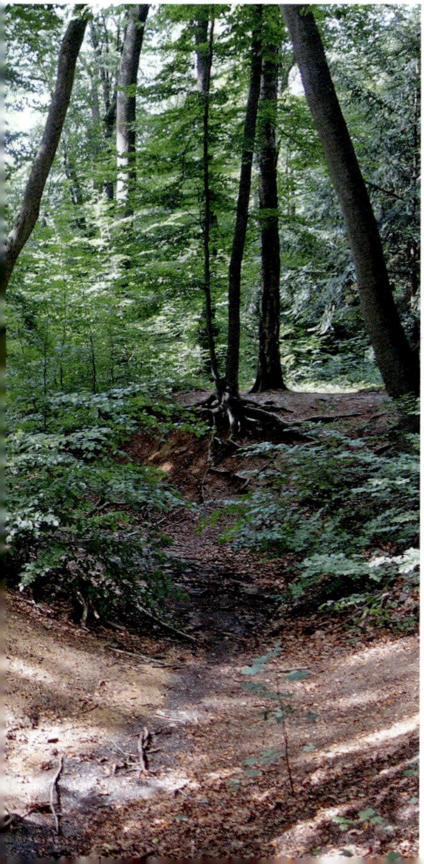

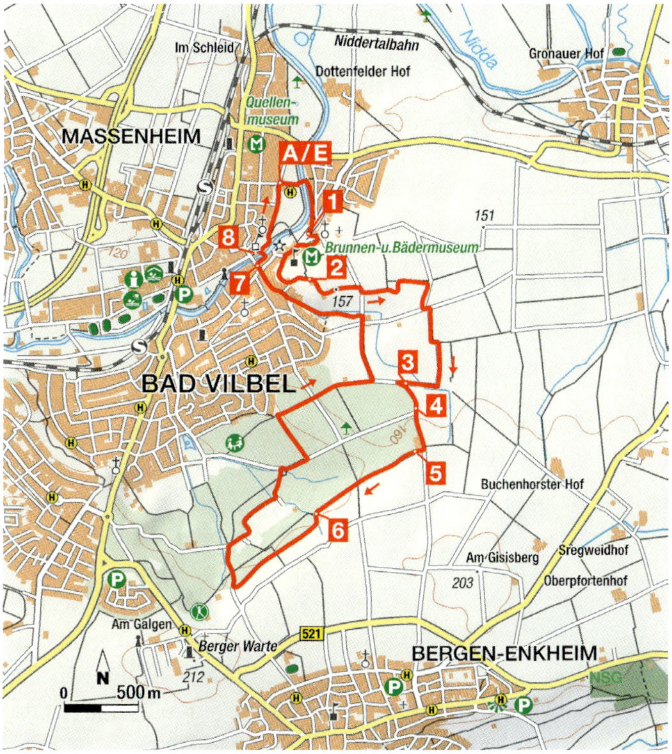

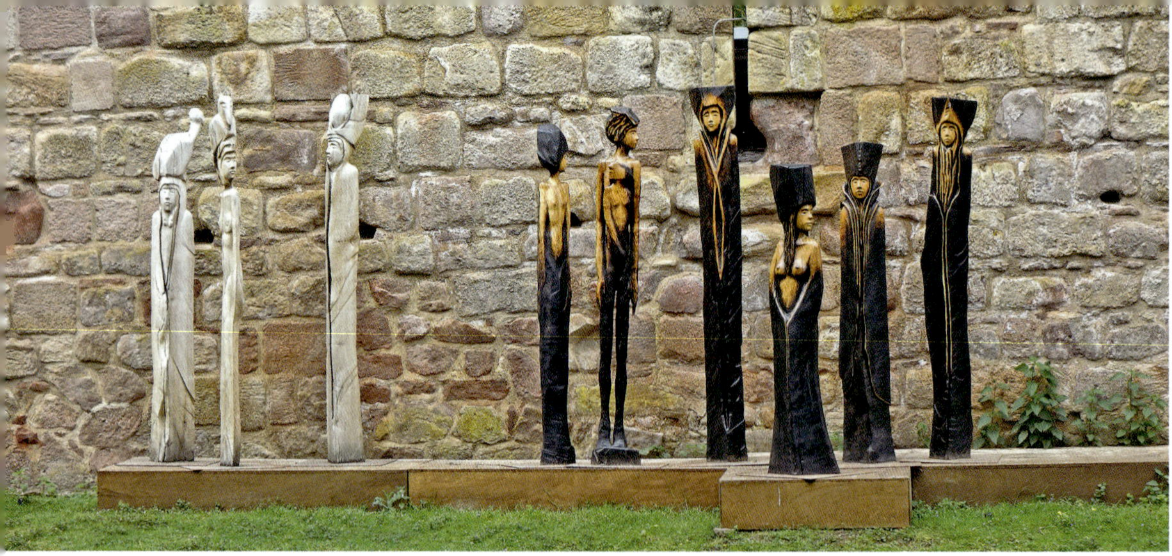

Über den Burggraben scheint man das Gemurmel der Figuren zu hören.

Der Blick wird weit Hinter dem Wasserwerk quert eine Straße, wir gehen hier kurz rechts und gleich wieder links auf den Feldweg durch die Streuobstwiesen. Der Weg macht nach ca. 200 Metern einen Linksbogen und endet an einer T-Kreuzung vor einer umzäunten Obstwiese. Hier biegen wir nach rechts. Allmählich öffnet sich der Blick auf die östliche Wetterau und am Horizont auf die Ausläufer des Spessarts. Unser Wiesenweg trifft auf einen asphaltierten Weg. Dort gehen wir rechts, die nächste Möglichkeit links und gleich wieder rechts auf einem Schotterweg durch das Obstanbaugebiet. An der nächsten T-Kreuzung geht es nochmals links und gleich wieder rechts, nun auf geteertem Wirtschaftsweg zwischen Obstwiese und Feldern. Am Schild »Naturschutzgebiet« biegen wir rechts ab und wandern entlang eines Grabens leicht bergan. Bald taucht vor uns am Horizont der Große Feldberg auf. Kurz hinter dem ❸ **Insektenhotel** wenden wir uns nach links und wandern auf dem Radweg Richtung Offenbach/Bergen-Enkheim entlang des Wäldchens, das wir gleich durchqueren werden. Dabei passieren wir die ❹ **erdgeschichtliche Skulptur** mit den einladenden Ruhebänken und erreichen auf dem geschotterten Hauptweg (oder parallel auf dem Waldrandpfad) das Ende des Waldes, markiert mit Sitzbank und Infotafel zu den Streuobstwiesen.

Überraschendes Walderlebnis Kurz vor der Bank rechts führt unser Pfad vorbei an der ❺ **Josef Schusser Hütte** in den Wald, dessen Boden im Frühjahr üppig mit Bärlauch bedeckt ist. Für den nächsten Kilometer halten wir uns bei Kreuzungen geradeaus und bei Gabelungen links auf dem Pfad knapp am Waldrand entlang. Durch die Bäume sehen wir den angrenzenden Wiesenhang, ab und zu markiert ein Grenzstein unseren Weg. Schließlich erreichen wir einen ❻ **Bruchgraben**, an dessen Kante sich die Bäume mit ihren freiliegenden Wurzeln klammern. Dort links vorbei und über Baumwurzeln weiter links haltend, bleiben wir auf dem schmalen Pfad bis zu einer Kreuzung mit einem breiten Waldweg (links zwei Sperrpfosten). Wir biegen rechts auf den mit Infotafeln bestückten Weg (Landgrabenweg), überqueren eine Kreuzung und erreichen an der nächsten Kreuzung den ehemaligen Schießplatz, heute eine von den Pfadfindern genutzte Freifläche. Hier nach rechts, erreichen wir eine idyllische Lichtung und folgen dem Weg im Links-rechts-Bogen zurück in den

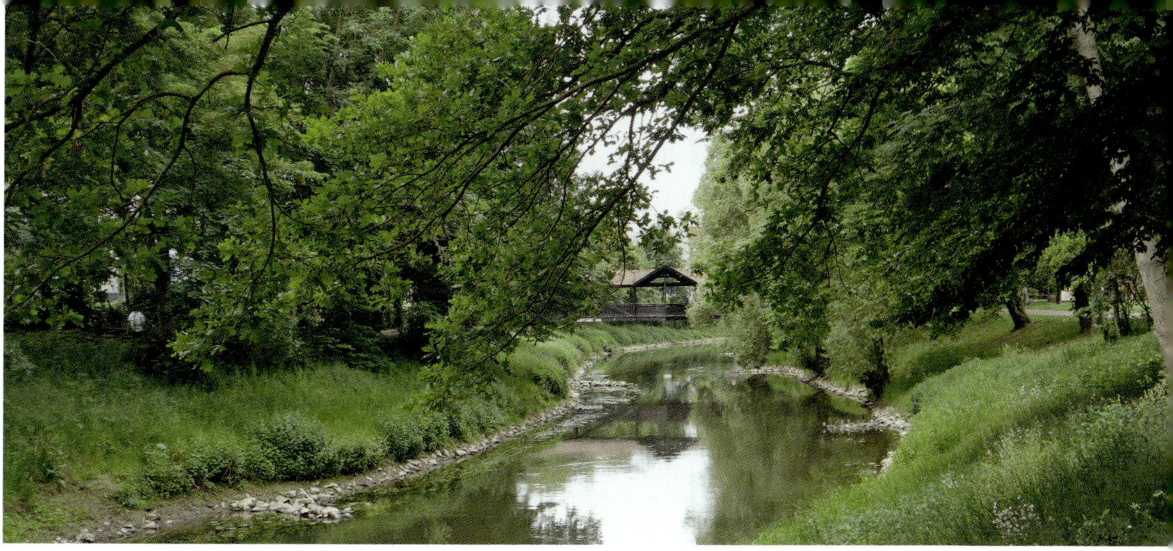

Die Nidda, hier noch ein schmales Flüsschen, fließt am Rande des Kurparks.

Wald. An der nächsten Kreuzung, wieder mit Schutzhüttchen und Bank, wechseln wir auf den Waldweg rechts bergauf (Kreuzschneise), an der zweiten Infotafel auf einen Pfad links bergan, über eine Kreuzung hinweg und zum Waldrand. Kurz vor den Häusern biegen wir rechts ab und bleiben rund einen halben Kilometer und über vier Kreuzungen hinweg auf diesem Weg. Links öffnen sich Wiesen und Felder. Schließlich trifft der Weg auf den geteerten Radweg, rechts im Wald versteckt sich das nächste Schutzhüttchen. Hier verlassen wir den Wald, biegen nach links und gelangen durch die Felder zu den Schrebergärten.

Schmucke Altstadt mit Burg Am Hundesport-Vereinsheim über die Straße und in den Graubergweg, biegen wir nach wenigen Metern links auf den Pfad am Bach entlang. Vorbei an Gartengrundstücken erreichen wir bald die ersten Häuser. Kanalweg und Hanauer Straße führen uns in den Ort. Wir laufen direkt auf das 7 **alte Rathaus** zu, das jetzt das Standesamt beherbergt. Den hübschen Marktplatz dahinter ziert ein historischer Ziehbrunnen, aus dem man früher mit Steinzeugkrügen, die in Körben herabgelassen wurden, das Mineralwasser schöpfte. Die Brunnenskulptur erinnert noch daran. An die Bedeutung des Mineralwassers für die Stadt erinnert auch der Kegel des modernen Bad Vilbeler Urquelle-Brunnens. Hier begegnen uns wieder die Gesteinsschichten, die wir an der erdgeschichtlichen Skulptur im Wald schon gesehen haben und die den Charakter des Mineralwassers ausmachen. Vom Marktplatz gehen wir rechts auf dem Uferweg zum Mühlensteg, überqueren die Nidda und umrunden die 8 **Ruine der Wasserburg**, berühmt wegen der Bad Vilbeler Burgfestspiele. Die Skulpturengruppen rund um das Gemäuer sind ein Projekt des Künstlers Stephan Guber unter dem Motto »Das Paradies«. Hinter der Burg nach rechts, spazieren wir durch den Kurpark zurück zum Ausgangspunkt. Wer mit der S-Bahn gekommen ist, kann an der Rendeler Straße links zum E **Bahnhof** abbiegen.

KULTUR- UND NATURTIPPS Burgfestspiele Bad Vilbel (Website: www.kulturbad-vilbel.de/burgfestspiele); Kurpark: Rekonstruktion eines römischen Mosaiks, eines der schönsten in Deutschland; Orchideenblüte (Geflecktes Knabenkraut, Helm-Knabenkraut): Mitte Mai bis Mitte Juni; Herbstzeitlosenblüte im Herbst

4

Kurbad-Glanz und Land-Idylle

Auf den Höhen und im Kurviertel von Bad Nauheim

Leicht | 9,3 km | 175 Hm | 2.30 Std.

Tourencharakter
Leichte stadtnahe Rundwanderung auf meist gut begehbaren Wegen durch Wald, Felder, Streuobstwiesen, den Kurpark und die Innenstadt. Gut mit einer Stadtbesichtigung zu verbinden, moderate An- und Abstiege

Ausgangs-/Endpunkt
Bad Nauheim, Aliceplatz (an der Parkstraße)

Anfahrt
ÖPNV: Ab Frankfurt Hbf. mit der Regionalbahn bis Friedberg, weiter mit Bus FB34 Richtung Bad Nauheim Bahnhof, Ausstieg Haltestelle Aliceplatz
Auto: A5 bis Friedberg, weiter B455 und B3 bis Bad Nauheim, Richtung Kurpark, Parkplatz (kostenpflichtig) Aliceplatz oder Parkstraße

Einkehr
Unterwegs: WILLIAMS Restaurant (am Flugplatz)
Am Ziel: Gastronomie im Kurviertel, z. B. Schweizer Milchhäuschen (Nördlicher Park 6), Pane e Vino (Aliceplatz), Da Davide (Parkstraße 3)

Informationen
Bad Nauheim: Tel. 06032/ 92 99 20, www.bad-nauheim.de (Jugendstil unter Lebenswert/Stadtinfo & Geschichte)

Wanderkarte
NaturNavi: Bad Nauheim – Wetterau Nord, Wanderkarte mit Radwegen, Blatt 46-558, 1:25 000

Wanderziele in der Nähe
Lokale Themenwanderwege (z. B. zur Salzgewinnung), Rosenstadt Steinfurt, Burgruine Münzenberg, Butzbach, Usingen

Bad Nauheims Charme liegt in seiner Vielfalt. Die lernen wir auf dieser Tour kennen. Vom Rand des Kurparks geht es über einen Weinberg in den Wald, dann durch Streuobstwiesen mit Weitblick und entlang des Flüsschens Usa zurück in den prächtigen Park. Schließlich schauen wir uns noch einige Attraktionen im Kurviertel an.

Über den Weinberg Vom Ⓐ **Aliceplatz** gehen wir die Parkstraße bergauf, überqueren die Mondorfstraße und nehmen den Fußweg bergauf durch die Anlage. Am Neptun-Denkmal links, nach den Stufen rechts und gleich wieder scharf links, gelangen wir zur Straße, überqueren sie und steigen rechts treppauf zum Weinberg Johannisberg. Vorbei am Vereinshaus des Weinberg-Freundeskreises, gehen wir links über den Parkplatz weiter bergauf, mit einem kurzen Abstecher links zum Aussichtspunkt: Unser Blick schweift über Vogelsberg und Spessart bis zur Wetterau mit Friedberg im Vordergrund. Am Gebäude auf dem Johannisberg (leider kein Ausflugslokal mehr) biegen wir nach links und in der nächsten Rechtskurve links auf den Pfad zur ❶ **Volkssternwarte**. Dann überque-

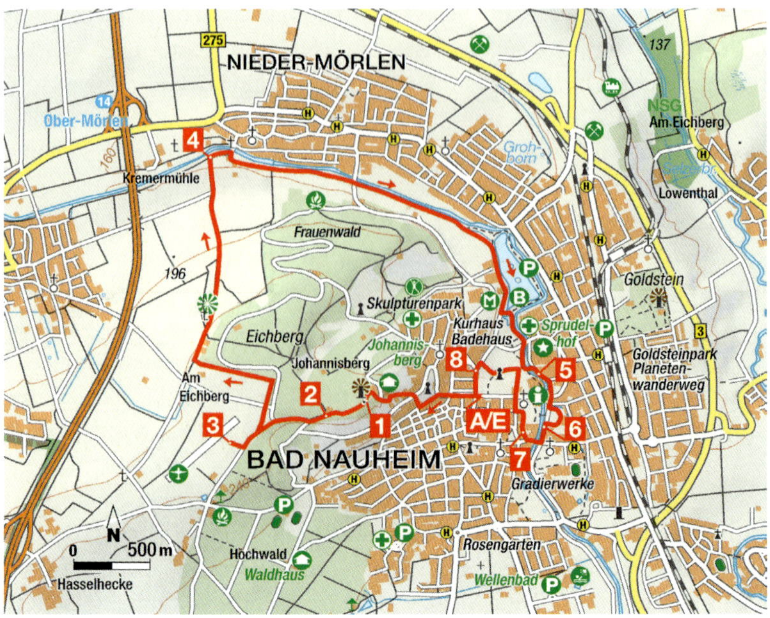

ren wir rechts vom Turm die Straße und wechseln auf den Waldweg gegenüber, wo wir Relikten einer römischen Signalstation begegnen. Weiter links auf dem Waldweg, gelangen wir zur ❷ **Weberhütte**, die ein archäologisches Rätsel markiert. Sie steht auf dem Ende des Wolfsgrabens, ein möglicherweise keltischer Trockenmauerwall, dessen Bestimmung bis heute unbekannt ist.

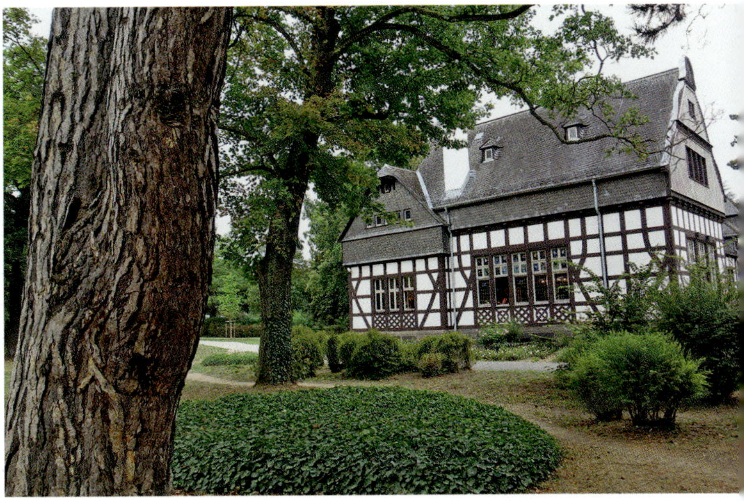

Nostalgisch schön: Stadtbibliothek im Bad Nauheimer Kurviertel

Flieger, grüß mir die Sonne Ab der Hütte folgen wir nicht lang der Markierung P. Kurz bevor der Waldweg die Querstraße erreicht, gehen wir mit dem P rechts und erreichen nach ca. 120 Metern eine Wegspinne. Hier verlassen wir das P, nehmen den zweiten Weg nach links, überqueren eine Straße, rund 50 Meter weiter noch eine und gehen links der Fahrbahn auf einem Pfad entlang. Der erste Querweg führt rechts über die Straße zum ❸ **Flugplatz Ober-Mörlen**. Hier können wir die Flieger beobachten und vielleicht auf der Restaurantterrasse einkehren. Vom Flugplatz zurück zur Straße, gehen wir links neben der Fahrbahn entlang. In der ersten Kurve (gelbes Schild »Flugplatz – Lebensgefahr«) wechseln wir halb links auf den Feldweg Richtung Waldrand. Wir queren eine weitere Straße und laufen, nun wieder vom P begleitet, zwischen Feld und Waldrand erst geradeaus, dann im Bogen nach links um das Feld herum. Am Ende des Waldrands verlassen wir das abbiegende P, bleiben wenige Meter geradeaus

Welche Sorte wächst denn da? Infotafeln entlang der Streuobstwiese

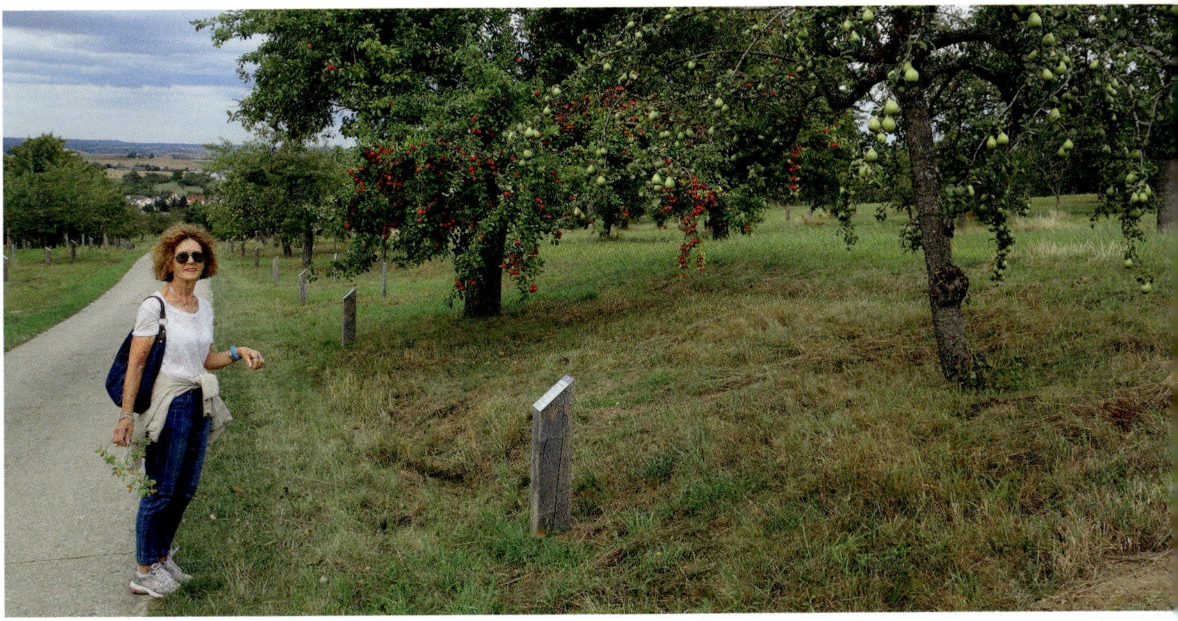

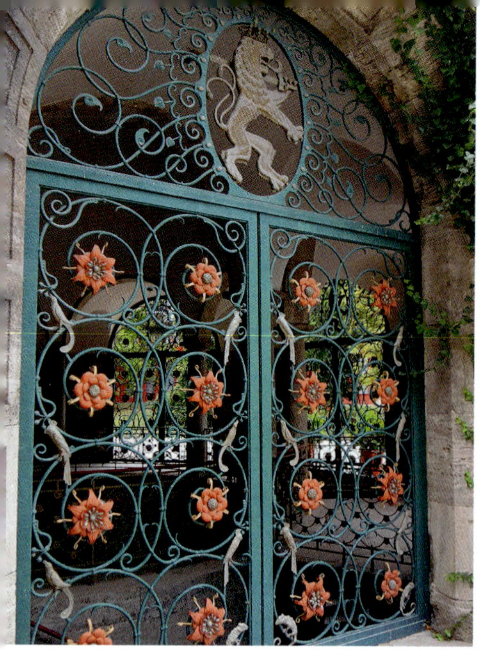

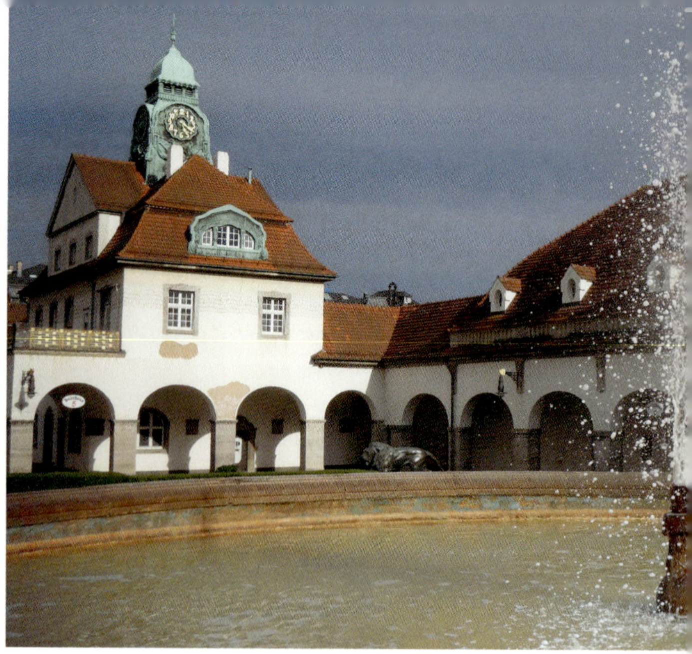

und erreichen einen Feldweg, auf den wir rechts einbiegen. Nun können wir für rund 3,5 Kilometer der Nordic-Walking-Markierung 3 folgen.

Vom Streuobst zum Kurpark An einer Marienkapelle vorbei, geht es bergab durch gepflegte Streuobstwiesen, an den Infotafeln können wir sogar die Obstsorten ablesen. Unser Blick schweift über Ober- und Nieder-Mörlen, Butzbach und in Richtung Gießen, uns zu Füßen wuselt die A5. Unten an der ❹ **Usa-Kapelle**, am Ortsrand Nieder-Mörlen, folgen wir der Straße rechts in die Schrebergärten, biegen bei der ersten Möglichkeit (gegenüber dem Steg in den Ort) rechts ab und sofort wieder links auf einen Grasweg weiter entlang der Gärten. Am Spiel- und Bolzplatz kurz links und gleich rechts, wandern wir zwischen Usa und Golfplatz. Wo der Nordic-Walking-Weg 3 links abbiegt, bleiben wir rechts und erreichen den großen Teich im Kurpark. Hier wenden wir uns nach rechts. Kurz nach dem Restaurant Teichhaus gehen wir links über ein Brückchen und gleich wieder rechts. Entlang der Usa, am Minigolfplatz vorbei, gelangen wir zu dem nostalgischen Fachwerkhäuschen Schwyzerhüsli. Heute ein Café, war das Milchhäuschen früher Teil des Kurbetriebs: Eine Familie aus Appenzell reichte den Gästen als Milchkur Kuh- und Ziegenmilch in verschiedenen Zubereitungsformen.

Heilendes Salz und kurende Herrschaften

Salz spielte in Bad Nauheim schon bei den Kelten eine wichtige Rolle. Der Aufstieg zum Heilbad begann im 19. Jahrhundert mit der Erschließung zweier großer Sprudel. Badehäuser und Unterkünfte wurden geschaffen und empfingen illustre Gäste, so Kaiserin Sisi von Österreich, Zarin Alexandra von Russland (gebürtige Prinzessin von Hessen-Darmstadt) und die Deutsche Kaiserin Auguste Viktoria. Um den Andrang zu bewältigen, ließ Großherzog Ernst Ludwig neue Anlagen im Jugendstil schaffen. Heute zeigen Führungen im Sprudelhof unter anderem die Badekabine der Zarin Alexandra, sogar Bäder wie in alten Zeiten sind möglich.

Jugendstil im Überfluss Links über die Jugendstilbrücke, erreichen wir den ❺ **Sprudelhof**, ein beeindruckendes, geschlossenes Jugendstil-Ensemble, in dem die Prominenz der Belle Époque zu Gast war. Nach einem Bummel durch die Anlage verlassen wir diese beim zentralen Brunnen durch das

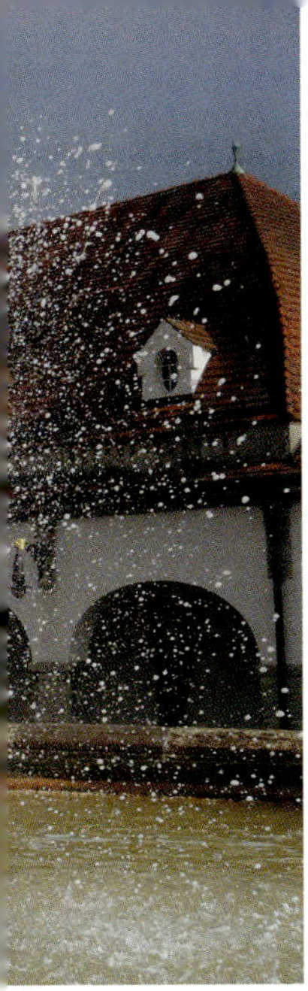

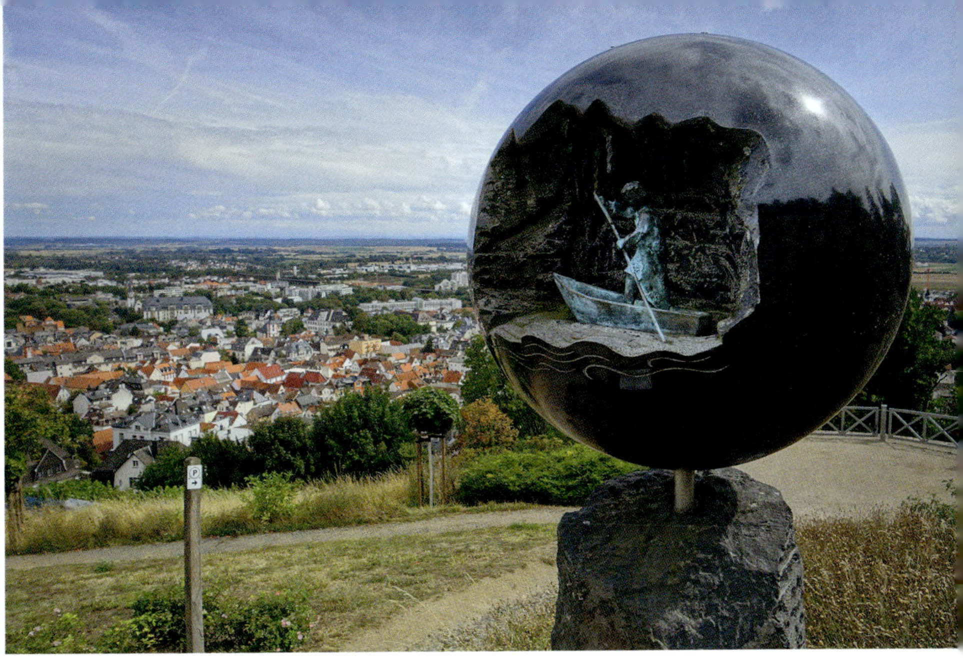

rechte Portal, von der Richtung aus gesehen, aus der wir den Sprudelhof betreten haben. An der Ampel (mit Ampelmann Elvis) geradeaus über die Parkstraße, nach der ersten Einmündung (Lindenstraße) links wieder in eine Parkanlage, führt unser Weg vorbei an dem schönen Fachwerkbau der Stadtbibliothek zu einem der 6 **Bad Nauheimer Gradierwerke**. Über eine hohe Wand von Reisigbündeln rieselt heilkräftige Sole herab und erzeugt frische, salzhaltige Luft. Früher wurde so auch Salz gewonnen, daher werden solche Anlagen fälschlicherweise oft als Salinen bezeichnet. Nach rechts aus dem Park heraus, links die Straße entlang, bei der Ampel rechts über die Brücke (Ernst-Ludwig-Ring) und nach wenigen Schritten rechts durch das Säulenportal, gelangen wir in die 7 **Trinkkuranlage**, auch sie ist ein stimmungsvolles Zeugnis des Jugendstils. Neben Heilwasser gibt es hier eine Bar, Konzerte, Ausstellungen und Kulturveranstaltungen. Links am Bassin vorbei, werfen wir am Ausgang noch einen Blick auf den achteckigen Kurbrunnentempel mit kunstvoll geschmiedeten Gittern. Geradeaus durch den Rosengarten, vor der Dankeskirche links und gleich rechts in die Kurstraße, erreichen wir wieder die Parkstraße.

Links: Heilwasser hinter Schmiedeeisen: der Kurbrunnentempel

Mitte: Für Jugendstil-Fans: Im Sprudelhof gibt es viel zu sehen.

Rechts: Vom Johannisberg schweift der Blick über Friedberg und die Wetterau.

Zum Schluss noch Elvis Hier sind wir nahe am Ausgangspunkt, aber ein minimaler Umweg beschert uns noch drei kleine Bad Nauheimer Highlights: Geradeaus in den Kurpark laufen wir auf den schönen Brunnen der Erkenntnis zu. Dort nach links, gelangen wir zum Kurhaus mit dem Jugendstil-Theater Dolce. Davor wieder links und gleich rechts aus dem Park heraus, sind wir am 8 **Elvis-Presley-Platz**, wo der Sänger zwischen 1958 und 1960 wohnte. Heute ist die Villa Grunewald ein Hotel, Elvis' Zimmer nahezu original erhalten. Ein Denkmal mit Fan-Devotionalien zeugt noch heute von seinem Ruhm. Weiter nach links die Terrassenstraße entlang sind wir wieder am E **Ausgangspunkt**.

EVENT-TIPPS Bad Nauheimer Jugendstilfestival im September, European Elvis Festival im August

5

Mystischer Keltenberg

Von Kronberg über Viktoriatempel und Bürgelplatte auf den Altkönig

Schwer · 9,5 km · 510 Hm · 3.45 Std.

Tourencharakter
Anspruchsvolle waldreiche Rundwanderung, teils auf schmalen Pfaden und über felsiges Gelände. Einige Auf- und Abstiege sind recht steil. Festes Schuhwerk erforderlich, Wanderstöcke zu empfehlen. Keine Tour für Nässe/Schnee oder windiges Wetter

Ausgangs-/Endpunkt
Kronberg, Parkplatz am Waldschwimmbad (parallel zur B455)

Anfahrt
ÖPNV: Ab Bahnhof Kronberg mit Bus 71 und 72, Haltestelle Kronberg Waldschwimmbad
Auto: A66, Abfahrt Main-Taunus-Zentrum nach Kronberg, weiter B455 Richtung Oberursel (Navi: Kronberg im Taunus, Am Waldschwimmbad), Parkplatz (kostenlos) am Schwimmbad (kann in der Badesaison voll sein)

Einkehr
Unterwegs: keine
Am Ziel: Waldgasthaus Bürgelstollen (Bürgelstollen 1, oberhalb des Waldschwimmbads)

Informationen
Taunus-Informationszentrum: Tel. 06171/507 80, www.taunus.info (Altkönig unter Angebote/Natur & Erlebnis); Kronberg: www.kronberg.de

Wanderkarte
NaturNavi: Vordertaunus, Wanderkarte mit Radwegen, Blatt 46-556, 1:25 000

Wanderziele in der Nähe
Oberursel-Hohemark (Taunus-Informationszentrum), Großer Feldberg, Kleiner Feldberg, Fuchstanz, Königsteiner Burgen

Ein kerniges Wandererlebnis beschert uns diese wald- und felsenreiche Tour mit schönen Aussichtspunkten, den Resten einer mittelalterlichen Kapelle und keltischen Ringwällen. Auf der grasbewachsenen, von bemoosten Bäumen geschützten Kuppe spüren wir die Magie des Altkönigs.

Zu Anton Günther und Viktoria Vom Ⓐ **Waldschwimmbad** gehen wir (mit Blick zur Bundesstraße) nach rechts und nehmen den Forstweg bergauf. An der zweiten Kreuzung weisen Wanderzeichen nach links, doch wir bleiben auf dem Hauptweg geradeaus bergauf (Nordic-Walking-Strecken). Nach ca. 120 Metern queren im Abstand von 10 Metern zwei Waldwege. Wir nehmen den zweiten nach links und finden rund 15 Meter weiter rechts den Wegweiser zur ❶ **Anton-Günther-Gedenkstätte**. Diesem Schild nach rechts folgend, gelangen wir zu einem Felsen mit Gedenktafel für den erzgebirgischen Volksdichter Anton Günther,

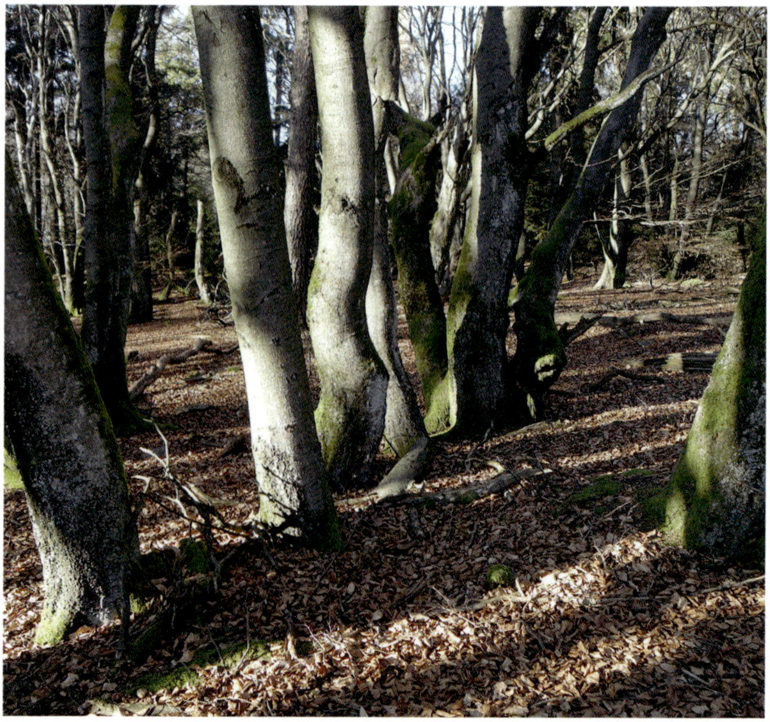

Stumme Wächter: Alte Bäume umsäumen die Kuppe des Altkönigs.

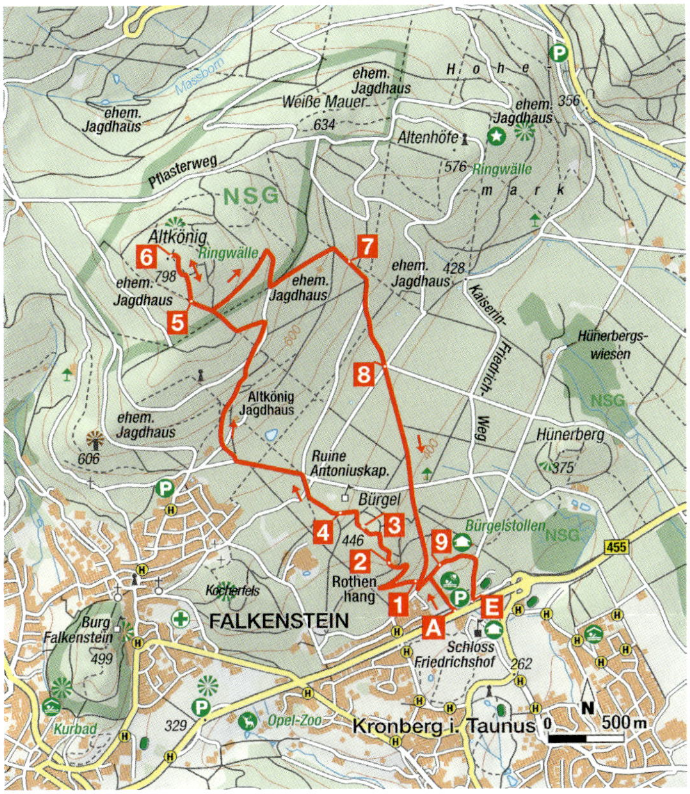

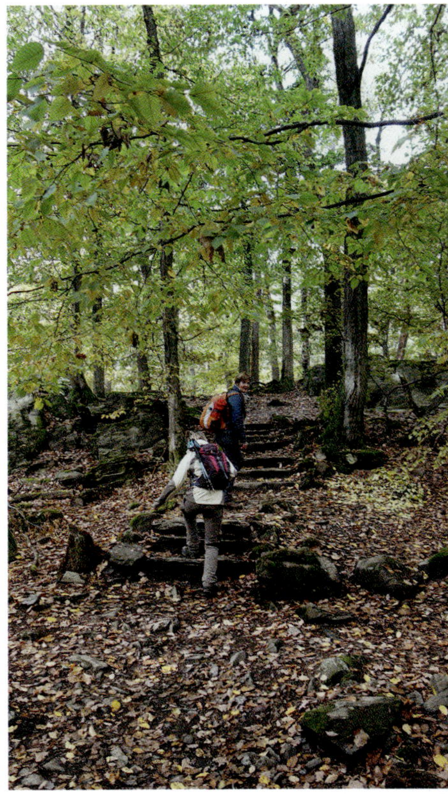

Kraxelei: Wer auf den Altkönig will, braucht Kondition.

der auch als Erfinder der Liedpostkarte (Karte mit schön illustriertem Liedtext samt Noten) gilt. Rund 200 Meter weiter treffen wir auf das Wanderzeichen schwarzer Balken. Diesem folgen wir für die nächsten rund 3,5 Kilometer. Es geht rechts bergauf (Schild »Viktoriatempel«), bald kommen links große Felsen. Hier wandern wir nach links und zum nostalgischen ❷ **Viktoriatempel** mit Fernblick auf Vordertaunus und Rhein-Main-Ebene.

Über die Bürgelplatte Mit dem schwarzen Balken am Viktoriatempel vorbei, geht es bergauf Richtung Altkönig. Durch felsigen Wald erreichen wir bald eine Steintreppe zu einem kleinen Grat, der ❸ **Bürgelplatte**, die wir besteigen können. Unser Weg führt aber rechts daran vorbei, nun leicht bergab bzw. eben. Nach ca. 150 Metern kommt eine Gabelung. Bevor wir uns hier mit dem schwarzen Balken links halten, machen wir zwei Abstecher: Rechts finden wir nach wenigen Schritten die Überreste der mittelalterlichen ❹ **Antoniuskapelle** (Tipp: Infotafel lesen, im letzten Satz kommt eine Pointe!). Und links zwischen den Bäumen liegt der alte jüdische Friedhof von Kronberg. Dann geht es mit der Markierung weiter geradeaus Richtung Altkönig, über eine Kreuzung, an der nächsten Kreuzung mit dem schwarzen Balken nach links und rund 250 Meter weiter, vor einem Kahlschlag/Aufforstungsgebiet, rechts bergauf. Wir überqueren einen Waldweg mit Bank und bleiben weiter geradeaus. Nach ca. 50 Metern folgen wir an der Gabelung dem schwarzen Balken nach rechts, queren weitere Wege und bleiben auf unserem felsigen Pfad bergauf.

Steiler Aufstieg Kurz vor einer erkennbaren Kuppe weist das Zeichen nach links, doch aufpassen, nicht der breite Waldweg ist gemeint, sondern halb links der schmalere Pfad. Er führt im Rechtsbogen weiter bergan und trifft dann auf einen breiten Waldweg, der nach Rodungen einen Panoramablick bietet. Ihm folgen wir nach rechts und haben wenig später, in der Linkskurve, bei gutem Wetter Sicht auf Spessart, Vogelsberg und bis zur Rhön. Nach der Kurve an der ersten Möglichkeit wieder links, erreichen wir bald eine Kreuzung mit mehreren Wanderzeichen. Hier verlassen wir den schwarzen Balken und nehmen den felsigen Pfad rechts bergauf. Gleich darauf sehen wir auch das schwarze X des Europäischen Fernwanderwegs E1, das uns zum Gipfel führt. Es geht durch Nadelwald und über einen felsigen Weg, dann im Rechtsbogen über Geröll und zu den erkennbaren Resten der beiden ❺ **keltischen Ringwälle** von 400 v. Chr., die einst die Kuppe umgaben. Wir betreten ein mystisch wirkendes Waldstück mit bemoosten Baumpersönlichkeiten, die die grasbewachsene Kuppe zu bewachen scheinen. An der Gabelung können wir uns links halten, die ❻ **Altkönig-Kuppe** von dieser Seite aus umrunden und nach allen Seiten die Blicke genießen. Einige Bänke laden zur Rast ein.

Auf schönen Waldwegen bergab In der Nähe der mittleren Bank findet sich recht unauffällig der Gipfelstein. Links davon sehen wir an einem Baum mehrere Wanderzeichen, unter anderem den grünen Balken, der uns für fast den gesamten Abstieg leiten wird. Aber aufpassen, wir folgen ihm am Schilderbaum nicht links bergab, sondern über die Kuppe in die Richtung, aus der wir gekommen sind. Der grüne Balken verläuft ein Stück zusammen mit dem schwarzen X, das uns hochgeführt hat: durch den Mooswald, über die Ringwälle und links über den Geröllweg. Etwa 100 Meter nach dem Wall biegen wir jedoch mit dem grünen Balken links ab. Auf waldigem Pfad geht es bergab, vorbei an einer Lichtung, im Rechtsbogen weiter und an der nächsten Kreuzung halb links. Wir queren einen Waldweg, unser Zeichen weist für 10 Meter nach links, dann geht es rechts über einen steinigen Pfad (parallel zu einer Mountainbike-Strecke) weiter bergab. Der Pfad wird zu einem kleinen Hohlweg, gesäumt von einem Erdwall, vielleicht auch eine ehemalige Befestigungsanlage.

Die schroffen Taunusfelsen sind Zeugen geologischer Urkräfte.

Mystischer Keltenberg

Mit 798 Metern ist der Altkönig der dritthöchste Berg im Taunus und markiert mit Großem und Kleinem Feldberg die Gipfel des Hochtaunus. Wer ihn erleben will, muss sich anstrengen, es führt keine Straße hoch. Nicht nur deshalb gilt er vielen als der schönste Taunusberg und ist an Wochenenden mit Wanderern und Mountainbikern belebt. Schon die Kelten waren hier aktiv und errichteten zwei Ringwälle, die heute überwuchert, aber deutlich sichtbar sind. 400 v. Chr. müssen sie die baumfreie Kuppe wie zwei Kronenkränze hell umringt und weithin einen spektakulären Anblick geboten haben. Ihre Funktion ist indes unbekannt, Vermutungen reichen von Stammesheiligtum bis Fliehburg.

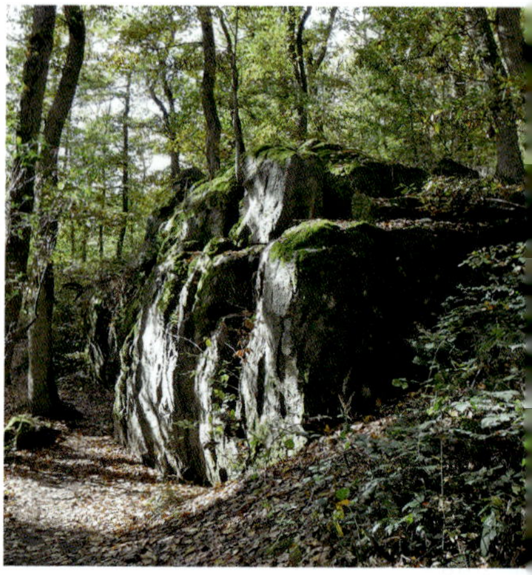

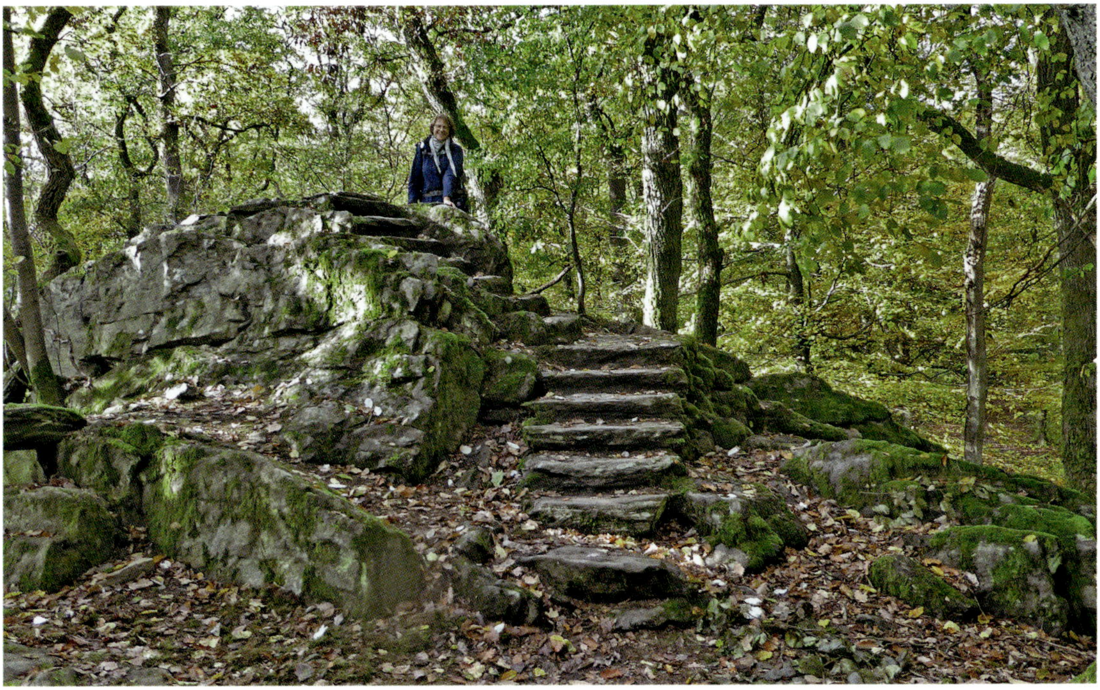

Die Bürgelplatte, ein kleiner Grat am Fuße des Altkönigs

Grenzbaum und Bürgelstollen Am Haderweg finden wir die bemoosten löchrigen Reste des alten Grenzbaums, als Markbaum anlässlich von Grenzstreitigkeiten auch ❼ **Streitbuche** genannt. Hier führt unser Zeichen rechts. Ein Stück weiter streifen wir die Haarnadelkurve eines Forstwegs und wandern links unterhalb der Kurve weiter bergab. Nach etwa einem halben Kilometer kreuzt ein Radweg, rechts ist die überdachte ❽ **Dr.-Joseph-Ostertag-Bank**. Wir bleiben geradeaus (an der Wegspinne dritter Weg von links) und gelangen nach gut 1 Kilometer an die Stelle, wo wir auf dem Hinweg zur Anton-Günther-Gedenkstätte abgebogen sind. Hier verlassen wir den grünen Balken, gehen 20 Meter links den Hang hinab und gleich wieder links, um noch am ❾ **Bürgelstollen** vorbeizukommen, einem alten Stollen zur Wassergewinnung aus dem Bergsporn Bürgel. Der Eingang verbirgt sich links am Ende der Terrasse des gleichnamigen Waldgasthofs – eine willkommene Gelegenheit, die Tour mit einer Einkehr abzuschließen. Rechts am Restaurant vorbei, über den Parkplatz und wieder rechts, geht es zurück zum Ⓔ Ausgangspunkt.

Ein Glückspilz mit Regenschutz!

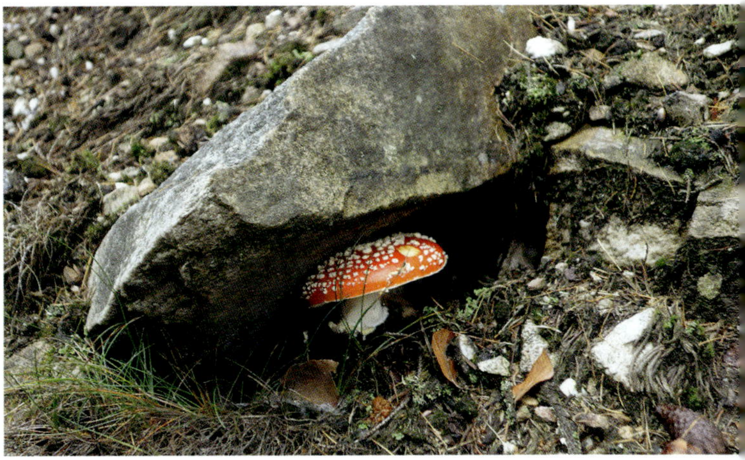

BADETIPP Nach der Wanderung ins Kronberger Waldschwimmbad! Mehr zu Öffnungszeiten und Preise unter www.kronberg.de

6

Burgberg und Taunuspass

Von Königstein über den Falkenstein zum Fuchstanz

Schwer | 9,8 km | 385 Hm | 3.30 Std.

Tourencharakter
Anspruchsvolle Waldwanderung auf teils gut begehbaren Waldwegen, teils über schmale und felsige Pfade. In der ersten Hälfte kräftige Anstiege, dann sanfter bergab. Festes Schuhwerk erforderlich, Wanderstöcke zu empfehlen. Keine Tour für Nässe/Schnee

Ausgangs-/Endpunkt
Kapuzinerplatz in Königstein (Ecke Hauptstraße/Georg-Pingler-Straße)

Anfahrt
ÖPNV: Von Frankfurt S4 nach Königstein, ab Bahnhof mehrere Busverbindungen bis Haltestelle Königstein Stadtmitte
Auto: A66 Abfahrt Königstein, den Schildern folgen bis Parkplatz Stadtmitte (Navi: Königstein/Taunus, Hauptstraße 5), Parkplatz Stadtmitte (Sa ab 13 Uhr und So kostenlos)

Einkehr
Unterwegs: Zum Schorsch (Ortsteil Falkenstein), Anitas Fuchstanz oder Waldgasthaus Fuchstanz (beide auf dem Pass)
Am Ziel: Gastronomie in Königstein, z. B. Sofia's Café (Wiesbadener Str. 4a), Villa Borgnis Kurhaus im Park (am Königsteiner Kurpark)

Informationen
Kur- und Stadtinformation Königstein: Tel. 06174/20 22 51, www.koenigstein.de; Zum Fuchstanz: www.fuchstanz-taunus.de

Wanderkarte
Natur-Navi: Vordertaunus, Wanderkarte mit Radwegen, Blatt 46-556, 1:25 000

Wanderziele in der Nähe
Altkönig, Billtalhöhe, Mammolshain, Kronthal, Kronberg, Rettershof, Rote Mühle

Wer im Taunus wandert, kommt um den Fuchstanz kaum herum. Seit jeher ein bedeutender Pass, ist dieser markante Kreuzungspunkt zahlreicher Wege heute ein beliebter Treffpunkt für Wanderer, Biker und Spaziergänger. Wir erwandern den Fuchstanz von Königstein aus, einer eleganten Kurstadt inmitten felsig-waldiger Taunuslandschaft, und besuchen vorher noch eine Burgruine.

Felsiger Aufstieg Mit dem Ⓐ **Kapuzinerplatz** im Rücken, wenden wir uns nach rechts in die Georg-Pingler-Straße und sehen auch bald zwei der drei Wanderzeichen, die uns heute durch den Tag führen: das schwarze Kreuz, mit dem wir starten, und den liegenden schwarzen Pfeil, der uns zurückbringt. Beide führen uns an der Pfarrei vorbei durch die Wohnanlage, über die Ampel rechts und gleich links, neben dem farbenfrohen Kurbad einen Fußweg hoch. Am Waldrand trennen sich die Zeichen. Wir folgen dem schwarzen X nach rechts und an der Wohnstraße links bergauf in den Wald. Hier ragen schon einige imposante Felsen hervor. An einer Gabelung kurz links die Stufen hoch, er-

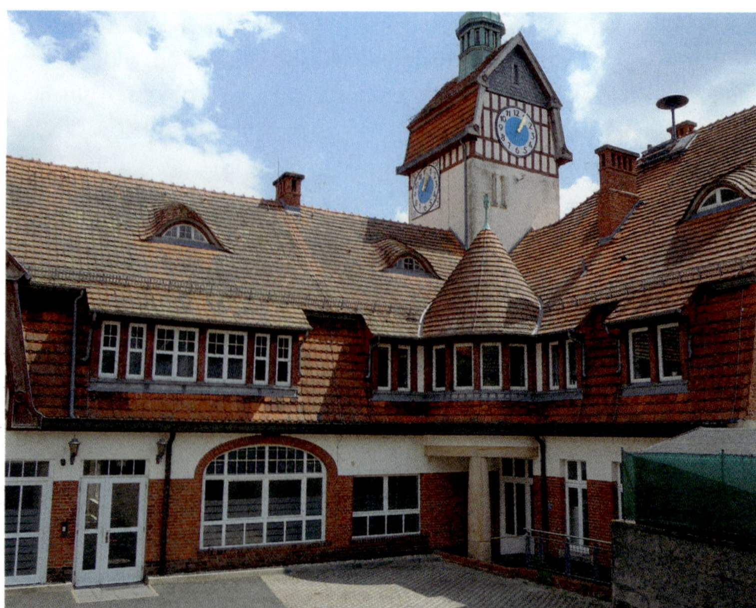

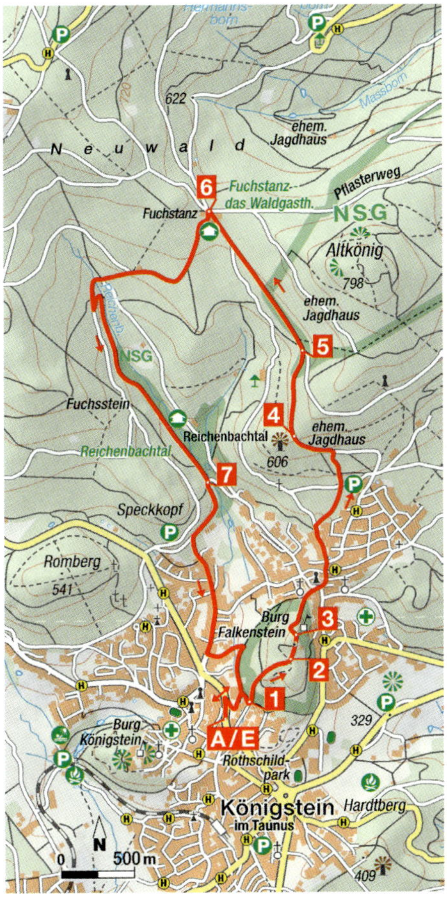

Der Fuchstanz

Der Pass (662 m) im Hohen Taunus war schon zur Keltenzeit (ca. 400 v. Chr.) und später bei den Römern Teil einer bedeutenden Verbindung zwischen Main, Altkönig und Kleinem Feldberg. Heute kreuzen sich hier Wander- und Radwege, im Winter tummeln sich bei passendem Wetter auch Schlittenfahrer und Langläufer. Zwei Ausflugslokale, Kioske und Plätze unterm Sonnenschirm laden zur Rast. Der Ursprung des Namens ist ungeklärt, doch im Lokal Fuchstanz hängt ein Vers vom Ersten Mai, wenn die Natur erwacht und die Elfen Geige spielen: Dann tanzen die Füchse den Reigen – jedoch nur, wenn niemand schaut!

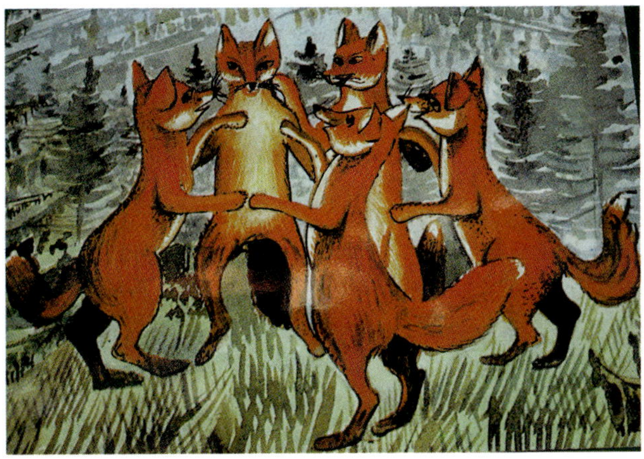

Ob die Füchse hier wirklich tanzen, hat noch niemand gesehen!

reichen wir den ❶ **Aussichtspunkt Hildablick**, von wo wir eine schöne Sicht auf Königstein und seine Burgruine haben. Links der Stadt erkennen wir den Staufen, rechts davon Rossert, Atzelberg mit der Funkanlage Luisenturm, Eichkopf und Steinkopf. Mit dem X geht es weiter bergauf, über Kreuzungen und in Serpentinen auf einem schmalen Pfad. Kurz vor dem Grat thront rechts auf einem Felsen der hübsche ❷ **Dettweiler Tempel**, von wo wir die Aussicht genießen.

Zwei Burgruinen Vom Tempel zurück, verlassen wir kurz das X und gehen gleich rechts über den Pfad zu den Mauerresten der Höhenburg Nürings. Geradeaus daran vorbei und links treppab, erreichen wir die ❸ **Burgruine Falkenstein** und finden auch unser schwarzes X wieder, das an der Burg vorbeiführt. Wer möchte, kann die interessante Anlage gegen ein kleines Eintrittsgeld betreten und den Blick in die Ferne genießen, auf die Frankfurter Skyline und dahinter am Horizont den Odenwald. Zurück am Weg, folgen wir dem X den Bergrücken hinab. Aus dem Wald heraus, kommen wir in den Königsteiner Stadtteil Falkenstein, der bis ins 17. Jahrhundert Nürings hieß. Wir folgen dem X geradeaus die Straße hinunter und am Reichenbachweg nach rechts am Ehrenmal vorbei zum Kreisel. Die Jugendstilgebäude der Klinik rechts erinnern an die Kurtradition, die auch Falkenstein hat. Mit

Linke Seite: Doppelter Kurort: der Königsteiner Stadtteil Falkenstein

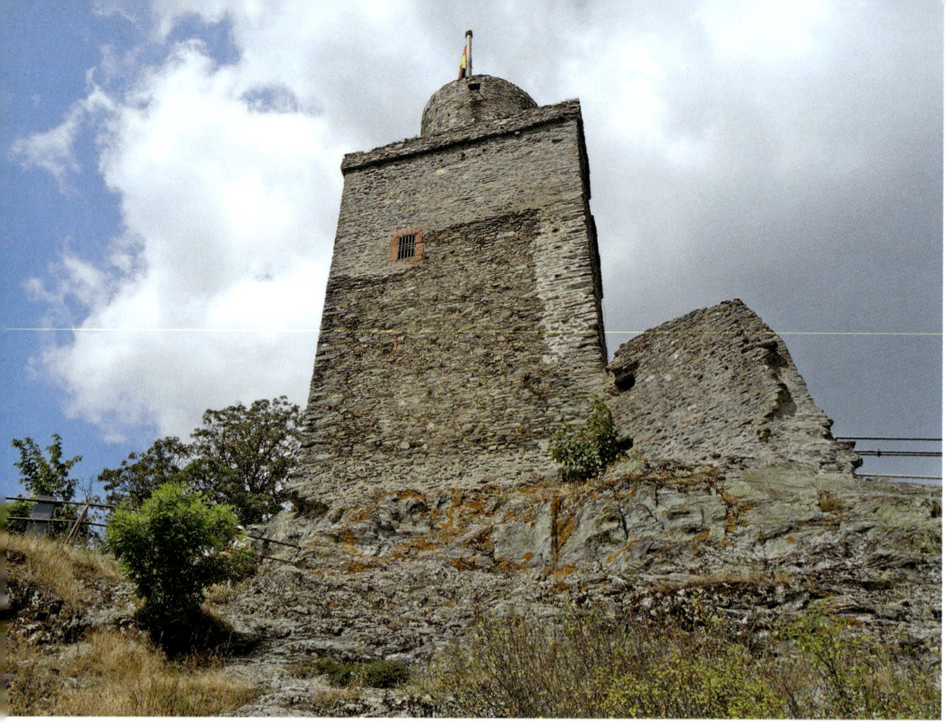

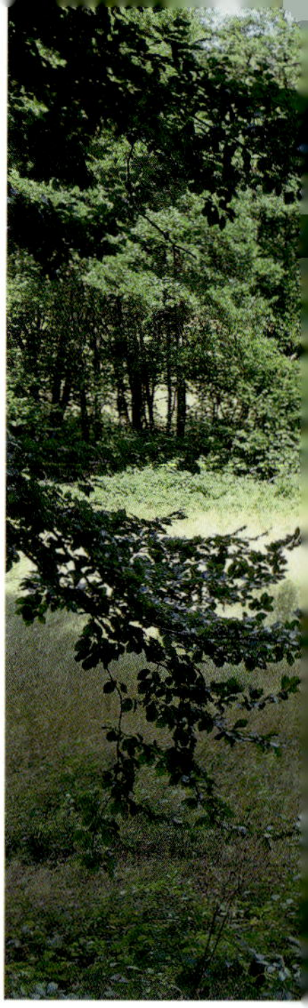

Links: Die Burgruine Falkenstein ist perfekt für eine panoramareiche Rast.

Mitte: Stiller Talgrund entlang des Reichenbachs

Rechts: Hohe Bäume im Burghof der Falkenstein

einem eigenen Prädikat als heilklimatischer Kurort und zudem Stadtteil der Kurstadt Königstein ist Falkenstein ein echtes Kuriosum.

Vom Tempel zum Taunuspass Am Kreisel gehen wir mit unserem X links und gelangen über die Feldbergstraße auf den Fuchstanzweg und zum Wanderparkplatz. Hier weichen wir für eine schönere Wegführung vom Wanderzeichen schwarzes X ab. Kurz nach den letzten Häusern, noch vor der Naturpark-Infotafel, nehmen wir rechts den unmarkierten Pfad leicht bergauf. Nach 20 Metern an der Gabelung rechts, 40 Meter weiter an der nächsten Gabelung links, bleiben wir auf dem Hauptweg, der uns immer mehr bergauf führt. Wir überqueren einen breiten Forstweg und bleiben geradeaus. Nach einem kurzen kräftigen Anstieg erreichen wir den zweiten breiten Forstweg. Hier gehen wir links und können nun dem gelben Balken folgen, der uns bis zum Fuchstanz begleitet. An der nächsten Gabelung rechts und wenig später durch eine Rechtskurve, weist links ein Schild zum ❹ **Lips-Tempel**, den wir in ein paar Schritten erreichen. Hier können wir rasten und einen weiteren schönen Panoramablick genießen. Vom Tempel zurück zum Weg und links, folgen wir dem gelben Balken bergauf. An der Kreuzung am Brünnchen ❺ **Neubronners Born** bleiben wir halb rechts auf unserem Hauptweg. Etwa einen halben Kilometer weiter kommt von unten ein Weg mit dem schwarzen X hoch, kurz darauf erreichen wir den ❻ **Fuchstanz** – Pass, Kreuzungspunkt und Rastplatz in einem. Hunger und Durst lassen sich hier stillen und das Treiben der Wanderer und Biker lässt sich beobachten.

Idyllischer Bachgrund und noble Villen Ab hier folgen wir bis zum Schluss dem liegenden schwarzen Pfeil. Er biegt hinter »Anitas Fuchstanz« scharf nach links und führt uns auf breitem Weg (Tillmannsweg) ins Reichenbachtal. An einer Wegspinne

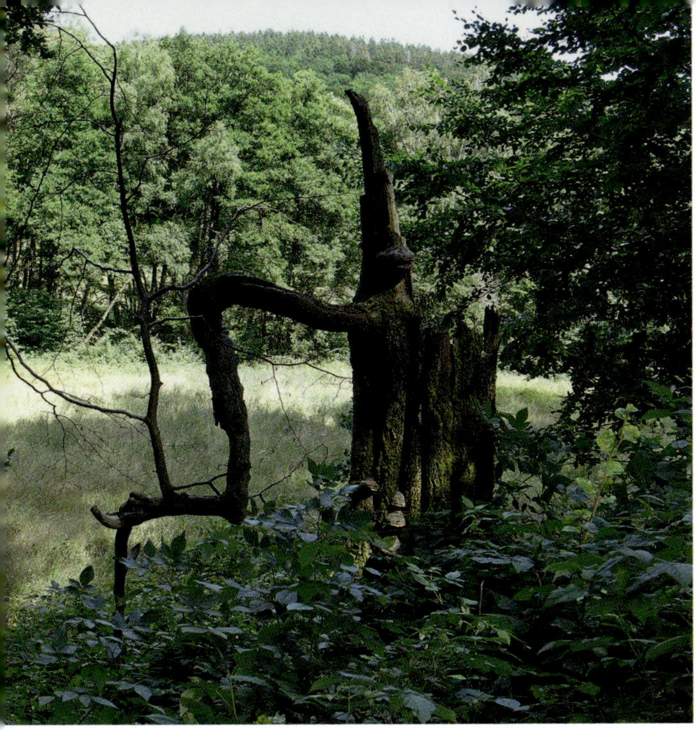

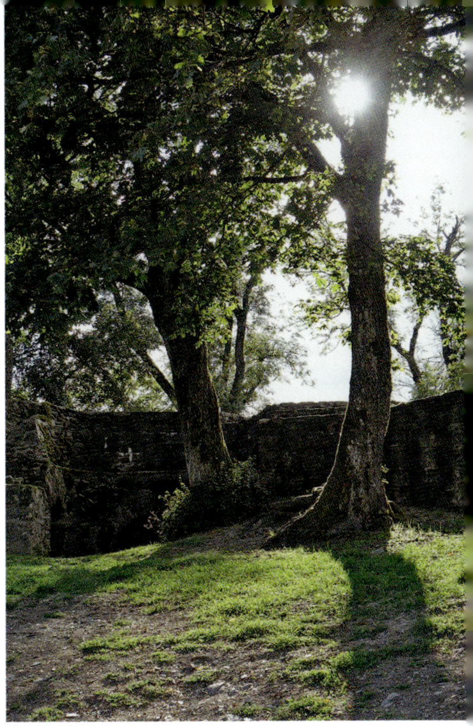

mit Hüttchen bleiben wir geradeaus, ebenso an der Radweg-Abbiegung Richtung Kronberg. Etwa 150 Meter nachdem wir in einer Linkskehre den Bach überquert haben, verlassen wir den auch von Radfahrern frequentierten Hauptweg und folgen dem schwarzen Pfeil links den Hang hinab und gleich wieder nach rechts. Auf schmalem Pfad geht es idyllisch durch den Bachgrund. Am Schild »Naturschutzgebiet« müssen wir aufpassen, unser Wanderzeichen biegt hier erneut nach links bergab. Bald erreichen wir einen 7 **Weiher** und können auf einer Bank den Fischen zuschauen. An der Wegspinne nach dem Weiher ist unsere Markierung schlecht zu sehen. Wir nehmen den zweiten Weg von rechts, ausgeschildert Richtung Königstein. Weiter mit der Markierung schwarzer Pfeil und vorbei am Waldkindergarten, gelangen wir auf schmalem Pfad zum Stadtrand und biegen links in die Altkönigstraße, die uns durch ein Villenviertel führt. Hinter dem Jugendstilhaus »Stephanie« geht es links in die Hugo-Amelung-Straße und kurz und kräftig bergan. Durch ein Gatter und über einen Steg gelangen wir zum Waldrand und wenden uns nach rechts. Unterhalb des Falkensteiner Hügels schlendern wir gemütlich zurück nach Königstein. Bald passieren wir das Kurbad und gelangen dahinter rechts wieder auf den Fußweg, der uns hergeführt hat. Über die Ampel und durch die Georg-Pingler-Straße erreichen wir den E **Ausgangspunkt**.

KULTURTIPP Sehenswert ist der Königsteiner Kurpark mit dem Kurhaus in der Villa Borgnis. Im Sommer wird hier oft Livemusik auf der Terrasse gespielt.

Kurze Rast am Dettweiler Tempelchen

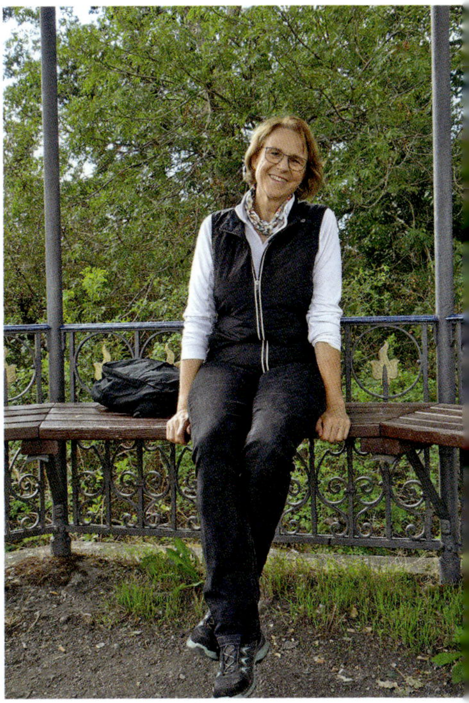

7 Blüten mit Skyline-Blick

Von Kelkheim durchs Schmiehbachtal und Bad Soden

Mittel | 11,5 km | 280 Hm | 3.30 Std.

Tourencharakter
Rundwanderung mittlerer Anforderung auf gut begehbaren oder befestigten Wegen durch Felder, Wald und Obstanbaugebiet. Moderate An- und Abstiege; kürzere Variante ab Bad Soden möglich

Ausgangs-/Endpunkt
Haupteingang Hauptfriedhof Kelkheim (an der Frankenallee)

Anfahrt
ÖPNV: Ab Kelkheim Bahnhof mit Bus 804 Richtung Liederbach, Haltestelle Friedhof
Auto: A66 Abfahrt Main-Taunus-Zentrum, B8 nach Liederbach, B519 bis Kelkheim (Navi: Kelkheim, Frankenallee 200), Parkplätze (kostenlos) am Friedhof

Einkehr
Unterwegs: Panorama-Café im Obstgut Stamm (oberhalb von Bad Soden)
Am Ziel: Schäfer Jakobs Apfelland (am Apfelland; Mai–Sept. Do–So, nur bei gutem Wetter), Restaurant zum Taunus (Hornauer Str. 146)

Informationen
Kelkheim (Taunus): Tel. 06195/80 30, www.kelkheim.de; Bad Soden am Taunus: www.bad-soden.de (Kultur und Veranstaltungen: Tel. 06196/20 80)

Wanderkarte
Natur-Navi: Vordertaunus, Wanderkarte mit Radwegen, Blatt 46-556, 1:25 000

Wanderziele in der Nähe
Rettershof, Rote Mühle, Gimbacher Hof, Rossert, Staufen, Eppstein, Schneidhain, Meisterturm

Der Taunusrand ist dicht besiedelt, aber er bietet auch kurze Wege ins Grüne und stille Winkel abseits der Städte. Der Kontrast zwischen Natur und Skyline-Panorama ist bei dieser Tour besonders stark und fasziniert vor allem in der Abendsonne, wenn die Hochhaustürme rotgolden leuchten.

Naherholungsgebiet Schmiehbachtal Mit Blick zum Friedhofseingang gehen wir rechts am Ⓐ **Friedhof** vorbei, der Frankenallee folgend, unterqueren die Bundesstraße und gelangen ins Tal des Schmiehbachs. Kurz hinter dem Brückchen lockt rechter Hand das ❶ **Apfelland**. Von Mai bis September können wir bei schönem Wetter hier einkehren – das heben wir uns für die Rückkehr auf. Kurz hinter dem Eingang zum Apfelland biegen wir links in einen befestigten Feldweg ein und wandern zwischen

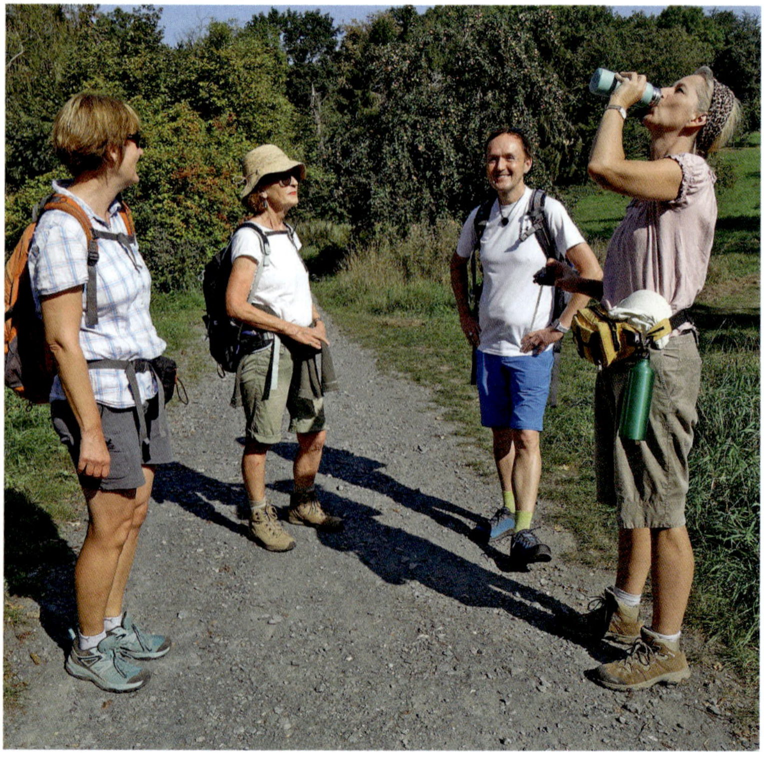

Wasser aus der Wandertrinkflasche …

Streuobstwiesen und Gärten leicht bergan. An der ersten Kreuzung wenden wir uns nach rechts und am Waldrand gleich wieder nach links. Auf dem kombinierten Wander- und Radweg geht es ein Stück durch den Wald und über eine Fußgängerbrücke über die B8 in Richtung Altenhain. Aus dem Wald heraus, öffnet sich ein schöner Blick über freie Wiesen und Felder. Wir schauen von links nach rechts auf den Eichkopf, den Steinkopf, die Königsteiner Burg und den Großen Feldberg mit seinen markanten Türmen. Prominenteste Erhebung ist rechts der Altkönig.

Von Altenhain zum Heidenfeld Vor uns erstrecken sich die Koppeln eines ❷ **Reiterhofs**. Vor dem Hof biegen wir nach rechts, gehen entlang des Weidezauns und zwischen Hofzufahrt und Wegkreuz geradeaus. Bergab gelangen wir nach wenigen Schritten in den Bad Sodener Ortsteil Altenhain, der sich ins enge Tal schmiegt. Sein Name lässt darauf schließen, dass der im Mittelalter gegründete Ort, ebenso wie sein Nachbar Neuenhain, auf gerodeter Waldfläche entstand und von einem Haingraben geschützt wurde. Vorbei an der Feuerwehr, folgen wir der kurvigen Kirchstraße, gehen nach rechts durch die Langstraße und bleiben kurz stehen, um das ehemalige Backhaus und das ❸ **alte Rathaus** zu bewundern. An der Heidenfeldstraße wenden wir uns nach links. Auf befestigtem Weg geht es steil bergauf in die Streuobstwiesen, auf das sogenannte Heidenfeld. Je weiter wir auf die Höhe kommen, desto schöner wird der Weitblick auf die Rhein-Main-Ebene. Die Reste eines Wasserspeichers und die kleine ❹ **Kapelle auf dem Heidenfeld** säumen unseren Weg über die Höhe. Wo der geteerte Weg links abbiegt, bleiben wir geradeaus und

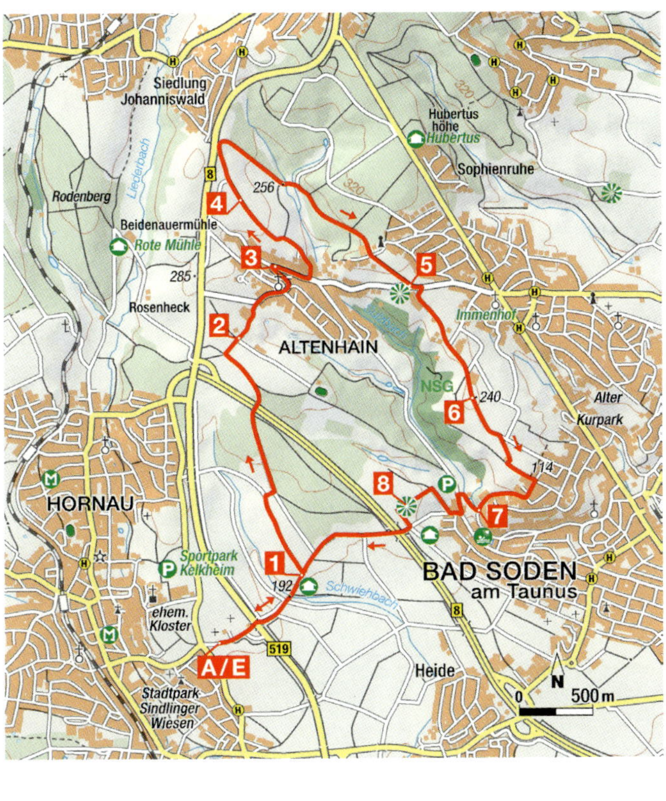

… und Wasser aus dem Untergrund

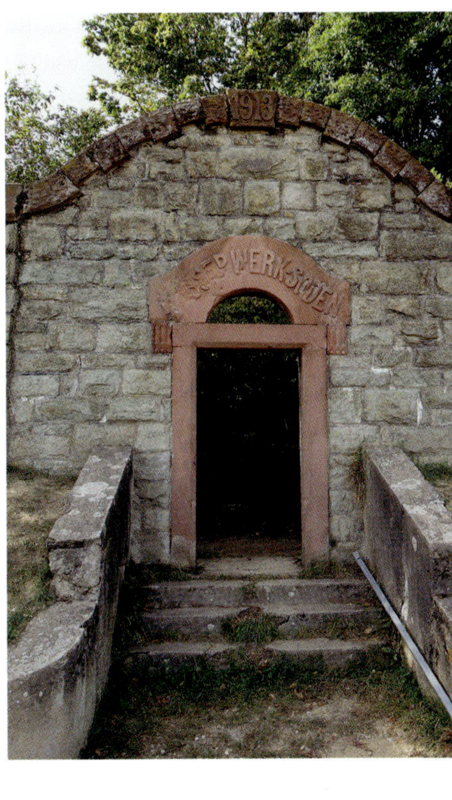

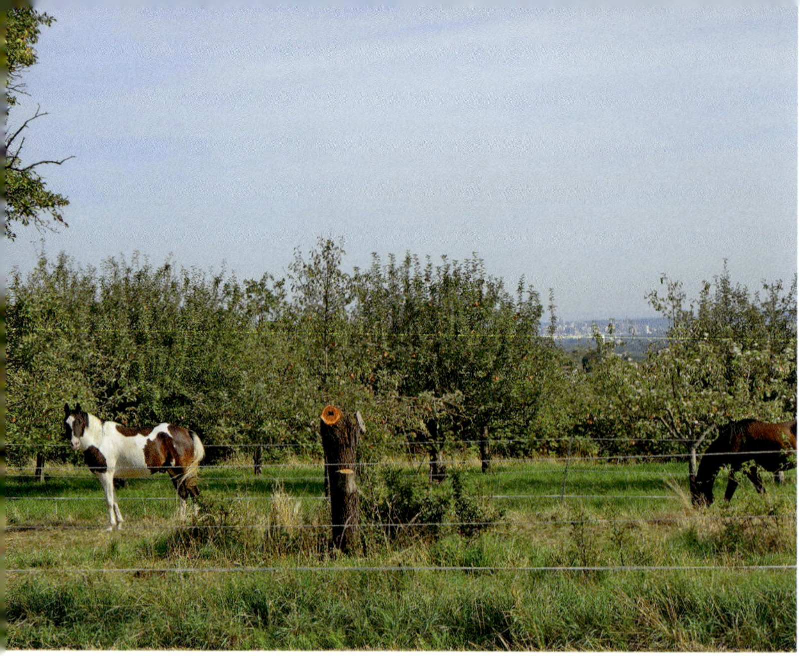

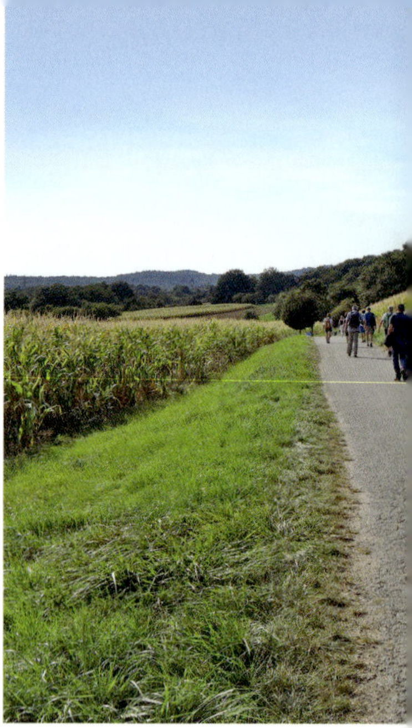

gelangen über einen Feldweg an die Straße. Hier gehen wir rechts ein Stück neben der Fahrbahn. Am Ende der Koppel gehen wir rechts zwischen Waldrand und Wiese am Zaun entlang hinunter ins Tal.

Wuzzepass und Obsthof Unten mündet der Weg auf einen Querweg, hier biegen wir nach links und überqueren den Sulzbach. Wenige Meter weiter stößt von links ein Wanderweg auf unseren Weg und bringt die Markierung schwarzer Balken mit. Geradeaus weiter folgen wir diesem Zeichen für die nächsten 2 Kilometer. Es führt uns durch den Wald, an einem Hüttchen vorbei und zum Ortsrand von Neuenhain, durch Wiesen und Gärten zur Kreuzung Neuenhainer Straße mit dem ❺ **Aussichtspunkt Wuzzepass**, der den Weg zwischen Altenhain und Neuenhain markiert. Seinen Namen verdankt er keinen Ferkeln, auf Hessisch »Wutzen«, sondern Kiefernzapfen, die früher »Wutzeln« genannt wurden und bei der Wuzzekerb gefeiert wurden. Wir überqueren die Neuenhainer Straße und gehen rund 50 Meter nach links, biegen mit dem schwarzen Balken bei der ersten Möglichkeit rechts ab und wenige Meter weiter erneut links. Der Wilhelmsweg führt uns aus dem Ort heraus in die Obstfelder und wir gelangen zum ❻ **Obstgut Stamm** mit Hofladen und einem einladenden Panorama-Café. Hier können wir eine Rast einlegen und bei selbst gebackenem Kuchen den Blick über die Plantagen, die hügeligen Wiesen und die

Für Abkürzer und Nicht-Einkehrer

Weil das Apfelland eine so urige Einkehr ist, habe ich den Einstieg dort in der Nähe gewählt. Von Oktober bis April sowie bei Regen ist es jedoch geschlossen. Dann können wir in Bad Soden starten und die Strecke um 1,5 Kilometer (Gehzeit 2,5 Std.) verkürzen. Ausgangspunkt ist der Parkplatz Sportplatz an der Kelkheimer Straße in Bad Soden. Auf der Kelkheimer Straße gehen wir rechts der Sportplätze Richtung Ort, biegen rechts in die Sperberstraße und folgen ab da dem letzten Absatz der Beschreibung bis zum Apfelland. Wenige Meter vor dem Tor zum Apfelland führt der Feldweg rechts zwischen Streuobstwiesen und Gärten leicht bergan, ab hier sind wir auf der beschriebenen Rundwanderung. Wir sparen uns den Zuweg zum Parkplatz Friedhof Kelkheim.

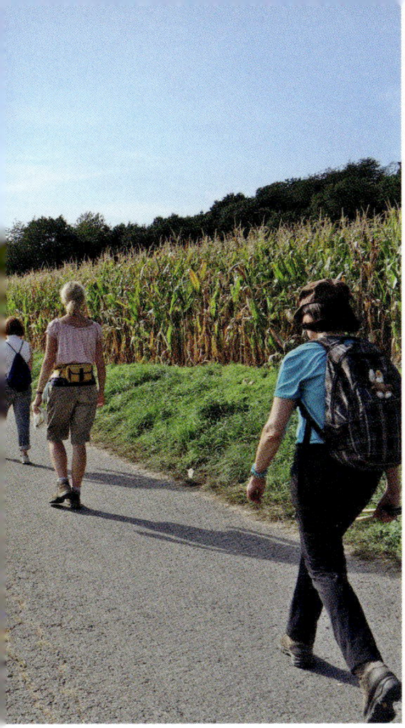

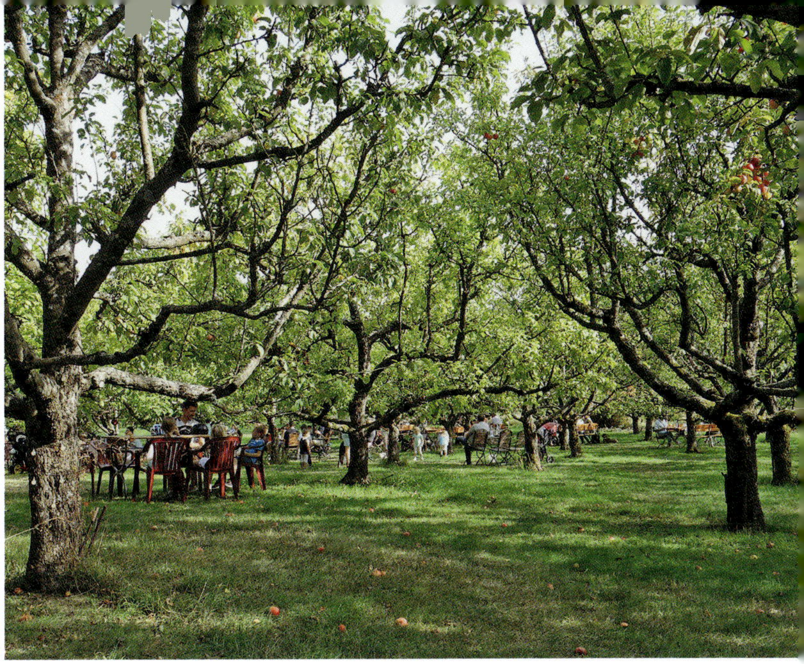

im Hintergrund pulsierende Rhein-Main-Ebene genießen. Am Horizont erkennen wir sogar die Silhouette des Odenwalds. Dieser Blick begleitet uns für die nächsten Kilometer und veranlasst uns immer wieder zum Stehenbleiben.

Links: Die Frankfurter Skyline hinter den Wipfeln lässt die Pferde kalt.

Mitte: Die Höhenmeter sind geschafft, hinter der Kurve lockt die Einkehr.

Rechts: Verdiente Rast unter Apfelbäumen, zum Beispiel mit Handkäs' und Äppler

Bad Soden wird nur gestreift Am Obstgut geht es in bisheriger Richtung weiter geradeaus über den Hipperichweg. An der ersten Abzweigung verlassen wir den schwarzen Balken, wandern rechts bergab und am Wasserstollen wieder links Richtung Bad Soden. Kurz streifen wir die Wohnbebauung, biegen aber gleich rechts in die Egmontstraße und in der Kurve halb rechts auf den Fuß- und Radweg. Zwischen Häusern und Gärten geht es auf gepflastertem Weg bergab. Der Weg mündet auf die Dachsbergstraße. Kurz bevor die eine Linkskurve macht, biegen wir rechts auf einen Fußweg am Sulzbach entlang, wo wir eine jahrhundertealte 7 **Linde** bewundern können. Weiter geradeaus (rechts am Sportplatz und den Parkplätzen vorbei), bei der ersten Möglichkeit links und nochmals links, gelangen wir auf die Kelkheimer Straße, passieren den Parkplatz nun auf der anderen Seite und biegen beim Sportplatz rechts in die Sperberstraße. Beim ersten Feldweg hinter den Häusern gehen wir rechts und verlassen Bad Soden.

Wiesen mit Skyline-Blick Dieser Feldweg Im Roten Berg führt uns bergauf, nach rund 150 Metern nach links und zu einer Weide mit frei lebenden Rindern. Hier steht rechts des Weges eine Bank mit der angeblich schönsten 8 **Panoramasicht auf die Frankfurter Skyline**. Am Ende der Weide biegen wir nach links, hinter dem Wasserspeicher wieder nach rechts und auf asphaltiertem Weg unter der Bundesstraße hindurch zurück ins Schmiehbachtal in Richtung Kelkheim Hornau. Mit einem letzten Fernblick auf die Rhein-Main-Ebene gelangen wir bald zu der Stelle, wo wir am Anfang der Tour auf den Wiesenweg abgebogen sind. Kurz dahinter liegt jetzt links das Apfelland. Hier können wir unter Obstbäumen rasten, bevor wir unter der Bundesstraße hindurch zurück zum E **Ausgangspunkt** gelangen.

8 Reiterhof und Zauberberg

Vom Kelkheimer Rettershof über den Eichkopf

Mittel | 11 km | 350 Hm | 3.30 Std.

Tourencharakter
Rundwanderung mittlerer Anforderung durch Felder, Wald und Wiesen. Meist gut begehbare oder befestigte Wege, aber auch weiche Waldpfade. Der Aufstieg ist moderat, der Abstieg etwas steiler, bei Nässe kann es rutschig sein.

Ausgangs-/Endpunkt
Kelkheim Rettershof, Wanderparkplatz beim Café Zum fröhlichen Landmann

Anfahrt
ÖPNV: Ab Königstein oder Hofheim mit Bus 263, Bushaltestelle Rettershof an der B455, Fußweg ca. 750 m
Auto: Von Frankfurt/Darmstadt B8/B519 nach Königstein, dann B55 Richtung Kelkheim/Eppstein, Zufahrt zum Rettershof rechts; von Wiesbaden/Mainz B455 über Naurod, Eppstein, Fischbach, Zufahrt zum Rettershof links (Navi: Kelkheim/Taunus, Rettershof 2), Waldparkplatz (kostenlos)

Einkehr
Unterwegs: Café Zauberberg (Ruppertshain)
Am Ziel: Café-Restaurant Zum Fröhlichen Landmann (Rettershof 2)

Informationen
Kelkheim (Taunus): Tel. 06195/80 30, www.kelkheim.de (mit Infos zum Rettershof und zum Zauberberg)

Wanderkarte
Natur-Navi: Vordertaunus, Wanderkarte mit Radwegen, Blatt 46-556, 1:25 000

Wanderziele in der Nähe
Königstein, Rote Mühle, Steinkopf, Atzelberg, Rossert, Staufen, Eppstein, Silberbachtal

Vom Rettershof wandern wir durch Wiesen und Wald auf den Eichkopf, mit 540 Metern eine der markanten Höhen im Vordertaunus. Nach viel Weitblick geht es durchs idyllische Krebsbachtal zurück.

Liebespfad und Streuobstwiese Vom Ⓐ **Parkplatz** geht es durch den kleinen Torbogen zum ❶ **Gasthof Fröhlicher Landmann**, links daran vorbei und nach dem Spielplatz auf den lauschigen ❷ **Liebespfad**. Er führt uns links über einen Bach zu einer Kreuzung. Hier rechts, folgen wir für rund 2,5 Kilometer der Markierung blauer Balken: an der Wegspinne geradeaus Richtung Schneidhain, durch einen Birkenwald und am langgestreckten Ortsrand geradeaus vorbei. Links kommt eine Wiese, an deren Ende wir links auf den Bangertweg durch die Streuobstwiesen abbiegen. Rechts sehen wir die Burgruine Königstein, links daneben Altkönig und Steinkopf.

Auf den Eichkopf Zwischen zwei Gehöften biegt der blaue Balken ab, wir bleiben geradeaus, überqueren rund 1,3 Kilometer weiter die Landstraße

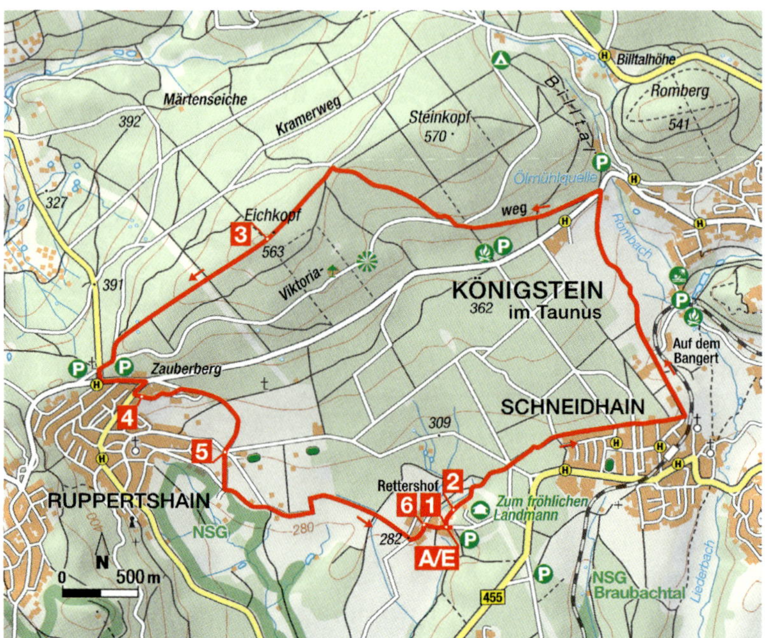

und gehen links auf den Forstweg Richtung Kelkheim/Ruppertshain (Eichblatt). Nach etwa 1 Kilometer gabelt er sich, wir verlassen das Eichblatt und nehmen halb rechts den Kunitzkyweg bergauf. Knapp 1 Kilometer weiter, an einer Wegspinne, nehmen wir den zweiten Weg nach links (Markierung grüner Punkt) hoch zum ❸ Eichkopf. Oben führen Pfade links zum Aussichtspunkt, wir schauen auf Frankfurt-Höchst, Kelkheim und Fischbach sowie die anderen Kelkheimer Berge Staufen und Rossert.

Der Rettershof

Anfang des 12. Jahrhunderts ursprünglich als Kloster gegründet, entwickelte sich aus dem Rettershof – der den Rat Gottes im Namen führt – im 16. Jahrhundert ein Hofgut. Nach wechselvoller Geschichte gehört es heute der Stadt Kelkheim. Das Schlösschen, 1885 im Tudor-Stil errichtet, wurde zum Schlosshotel, der Gutshof ist ein weithin bekannter Reiterhof. Zudem finden hier regelmäßig Kulturveranstaltungen, Märkte und Feste statt. Die Schäden eines dramatischen Großbrands 2018 sind inzwischen beseitigt.

Zauberberg und Hustenburg Zurück auf dem Hauptweg, folgen wir dem grünen Punkt bergab zum Parkplatz. Nach der Infotafel nehmen wir schräg gegenüber links den Pfad (unmarkiert) zum Ortsrand von Ruppertshain, biegen links auf die Straße ein und rund 200 Meter weiter scharf rechts in die Robert-Koch-Straße mit dem monumentalen ❹ Zauberberg aus dem 19. Jahrhundert. Benannt nach dem Thomas-Mann-Roman, war er einst eine Heilanstalt für unbemittelte Lungenkranke, gefördert durch die Baronin von Rothschild. Der Volksmund sagte allerdings »Hustenburg«. Heute beherbergt der Bau unter anderem Ateliers, eine Brauerei und ein Gesundheitszentrum.

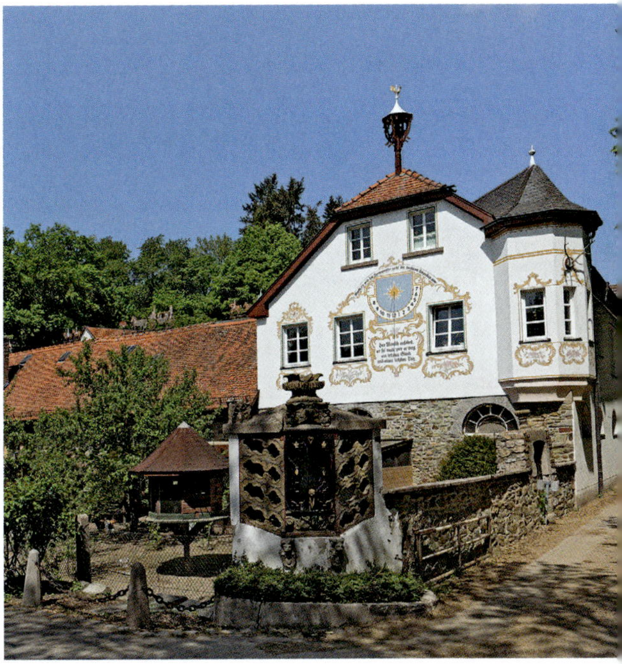

Sinnsprüche und Wandmalereien zieren die Fassade des Rettershofs.

Nostalgisches Hofgut Vor der Haltestelle gehen wir links treppab und im Bogen links um das Gebäude, vorbei an Café, Felsenkeller, Brauerei. Am Ende der Parkplätze, hinter der Garage, führt uns ein unmarkierter Weg weiter, erst asphaltiert und später unbefestigt. Bergab geht es in die Wiesen des Krebsbachtals. Noch einmal umsehen – von hier sieht der Zauberberg besonders prachtvoll aus! Bei den Tennisplätzen bleiben wir geradeaus und nehmen dann halb links den Weg, der rechts an der ❺ Sporthalle vorbeiführt. An der Kreuzung (Wandertafel mit Bank) biegen wir links auf einen Wiesenweg, bleiben an der nächsten Kreuzung/Infotafel geradeaus und wandern durch die Felder Richtung Schlosshotel. An der Zufahrt geht es rechts am barocken Wegkreuz vorbei, über den mit nostalgischen Laternen bestückten Weg zum verspielten Fachwerkbau des ❻ Hofguts Rettershof. Kurz dahinter liegt unser Ⓔ Ausgangspunkt.

EVENT-TIPP Besonders schön ist das Erntedank- und Handwerkerfest auf dem Rettershof (Erntedank-Sonntag Mitte Okt.).

9

Nostalgietour mit Tempeln

Vom alten Eppsteiner Bergpark zum Kaisertempel

Schwer | 8,1 km | 480 Hm | 3.00 Std.

Tourencharakter
Etwas anspruchsvollere Tour, teils durch einen verwilderten Landschaftspark, durch felsigen Wald und durch die Altstadt. Gut begehbare Waldwege oder schmale Pfade, im letzten Abschnitt asphaltierter Weg. Mehrere steile An- und Abstiege, die teils rutschig sein können

Ausgangs-/Endpunkt
Bahnhof Eppstein (nicht Eppstein-Bremthal), P+R-Parkplatz

Anfahrt
ÖPNV: Ab Frankfurt Hbf. oder Frankfurt/Höchst mit S2 bis Eppstein
Auto: Ab Frankfurt A66, Abfahrt Main-Taunus-Zentrum, weiter B8 und B455; ab Mainz/Wiesbaden über A3, Abfahrt Niedernhausen, weiter B455 (Navi: Eppstein, Theodor-Fliedner-Weg 5), P+R-Parkplatz (kostenlos)

Einkehr
Unterwegs: Ristorante Kaisertempel (am Kaisertempel)
Am Ziel: Gastronomie in der Eppsteiner Altstadt, z. B. Wunderbar Weite Welt (Am Stadtbahnhof 1)

Informationen
Eppstein-Touristik-Service: Tel. 06198/28 63; Bergpark: Verschönerungsverein Eppstein, vve-eppstein.de (unter Betreute Objekte)

Wanderkarte
Natur-Navi: Vordertaunus, Wanderkarte mit Radwegen, Blatt 46-556, 1:25 000

Wanderziele in der Nähe
Langenhain mit Bahai-Tempel, Atzelberg, Rossert, Staufen, Gimbacher Hof, Lorsbachtal, Rettershof

Damals, als Wörter wie Sommerfrische, Sängerwettstreit und Wanderlust noch im Sprachgebrauch waren, war Eppstein im eng gewundenen Taunustal schon ein Traumziel. Bis heute zeugt davon ein dichtes Netz an Wegen und Aussichtspunkten, teils mehr, teils weniger gepflegt. Wir erwandern einen fast vergessenen Landschaftspark sowie den prachtvollen Kaisertempel.

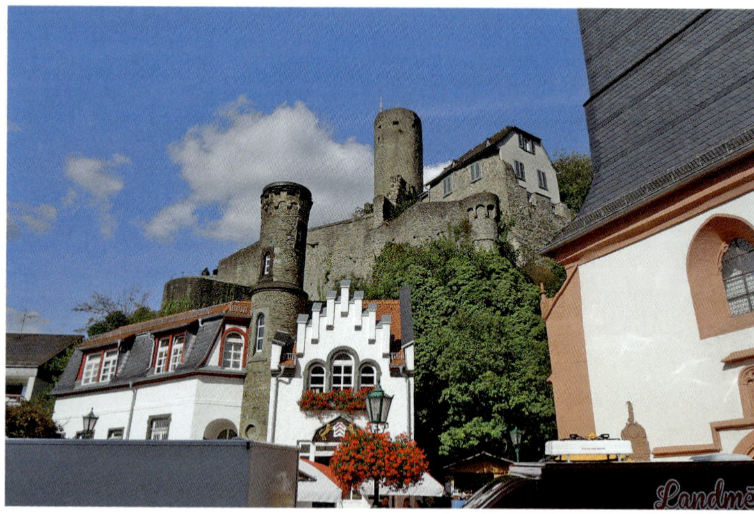

Der Felssporn über der Altstadt ist mit einer Burg gekrönt.

Felsiger Aufstieg Vom Ⓐ **Bahnhof** gehen wir Richtung Tunnel. Rechts davon, markiert unter anderem mit dem schwarzen T des Taunushöhenwegs, führt uns ein Waldweg an Felsen entlang bergauf. Bald erreichen wir den ❶ **Pioniertempel**, dessen Aussicht beim Bau sicherlich hübscher gewesen ist. 1889 wurde er von Mainzer Soldaten errichtet, die mühevoll und teils mit Sprengungen einen wirtschaftlich und militärisch wichtigen Verbindungsweg schaffen mussten und sich mit dem Tempelchen offenbar selbst belohnten. Man sieht ihm die nüchterne Handschrift seiner Erbauer an. Kurz danach kreuzt schräg ein Weg. Unser T führt links, aber vorher machen wir einen Abstecher nach rechts zum ❷ **Clara-Hilda-Fels** mit Aussichtspunkt, den wir nach wenigen Schritten erreichen. Zurück zur Kreuzung und mit dem T links bergauf, stoßen wir am Waldrand auf eine Koppel, die zum Gehöft Wurzelhof gehört. Wir biegen nach rechts und 100 Meter weiter nach links, an der Koppel entlang. Nach etwa 150 Metern, an der nächsten Gabelung, verlassen wir das Wanderzeichen T, bleiben geradeaus entlang der Koppel und biegen an ihrem Ende direkt links ab.

Bergpark im Dornröschenschlaf Ein Stück bergab zwischen Waldrand und Koppel, erreichen wir das ❸ **Taubenhaus**, eines der mehr oder weniger erhaltenen Gebäude des ehemaligen Bergparks Villa Anna. Diesen Landschaftspark ließ um 1900 der Kaufmann und Bankier Alfred von Neufville aus Frankfurt anlegen, damit er und seine Frau die gute Tau-

Bergpark Villa Anna

Nur zwei Parks in Hessen tragen die Bezeichnung Bergpark: Kassel-Wilhelmshöhe ist bestens in Schuss, während der Eppsteiner Bergpark Villa Anna im Dornröschenschlaf liegt. Wie ein begehbares Landschaftsgemälde war er vor rund 120 Jahren angelegt: Je nach Standpunkt boten sich dem Betrachter unterschiedliche Blickachsen. Bis heute finden sich die damals gepflanzten exotischen Bäume, doch die architektonischen Glanzpunkte wie Kutscherhaus, Neufvilleturm, Schweizerhaus oder Taubenhaus muss man suchen. Das Haupthaus, die Villa Anna, ist derzeit eine Einrichtung der Stationären Jugendhilfe. Doch der Verschönerungsverein plant, den Park wieder aufleben zu lassen.

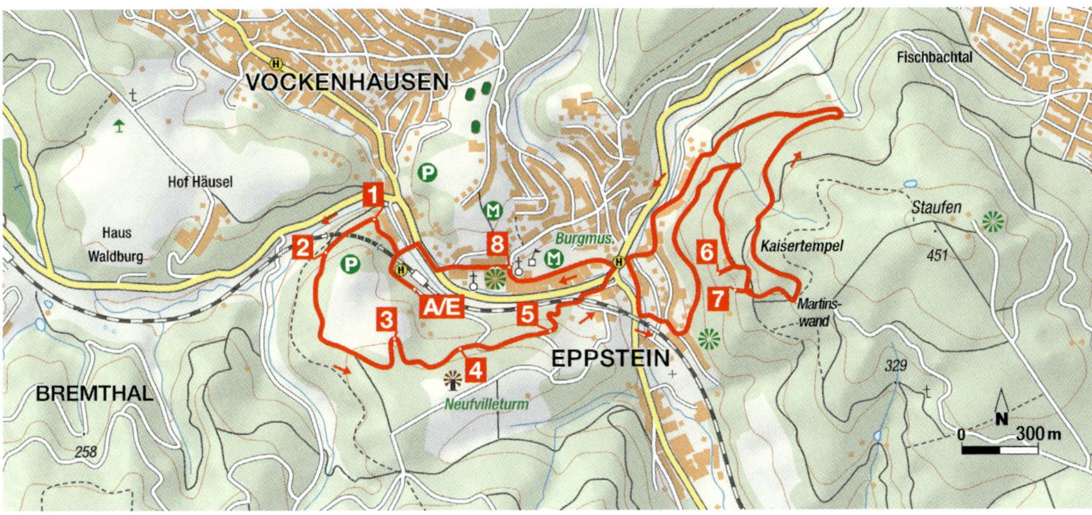

nusluft und das idyllische Landleben genießen konnten. Noch lange war der Park eine Eppsteiner Attraktion und wurde für Führungen und Veranstaltungen genutzt. Heute wirkt er vergessen und verwunschen. Doch vielleicht wird er wiederbelebt? Eine Initiative scheint sich zumindest darum zu bemühen. Direkt am Taubenhaus geht unser Weg rechts steil bergab. Nach rund 20 Metern biegen wir rechts auf den querenden Pfad und wandern im Bogen am Hang entlang. Bald gesellt sich von links unten das Wanderzeichen blauer Punkt zu uns, dem folgen wir geradeaus und erreichen den ❹ **Neufvilleturm**. Als ich die Strecke gewandert bin, war er zur Sanierung geschlossen. Ob er nach Erscheinen dieses Buches wieder bewirtschaftet wird?

Sängerwettstreit am Hang Vor dem Turm treppauf und an der Mauer links, führt uns der blaue Punkt weiter durch den Wald, erst auf einem Pfad, dann auf einem breiten Weg. An der Straße verlässt uns das Zeichen aber in Richtung Bahnhof, wir

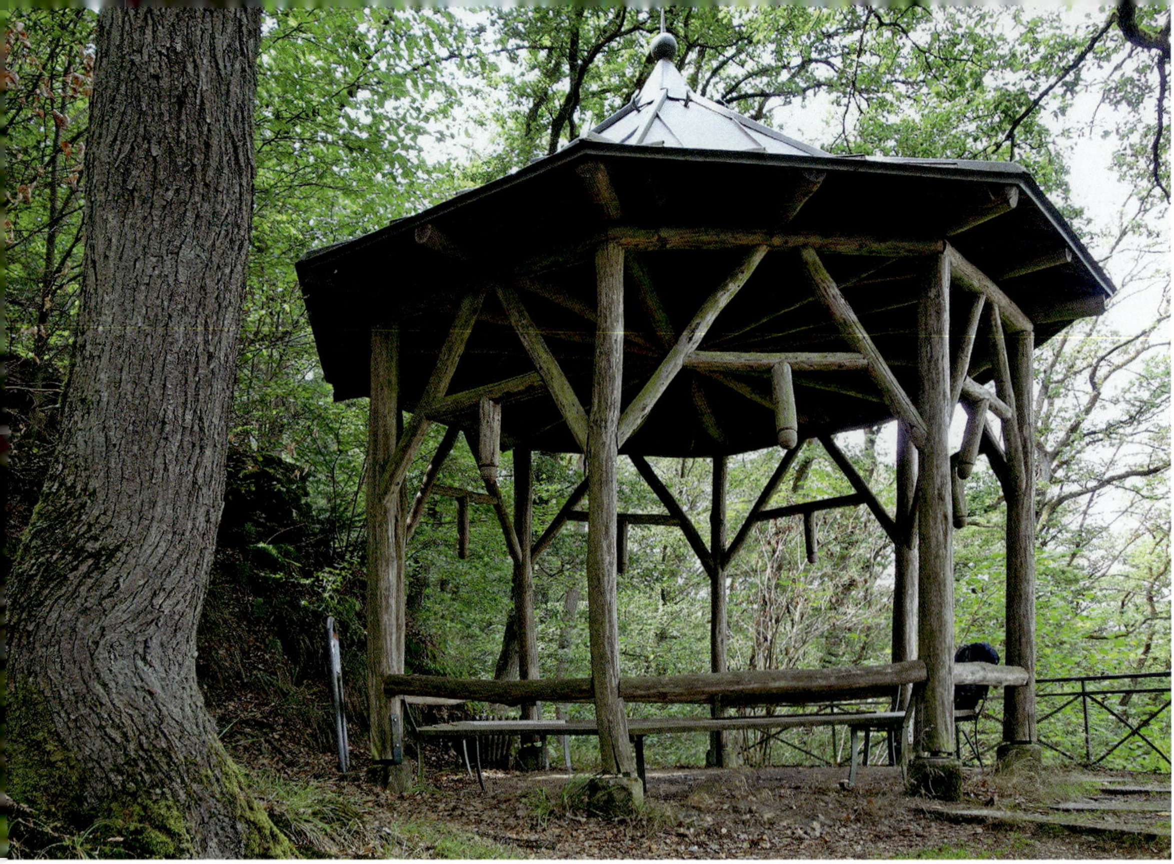

dagegen überqueren den Fahrweg und gehen auf schmalem Pfad weiter zum ❺ **Männerchor-Tempel**, der einen weiten Blick auf die Eppsteiner Burg bietet. In diesem Holzpavillon, wie auch in den anderen Tempelchen des Parks, wurden um 1900 Sängerwettstreite ausgefochten, das Publikum lauschte im Tal – eine nostalgisch schöne Vorstellung. Weiter geradeaus, nun ohne Markierung, gehen wir bergab und in Serpentinen bis zur Straße oberhalb der Bahnlinie. Wir biegen rechts auf die Straße ein, überqueren nach links die Bahn und folgen nun wieder dem schwarzen T. Am Hang gegenüber lockt schon unser nächstes Etappenziel, der Kaisertempel, 1894 vom Verschönerungsverein erbaut.

Tempel mit kaiserlicher Aussicht An der Ampel queren wir die Lorsbacher Straße, dann den Schwarzbach und das schmale Rinnsal des Fischbachs, biegen nach rechts und gleich halb rechts auf einen Fußweg entlang des Baches. Vor dem Brückenpfeiler der über uns liegenden Landstraße führt uns unsere T-Markierung durchs Wohngebiet (Staufenstraße/Ober dem Staufenweg) zum Waldrand. Hier steigt unsere Strecke nach rechts steil bergauf. Nur wenige hundert Meter, aber auch ein kräftiger Anstieg trennen uns noch vom nächsten Aussichtspunkt. Die letzten 500 Meter geht es nach rechts über die Zufahrtsstraße. Dann haben wir den ❻ **Kaisertempel** erreicht, gegen einen kleinen Obolus ist er zugänglich. Der Blick fällt weit über Eppstein, die Burg und den gegenüberliegenden Bergpark. Weiter führt unsere T-Markierung bergan. In einer Haarnadelkurve machen wir rechts einen Abstecher zur ❼ **Mendelssohn-Gedächtnisstätte**, einem ebenfalls beeindruckenden Aussichts-

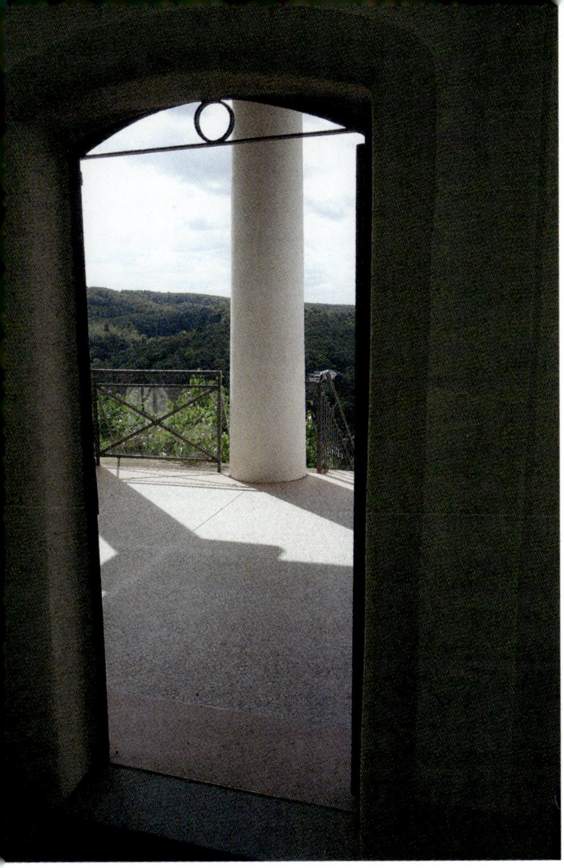

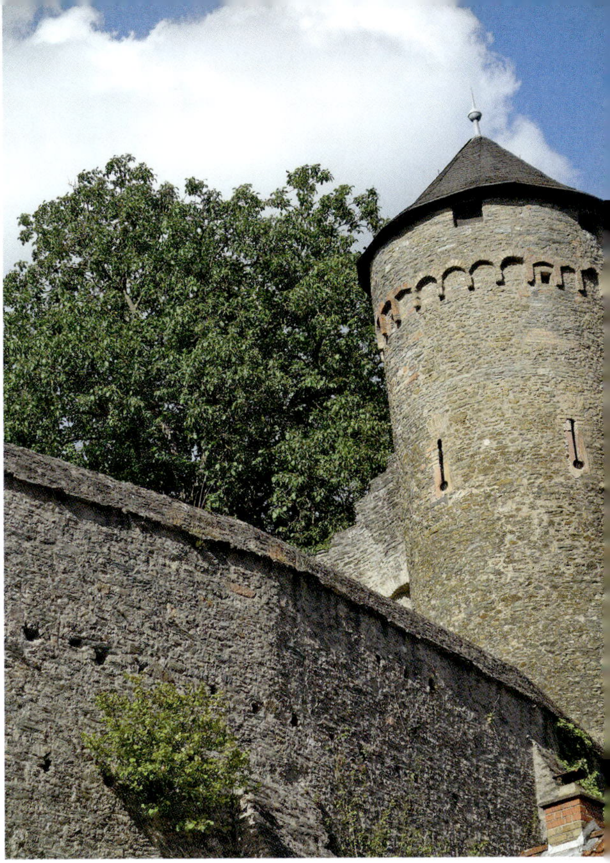

punkt in Erinnerung an den großen Komponisten, der hier die Inspiration für sein Lied »Wer hat dich, du schöner Wald, aufgebaut so hoch da droben« erfahren haben soll. Hier lässt es sich noch schöner rasten als am Tempel.

Links: Hier oben stritten die Sänger um die Wette, das Publikum lauschte im Tal.

Mitte: Wer durch dieses Tor geht, wird mit großartiger Aussicht belohnt.

Rechts: Die Eppsteiner Burg ist einen Abstecher wert.

Zum Abschluss noch eine Burg Zurück zum markierten Weg und links bergauf, folgen wir unserem Wanderzeichen über einen schmalen Pfad und biegen oben an der T-Kreuzung nach links. Bald stoßen wir auf einen Forst-/Radweg. Hier verlassen wir das schwarze T und wenden uns nach links bergab, nun geleitet von der Panoramawegmarkierung mit dem Ritter »Kleiner Gottfried«. Auf breitem Weg geht es für rund 1 Kilometer geradeaus, vorbei an zwei mehr oder weniger gut erkennbaren Pfaden, die links ins Tal führen, und einem alten Holzschuppen. Etwa 200 Meter nach dem Schuppen kommt von unten ein Weg. Aufpassen – wir biegen hier mit dem »Kleinen Gottfried« scharf nach links ab, das Zeichen ist aber erst spät zu erkennen. Gemütlich geht es bergab, erst auf einem Forstweg, später auf asphaltiertem Weg zurück nach Eppstein. Unten rechts in die Staufenstraße, beim Edeka über die Fischbacher Straße, dann schlendern wir auf der Burgstraße durch den hübschen Ort. Geradeaus geht es direkt zum Bahnhof; schöner ist es aber, wenn wir hinter der spätgotischen Talkirche noch kurz zur 8 **Eppsteiner Burg** hochsteigen und uns mit weiteren Ausblicken belohnen, bevor wir durch die Burgstraße zum E **Ausgangspunkt** gelangen.

GENUSSTIPP Freitags ist vor der Eppsteiner Talkirche ein kleiner Wochenmarkt mit Ausschank, Tischen und Bänken.

10

Auf den Spuren von Römern und Nassauern

Von Idstein durch Wörsbachtal und Dasbachtal

Mittel | 10,5 km | 185 Hm | 3.15 Std.

Tourencharakter
Rundwanderung mittlerer Anforderung durch Felder, Wiesen und teils am Waldrand entlang. Mit historischer Sehenswürdigkeit und durch die Altstadt. Meist gut begehbare Wege, moderate An- und Abstiege

Ausgangs-/Endpunkt
Bahnhof Idstein, Parkplatz an der Stadtseite (Am Bahndamm)

Anfahrt
ÖPNV: Mit der Regionalbahn ab Frankfurt Hbf. oder Bus ab Wiesbaden Hbf.
Auto: A3 Abfahrt Idstein, links Richtung Stadtmitte, nach der Bahnbrücke am Kreisel rechts, Parkplätze vor dem Bahnhof (1,50 EUR/Tag)

Einkehr
Unterwegs: Restaurant Ponyhof (Schützenhausstr. 70, nach dem Grillplatz drei Eichen)
Am Ziel: Gastronomie in der Idsteiner Altstadt, z. B. Gasthof zur Peif (Himmelsgasse 2)

Informationen
Stadt Idstein, Tel. 06126/78 0, www.idstein.de; Limesturm: www.limes-idsteiner-land.de

Wanderkarte
NaturNavi: Wiesbaden und Umgebung, Blatt 45-555, und NaturNavi: Hintertaunus Mitte, Blatt 45-557, Wanderkarten mit Radwegen 1:25 000

Wanderziele in der Nähe
Naturdenkmal Hohler Stein, Naturschutzgebiet Heftricher Moor, Beginn der Via Mattiacorum (Idstein – Taunusstein – Wiesbaden)

Der Limes, römischer Schutzwall gegen die Germanen, ist im Taunus an vielen Stellen präsent. Auch auf dieser Tour begegnet er uns, einmal versteckt und dann weithin sichtbar als rekonstruierter Wachturm. Wir wandern entlang von Koppeln, Wiesen und Wald, durch zwei lauschige Bachtäler sowie die pittoreske Idsteiner Altstadt.

Aus der Stadt ins Grüne Mit dem Ⓐ **Bahnhof** im Rücken und dem Kreisel links, nehmen wir rechts die Straße (Am Bahndamm) und folgen ihr für rund 500 Meter. Kurz nach der Unterführung knickt sie nach links, gleich darauf biegen wir rechts ab (In der Eisenbach), gehen am Kreisel rechts in die Robert-Koch-Straße und gegenüber der Einmündung Höllgraben links auf den Fußweg durch Gärten und Wiesen (zusammen mit zwei örtlichen Rundwanderwegen). Wo links wieder Häuser sind, liegt rechts das denkmalgeschützte, aber nicht mehr bewirtschaftete und daher kaum erkennbare ❶ **Hofgut Gassenbach** mit seinen auffälligen Spitztonnendächern. Hier biegen wir mit den Rundwanderwegen nach rechts, gelangen am Hofgut vorbei zur Straße, biegen rechts ab und bleiben auf der rechten Straßenseite. Am Kreisel vorbei und durch die Unter-

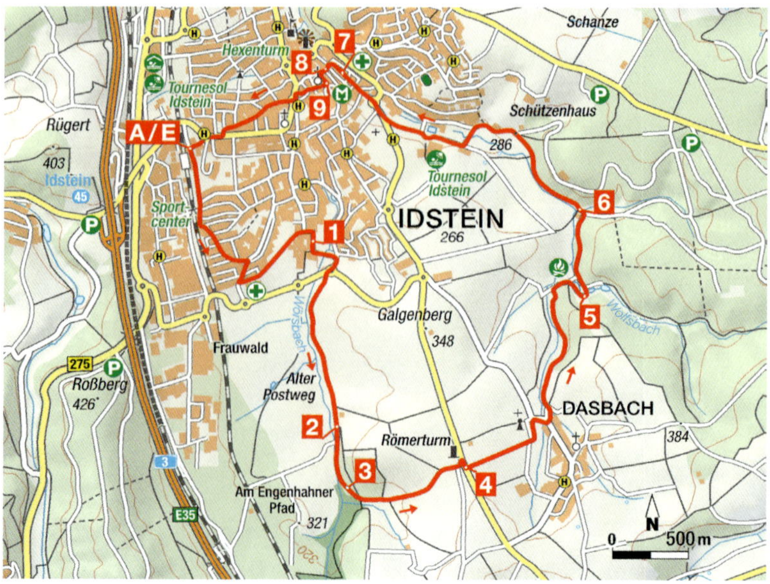

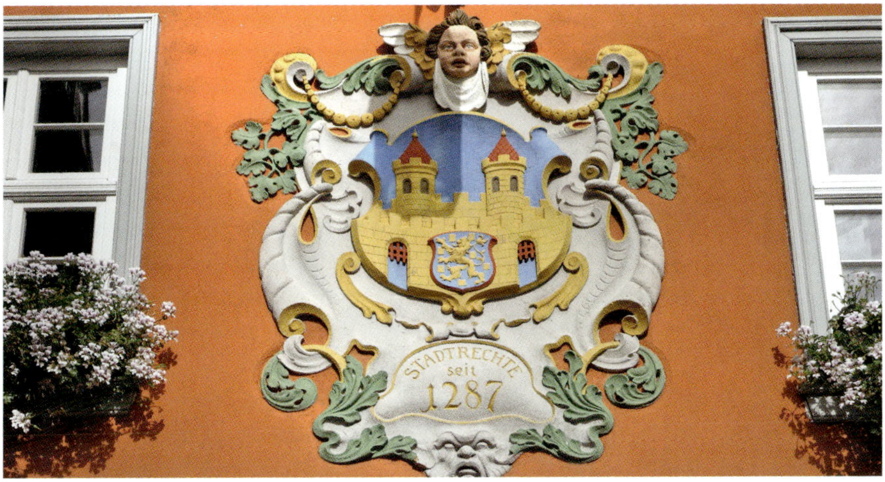

Das Wappen am Rathaus trägt Schild und Farben des Hauses Nassau.

führung erreichen wir den Waldrand. Geradeaus geht es idyllisch am Waldsaum und später an Weiden mit prächtigen Rindern vorbei. Links im Tal fließt der Wörsbach. Die zwei Rundwanderzeichen machen sich rar, wir benötigen sie aber auch nicht mehr. Wir passieren eine ❷ **Imkerei**. In dem Gebäude befand sich früher eine Ziegelei, Reste des Ziegelofens sind noch zu erkennen.

Römergrenze Etwa 150 Meter weiter, an einer Gabelung mit Bank und Schildern, halten wir uns links und folgen nun der Markierung Limeserlebnispfad (schwarzer Turm) Richtung Römerturm. Der Weg wurde 2002 zum Hessentag in Idstein angelegt und führt an zwei sehenswerten Relikten vorbei. Das eine erreichen wir gleich. Es ist unscheinbar und benötigt ein Schild, damit man es nicht übersieht: Der Grenzverlauf des obergermanischen ❸ **Limes**. Mit einem Schritt können wir aus dem

Durstige Wanderer: Im Talgrund fließt der Wörsbach.

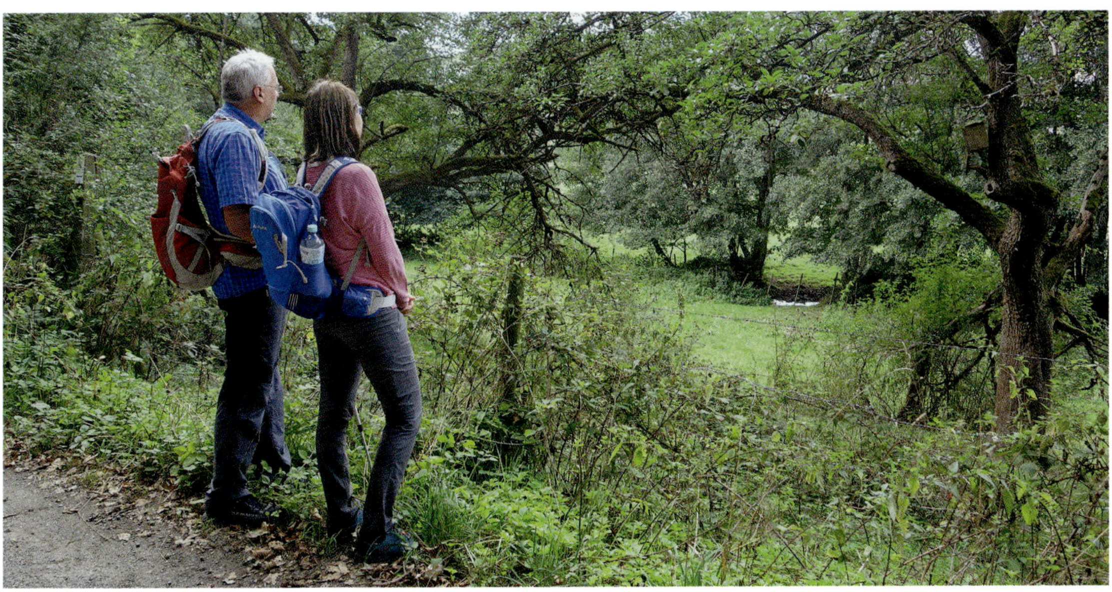

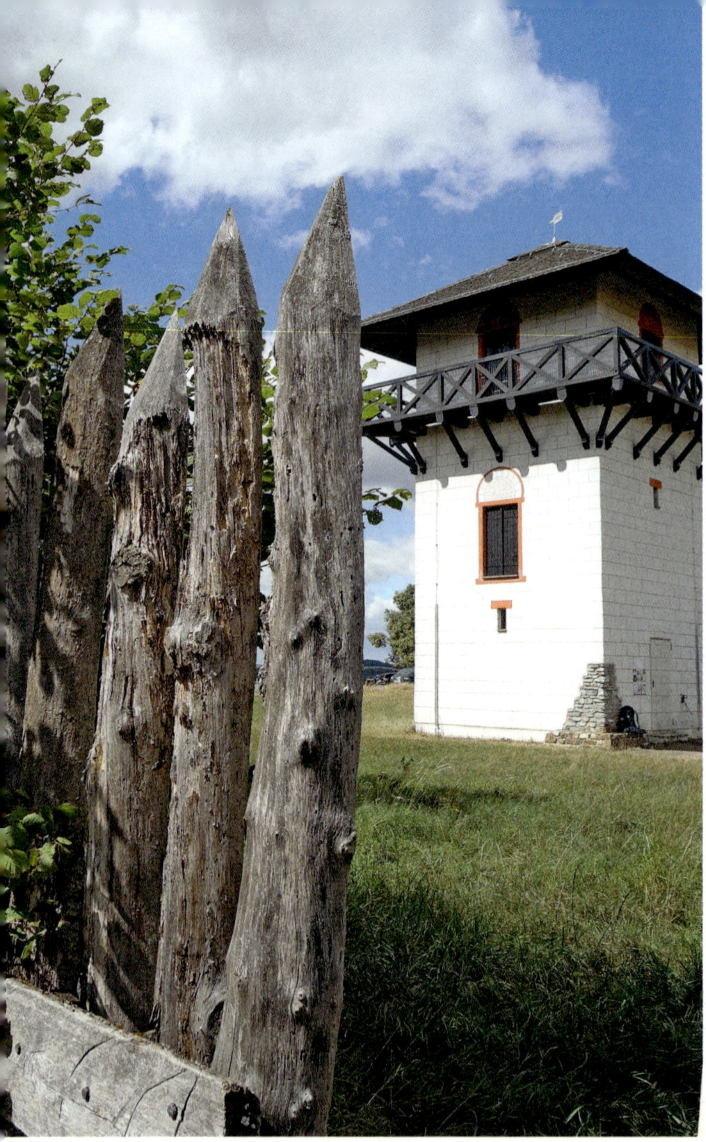

Römer und Nassauer in Idstein

Die Idsteiner Senke, ein breiter Einschnitt im Taunuskamm, war schon immer ein wichtiger Verkehrsweg und zu Römerzeiten Einfallstor der Germanen. Der Obergermanische Limes war hier gut bewacht. Das kleine Museum im rekonstruierten Wachturm von ca. 145 n. Chr. präsentiert den Alltag der Soldaten. Idstein selbst ist eine mittelalterliche Gründung und war über Jahrhunderte Residenz der nassauischen Grafen und Herzöge. In allen Kriegszeiten blieb die Stadt unzerstört. Die Altstadt rund um Burg und Residenzschloss glänzt mit prächtigen Fachwerkhäusern aus dem 15. bis 18. Jahrhundert. Das reiche Schnitzwerk wird durchziehenden Handwerkern aus dem Elsass zugeschrieben.

freien Germanien auf die Seite des Römischen Reiches springen. Rund 80 Meter weiter, am Schild »Wasserschutzgebiet«, weichen wir vom Weg kurz ab und gehen scharf links, wenige Meter einen Waldweg bergauf. Der kleine Buckel, den wir hinaufsteigen, war mal der Limes – wir brauchen Fantasie, um die Spuren im Waldboden zu deuten. Er bestand aus einem Graben, einem von Palisaden gekrönten Wall und einer Mauer. Heute sind nur noch Bodenwellen sichtbar, in den Taunuswäldern finden sich viele davon. Zurück am Waldrand, macht der breite Weg eine Rechtskurve, wir folgen aber dem schwarzen Turm geradeaus am Waldrand und durch Wiesen bergan, über die Landstraße und dann nach rechts. Nun sind wir auf der Dasbacher Höhe mit dem ❹ **rekonstruierten Limesturm**. Unser Weg führt noch vor dem Turm links über die Wiese. Zuvor können wir rasten und uns über die interessante Anlage informieren.

Ins grüne Dasbachtal Mit dem Rücken zur Straße wandern wir weiter Richtung Dasbach. Ein Pfahl mit unserm Wanderzeichen markiert den Weg bergab zum Ort, nach den Pferdekoppeln links und dann rechts in den Ort hinein. Direkt vor dem ersten Haus auf der linken Seite verlassen wir unseren schwarzen Turm, biegen links auf einen geteerten Feldweg und an der ersten Kreuzung (mit Bank zwischen zwei Birken) wieder links. Zwischen Feuchtwiese und Böschung wandern wir durch das grüne Dasbachtal. An einer T-Kreuzung endet der Weg, wir biegen rechts ein und sehen nach ca. 200 Metern rechts einen Graswall, dahinter liegen ❺ **Fischweiher**. Schon vor dem Wall gehen wir rechts, dann im Linksbogen zwischen den Teichen hindurch. Hier stoßen wir auf das Taunusclub-Wanderzeichen roter Balken, dem wir nach links für rund 2,5 Kilometer folgen. Bald erreichen wir die Hütte mit Grillplatz ❻ **Unter den drei Eichen**, dahinter geht es links. Hier am aufgestauten Bach befand sich früher ein Badeweiher, in dem die alten Idsteiner noch das Schwimmen lernten. Zwischen Waldrand und Wiese wandern wir parallel zum Bach Richtung Idstein. Am Ponyhof, einer lauschig gelegenen Gastwirtschaft, geht es links vorbei bis zum Parkplatz vor den ersten Häusern.

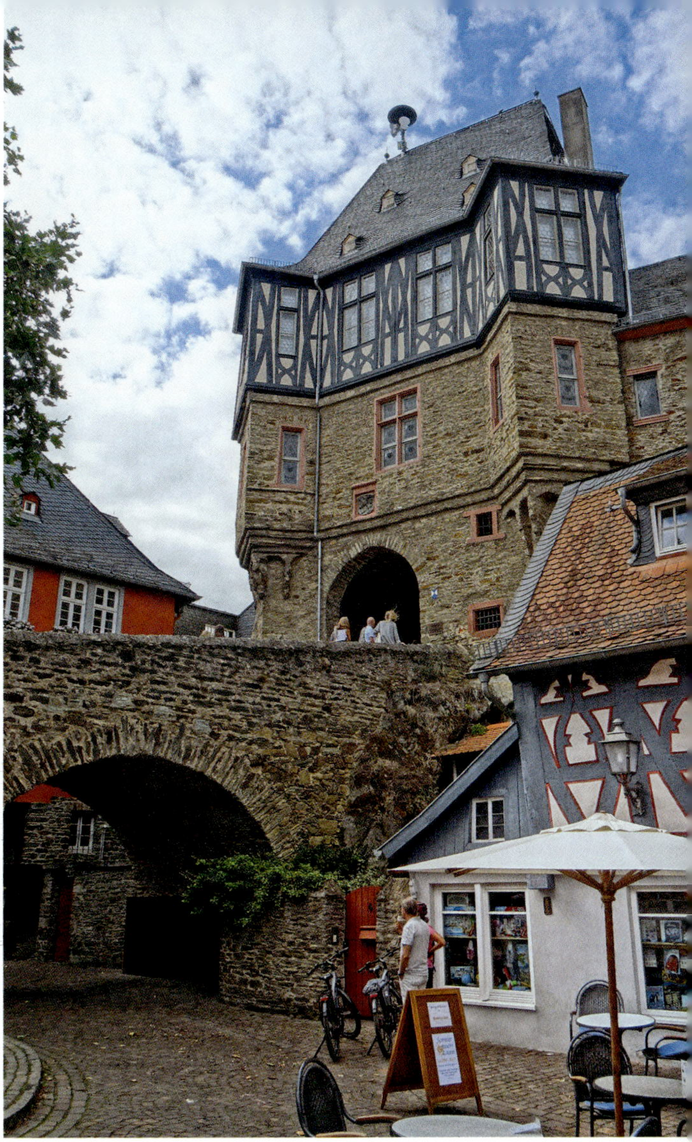

Burg auf dem Felsensporn: Der Zugang von der Altstadt führt über diese Brücke.

Fachwerk und Historie Hier verlassen wir den roten Balken, gehen links Richtung Reitverein und biegen am Pferdestall rechts auf den geteerten Weg, vorbei am TV Idstein und dem Wohnmobilstellplatz, durch Wiesen und Gärten. An der Landstraße gehen wir rechts, am Kreisel über den Zebrastreifen und weiter geradeaus (Weiherwiese) in die Altstadt. An der Hausnummer 26 biegen wir rechts in den ❼ **Durchgang Kreuzahlen** – gemeint ist Kreuz-Ahlen! Die Idsteiner Ahlen waren schmale Verbindungswege zwischen den Straßen, damit zum Beispiel bei einem Brand die Wassereimer schnell durchgereicht werden konnten. Ihren Namen haben sie tatsächlich vom langen, schmalen Aal. Der Durchgang bringt uns zur Kreuzgasse. Wir gehen links bis zum Marktplatz und wieder links zum ❽ **König-Adolf-Platz** mit seinen prachtvollen Fachwerkhäusern, der Burg mit ihrem Torbogenbau und dem rot getünchten Rathaus, das auf einem Felssporn über dem Durchgang zwischen Burg und Stadt thront. Wer will, kann einen Streifzug durch die Altstadt machen. Sehenswert sind zum Beispiel das Schiefe Haus, der Hexenturm und das Residenzschloss mit dem historisch rekonstruierten Schlossgarten. Unser Weg zurück führt links durch die Obergasse und zur ❾ **Unionskirche** von 1340 mit einer einzigartigen barocken Innenausstattung. Dahinter rechts in die Albert-Schweizer-Straße, über den Löherplatz und geradeaus durch die Passage, dann links zum Kreisel und rechts durch die Bahnhofstraße, erreichen wir unseren Ⓔ **Ausgangspunkt**.

KULTURTIPPS Römermuseum im Wachturm (Apr.–Okt. jeden 1. So im Monat ab 14.30 Uhr), Römerturmführung (Gruppen nach Anmeldung), Römerfest am Limesturm (Aug.).

Linke Seite: Limesturm und Palisadenzaun wie bei den römischen Grenzsoldaten

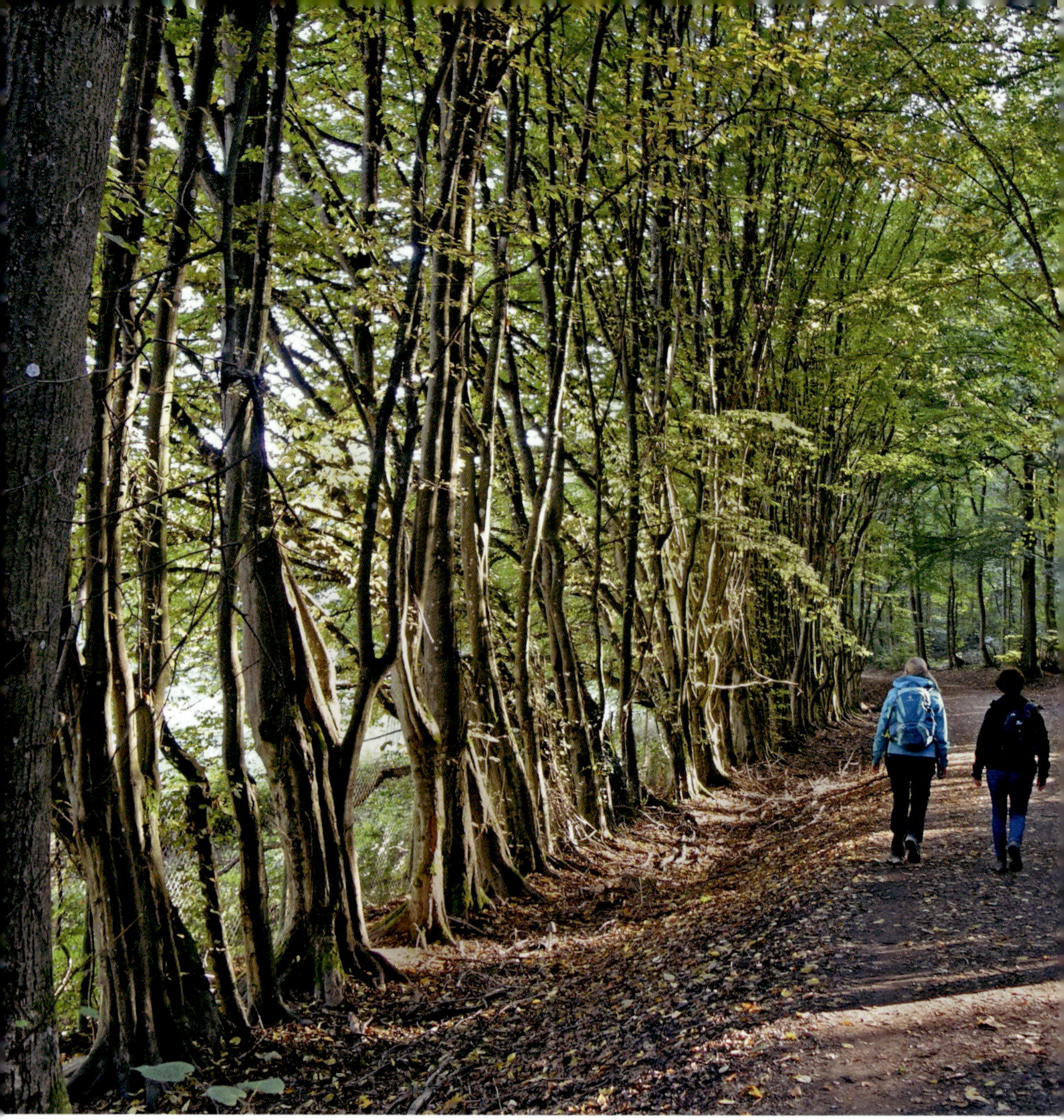

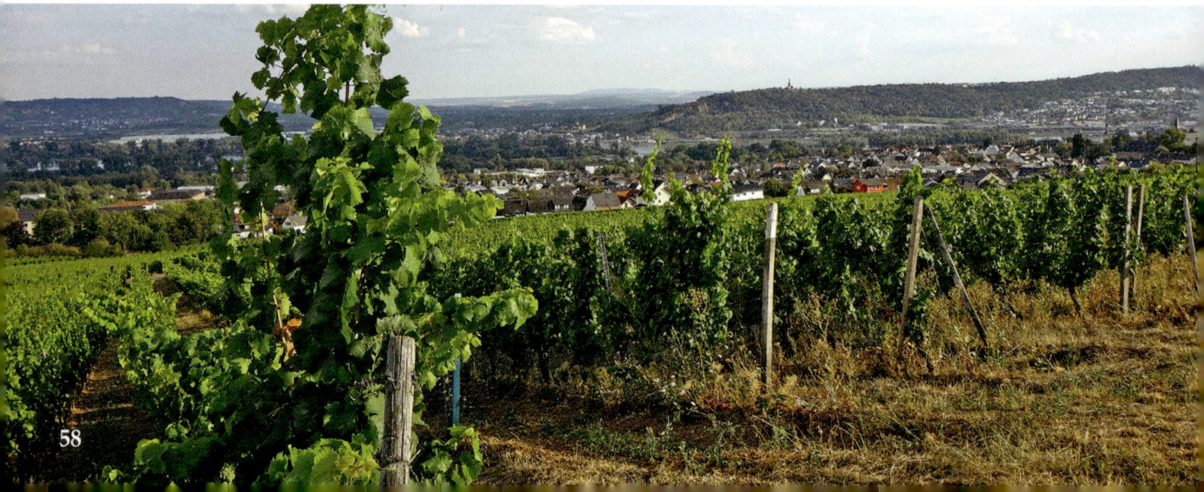

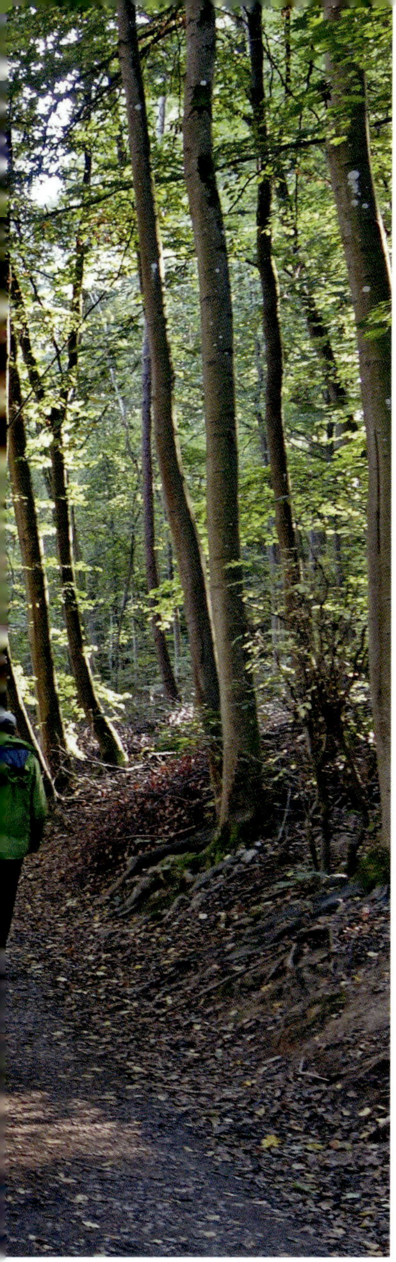

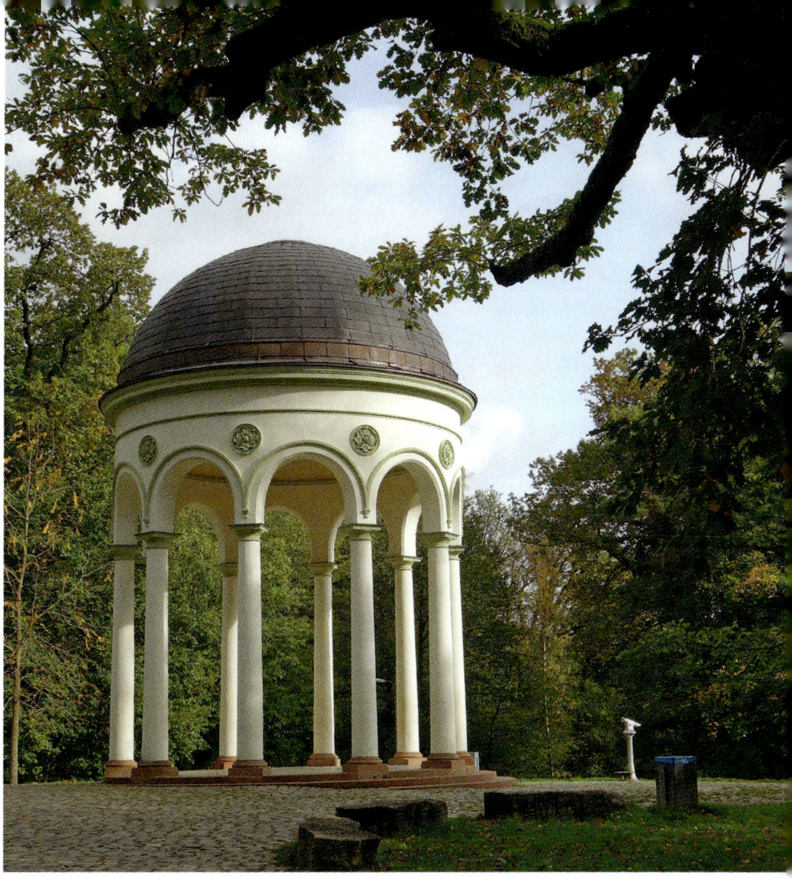

Wiesbaden und Rheingau-Taunus

Nahe der Wiesbadener Innenstadt lockt der Stadtwald (o. li.). Eleganter Aussichtstempel auf dem Wiesbadener Neroberg (o. re.). Die tausendjährige Blutlinde in Frauenstein treibt noch immer aus (u. re.). Üppige Weinberge bei Rüdesheim, ganz klein im Hintergrund das Niederwalddenkmal (u. li.).

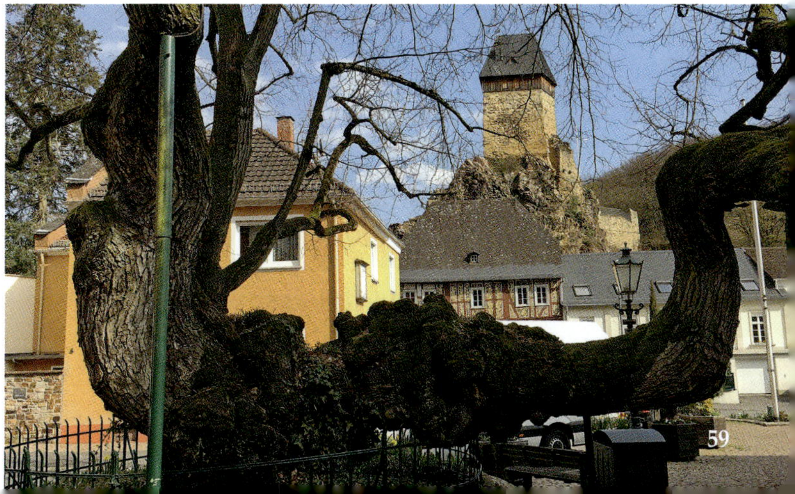

11

Königlicher Weinberg und Industriekultur

Zwischen Hochheim und Flörsheim

Mittel | 13,5 km | 150 Hm | 3.45 Std.

Tourencharakter
Rundwanderung mittlerer Anforderung durch Weinberge, Wiesen und Felder. Geringe An- und Abstiege. Hoher Anteil an befestigten Wirtschaftswegen, wenig Schatten. Empfehlung: Lauf- statt Wanderschuhe tragen

Ausgangs-/Endpunkt
Bahnhof Hochheim am Main (Bahnhofstraße)

Anfahrt
ÖPNV: Ab Frankfurt Hbf. oder Wiesbaden mit der S1
Auto: A671 Abfahrt Hochheim Süd, über Neckarstraße und Sandstraße zum Bahnhof, P+R-Parkplatz (kostenlos)

Einkehr
Unterwegs: Flörsheimer Warte (am Wartturm), Wiesenmühle (im Wickerbachtal)
Kurz vor dem Ziel: Gastronomie in der Hochheimer Altstadt, z. B. Rieslingstuben (Wintergasse 9), Gutsausschank Weingut Quink-Klein (Margarethenstr. 5)

Informationen
Hochheim am Main: Tel. 06146/ 90 03 33, www.hochheim.de; Stadt Flörsheim, www.floersheim-main.de (Kulturamt: Tel. 06145/95 52 00); Regionalpark Rhein-Main: www.regionalpark-rheinmain.de

Wanderkarte
MeKi Verlag: Main-Taunus-Kreis, Radkarte mit Wanderwegen, 1:30 000

Wanderziele in der Nähe
Regionalpark Rhein-Main, Weilbacher Kiesgruben, Wickerer Weinberge, Dreibrückentour

Eine Wanderung der Gegensätze zwischen Fluss, Weinberg und Natur. Vom Glanz wohlhabender Sektkellereien geht es zur ehemaligen Keramikfabrik. Im üppig grünen Regionalpark auf der Höhe ahnt man dagegen kaum, dass hier einst weiträumig Kalk abgebaut wurde.

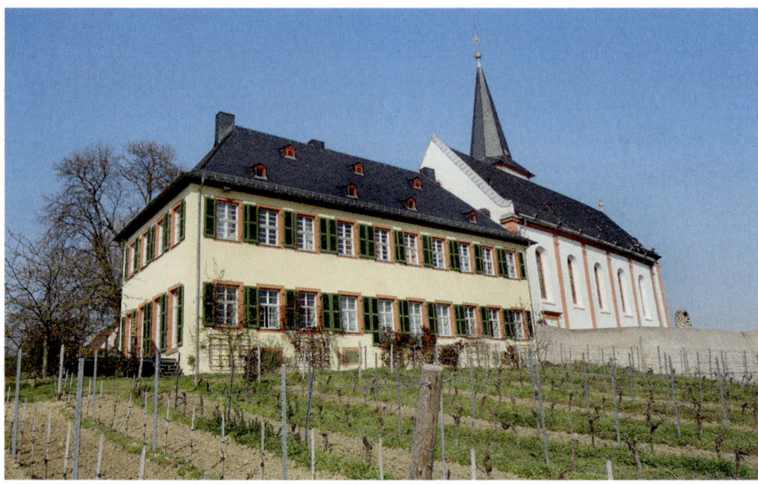

Weithin sichtbar: die Hochheimer Kirche St. Peter und Paul

Von Opel bis Victoria Am Ⓐ **Bahnhof** gehen wir rechts durch Sandstraße und Sandweg, an Gärten vorbei geradeaus in den Weinberg. Je höher wir kommen, desto weiter wird der Blick. Der Main mit seiner Auenlandschaft grenzt an Siedlungen und Industrie, so das Opelwerk gegenüber. Straßen, Brücken und Stromtrassen durchschneiden das Bild. Der Main war immer auch Verkehrsader, darüber informiert eine der Tafeln am Weg. Wissenswertes erfahren wir auch zum 50. Breitengrad, der hier verläuft. Queen Victoria begegnet uns am ❶ **Victoria-Denkmal**. Der Weinberg verdankt ihr seinen Namen, nachdem sie 1845 Hochheim besuchte und von ihm höchst angetan war. Eine Folge ihres Besuches ist übrigens der Begriff »Hock«, der sich in England für deutsche Weißweine (und auch für die typischen weiß-grünen Rieslinggläser) eingebürgert hat.

Keramik-Industriegeschichte Weiter geradeaus, kommt der Flörsheimer Industriepark in Sicht. Inzwischen hat sich das blaue M des Mainwanderwegs zu uns gesellt. Ihm folgen wir zur ❷ **Siedlung Falkenberg**. Das alte Keramag-Hauptgebäude rechts der Bahn zeugt von der keramischen Industrie, die Flörsheim bis in die 1980er-Jahre prägte. Seit Römerzeiten wurde hier Kalk abgebaut. Der Wickerbach trieb Mühlen an, der Main war Handelsroute – gute Voraussetzungen also. Wir biegen an der Bahnschranke links ab und durchqueren die Siedlung (Falkenberger Straße, dann rechts Schlesierstraße). Ab 1912 wurde sie für die Keramag-Arbeiter errichtet und wuchs nach 1945 mit dem Zuzug von Flüchtlingen und Vertriebenen kräftig. Heute erinnern noch einige Wirtschaftsgärten und alte Schuppen an diese Zeit.

Kalkige Vergangenheit Ein Fußweg bringt uns zum Spielplatz mit kleiner Hängebrücke über den Wickerbach. Nach der Spielwiese biegen wir links auf den Weg neben der Straße. Vor der Unterführung verlassen wir das blaue M und bleiben geradeaus, unterqueren die Bundesstraße und erreichen die alten ❸ **Kalkbrenner-**

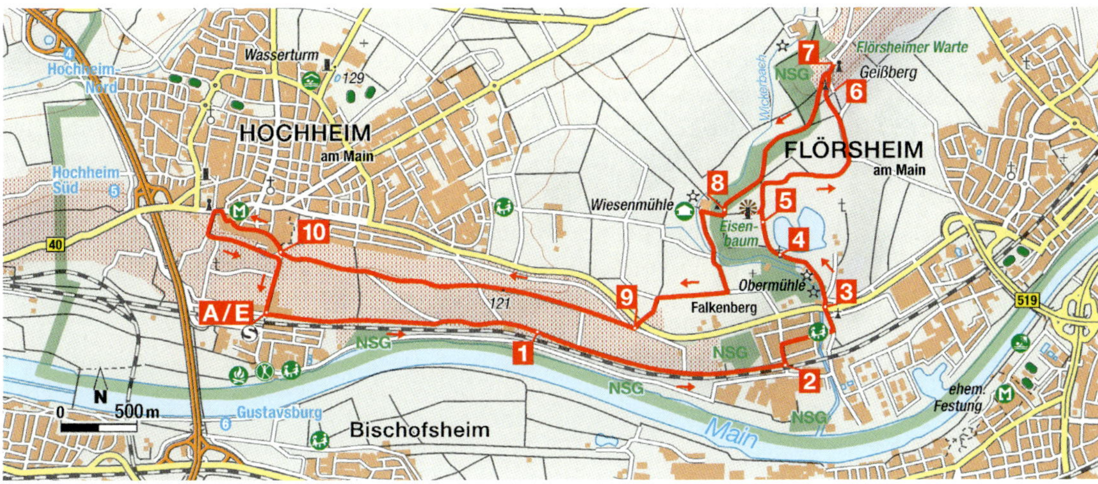

Öfen aus dem 18. Jahrhundert, ein kleines Industriedenkmal. Weiter geht es geradeaus und auf der Regionalparkroute bergan, vorbei an der Obermühle aus dem 15. Jahrhundert. Sie ist eine der wenigen erhaltenen Mühlen entlang des Wickerbachs, war noch bis in die 1970er-Jahre in Betrieb und beherbergt heute Ferienwohnungen und einen Hofladen. Rechts türmt sich die Böschung des renaturierten Dyckerhoff-Steinbruchs auf, an dessen Grund ein See ist. Den kann man allerdings nur an wenigen Stellen von oben erkennen. Zuvor begegnen wir noch dem ❹ **Hexenkreuz**, Gedenkstätte der Hexenverfolgung in der Region.

Eisenbaum und Wartturm Etwa 50 Meter nach dem Kreuz gehen wir an der Gabelung rechts am Steinbruch entlang. Wo der Weg sich zu einer Wiese öffnet, machen wir links einen Abstecher zum ❺ **begehbaren Kunstwerk Eisenbaum**, das uns bei guter Sicht mit großartigem Rundumblick belohnt. Zurück zum Weg, gehen wir nach rechts, nach 20 Metern links und im Bogen über die Wiese. Wenige Schritte weiter, nach der Kurve, öffnet sich hinter den Bäumen der Blick auf Frankfurt. Hier heißt es aufpassen: Geradeaus führt ein Wiesenweg, aber wir nehmen den Weg halb rechts an den Bäumen und am Steinbruchrand entlang. Bald sehen wir die Flörsheimer Warte. Wo das Steinbruchgelände aufhört, treffen wir auf einen betonierten Weg, dem wir nach links bergauf folgen. Kurz vor der Warte macht er eine Rechtskurve bergab. Wir bleiben geradeaus, wechseln auf einen Wiesenpfad, unterqueren die Stromtrasse und gelangen nach 100 Metern zur ❻ **Krieger-Gedächtnis-Kapelle**, Ort der Trauer und des Trostes. Rechts an der Kapelle vorbei und links zurück auf den Betonweg (hinter dem Gebüsch noch ein Steinlabyrinth), erreichen wir die ❼ **Flörsheimer Warte**. Der ehemalige Wachturm einer Landwehr aus dem 15. Jahrhundert ist ein beliebtes Ausflugsziel und wird bewirtschaftet. Hier rastend, blicken wir weit über Flörsheim und Rüsselsheim, Frankfurt und die Rhein-Main-Ebene.

Durch die Flörsheimer Schweiz Nun geht es zurück Richtung Hochheim. Am Gedenkstein rechts, folgen wir der roten Regionalpark-Markierung Richtung Eisenbaum durch die schön angelegte Landschaft mit Wiesen, Streuobst-Hainen, lockerem Baumbestand und dem von Pappeln gesäumten Wickerbach. Wegen der untypischen Hügel sprechen die Einheimischen auch von der Flörsheimer Schweiz. Links stehen der Eisenbaum und eine Fernrohr-Installation, dann gehen wir an der ❽ **St.-Anna-Kapelle** rechts treppab ins Wickerbachtal und an der Wiesenmühle auf der Straße nach links. Ab hier leitet uns das Weinglas des Rheingau-Riesling-Wegs. Nach kurzem Anstieg biegen wir beim Wegkreuz am Reiterhof Falkenberg nach rechts, durchqueren auf sandigem Pfad ein Wäldchen, an Koppeln und Gattern vorbei, und biegen nach Austritt aus dem Wald nach links. Über die Landstraße gelan-

Links: Turm mit Weitblick: Die Flörsheimer Warte lädt zur Rast ein.

Mitte: Historische Kalkbrenneröfen, ein begehbares Industriedenkmal

Rechts: Im Geiste wacht Queen Victoria noch immer über diesen Weinberg.

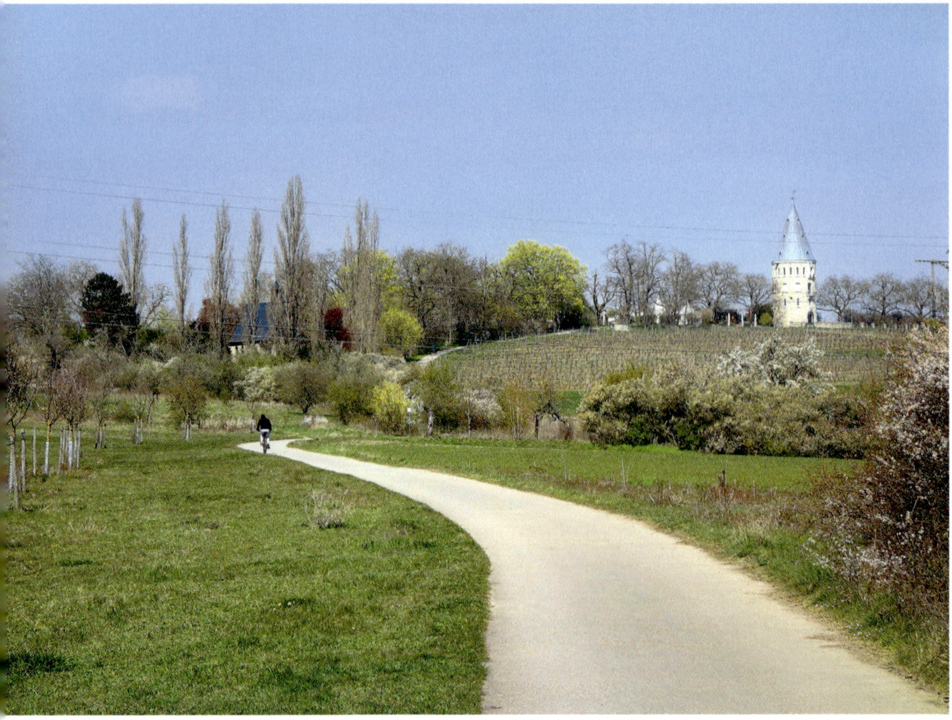

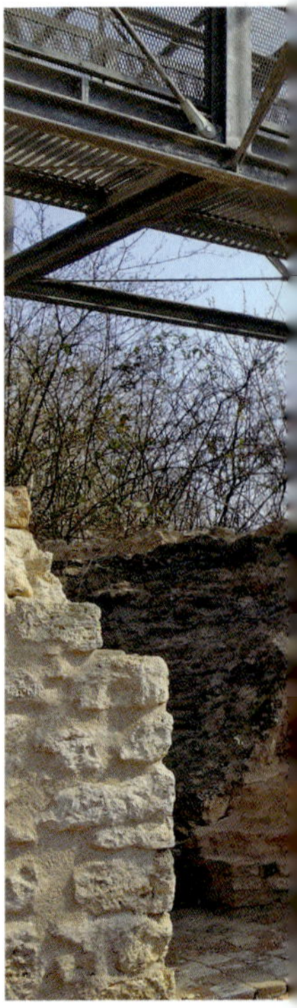

gen wir nach rechts wieder in die Weinberge. Am 9 **Aussichtspunkt** mit Bank und Hinweis auf den hier gefundenen Keltenspiegel nehmen wir an der Gabelung den unteren Weg und folgen diesem, immer den Kirchturm im Visier.

Nach Hochheim Mit Blick auf die Mainmündung und die Silhouette von Mainz geht es bis Hochheim, wir schauen uns noch die hübsche Altstadt an: rechts durch den Torbogen des Küsterhauses, sofort links die Treppe hinauf zur 10 **Kirche St. Peter und Paul**, dann weiter durch Kirch- und Wintergasse. Zur Mainfront hin liegen der alte Zehnerhof und prächtige Paläste, und wir erahnen etwas vom früheren Glanz dieser Sektstadt. Hinter der Rieslingstuben geht es links durch die Aichgasse, vorbei am Weingut der Stadt Frankfurt und links zurück in die Weinberge. Nun können wir die Prachtfassaden noch einmal von der Schauseite aus bewundern. Wieder an der Kirche, bringt uns die Bahnhofstraße nach rechts zum E **Ausgangspunkt**.

Regionalpark Rhein-Main

»Der Landschaft einen Sinn, den Sinnen eine Landschaft« ist das Motto des Regionalparks. Auch in einem Ballungsraum wie Rhein-Main ist naturnahe Landschaft möglich und nötig. Der ab 1994 geplante Regionalpark verbindet Grünzüge zwischen den Siedlungen und erstreckt sich um Frankfurt herum, zwischen Rüdesheim/Rheingau, der Wetterau, dem Hessischen Ried und dem Kinzigtal. Wo wir auf dieser Tour unterwegs sind, waren vor nicht allzu langer Zeit Steinbrüche und Deponien. Auch heute werden hier Flächen – umweltfreundlich – als Deponie genutzt.

EVENT-TIPPS Hochheimer Weinfest (zweites Juli-Wochenende), Hochheimer Markt – seit über 500 Jahren, einer der größten Jahrmärkte in Deutschland mit Nutztierschau (Anf. Nov.), Flörsheimer Töpfermarkt in der Flörsheimer Altstadt (drittes Sep.-Wochenende)

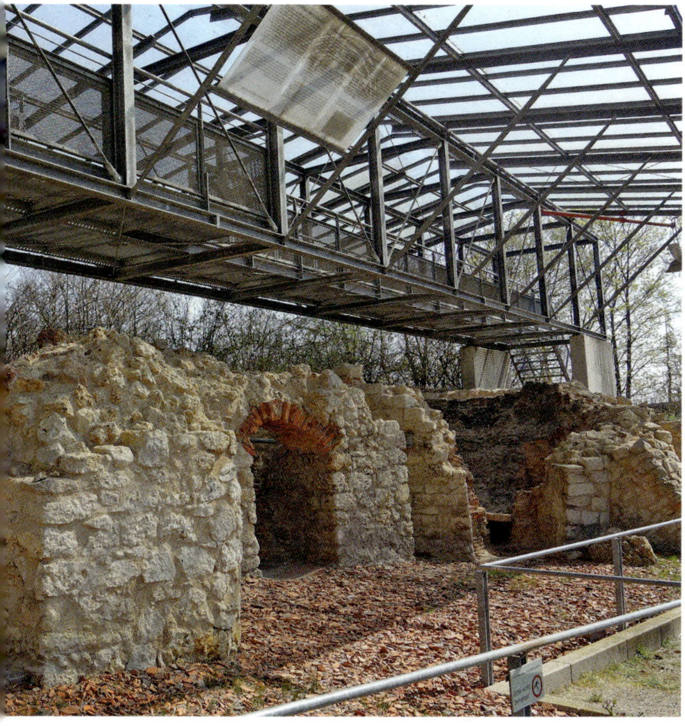

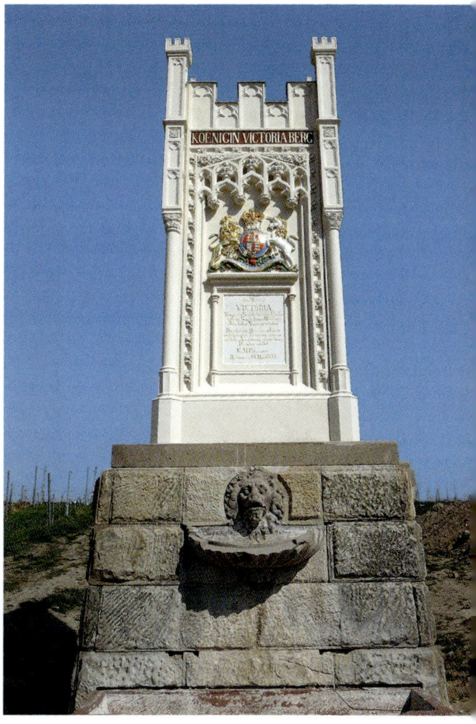

12 Vom Kurpark auf den Berg

Von Wiesbaden über Burg Sonnenberg zum Kellerskopf

Schwer | 12 km | 460/300 Hm | 3.45 Std.

Tourencharakter
Anspruchsvolle Streckenwanderung durch Kurpark, Wiesen und Wald auf einen Berg. Teils befestigte Wege, teils Waldwege und Pfade. Die kurzen steilen An- und Abstiege können bei Nässe rutschig sein.

Ausgangspunkt
Wiesbaden, Ecke Bierstädter Straße/Alwinenstraße

Endpunkt
Wiesbaden-Naurod, Bushaltestelle Naurod Erbsenacker

Anfahrt
ÖPNV: Ab Wiesbaden Hbf. mit Umstieg, diverse Busse bis Haltestelle Alwinenstraße
Auto: In Wiesbaden Richtung Kurviertel (Navi: Wiesbaden, Bierstädter Straße 29), Parken im Wohngebiet

Einkehr
Unterwegs: Gollner's (Burg Sonnenberg), Restaurant Haus Waldlust (Rambach), Berggasthof Kellerskopf (Kellerskopf-Gipfel)
Am Ziel: Gastronomie im Wiesbadener Kurviertel und der Innenstadt

Informationen
Tourist-Information Wiesbaden: Tel. 0611/172 99 30, www.wiesbaden.de;
Kellerskopf: www.kellerskopf.de

Wanderkarte
NaturNavi: Wiesbaden und Umgebung, Wanderkarte mit Radwegen, Blatt 45-555, 1:25 000

Wanderziele in der Nähe
Goldsteintal, Naurod, Auringen, Steinkopf, Neroberg, Platte

Diese Tour war mir eine Herzensangelegenheit, denn hier auf dem Rheinhöhenweg habe ich das Wandern entdeckt! Schon damals fand ich es faszinierend, wie aus einem Parkspaziergang allmählich eine richtige Tour mit knackigem Aufstieg wird. Parkromantik, Burg, Wald und Aussichtsturm – bei dieser Streckenwanderung ist alles dabei.

Englischer Park Vorbei an prächtigen Villen, laufen wir von der Ⓐ **Bierstädterstraße** die Bodenstedtstraße hinunter und über die Parkstraße geradeaus zum Kurpark. Nach rechts weist das schwarze R des Rheinhöhenwegs, dem wir für die nächsten 3,7 Kilometer folgen (auch Markierung DVV-Wanderweg). Am links von uns fließenden Salzbach entlang geht es durch den im englischen Stil angelegten Park mit alten Bäumen, Weihern und Tempelchen. Die Villenbebauung wechselt zu Kleingärten, der Park mündet in ein engeres Tal. Wir überqueren zweimal den Bach und wenden uns am zweiten Brückchen mit unseren Wanderzeichen rechts bergauf Richtung Taunusstein. Bei der ❶ **Herz-Jesu-Kirche** geht es an der Ampel über die Schuppstraße und den Fußweg halb links bergauf. Nach rund 100 Metern kommt eine Gabelung, da bleiben wir links. Bald erreichen wir über den Kreisel geradeaus die ❷ **Burg Sonnenberg**.

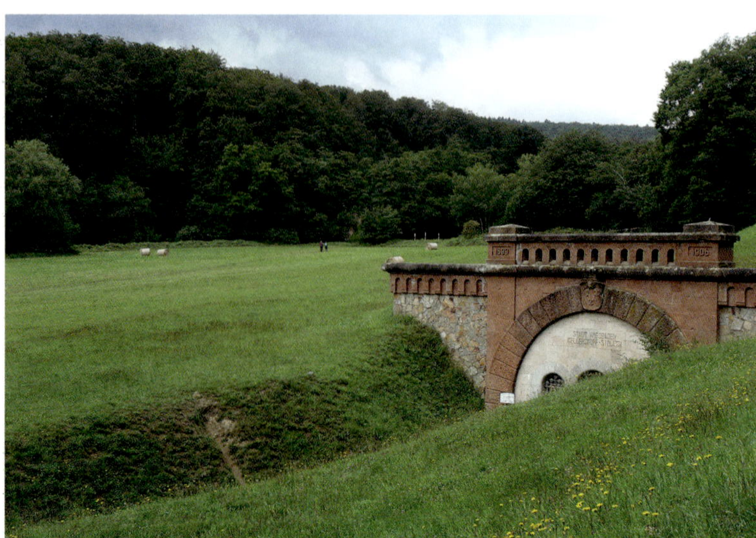

Wasserstollen am Fuß des Kellerskopfes

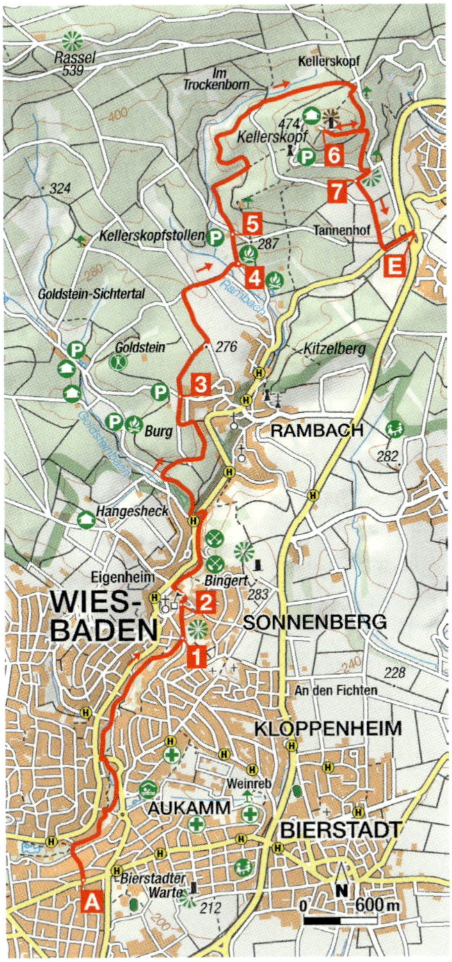

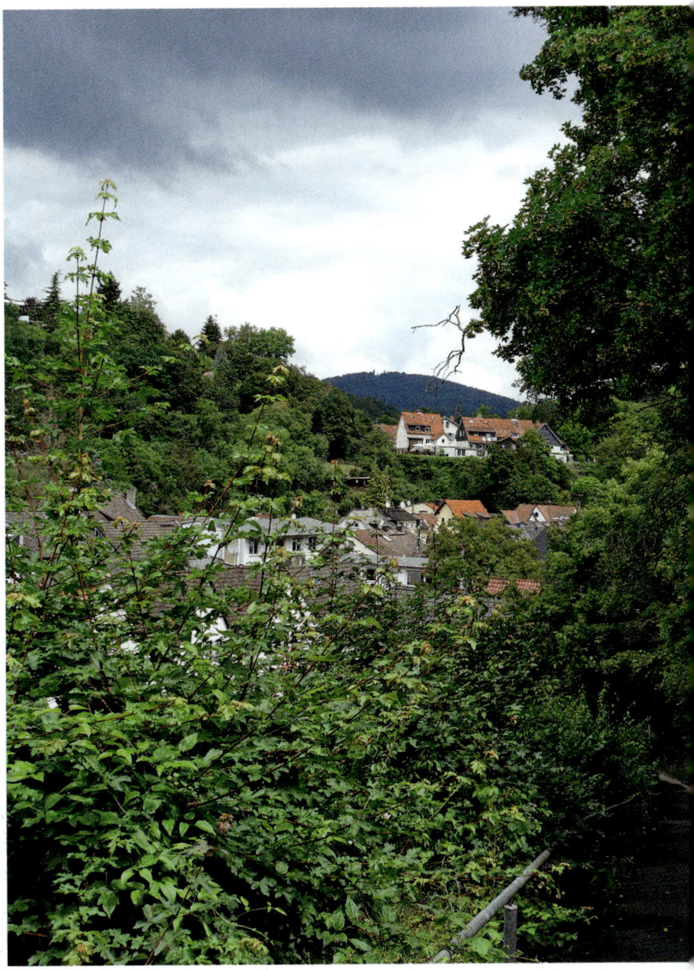

Von Rambach aus können wir einen ersten Blick auf den Kellerskopf werfen.

Mit etwas Glück ist sie geöffnet. Sehenswert ist der Bergfried mit Burgmuseum und der überdachten Aussichtsplattform. Außerdem lockt eine Restauration.

Ins Goldsteintal Unsere Zeichen führen an der Burg vorbei und, wo die Straße eine Rechtskurve macht, geradeaus auf einem Fußweg ins Rambachtal. Nun erblicken wir den Kellerskopf mit seinem Aussichtsturm. Durch grünes Baumgewölbe führt unser Weg oberhalb der Straße von Sonnenberg nach Rambach. An allen Möglichkeiten, die links zur Straße gehen, bleiben wir mit den Wanderzeichen geradeaus, überqueren eine Wegspinne mit Schranke (links Bushaltestelle Steinbruch), bleiben geradeaus auf dem Fußweg hinter den Häusern, überqueren den Bach und bleiben links des Baches, den hier kleine Stege zu den Gärten schmücken. Der Fußweg endet, unsere Wanderzeichen biegen nach links und überqueren die Straße. Hier verlassen wir das schwarze R und wenden uns mit dem DVV-Zeichen nach links. Ein kurzes Stück die Straße entlang, gehen wir direkt hinter der Haltestelle Goldsteintal rechts auf einem Grasweg, vorbei an einem Teich und an der Straße nach rechts. Ungefähr 50 Meter weiter führt rechts ein Weg bergauf in den Wald. Den nehmen

Der Rheinhöhenweg und seine Nachfolger

Der Rheinhöhenweg, ein vom Hunsrück-Wanderverein angelegter alter Fernwanderweg beidseits des Rheins, verlief von Bonn bis südlich von Mainz sowie von Bonn-Beuel bis Wiesbaden und verband alle spektakulären Aussichtspunkte des Rheintals. Doch mit Etappen von bis zu 34 Kilometern war er nicht »massentauglich«. So wurden linksrheinisch 2004 der Rheinburgenweg und 2014 der Rheinterrassenweg eröffnet, rechtsrheinisch 2005 der Rheinsteig – alle drei schön geführt von Highlight zu Highlight und attraktiv für Wandertouristen. Den Rheinhöhenweg mit seinem schwarzen R gibt es noch, er wurde aber teils ins Hinterland verlegt und wird mangels Pflege allmählich verschwinden.

wir, die DVV-Markierung verlassend. Fast oben, an einer Wegspinne (gelber Ferngas-Pfosten) bleiben wir geradeaus und folgen ab hier der Hirschkäfer-Markierung. Auf verwunschenem Pfad geht es um die Kuppe herum. Kurz vor den ersten Häusern müssen wir links bergauf. Der Hirschkäfer-Weg war allerdings, als ich hier gelaufen bin, zugewuchert. Doch nur ein paar Schritte dahinter verläuft ein gut begehbarer Pfad, der uns rund 50 Meter bergauf und dann auf breitem Forstweg nach rechts zum Sportplatz und zum ❸ **Wanderparkplatz/Waldsportpfad Goldsteintal** führt.

Aufstieg in Etappen Das Hirschkäfer-Zeichen hat für uns seinen Dienst getan. Geradeaus über den Parkplatz, folgen wir nun dem gelben Balken und erreichen bald den Rand einer großen Lichtung. Eine Bank lädt zum Umschauen ein. Steil ragt der Kellerskopf vor uns auf. Wir werden in Etappen hochsteigen und ihn dabei fast umrunden. Nach links geht es am Feldrand entlang, mit dem gelben Balken nach rechts um die Streuobstwiese herum, vorbei an einer Koppel, Wiesen und Gärten. Etwa 150 Meter über freies Feld, dann heißt es in der Kurve aufpassen: Wir biegen mit

Wiesbaden-Kurpark: viele Gelegenheiten zum Stehenbleiben und Schauen

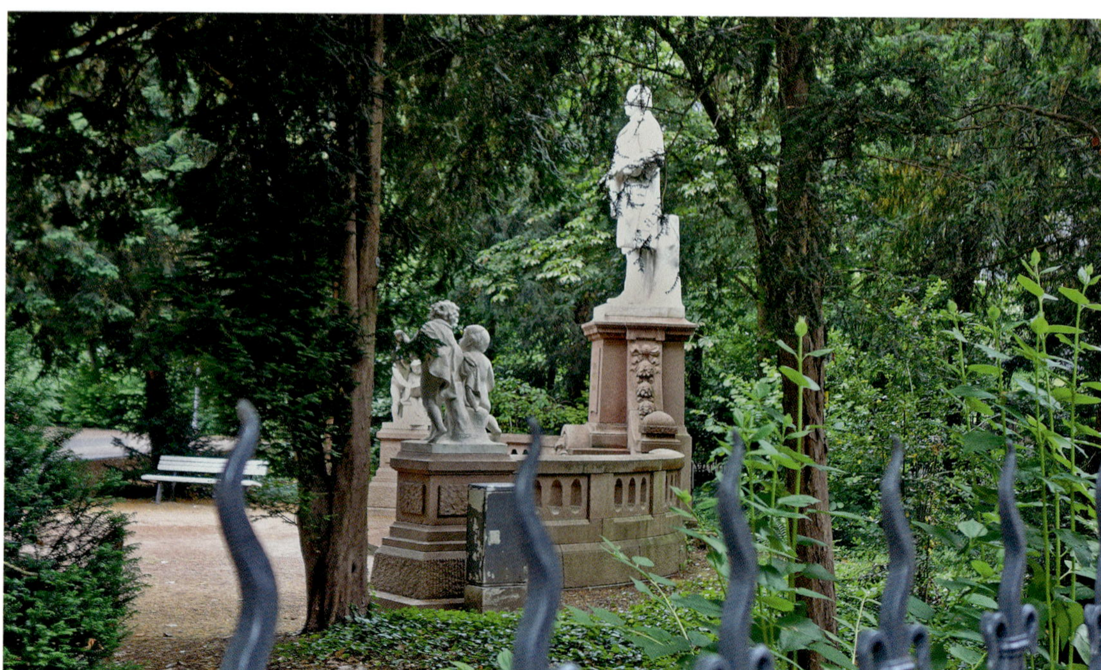

dem gelben Balken links auf den Wiesenpfad ab, überqueren den Bach und erreichen den ❹ **Wanderparkplatz Kellerskopf**. Hier verlassen wir die gelbe Markierung und wenden uns nach links, an der Grillhütte vorbei zum ❺ **Kellerskopfstollen**. Bis zum Gipfel folgen wir nun dem roten Rehbock-Zeichen. Hinter dem Wasserwerk kreuzt schräg ein Weg. Wir bleiben auf unserer Markierung, die uns im Bogen sanft bergauf um den Kegelberg herumführt. Nach knapp einem halben Kilometer geht es rechts einen Taleinschnitt hinauf, dann links und weiter um den Berg herum. Der schmale Waldweg mündet in einen breiten Forstweg, weiter und allmählich bergauf, erreichen wir eine Wegspinne mit Bank und dem Schild »Sausulchweg« und ca. 70 Meter danach eine weitere Wegspinne.

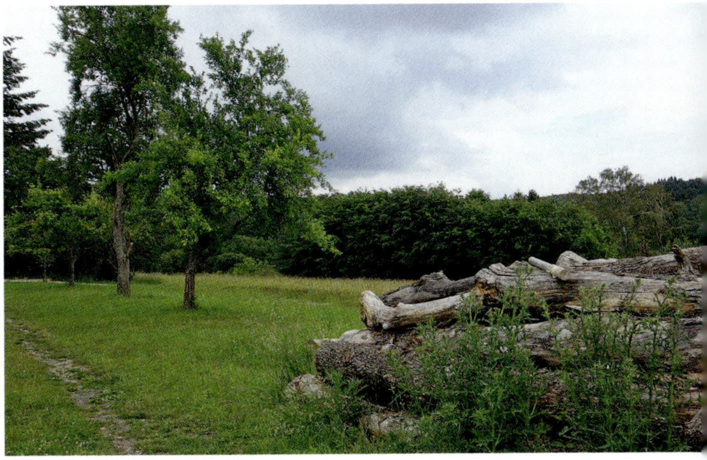

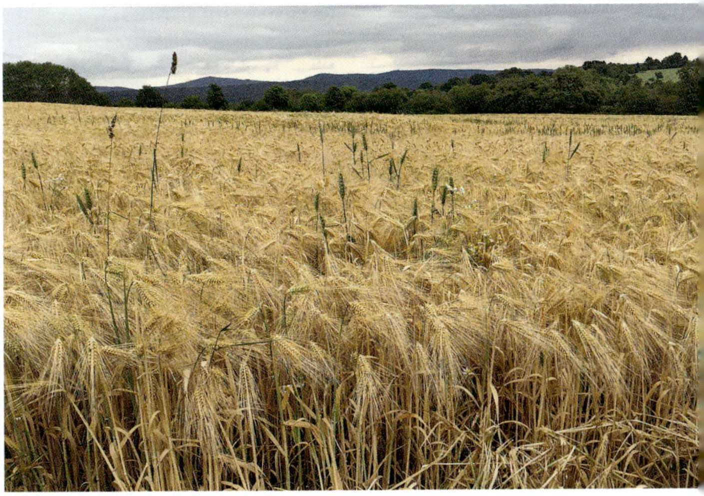

Turm mit Aussicht Hier führt uns unser Rehbock-Wanderzeichen nach rechts, 30 Meter weiter nach links auf den Chaisenweg und nach 250 Metern an einer Kreuzung rechts steil bergauf zur Kuppe des ❻ **Kellerskopfes**. Hier können wir rasten, im Restaurant einkehren, den Turm besteigen und auf den Infotafeln vor der Liegewiese erfahren, dass Kaiserin Sisi eine ganz schön sportliche Wanderin war. Beim Abstieg nehmen wir für das erste Stück denselben Weg, den wir hochgekommen sind. Der rote Rehbock bringt uns rechts der Straße zwischen den Wanderweg-Infotafeln bergab, doch nur bis zur ersten Kreuzung. Hier bleiben wir auf (unmarkiertem) schmalem Pfad geradeaus und dann im Bogen rechts. Ein Stück führt der Pfad entlang eines kleinen Grabens, hinter einem Wasserstollen wird er breiter und bringt uns zu einem Parkplatz. Dort wenige Meter nach links, gehen wir scharf rechts auf einen Fußweg zwischen Waldrand und Feld, markiert mit den Wanderzeichen Hirsch und R, bis zum ❼ **Besinnungswäldchen Bärenherz**. Hier öffnet sich der Blick in Richtung Wiesbaden, Rheinhessen und Donnersberg. Wir biegen mit dem (schlecht sichtbaren) R links ab und wandern leicht bergab auf einem Wiesenweg, der in einen geteerten Feldweg und dann in ein Sträßchen übergeht. Am Tannenhof geradeaus, überqueren wir die Kreisstraße, sagen dem R Adieu und folgen links dem Fußweg am Feldrand entlang, unter der Brücke hindurch und zur Bushaltestelle Naurod Erbsenacker. Der Bus 21 bringt uns halbstündlich in ca. 10 Minuten zurück zur Ⓔ **Haltestelle Wiesbaden Alwinenstraße**.

Oben: Gleich hoch auf den Berg oder vorher eine Pause auf der einladenden Wiese?

Unten: Nach dem Abstieg: Auf dem letzten Kilometer geht es gemütlich durch die Felder.

13

Wiesbadener Waldlust

Vom Neroberg durchs Dambachtal und den Rabengrund

Mittel | 10,3 km | 290 Hm | 3 Std.

Tourencharakter
Rundwanderung mittlerer Anforderung auf gut begehbaren Wald- und Wiesenwegen, teils auch schmalen Pfaden. Anfangs steil bergauf, dann moderate An- und Abstiege

Ausgangs-/Endpunkt
Wiesbaden, Talstation der Nerobergbahn

Anfahrt
ÖPNV: Ab Wiesbaden Hbf. mit dem Stadtbus 1 bis Endhaltestelle Nerotal
Auto: In Wiesbaden Richtung Neroberg (Navi: Wiesbaden, Wilhelminenstraße 51), Parkplätze (teils kostenlos) an der Talstation und im Wohngebiet

Einkehr
Unterwegs: Biergarten Der Turm, Opelbad-Restaurant (beides auf dem Neroberg)
Am Ziel: Café Restaurant Leichtweiß (Nerotal 70, Clubanlage WTHC), Ristorante Girasole (Nerotal 66), Eden Café Bistro (Nerotal 1) weitere Gastronomie in Wiesbaden-Innenstadt

Informationen
Tourist-Information Wiesbaden: Tel. 0611/172 99 30, www.wiesbaden.de; Nerobergbahn: www.nerobergbahn.de

Wanderkarte
NaturNavi: Wiesbaden und Umgebung, Wanderkarte mit Radwegen, Blatt 45-555, 1:25 000

Wanderziele in der Nähe
Adamstal, Platte, Kellerskopf, Goldsteintal

Mondänes Kurbad, von Adligen und Dichtern beehrt – diesen Charme hat Wiesbaden bis heute. Die Stadt geht in Parklandschaft und schließlich den Taunus über. So zum Beispiel im Nerotal, am Ende der eleganten Taunusstraße, wo das Viadukt der Nerobergbahn von Ausflugstradition zeugt. Wir erklimmen die Höhe und wandern weiter durchs Dambachtal zum weitläufigen Rabengrund.

Hoch auf den Neroberg Schon der Startpunkt an der ❶ **Nerobergbahn** ist ein Highlight. Für dieses technische Kulturdenkmal sollten wir uns kurz Zeit nehmen. 1888 errichtet, überwindet die Bahn auf rund 440 Metern Länge 83 Höhenmeter zum Wiesbadener Hausberg. Mit pfiffiger Antriebstechnologie: Zwei Waggons hängen mit einem Stahlseil aneinander, beide haben große Wassertanks unter dem Fahrzeug. An der Bergstation wird Wasser aufgefüllt, an der Talstation abgelassen, und der schwerere Waggon zieht den anderen den Berg hinauf. Wir nutzen dieses nostalgische Gefährt, das heute im ÖPNV-Tarif fährt, allerdings nicht, sondern nehmen den Pfad links neben der Bahntrasse im Zickzack bergauf, markiert mit dem roten M der Via Mattiacorum, das wir aber, oben angekommen, schon wieder verlassen. Wir gehen an der Bahnstation scharf rechts

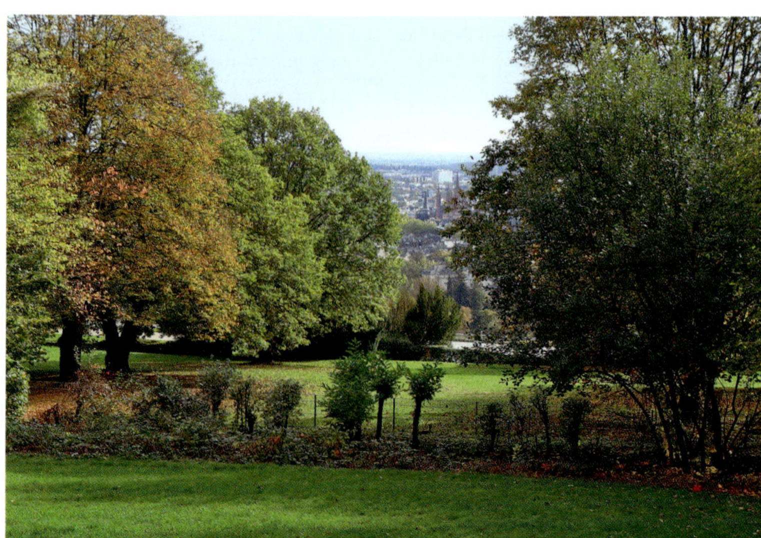

Auf dem Neroberg: Landschaftspark hoch über der Stadt

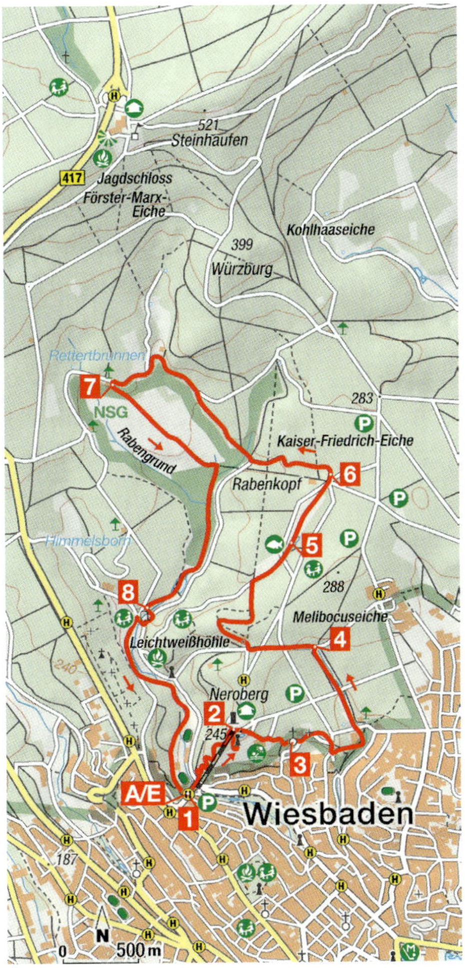

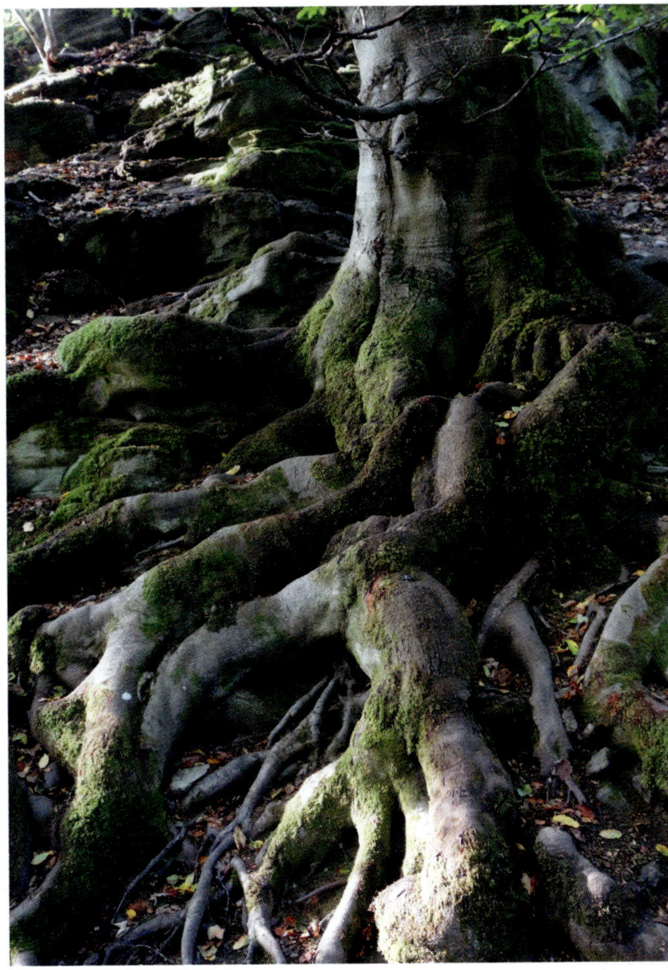

Über der Leichtweißhöhle krallen sich die Bäume in den felsigen Untergrund.

den gepflasterten Weg hinunter zur Aussicht auf den Wiesbadener Stadtweinberg und die Stadt. Vor dem ❷ **Ehrenmal** rechts die Treppen wieder hoch, gelangen wir rechts zum Säulentempel ❸ **Monopteros**. Dahinter führt uns ein Fußweg bergab, am Opelbad vorbei zur russisch-orthodoxen ❹ **Kirche**. Hinter der Kirche links, nehmen wir einen Asphaltweg zum Eingang des russisch-orthodoxen Friedhofs. Er ist einer der ältesten und größten seiner Art in Westeuropa. Informationstafeln entlang der Friedhofsmauer erzählen die Geschichte seiner Gemeinde in Wiesbaden, die in den 1920er-Jahren durch Emigranten der Russischen Revolution zur Blüte gelangte.

Walderlebnis mit Baumtelefon Kurz vor der Straße nehmen wir einen Waldpfad parallel zur Straße nach rechts. Bei der Verkehrsinsel überqueren wir den Christian-Spielmann-Weg und kommen rechts in die Kapellenstraße, wo wir bei der ersten Möglichkeit (vor dem Bauhof) links in den Wald abbiegen. Ein Fußpfad bringt uns bergab, ein Pfad kreuzt, und wir bleiben geradeaus bis hinunter ins Dambachtal. Dort biegen wir nach links auf einen geteerten Weg. Für rund einen Kilometer folgen wir nun der Markierung schwarzer Punkt, überqueren beim Spielplatz eine Straße

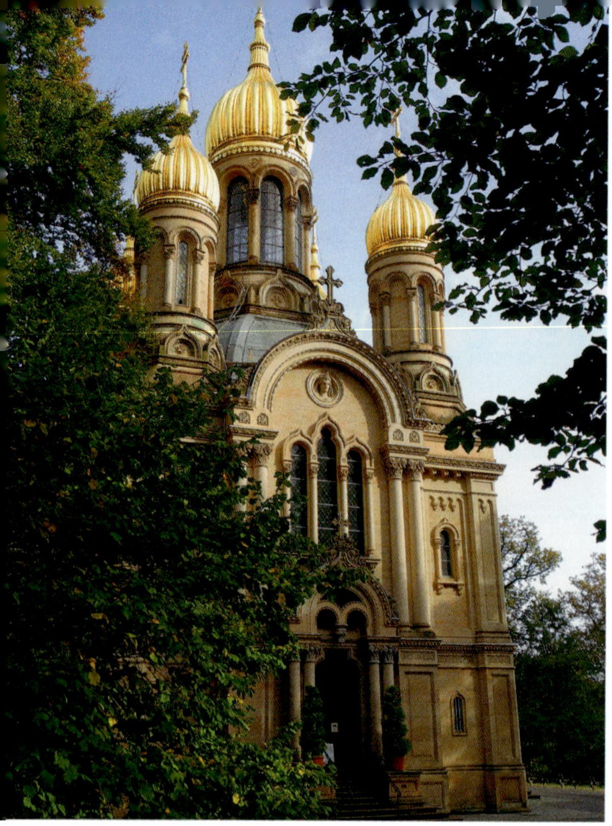

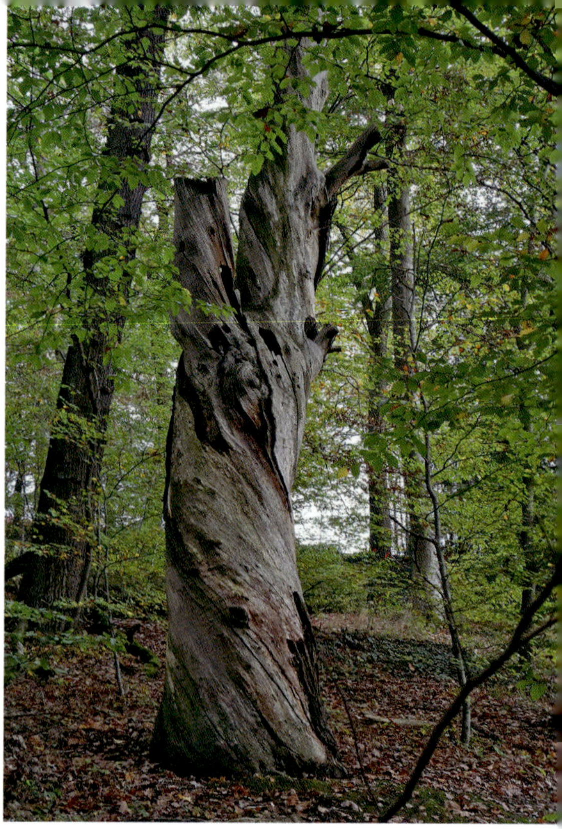

Links: Goldene Kuppeln hinter grünen Wipfeln: die russisch-orthodoxe Kapelle

Rechts: Baumstumpf mit Grazie: Totholz ist ein lebendiges Biotop für Pilze und Insekten.

und passieren einen Weiher. Den schwarzen Punkt verlassen wir an der Wegspinne beim Rastplatz an der ehemaligen (noch in den Karten verzeichneten) ❺ **Melibocuseiche**. Sie ist heute durch einen kleinen Baum ersetzt, doch gegenüber im Wald erblicken wir ein imposanteres Exemplar, die Förster-Schlegelmilch-Eiche. Hier biegen wir rechtwinklig nach links, ein breiter Waldweg bringt uns zurück auf die Höhen des Neroberges. Zwei Wege kreuzen unseren, wir bleiben geradeaus. Hinter der Kuppe taucht rechts eine Quelle auf. Hier verlassen wir an der Wegspinne unsere bisherige Richtung und gehen halb rechts bergauf. Der Weg ist als Walderlebnispfad markiert. Manchmal fehlt die Markierung, aber wir können uns an den Erlebnisstationen orientieren, zum Beispiel dem Baumtelefon. Kurz darauf mündet unser Weg auf einem Querweg, wo wir rechts einbiegen. Zuvor können wir links am Aussichtspunkt zwischen den Bäumen auf den Taunusgipfel Hohe Wurzel schauen.

Lauschige Lichtungen Vom Aussichtspunkt weiter bergauf, trennt sich nach rund 150 Metern an der Kreuzung der Walderlebnispfad in den kleinen und den großen Rundweg. Wir wählen den großen, der links bergab und an der nächsten Kreuzung nach rechts führt, vorbei an einer lauschigen Lichtung. Ein Weg quert, wir bleiben geradeaus bis zu einem Tümpel mit Rastbänken und ❻ **Vogelbeobachtungsstation**. Hier verlassen wir den Erlebnispfad. Links am Wasser vorbei geht es auf einem schönen Wiesenweg über die Lichtung Großer Entenpfuhl. Kurz vor dem oberen Ende der Lichtung wählen wir an der Gabelung den linken Wiesenweg, um gleich darauf am Waldrand rechts auf den Waldweg einzubiegen. Nach wenigen Schritten gelangen wir zu einer Wegspinne an der ❼ **Schutzhütte Kaiser-Fried-**

rich-Eiche. Hier folgen wir dem zweiten Weg nach links, markiert mit einem grünen Lindenblatt. Auf geteertem Weg geht es bergab zum Rand des Naturschutzgebiets Rabengrund. Wo unser Weg auf den Wanderweg mit der Markierung roter Punkt mündet, wenden wir uns kurz nach rechts, an der Infotafel nach links und folgen dem roten Punkt, bis er nach rund einem halben Kilometer nach rechts abdreht. Wir bleiben geradeaus. Vorbei an einem aufgelassenen Steinbruch umrunden wir den nördlichen Teil der weitläufigen Lichtung Rabengrund, nach rund 500 Metern dann geleitet von dem roten M der Via Mattiacorum.

Der Neroberg

Zwischen Innenstadt und Stadtwald gelegen, hat der Wiesbadener Hausberg viel zu bieten. Zu seinen Füßen zieht sich ein altes Villenviertel den Hang hoch, die russisch-orthodoxe Kirche setzt ihm goldene Turmspitzen auf. Klassische Parkbauten und die von Steinlöwen flankierte Aussichtsterrasse erinnern an den Landschaftspark aus dem 19. Jahrhundert. Einst stand hier auch ein Hotel, später war ein Café-Restaurant in dem romantischen Gebäude, das 1989 abbrannte – nur der Turm blieb übrig. Viele Wanderwege, ein Klettergarten und das mondäne Opelbad laden zu Freizeitaktivitäten ein. Und am Südhang liegt gar ein Weinberg der Hessischen Staatsweingüter, wo auf gut 4 Hektar Riesling angebaut wird.

Rabengrund und Wilderer-Schicksal An der 8 **Adolf-Weygandt-Hütte** biegen wir mit dem roten M links auf die Lichtung ein und genießen auf weichem Wiesenpfad die Weite und den Himmel über uns. An allen Abzweigungen geradeaus gelangen wir bis kurz vor den Waldrand. Dort geht es rechts bis zum Ende des Rabengrunds. Wir wandern ein Stück auf geteerter Straße, dann rechts auf einen Waldpfad und vorbei am Krottenweiher bis zu einigen markanten Felsen, die wir nach links umrunden. Nun stehen wir über dem Eingang der 9 **Leichtweiß-Höhle**, wo der Wilderer Leichtweiß sich zwischen 1789 und 1791 vor der Polizei versteckte, bis er sich durch den Rauch seines Feuers verriet. Sein karges Domizil kann sonntagmittags kostenlos besichtigt werden. Vor dem Höhleneingang verlassen wir das rote M, gehen rechts und an der Kreuzung wieder rechts, dann gleich links und am Spielplatz vorbei durch eine Ahornallee ins Tal. An der ersten Möglichkeit nach links, kurz hinter einem Brückengeländer, verlassen wir den Teerweg zugunsten eines Waldwegs entlang des Baches, markiert mit einem gelben Balken. Vorbei an den Sportplätzen erhaschen wir noch einen Blick auf das Bahnviadukt und erreichen schließlich den E **Ausgangspunkt**.

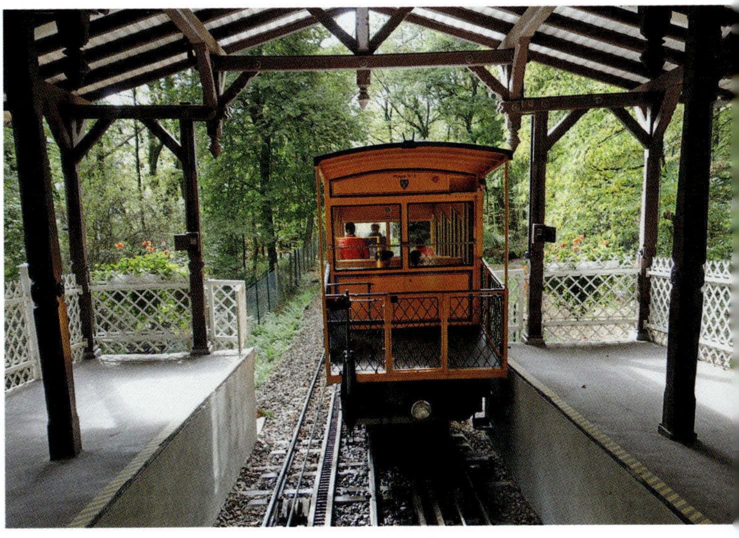

Wasser und Schwerkraft bringen die Nerobergbahn ins Tal.

ERLEBNISTIPPS Fahrt mit der Nerobergbahn (Ende März–1. Nov. tägl., Mai–Aug. 9–20 Uhr, sonst 10–19 Uhr), Besichtigung der russisch-orthodoxen Kirche (tägl. ab 10 Uhr, Nov.–März bis 16 Uhr, April bis 17 Uhr, Mai–Okt. bis 18 Uhr)

14

Traumwald über der Stadt

Zwischen Wiesbadener Platte und Rabengrund

Mittel | 8 km | 300 Hm | 2.30 Std.

Tourencharakter
Rundwanderung mittlerer Anforderung durch alten Wald. Meist gut begehbare Waldwege und Pfade. Längere, teils steile An-/Abstiege. Rund um das Ausflugsziel Platte sind die Wege etwas stärker belebt.

Ausgangs-/Endpunkt
Wiesbaden Platte, Parkplatz vor dem Jagdschloss

Anfahrt
ÖPNV: Ab Wiesbaden Hbf. mit Bus 237 Richtung Bad Schwalbach, Haltestelle Wiesbaden Platte, dann ca. 300 m zu Fuß (Mo–Sa auch weitere Busverbindungen)
Auto: Von Wiesbaden über B54 und B417 Richtung Limburg, ausgeschilderte Abfahrt an der B417 (Navi: Wiesbaden, Jagdschloss Platte), Parkplatz vor dem Jagdschloss

Einkehr
Unterwegs: keine Möglichkeit
Am Ziel: Gasthof Jagdschloss Platte

Informationen
Tourist-Information Wiesbaden
Tel. 0611/172 99 30,
www.wiesbaden.de

Wanderkarte
NaturNavi: Wiesbaden und Umgebung, Wanderkarte mit Radwegen, Blatt 45-555, 1:25 000

Wanderziele in der Nähe
Hohe Wurzel, Eiserne Hand, Fischzucht, Rabengrund, Taunusstein

Seit ich wandern gehe, ist die Platte für mich ein Lieblingsort. Nicht, weil sie ein beliebtes Ziel ist, wo sich winters Spaziergänger, Radfahrer und manchmal Langläufer bei Bockwurst und Glühwein am Kiosk treffen. Ich liebe die Aussicht von der Waldterrasse und den reizvollen Kontrast zum Rabengrund.

Zur Aussicht und hinab ins Tal Mit Blick zum ❶ **Jagdschloss** geht es links zum Ende des Ⓐ **Parkplatzes** und mit dem schwarzen Balken (Trompeterweg) Richtung Idstein. Nach ca. 300 Metern biegen wir rechts zur beschilderten ❷ **Aussichtsstelle**. Vom Rand eines aufgelassenen Steinbruchs schauen wir auf Wiesbaden und die Rhein-Main-Ebene. Weiter geht es links am Geländer entlang und mit dem schwarzen Balken rechts den Fußpfad hinab. Kurz bevor der Pfad auf einen ausgewaschenen Weg trifft, führt er uns rechts am Rand des Erdwalls den Hang hinab. Unten sind zwei Querwege. Wir biegen auf den oberen nach rechts ein und gleich links auf den unteren, den Herzogsweg. Bald darauf kommt

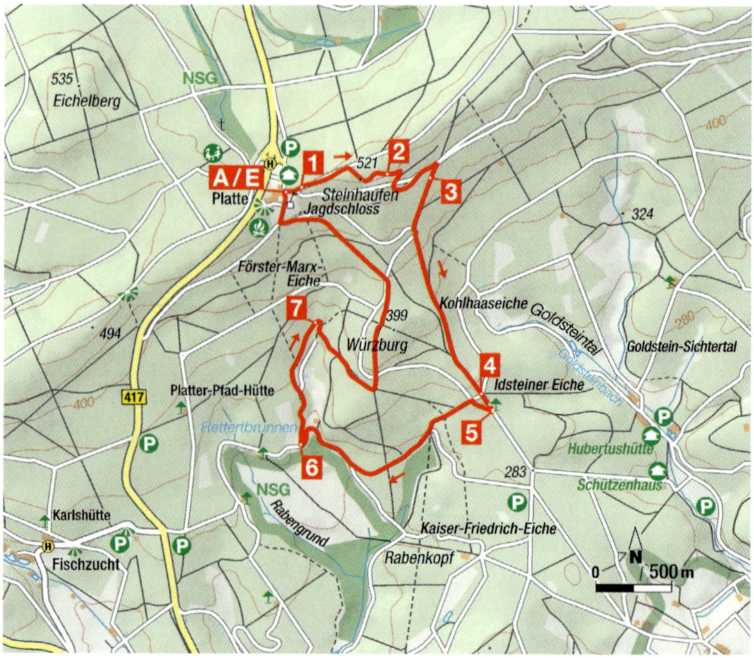

eine Wegspinne. Wir folgen nun dem schwarzen Punkt des Rhein-Taunus-Clubs nach scharf rechts, steil bergab. Felsen ragen aus dem Hang heraus. Stationen des ❸ **Hörwald-Projekts** geben Einblicke in den Stadtwald und seine Wiesentäler.

Jagdschloss Platte

1823 ließ der Graf von Nassau-Weilburg ein Jagdschloss auf der Platte bauen, eine 500 Meter hohe Erhebung des Taunuskamms mit wildreichen Wäldern. Adel und Kurprominenz gastierten in dem klassizistischen Schloss, so der russische Zar Alexander II., Zarin Maria Alexandrowna und Kaiserin Eugénie von Frankreich. Aufgrund seiner günstigen Lage beherbergte das Schloss im Zweiten Weltkrieg eine Flugabwehrleitstelle, wurde im Februar 1945 bombardiert und bis auf die Außenmauern zerstört. Heute ist es eine beliebte Wiesbadener Event-Location.

Rast in der Schutzhütte Kurz nach der Hörwald-Station 8 und bevor wir auf die Straße treffen, biegen wir mit dem schwarzen Punkt links ab, durch Mischwald weiter ins Tal. An manchen Stellen haben sich Parallelpfade gebildet, sie kommen aber immer wieder zusammen. Unser Pfad mündet auf einen Weg, dem wir nach links folgen. An der Wegspinne, links die ❹ **Idsteiner Eiche**, bleiben wir geradeaus und erreichen gleich eine ❺ **Schutzhütte**. Hier verlassen wir den schwarzen Punkt. Um die Hütte herum scharf rechts und an der nächsten Kreuzung links, bleiben wir für rund 1 Kilometer (über zwei Kreuzungen hinweg) geradeaus bis zu einer T-Kreuzung. Hier gehen wir rechts, im Bogen um die Ausläufer des ❻ **Naturschutzgebiets Rabengrund** herum.

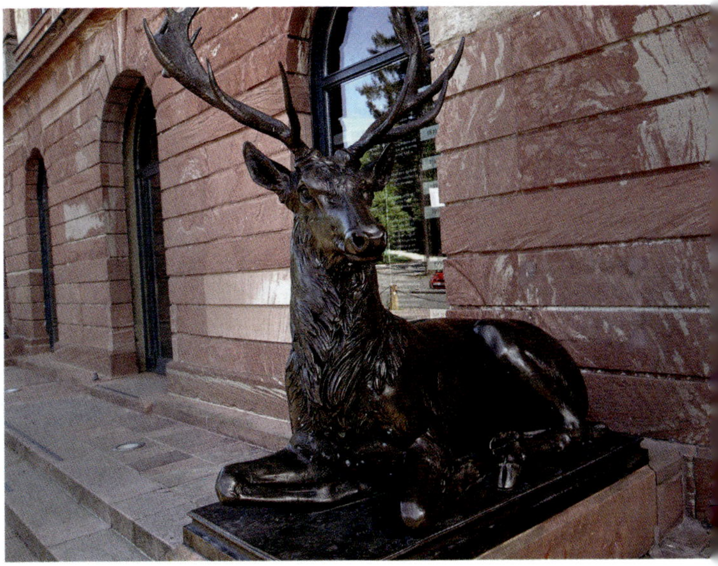

Von edlem Wild bewacht: das ehemalige Jagdschloss auf der Platte

Auf den Spuren der Römer Etwa 500 Meter weiter, nach der Linkskurve, biegen wir rechts auf die rot markierte Via Mattiacorum, einen 2018 angelegten Weg auf den Spuren der Römer. Er bringt uns zurück zur Platte: An der Gabelung (Schild »Wasserschutzgebiet«) links bergan, sehen wir kurz darauf vor einer Kehre einen Steinhaufen, eine sogenannte ❼ **Stupa**. Etwa 250 Meter weiter biegt das rote M links und sofort wieder rechts ab, dann an einer Wegspinne links, nun steil bergauf, vorbei am Fels des Würzburg-Gipfels. Hier auf der Kuppe erkennt man gut die Waldschäden der vergangenen Jahre, überall finden sich Aufforstungsflächen. Nach der Kuppe folgen wir einer Forststraße, verlassen sie kurz darauf nach links und wandern leicht bergauf. Der breite Weg wird schmaler, kreuzt einen Forstweg und mündet auf einem Querweg, wo wir links gehen. Kurz darauf bringt uns das rote M über die Wiese zurück zum Ⓔ **Jagdschloss und Parkplatz**.

ERLEBNISTIPP Wandern mit Kindern: mehr zum Wiesbadener Hörwald-Projekt unter www.hoerwald.de

15 Waldausflug mit Tradition

Wiesbaden Fischzucht, Eiserne Hand und Adamstal

Schwer | 13,3 km | 350 Hm | 4 Std.

Tourencharakter
Anspruchsvolle Rundwanderung auf gut begehbaren Waldwegen und schmalen, teils felsigen Pfaden. Wechsel zwischen beliebten Ausflugszielen und einsameren Abschnitten. Längere An- und Abstiege. Bei Glätte den Altenstein auslassen

Ausgangs-/Endpunkt
Wiesbaden, Waldparkplatz oberhalb des Restaurants Fischzucht

Anfahrt
ÖPNV: Ab Wiesbaden Hbf. Bus 274 Richtung Bad Schwalbach oder Bus 271 Richtung Idstein, Haltestelle Adamstal, in Fahrtrichtung entlang B45, dann rechts in den Fischzuchtweg (zu Fuß ca. 15 Min.)
Auto: Ab Wiesbaden Innenstadt auf der B54 Aartalstraße Richtung Taunusstein, am Holzhackerhäuschen rechts in den Fischzuchtweg/Hupfeldweg (Navi: Wiesbaden, Hupfeldweg), Waldparkplatz oberhalb des Restaurants

Einkehr
Unterwegs: Waldgeist Zur Eisernen Hand, Taunusstein (auf der Eisernen Hand); Restaurant Jagdschloss Fasanerie (an der Fasanerie)
Am Ziel: Waldrestaurant Fischzucht (Fischzuchtweg 1)

Informationen
Tourist-Information Wiesbaden: Tel. 0611/17 29 930, www.wiesbaden.de (mit Infos zum Naturpark Rhein-Taunus)

Wanderkarte
NaturNavi: Wiesbaden und Umgebung, Wanderkarte mit Radwegen, Blatt 45-555, 1:25 000

Wanderziele in der Nähe
Schläferskopf, Chausseehaus, Schloss Freudenberg, Taunusstein, Platte, Rabengrund

In Wiesbaden lernten sich in den 1950er-Jahren meine Eltern kennen. Mit ihrem VW Käfer besuchten sie die klassischen Ausflugsziele im Stadtwald und dem nahen Taunus und schwärmten noch Jahrzehnte später davon. Unsere Tour verbindet drei dieser Klassiker zu einer etwas längeren Runde.

Das Kesselbachtal hoch Wir starten am Ⓐ **Naturparkplatz »Fischzucht«** oberhalb der Einfahrt zum Restaurant Fischzucht. Mit der Straße im Rücken gehen wir in den Wald und treffen nach wenigen Metern auf unsere erste Wegmarkierung, den gelben Balken. Ein breiter Forstweg führt uns stetig bergan ins Kesselbachtal. Nach knapp 1 Kilometer fällt rechts ein gemauerter Tunnel auf, er führt durch einen Erdwall in eine Senke, vermutlich ein ehemaliger ❶ **Quarzit-Steinbruch**. Wenig später blinken

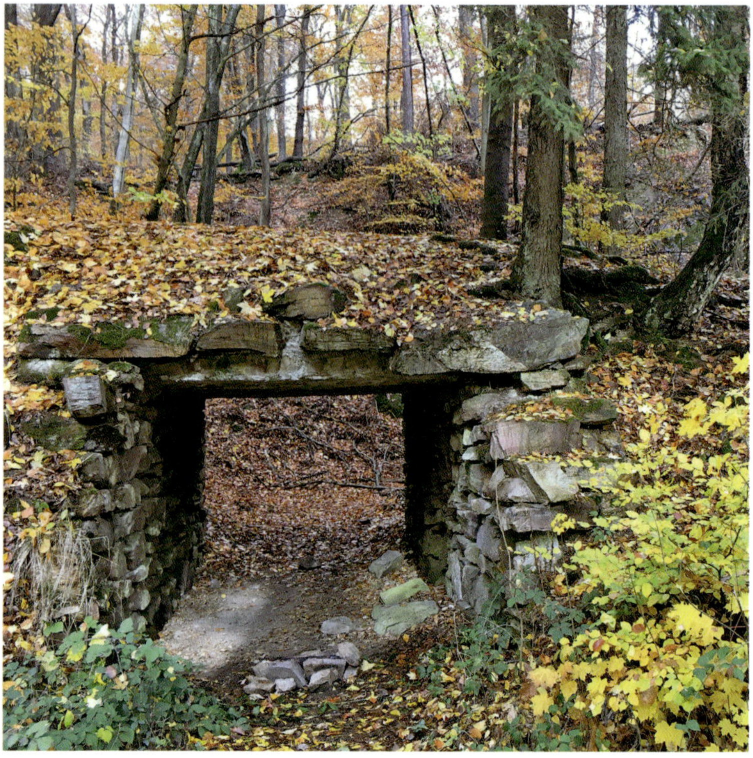

links zwei Tümpel durchs Gehölz. Inzwischen hat sich der rote Balken als Wegmarkierung zu uns gesellt. Ihm folgen wir (den gelben Balken verlassend) an der nächsten Gabelung nach links, überqueren den Bach und wandern bergauf zur ❷ **Herzogshütte**. Bevor wir uns hier mit dem roten Balken nach links wenden, können wir kurz rasten. Dann wandern wir auf geradem Forstweg (Herzogsweg) weiter, ein Stück begleitet von zwei traditionsreichen Fernwanderwegen (E3 und alter Rheinhöhenweg), und wir können ein bisschen vom Weitwandern träumen. Doch schon an der nächsten Abzweigung nach rechts verlassen wir sie und auch unseren roten Balken, um über den Altenstein zu gehen (Wer gemütlicher unterwegs sein möchte, geht einfach weiter geradeaus bis zur Eisernen Hand. Das ist auch bei Regen und Glätte eine gute Empfehlung).

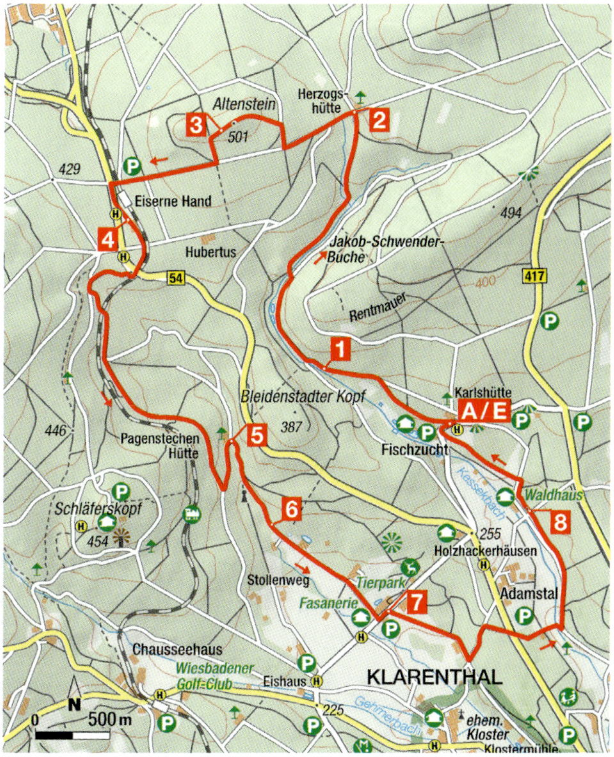

Zeuge der Erdgeschichte Unsere Markierung ist vorläufig ein rotes Fähnchen. Es führt nach wenigen Schritten links über einen immer schmaler werdenden Pfad bergauf. Auf der Höhe erreichen wir das ❸ **Naturdenkmal Altenstein**, einen durch Verwitterung aus der Umgebung herausgewaschenen Quarzitstein, wie sie im Taunus häufiger vorkommen. Jahrmillionen alt ist der Stein ein stummer Zeuge der Erdgeschichte. Doch die Menschen haben ihm zugesetzt: Im 19. Jahrhundert wurde er als Steinbruch genutzt und büßte viel von seiner ursprünglichen Größe ein. Um 1900 diente er gar als Sockel für einen Tanzboden, als die Einwohner von Wehen, Hahn und Bleidenstadt sich hier zum Volksfest trafen. Ob er in vorchristlicher Zeit als Kultstätte diente und von einem Ringwall umgeben war, ist hingegen umstritten. Am Altenstein vorbei lotst uns das Wanderzeichen bald wieder nach links, zurück auf den Hauptweg. Bergab können wir zwischen den Bäumen Wiesbaden und die Rhein-Main-Ebene erspähen.

Linke Seite: Der Durchgang macht neugierig. Dahinter liegt ein alter Steinbruch.

Ein Hauch von Eisenbahnromantik Wir schwenken wieder rechts auf den Herzogsweg ein und überqueren die Trasse der alten Aartalbahn. Zwischen ihr und

Die Eiserne Hand und die Aartalbahn

Die Eiserne Hand ist ein Einschnitt im Taunushauptkamm (421 m), einem traditionellen Verkehrsweg zwischen Wiesbaden und dem oberen Aartal. Einst führte hier die historische Eisenstraße zwischen Michelbacher Hütte und Wiesbaden über den Pass, später dann die Aartalbahn, die noch eine Zeitlang als Museumsbahn betrieben wurde, heute aber leider stillgelegt ist (Pläne zur Wiederbelebung werden diskutiert). Der hauptsächlich als Ausflugsziel dienende Bahnhof Eiserne Hand gehört schon zur Stadt Taunusstein. Er war der höchstgelegene Bahnhof des Taunus und ist heute ein Kulturdenkmal.

Strecken-Variationen

Für die Tour gibt es drei Einstiegspunkte, neben der Fischzucht auch die Eiserne Hand (Achtung, keine Wanderparkplätze) und die Fasanerie. Beim hier gewählten Startpunkt sind die An-/Abstiege am besten verteilt. Wenn Sie mit Kindern unterwegs sind, planen Sie einen Besuch der Fasanerie mit ein!

der Bundesstraße führt uns ein schmaler Pfad links über den Parkplatz zum Restaurant Waldgeist, dem nach einem Brand wiederaufgebauten Traditions-Ausflugslokal im ehemaligen 4 **Bahnhof auf der Eisernen Hand**. Links daran vorbei führt uns eine hübsche Kastanienallee weiter entlang der Aartalbahn, zusammen mit mehreren Markierungen, unter anderem E3 und R. Nachdem wir die Bundesstraße unterquert haben, wandern wir den Zeichen folgend auf dem geteerten Kaiser-Wilhelm-Weg bergab. Rund 350 Meter nach der Unterführung verlassen wir aber den Teerweg und diese Markierungen und biegen links bergab. Als Wegzeichen leitet uns nun ein schwarzes Fähnchen und führt uns über eine alte Brücke auf die andere Seite der Bahntrasse. Dieser Teil unserer Strecke ist leider spärlich markiert. Ab und zu treffen wir noch auf das grüne Zeichen »Jubiläum Rundweg Naturfreunde«. Diesem sowie dem schwarzen Fähnchen folgen wir bald scharf nach links, erkennbar ist die Stelle auch an dem blauen Schild »Wasserschutzgebiet«. In der nächsten Kurve passieren wir die 5 **Pagenstecher Schutzhütte**, dann geht es weiter hinab ins Kesselbachtal. Rund 200 Meter nach der Hütte bleiben wir an einer Gabelung rechts bergab. Dem Hauptweg immer weiter fol-

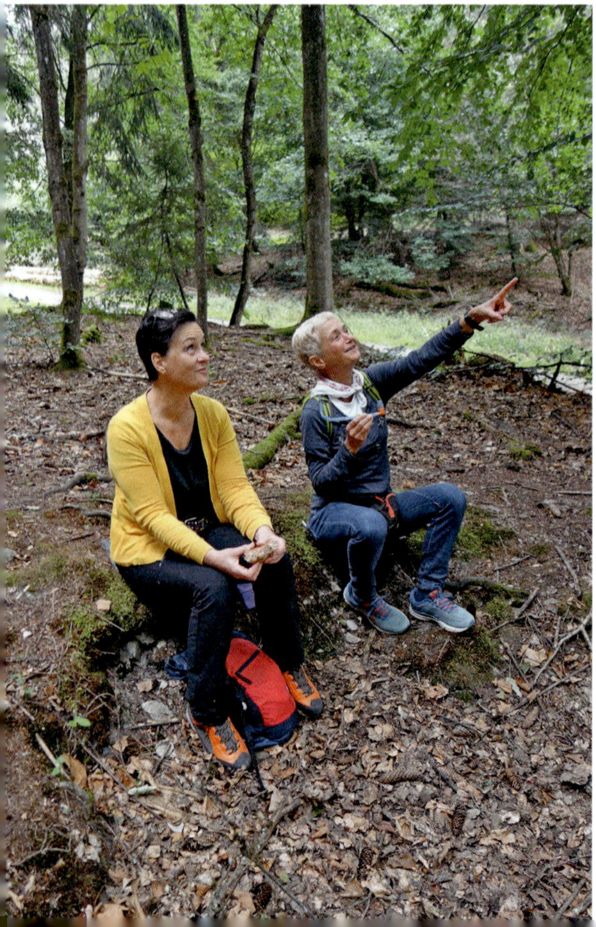

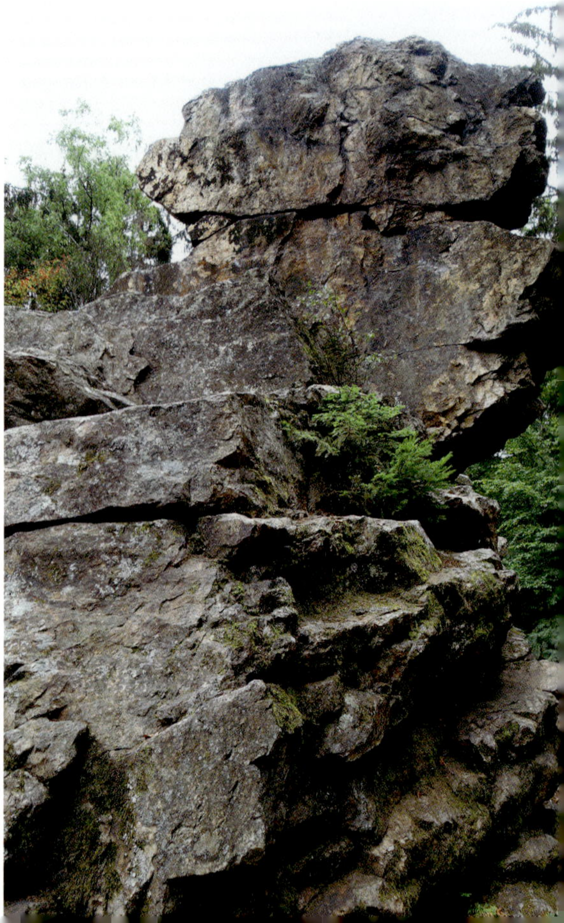

gend, kommen wir am ❻ **Schläferskopfstollen** aus dem Wald heraus. Über Wiesengelände und vorbei am Schützenhaus erreichen wir die Straße, biegen nach links und sind kurz darauf an der ❼ **Fasanerie**.

Zum Abschluss Koppeln und Wiesen Auf der anderen Straßenseite führt uns der Fasanerieweg nach rechts über den Parkplatz und wieder in den Wald hinein. Wir folgen nun dem schwarzen Punkt als Wegzeichen und gehen hinter dem Forsthaus nach links Richtung Straße. Achtung, kurz vor der Straße an der Kreuzung biegen wir mit dem schwarzen Punkt nochmals rechts ab, überqueren dann (mit aller Vorsicht) die Bundesstraße und erreichen das Adamstal, das wir bis zur gegenüberliegenden Seite durchqueren. Links erstreckt sich eine malerische Lichtung mit den Koppeln und Reitplätzen des Hofguts Adamstal. An der ersten Kreuzung am Waldrand verlassen wir den schwarzen Punkt, wenden uns nach links und treffen gleich wieder auf die roten und gelben Balken, die uns schon am Anfang der Tour geleitet haben. Sie führen uns entlang des Baches, über ein Sträßchen und vorbei am ❽ **Trinkwasserbrünnchen Adamsborn** und der Villa im Tal. Kurz darauf trennen sich gelber und roter Balken erneut. Beide führen zum Ⓔ **Ausgangspunkt** zurück, doch die gelbe Markierung weist den hübscheren Weg. Links geht es auf einem schmalen Pfad zwischen Wald und Wiese hindurch, bis wir kurz darauf die Fischzucht erreichen.

Links: Zeit zu rasten und zu schauen

Mitte: Unter dem Waldboden ist schroffer Fels, erkennbar hier am Altenstein.

Rechts: Das Pumpwerk am Schläferskopf fördert Trinkwasser für Wiesbaden.

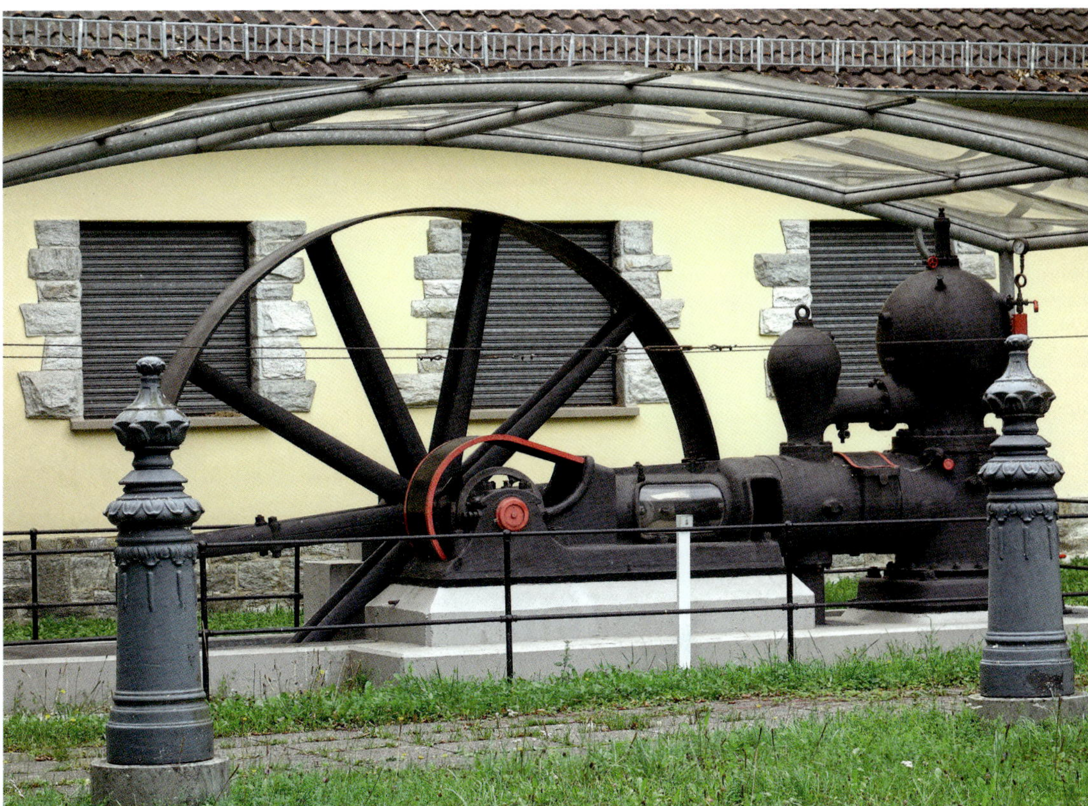

16

Wo Goethe sich am Wein ergötzte

Auf den Höhen von Wiesbaden-Frauenstein

Mittel | 9 km | 280 Hm | 3 Std.

Tourencharakter
Rundwanderung mittlerer Anforderung, vorwiegend gut begehbare Waldwege, teils befestigte Weinbergswege. Ein etwas steilerer Pfad bergab, der rutschig sein kann – hier sind Stöcke hilfreich. Besonders schön während der Kirschblüte

Ausgangs-/Endpunkt
Wiesbaden-Frauenstein, Bushaltestelle Bürgermeister-Schneider-Straße/Parkplatz Quellbornstraße

Anfahrt
ÖPNV: Bus 24 ab Wiesbaden, Haltestelle Bürgermeister-Schneider-Straße
Auto: A66 bis Abfahrt Wiesbaden-Frauenstein (Navi: Wiesbaden, Quellbornstraße 51), Parkplatz (kostenlos) Ecke Quellbornstraße/Bürgermeister-Schneider-Straße

Einkehr
Unterwegs: keine
Am Ziel: Gastronomie in Frauenstein, z. B. Zum Kapellchen im Grorother Hof (Quellbornstraße 95), Weinhaus Sinz (Herrnbergstraße 17–19); Knopp's Alm (Georgenborner Str. 30)

Informationen
Tourist-Information Wiesbaden: Tel. 0611/172 99 30, www.wiesbaden.de; Weinregion: www.weindorf-frauenstein.de

Wanderkarte
NaturNavi: Wiesbaden und Umgebung, Wanderkarte mit Radwegen, Blatt 45-555, 1 : 25 000

Wanderziele in der Nähe
Eltville, Schloss Freudenberg, Landschaftspark Grorother Mühle, Schlangenbad, Georgenborn, Weitwanderwege Rheinsteig und Rheingauer Gebückwanderweg

Obwohl Frauenstein zu Wiesbaden gehört, hat der Ort nichts Städtisches. Seine reizvolle Lage am Rande des Rheingaus verlockt dazu, dem städtischen Treiben zu entfliehen. Wir erleben auf kurzer Strecke den Wechsel zwischen Weinbergen, Obstwiesen, Koppeln, stillem Wald und einem idyllischen Tal, in dem noch die seltene Äskulapnatter zu Hause ist.

Zu Goethes Fernblick Am Ende des Ⓐ **Parkplatzes** geht es rechts durch die Bürgermeister-Schneider-Straße, links in die Herrnbergstraße, nach dem Weinhaus scharf rechts in die Untergasse und mit dem blauen R des Rheinsteigs nach rund 200 Metern links. Nach einer Aussichtsbank quert ein anderer Weg, hier gehen wir links und ca. 70 Meter weiter rechts (blaues R) durch einen Wald mit den typischen Traubeneichen bergauf. Rechts erstreckt sich hangabwärts ein Weinberg in Steillage. Wo links Bänke stehen, sehen wir die Weinmadonna und kurz danach die Reste des Steinbruchs Spitzer Stein. Dort links hoch geht es über rund 40 Stufen

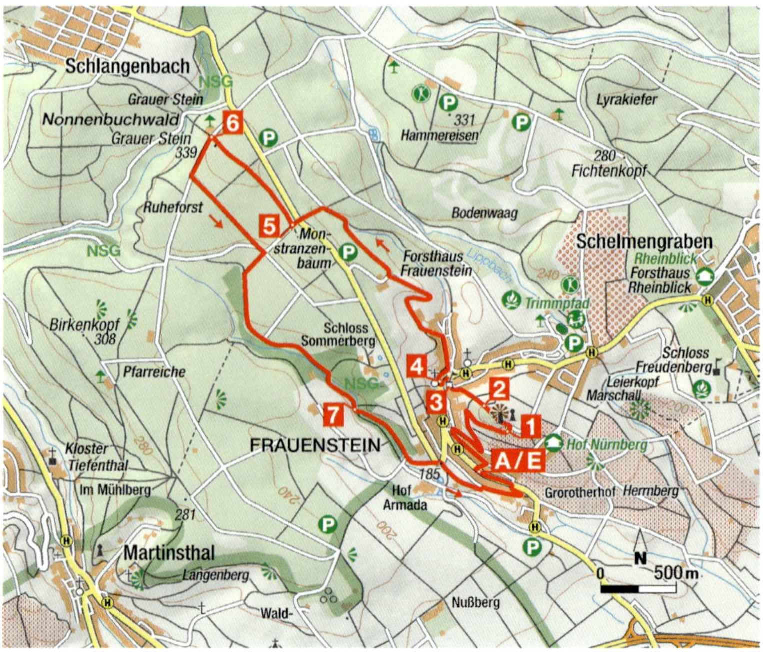

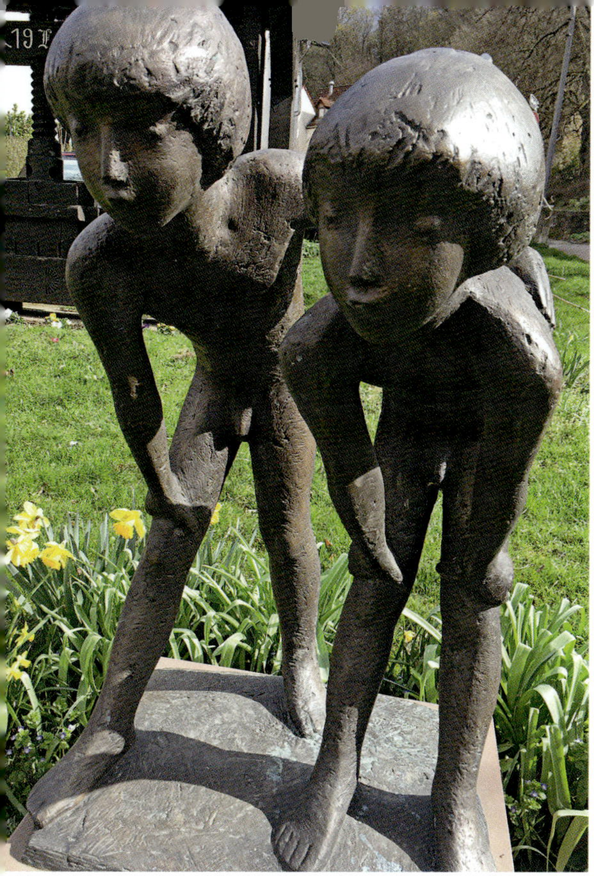

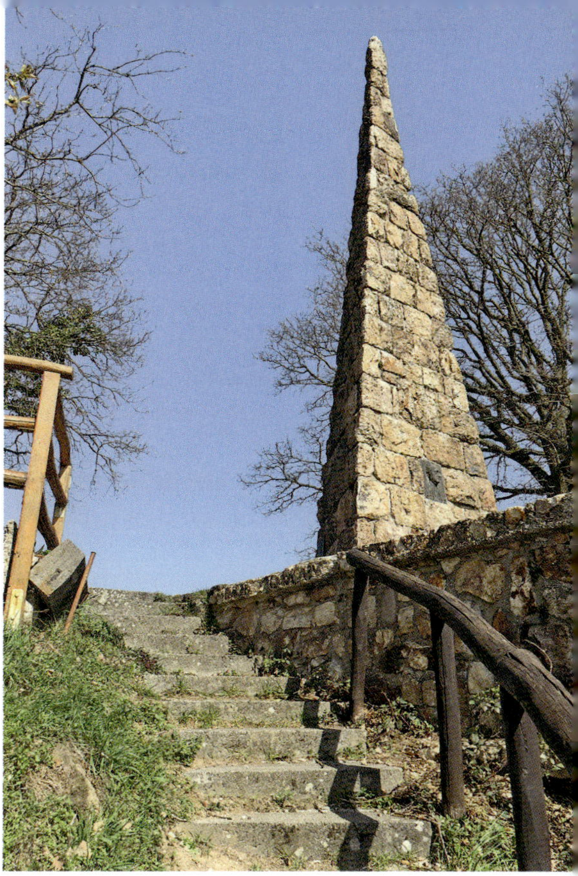

Links: »Hallo Wanderer, wohin des Weges?«

Rechts: An diesem Aussichtspunkt stand einst auch Dichterfürst Goethe.

zum ❶ **Goethestein**, wo wir rasten und schauen können: Unten funkelt der Rhein, rechts locken die Rheingau-Höhen. Links liegen, einander fast gegenüber, Wiesbaden und Mainz mit dem markanten ZDF-Sendegebäude auf dem Lerchenberg. Im Vordergrund die Städtchen Walluf und Budenheim.

Felsen und eine Burg Hinter dem Goethestein verlassen wir zunächst den Rheinsteig (später finden wir mehrfach wieder zusammen) und folgen dem Schild zweimal nach links zum ❷ **Aussichtsturm**. Im Herbst 2020 war er gesperrt, aber vielleicht bietet er frisch renoviert wieder einen schönen Rundumblick. Nach rechts führt uns ein Pfad zurück zum Hauptweg, dann gehen wir links zwischen Waldrand und Obstplantage leicht bergab. Kurz darauf, am Ende der Wiese, müssen wir aufpassen, denn unsere Tour führt geradeaus und am Zaun eines Gartengrundstücks entlang, auf schmalem Pfad steil bergab. Als Wegzeichen orientieren wir uns jetzt am Gebückweg (weißes Schild mit zwei ineinander verflochtenen Dornenzweigen und einem Z). Auf dem Pfad immer bergab, vorbei am Felsen Spitzer Stein und über einige Stufen, gelangen wir im Ort zum Wehrturm der ❸ **Burg Frauenstein**. Die Burgmauer können wir erklimmen, der Turm ist jedoch nur an wenigen Stunden sonntags geöffnet.

Baum einer traurigen Liebe Nach der Burg links über den Adolf-Lupp-Platz, überqueren wir die Kirschblütenstraße zur Kirche St. Georg und Katharina, eine eigentümliche Verbindung zweier Kirchenschiffe, eines spätgotisch und das andere aus den 1950er-Jahren. Eine weitere Sehenswürdigkeit steht rechts der Kirche: Die über ❹ **1000-jährige Blutlinde** mit ausladenden, abgestützten Ästen, die immer noch austreibt. Ihr Name verweist auf eine traurige Liebesgeschichte, deren Held an dieser Stelle hingerichtet worden sein soll, worauf die Geliebte den Baum pflanzte. Am Baum rechts durch die schmale Gasse (Am Lindenbaum), gelangen wir zu einer Kreuzung und folgen der Straße Zum Grauen Stein nach links. Nun wieder mit der Gebückweg-Markierung geht es aus dem Ort heraus, dann links abbiegend bergauf, vorbei an Schrebergärten in Richtung Wald. In der Kehre können wir noch einmal auf Frauenstein zurückschauen.

Fels- und Baum-Monumente Am Waldrand bei der Revierförsterei bleiben wir geradeaus auf dem Gebückweg, nun ein breiter Forstweg, der uns für rund 500 Meter

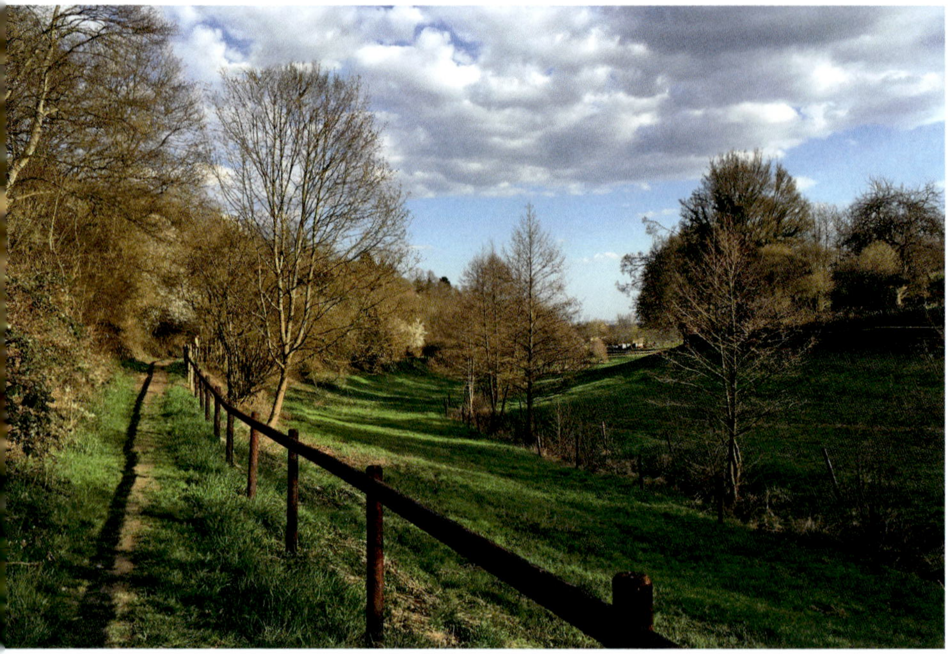

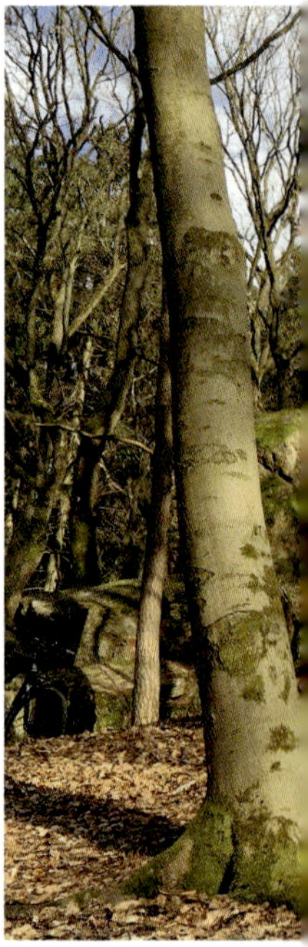

Links: Meist gut versteckt lebt hier die harmlose Äskulapnatter.

Mitte: Wie eine bemooste Urzeitechse: der Graue Stein

Rechts: Schon 1815 war die Aussicht hier beeindruckend.

tiefer in den Wald bringt. Wenige Schritte hinter einer Linksbiegung weist ein Holzschild nach links über einen Steg (Zubringer zum Rheinsteig), diesen Pfad nehmen wir. Er ist zunächst etwas unwegsam, aber nur für ein kurzes Stück. Bald erreichen wir die Landstraße, überqueren sie und sind am Parkplatz ❺ **Monstranzenbaum**. Nicht wundern, dass mitten auf dem Platz nur ein junges Bäumchen steht. Der uralte Monstranzenbaum liegt als eindrucksvolles Gerippe rechts im Wald. Auch seine Legende ist tragisch, auch ihn hat eine Frau gepflanzt, diesmal eine Äbtissin, die in den Kriegswirren die klösterliche Monstranz unter dem Setzling versteckte und später bei der erfolglosen Suche starb. Rechts direkt vorbei am Baumgerippe, nehmen wir den Pfad knapp an der Straße, der nun wieder mit dem Rheinsteig-R markiert ist. Bald erhebt sich links ein stattlicher Fels, Vorbote des ❻ **Grauen Steins**, der wenig später wie eine bemooste Urzeitechse zwischen den Bäumen emporragt. Oft sind hier Kletterer unterwegs. Am Ende des Felsens wartet ein Schutzhüttchen auf müde Wanderer, die bei ihrer Rast dieses Naturdenkmal bewundern können. Dann verlassen wir das R des Rheinsteigs schon wieder, es führt neben der Hütte bergab. Wir wenden uns, die Hütte vor Augen, nach links auf den Hauptweg und gelangen zum Friedwald, wo wir wieder links abbiegen.

Ins Tal der Nattern Kurz darauf treffen wir auf das rote Dreieck, das uns nun die nächsten Kilometer leitet. Auf breitem Waldweg geht es gemütlich bergab. Nach einer Rechtsbiegung (wo sich das blaue R wieder zu uns gesellt) passieren wir eine

Goethe im Rheingau

Der Dichterfürst war ein großer Bewunderer des Rheingaus. 1815 stand er genau an der Stelle, wo heute der Frauensteiner Goethestein an ihn erinnert. Neben den landschaftlichen Reizen und dem süffigen Wein erfreute ihn jedoch, so ist es überliefert, auch die Gesellschaft einer jungen Wiesbadener Apothekertochter.

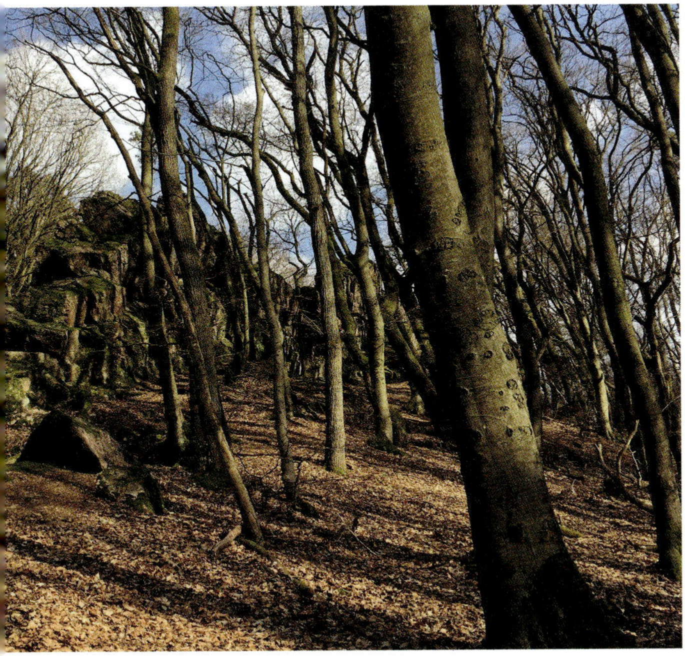

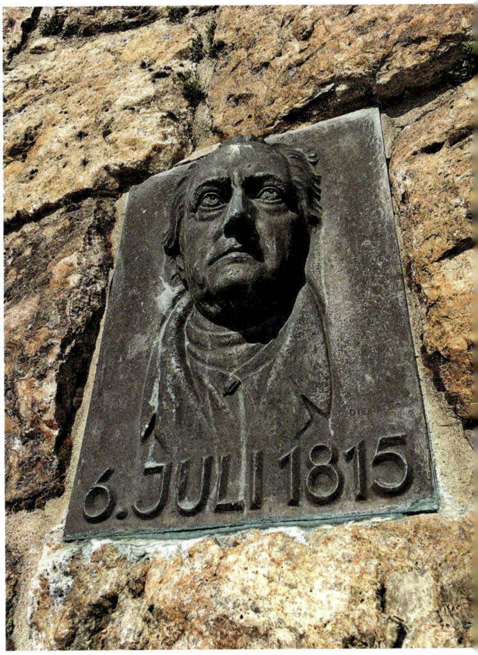

Lichtung und gelangen ins Tal des Erlenbachs, das immer idyllischer wird. Nach rund 1,5 Kilometern verlassen wir beide Markierungen, weil links auf der anderen Seite des Baches der 7 **Schlangenpfad** lockt. Am Zaun entlang wandern wir auf der abendlichen Sonnenseite des Erlenbachtals in Richtung Ort. Gerne lebt hier die Äskulapnatter, wie uns die Infotafeln erklären. Die Chance, eines dieser bis zu 2 Meter langen ungefährlichen Tiere zu sehen, ist allerdings gering. Wem die Nattern dennoch unheimlich sind, der kann auf dem roten Dreieck bleiben. Nach rund 250 Metern, an einer Kreuzung mit Bank, weist es nach links, wo auch der Schlangenpfad endet und uns wieder zusammenführt. Das rote Dreieck bleibt auch unser letztes Wanderzeichen des Tages und führt uns rechts am Friedhof vorbei auf die Straße Im Weingarten und im Bogen unten auf die Hauptstraße (Quellbornstraße). Wenige Schritte links, sind wir wieder am E **Ausgangspunkt**.

17

Durch prächtige Weinberge

Von Eltville über Kiedrich zur Burg Scharfenstein

Leicht | 10 km | 200 Hm | 3.15 Std.

Tourencharakter
Leichte Rundwanderung durch Weinberge, am Waldrand und durch zwei Fachwerkstädtchen. Gemütliche, gut begehbare Wirtschaftswege. Wenig Schatten

Ausgangs-/Endpunkt
Eltville, Bahnhof (Ecke Bahnhofstraße/Wilhelmstraße)

Anfahrt
ÖPNV: Regionalbahn ab Wiesbaden
Auto: A66 und B42, Abfahrt Eltville Nord (Navi: Eltville am Rhein, Wilhelmstraße 14), Parkplätze (teils kostenlos) am Bahnhof

Einkehr
Unterwegs: Kiedricher Weinausschank (Ortseingang Kiedrich), Gastronomie am Kiedricher Marktplatz
Am Ziel: Gastronomie in der Eltviller Altstadt, teils auch in den Weingütern

Informationen
Rheingau-Taunus Kultur und Tourismus GmbH, Tel. 06723/ 60 27 20, www.rheingau.com; Eltville: www.eltville.de; Kiedrich: www.kiedrich.de

Wanderkarte
NaturNavi: Wiesbaden und Umgebung, Wanderkarte mit Radwegen, Blatt 45-555, 1:25 000

Wanderziele in der Nähe
Frauenstein, Martinsthal, Kloster Eberbach, Hallgarter Zange, Weitwanderwege Rheinsteig und Rheingauer Gebückwanderweg

Zwei hübsche Städtchen, sanft gewellte Weinberge, eine Burgruine und Gelegenheiten, den Rebensaft dort zu probieren, wo er wächst: Das zeichnet diese kleine Rheingau-Tour aus. Zum Abschluss besichtigen wir Eltville mit seinem einladenden Rheinufer.

Zum Kiedricher Weinausschank Zunächst folgen wir dem Wanderzeichen roter Balken. Mit Blick zum Bahnhof geht es links durch die Wilhelmstraße, rechts in die Schwalbacher Straße, halb links in die Holzstraße, am Kreisel durch die Scharfensteinstraße, aus dem Wohngebiet heraus und in die Weinberge. Links im Tal des Kiedrichbachs sehen wir die ❶ **Klostermühle** aus dem 13. Jahrhundert, eine der ältesten Mühlen im Rheingau. An der Scheune vorbei geradeaus unterqueren wir die Autobahn, gehen rechts und gleich links unter der Stromleitung hindurch. Zwischen Gärten, Streuobstwiesen und Weinberg geht es sanft bergauf. Bald taucht Kiedrich mit seinem markanten Kirchturm auf. Das ist einen Abstecher wert. Zuvor können wir uns am ❷ **Ausschank der Kiedricher Winzer** stärken.

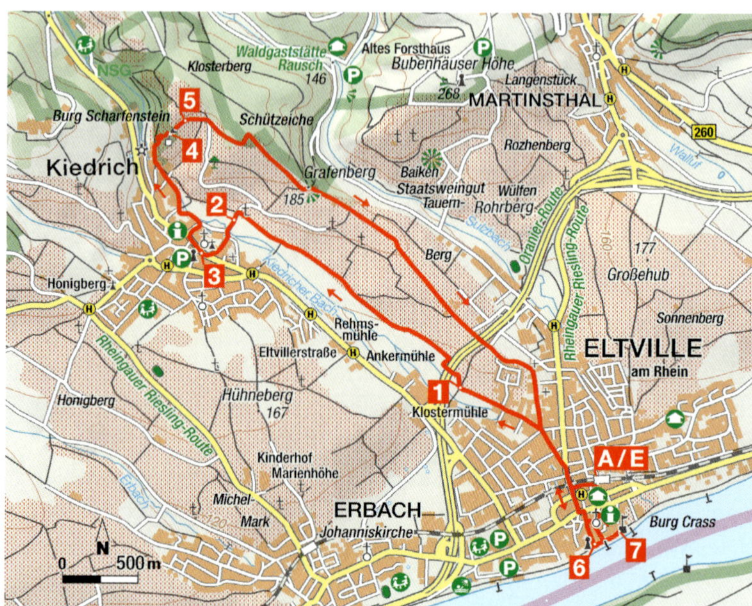

Burgruine mit Weitblick Nach dem Weinstand links zum Ort, am Tränkweg vorbei und rechts über die Mühlbergstraße, kommen wir zur ❸ **Kirche St. Valentinus und Dionysius** mit ihrer trutzigen Mauer. Der erste Durchgang führt uns in den Kirchhof mit der einst als Beinhaus dienenden Martinus-Kapelle und der Basilika von 1380, einer der schönsten Kirchenbauten im Rheingau. Gegenüber dem Hauptportal aus dem Kirchhof heraus, blicken wir auf den Marktplatz mit Fachwerk und Marktbrunnen. Hier verlassen wir den roten Balken und folgen dem blauen Rheinsteig-R rechts durch die Suttonstraße, am Tränkweg rechts und nach ca. 80 Metern mit dem R über den Bach und direkt links auf einen Pfad entlang einer Wiese. Am Bassenheimer Hof vorbei kurz durch Wohnbebauung, dann macht die Straße einen Rechts-links-Knick. Gleich darauf geht es rechts über Stufen und Serpentinen hoch zur ❹ **Burgruine Scharfenstein**. Ein Rastplatz mit Talblick erwartet uns, gekürt als schönste Rheingau-Weinsicht 2016. Von der Burg steht nur noch der 28 Meter hohe Bergfried, er bietet einen fantastischen Rundumblick auf Rheingau-Taunus, Rheingau und Rheinhessen.

Prachtvolle Region

Lebendige Weinkultur, reiche Geschichte, hübsche Altstädte, Feste und Kunst – die Städtchen im Rheingau machen was her. So auch Eltville, das mit zwei Burgen und dem von Platanen und Rosen gesäumten Rheinufer zum Flanieren einlädt. Sehenswert ist die Gutenberg-Gedenkstätte mit historischer Druckerpresse im Turm der Kurfürstlichen Burg.

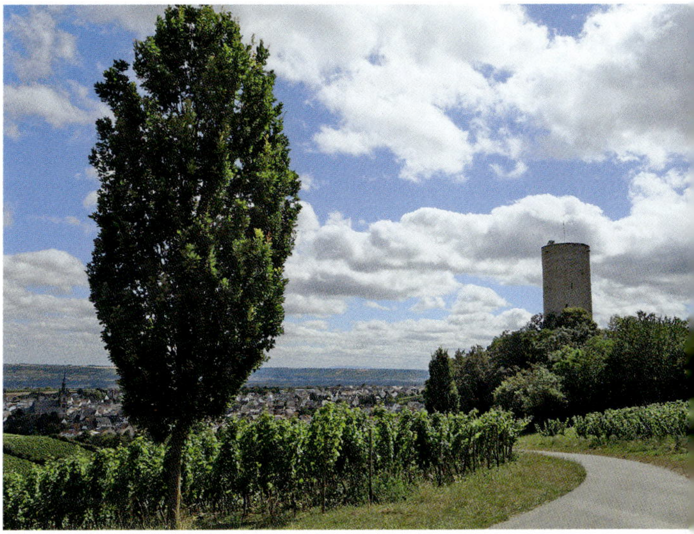

Baum und Reben, Stadt und Burg: symbolträchtiger Blick vom Weinberg der Ehe

Abschluss Uferpromenade Rechts am Turm vorbei, gehen wir ein paar Stufen hinunter und nach links. Gleich darauf passieren wir den ❺ **Weinberg der Ehe**. Kiedrich spendiert allen Paaren, die sich im über 400-jährigen Rathaus trauen lassen, eine Rebe samt Urkunde. An der nächsten Kreuzung gesellt sich die Markierung schwarze Raute zum Rheinsteig. Beide führen kurz nach rechts, dann links auf einen Kiesweg. Wir wandern teils durch ein Eichenwäldchen, teils zwischen Waldrand und Weinberg. Am Ende einer Koppel, kurz nach einem Aussichtspunkt, biegt der Rheinsteig ab. Wir bleiben auf der schwarzen Raute (auch gelber Rheinsteig-Zuweg) geradeaus, über die Autobahn und nach Eltville. Die Wilhelmstraße führt zum Ⓔ **Bahnhof**, doch zuvor schlendern wir noch durch die Altstadt zum ❻ **Rheinufer mit Weinprobierstand** und zur ❼ **kurfürstlichen Burg**.

EVENT- UND GENUSSTIPPS Eltviller Rosentage (erstes Juni-Wochenende), Sekt- und Biedermeierfest (Ende Juni/Anf. Juli), Burghofspiele (ab Mitte Juni). Schlemmerwochen in verschiedenen Weingütern: mehr unter www.facebook.com/RheingauerSchlemmerwochen.

18

Große Lage, stilles Tal

Von Rauenthal über die Rausch zur Bubenhäuser Höhe

Mittel | 9 km | 280 Hm | 3.15 Std.

Tourencharakter
Rundwanderung mittlerer Anforderung durch Weinberge, Wald und Wiesen. Meist gut begehbare Waldwege und befestigte Weinbergswege. Steiler Abstieg, gemütliche Talwege, am Ende ein langer steiler Aufstieg mit Fernsicht

Ausgangs-/Endpunkt
Rauenthal, Hauptstraße/Bushaltestelle an der Kirche

Anfahrt
ÖPNV: Ab Eltville mit Bus 173, Haltest. Eltville/Rauenthal Kirche
Auto: A66, Abfahrt Walluf Eltville Rauenthal, weiter B260 und Martinsthaler Straße (Navi: Eltville am Rhein, Weinbergstraße), Parken Wanderparkplatz Krautacker

Einkehr
Unterwegs: Waldgaststätte Rausch (am Sulzbachtal), Gutsausschank Baiken (im Weinberg)
Am Ziel: Gastronomie in Rauenthal, z. B. Gutsschänke am Eselspfad/Weingut Russler (Vor dem Kaltenborn 3)

Informationen
Rheingau-Taunus Kultur und Tourismus GmbH, Tel. 06723/60 27 20, www.rheingau.com; Rauenthal: www.eltville.de

Wanderkarte
NaturNavi: Wiesbaden und Umgebung, Wanderkarte mit Radwegen, Blatt 45-555, 1:25 000

Wanderziele in der Nähe
Eltville, Kiedrich, Rauenthaler Spange, Schlangenbad, Kloster Eberbach, Weitwanderweg Rheinsteig

Große Weinlagen leuchten uns entgegen, wenn wir die Serpentinen hoch nach Rauenthal fahren. Weshalb der Winzerort »Tal« im Namen hat, scheint rätselhaft, denn er thront hoch oben auf dem Bergrücken. Unser Rundweg führt zunächst in versteckte Täler und dann über den berühmten Weinberg zurück auf die Höhe.

Stilles Hinterland Vom Startpunkt an der Ⓐ **Haltestelle Kirche** wandern wir nach Norden auf der Hauptstraße bis zum ❶ **Pumpezens-Platz** und dort links (Im Trenkenberg). Am Ende des kurzen Gässchens bleiben wir geradeaus und nehmen den Grasweg steil den Hang hinab. Nach wenigen Metern kreuzt ein Wanderweg. Hier biegen wir scharf rechts ein. Ein breiter Weg führt uns bequem ins Tal des Bleichenbachs. Wir überqueren den Bach und nehmen von den drei Wegen, die sich uns bieten, den mittleren, einen breiten Waldweg, der links im Bogen bergauf führt. Durch einsamen Mischwald, vorbei an kleinen Lichtungen, steigt er hoch über den Talgrund. Nach etwa 1 Kilometer erreichen wir ein umzäuntes Grundstück, biegen hier leicht nach rechts und gelangen bergab ins verträumte Nebental. Unten über den Bach, wandern wir kurz bergauf und treffen auf einen breiten Waldweg. Hier nach links, gelangen wir bald zur

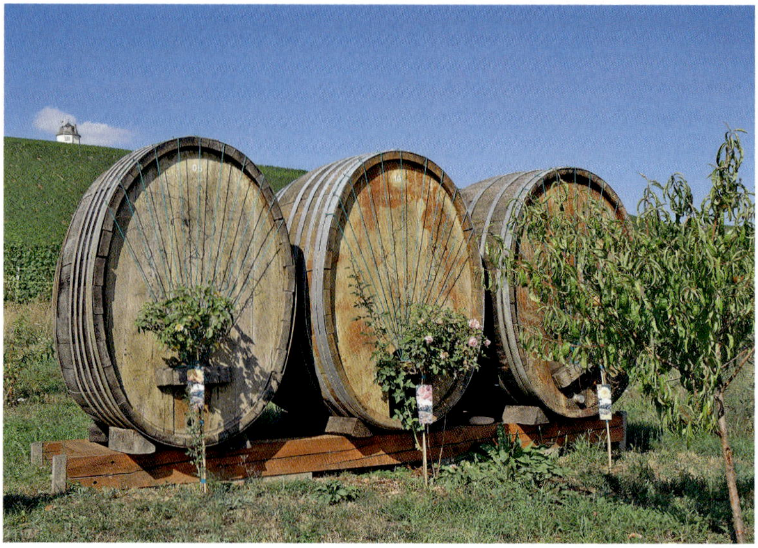

Unten lockt das Weingut, links oben am Tempelchen der Ausblick.

❷ **Waldgaststätte Rausch**, die mit ihrem Biergarten lockt.

Idyllisches Sulzbachtal An der Rausch vorbei, biegen wir nach rechts und folgen dem kleinen Rundweg mit der blauen Forelle durchs idyllische Sulzbachtal. Kurz hinter der ❸ **Förster-Keil-Douglasie** biegen wir nach links und wandern auf der gegenüberliegenden Talseite zurück. Kurz vor der Straße zum Parkplatz Rausch folgen wir dem markierten Pfad (H7, Weinglas) rechts bergan. Oberhalb der Straße geht es bis kurz vor das Forsthaus, dort mit H7 und Weinglas in spitzem Winkel nach links, über die Straße und da nach rechts. Nach ca. 200 Metern, nach einer Streuobstwiese, biegen wir links auf den Weg zum Tennisclub und dahinter rechts. Zwischen Tennisplätzen und dem mächtigen Weinberg wandern wir bis zur Straße, oberhalb sehen wir ein Weingut.

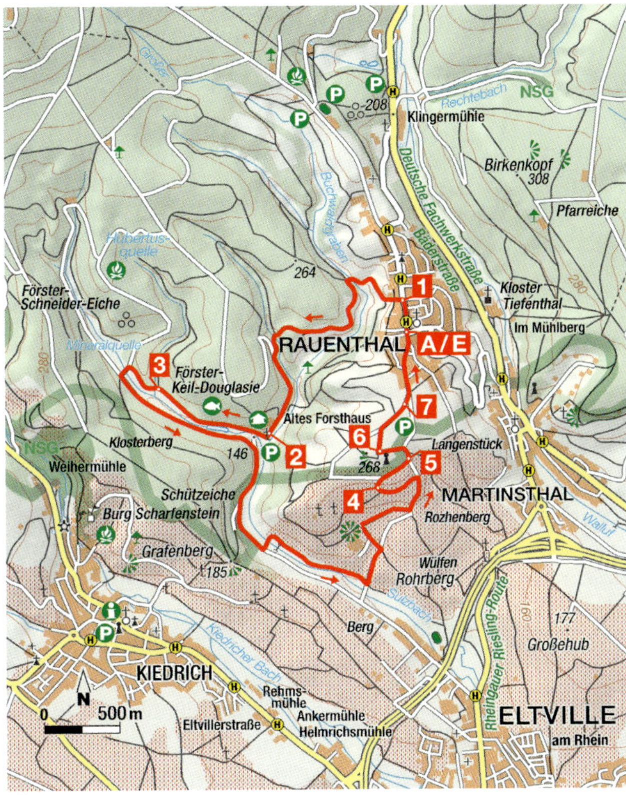

Auf die Bubenhäuser Höhe Hier gehen wir links bergauf. H7/Weinglas tauchen nur sporadisch auf, wir achten nicht mehr darauf. Wir passieren den Parkplatz des Weinguts und bleiben geradeaus, vorbei an der Weinpresse, direkt auf einen Hang mit Wasserrinne zu. An der T-Kreuzung gehen wir rechts, am Ende des Weges links, zwischen höher werdenden Weinbergmauern bergauf. Die erste Möglichkeit links und gleich wieder rechts führt uns zum schmucken, leider nur an Pfingsten geöffneten ❹ **Weinbergs-Tempelchen**, das wir schon von Ferne gesehen haben. Dort rechts hoch und gleich wieder rechts, gelangen wir am Hauptweg zur ❺ **Neuen Madonna**, 2002 als Ersatz für die gestohlene Barockfigur errichtet. Die nächste Möglichkeit links bringt uns zum ❻ **Aussichtspunkt Bubenhäuser Höhe** mit großartigem Panoramablick. Rechts über die Wiese, sind wir kurz darauf am Ortsrand von Rauenthal – mit Glück hat der ❼ **Weinprobierstand** geöffnet.

GENUSSTIPP Weinprobierstand der Rauenthaler Winzer kurz vor dem Parkplatz Krautäcker (wetterabhängig Mitte März–Ende Okt. Mi–So nachmittags).

Trutziges Weindorf

Der Rheingau ist reich an malerischen Winzerorten mit Fachwerkhäusern, Straußwirtschaften und noblen Weingütern. Auch Rauenthal bietet solch ein Ortsbild. Doch seine Lage auf einem Bergrücken, der zu beiden Seiten steil abfällt, macht den Ort besonders. Nördlich bildet der Taunuskamm einen Wind- und Wetterschutz, nach Süden fängt die Bubenhäuser Höhe die Sonne ein. So entsteht ein Mikroklima, das prächtige Weine gedeihen lässt. Dabei verweist der Ortsname auf kargen Boden, dem um 1200 die ersten Siedler beim »rauhen Tale« mühsam ihre Lebensgrundlage abrangen.

19 Zwei-Schlösser-Runde

Von Schloss Johannisberg zu Schloss Vollrads

Leicht | 8 km | 220 Hm | 2.45 Std.

Tourencharakter
Leichte Rundwanderung mit zwei Schlössern, durch Weinberge, Wald, Wiesen und den Ort. Die Weinbergswege sind überwiegend befestigt, wenig Schatten. Empfehlung: Lauf- statt Wanderschuhe

Ausgangs-/Endpunkt
Geisenheim, Ortsteil Johannisberg, Schloss Johannisberg

Anfahrt
ÖPNV: Bus 183 ab Bahnhof Geisenheim, Haltestelle Johannisberg-Friedhof, zu Fuß ca. 10 Min.
Auto: B42 Abfahrt Oestrich-Winkel, der Beschilderung folgen, Parkplatz (kostenlos) vor dem Schloss

Einkehr
Unterwegs: Schloss Vollrads, Gutsrestaurant oder Wein- und Essensstand (Sa, So, Fei 12–19 Uhr), Gutsausschank Goldatzel (Nähe Schloss Schwarzenstein)
Am Ziel: Gastronomie in Johannisberg, z. B. Gutsschänke Schloss Johannisberg (Reservierung empfohlen)

Informationen
Rheingau-Taunus Kultur und Tourismus GmbH, Tel. 06723/ 60 27 20, www.rheingau.com; Schloss Johannisberg: www.schloss-johannisberg.de; Schloss Vollrads: www.schlossvollrads.com

Wanderkarte
NaturNavi: Rheingau, Wanderkarte mit Radwegen, Blatt 45-555, 1:25 000

Wanderziele in der Nähe
Hallgarter Zange, Kloster Marienthal, Rüdesheim, Weitwanderwege Rheinsteig und Rheingauer Gebückwanderweg

Eigentlich sind es vier Schlösser, denen wir auf dieser panoramareichen Weinbergwanderung begegnen. Aber für Johannisberg und Vollrads, beide so verschieden und jedes auf seine Weise beeindruckend, sollten wir uns auf dieser etwas kürzeren Tour Zeit nehmen. Neben Sehenswertem locken lauschige Weinausschänke.

Geburtsort der Spätlese Zunächst können wir den öffentlichen Teil von Ⓐ **Schloss Johannisberg** anschauen. Von der Terrasse über den Weinbergen hat man einen weiten Blick auf Ingelheim und den Westerberg mit dem Bismarckturm, links Richtung Mainz und Wiesbaden, rechts Richtung Bingen mit der Rochuskapelle, zu unseren Füßen Oestrich, Winkel und Geisenheim. Vor der Vinothek begegnen wir der ❶ **Statue des Spätlesereiters** – ein Mönch, der Weinbaugeschichte geschrieben hat, denn durch ein Versehen brachte er die Spätlese in die Welt. Die Geschichte dazu können wir auf der Tafel nachlesen. Wieder am Schlossportal und mit dem Rücken zum Schloss, gehen wir rechts (Christian Labontéweg)

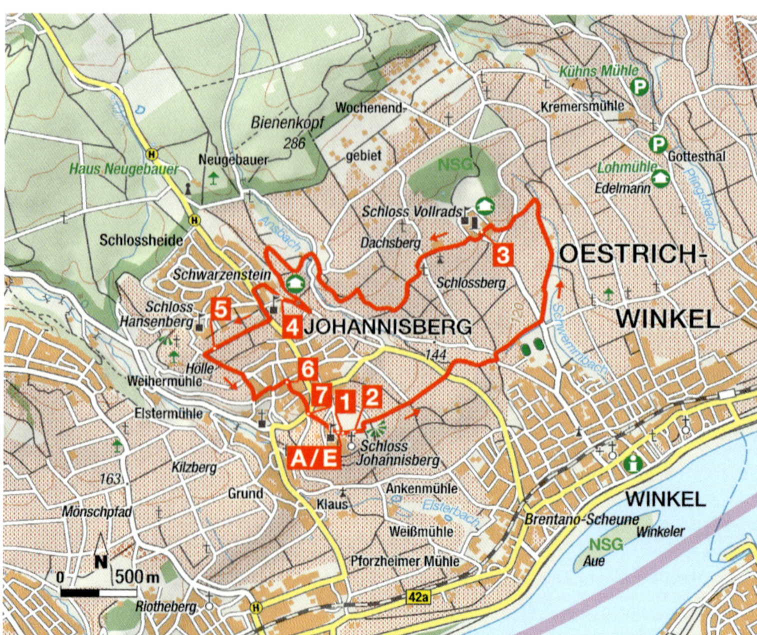

und schauen kurz in die romanische **2** **Basilika St. Johannes der Täufer** mit ihrem schlichten, hellen Raum. Zurück auf dem Weg, geht es mit der Markierung Klostersteig am Park und Picknickplatz vorbei in die Weinberge. Links am Waldrand taucht allmählich das Dach von Schloss Vollrads auf. Gut verborgen in den Hügeln, ist der Bau nur von der Rheinseite aus sichtbar und wird sich uns nach und nach zeigen. Oberhalb des Schlosses ragt der Turm der Hallgarter Zange über die Baumwipfel.

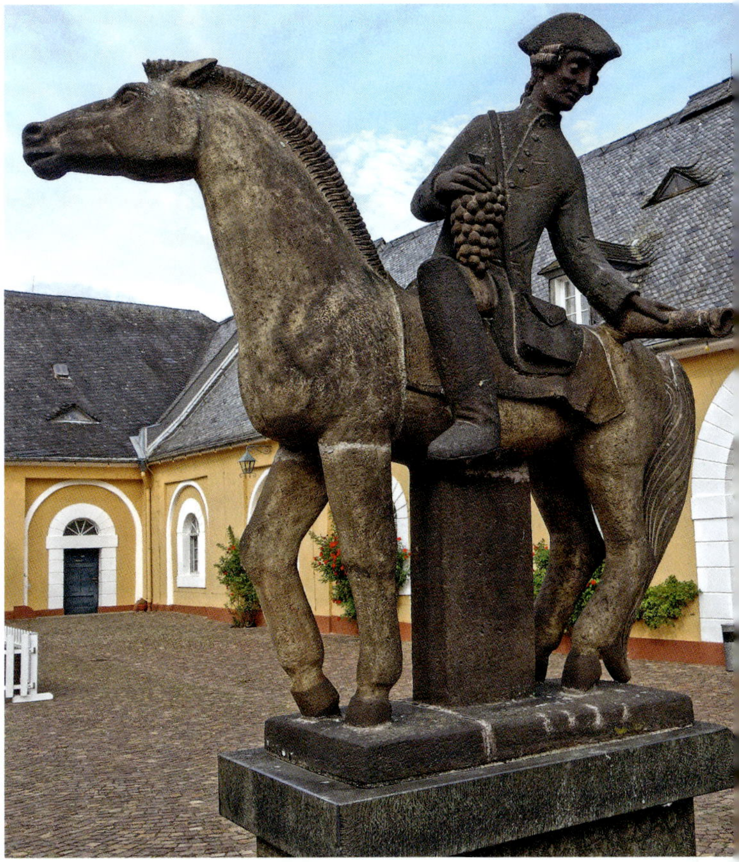

Berühmter Zuspätkommer: der Johannisberger Spätlesereiter

Schloss Vollrads taucht auf Der Klostersteig kreuzt mehrere Querwege und eine Straße, wird dann zum Teerweg und biegt hinter dem Wasserwerk links ab. Hier verlassen wir ihn und bleiben auf dem geteerten Weg geradeaus, leicht bergab an der Stromtrasse entlang. Am Ortsrand von Winkel, vor der Feuerwehr, gabelt sich der Weg. Wir gehen kurz auf unbefestigtem Pfad links, überqueren die Straße und bleiben geradeaus auf dem geteerten Weg entlang der Stromleitung. Hier finden wir das gelbe R eines Rheinsteigrundwegs, dem wir für die nächsten 1,2 Kilometer folgen. Links über den Reben schmiegt sich Schloss Vollrads malerisch in die Senke. An der Straße wenige Meter nach links, gehen wir rechts auf den Fußweg (Schild »Schloss Vollrads«) zwischen Weinberg, Gärten und Koppeln. An einer verfallenen Wingertsmauer verlassen wir das gelbe R und wenden uns nach links, nun geleitet vom blauen Rheinsteig-R. Wir betreten **3** **Schloss Vollrads** am unteren Eingang, können uns in der schönen Anlage mit dem von Wasser umgebenen mittelalterlichen Wohnturm umsehen und uns am Weinausschank laben.

Von Schloss zu Burg Über dasselbe Portal verlassen wir das Schloss wieder

Johannisberg und Vollrads – zwei Schloss-Schönheiten

Das Gesicht des Rheingaus wird auch von diesen beiden Anlagen geprägt. Während das klassizistisch-elegante Metternich-Schloss Johannisberg prominent über den Weinbergen thront, duckt sich das barocke Schloss Vollrads, einst Sitz derer von Greiffenclau, tief in eine Senke. Beide glänzen als Prädikatsweingüter sowie stimmungsvolle Spielorte des Rheingau-Musik-Festivals. Dabei sah es Ende 1990 für das Schloss Vollrads düster aus. Seinem Besitzer, Erwein Graf Matuschka-Greiffenclau, enthusiastischer Förderer des Weinbaus im Rheingau, gelang es nicht, das hoch verschuldete Schloss vor der Insolvenz zu retten. Er wählte den Freitod. Heute bewirtschaftet die Nassauische Sparkasse erfolgreich das Weingut mit Restaurant und Schlossanlage.

und folgen dem Rheinsteig rechts um das Schloss herum und in einer Spitzkehre links in die Weinberge. Schon nach wenigen Schritten ist die imposante Anlage wieder in der Senke verschwunden. Auch Schloss Johannisberg, schräg links vor uns, versteckt sich hinter den Bäumen. Wir erreichen den Rand eines Taleinschnitts, der uns vom Ort Johannisberg trennt. Das R führt uns rechts bergauf, links bergab, wieder rechts hoch und parallel zur Straße zum Waldrand. Durch einen Mauerdurchgang gelangen wir in einen struppigen Niederwald. Nach wenigen Metern geht es an dem Sträßchen links, in der Kurve rechts und gleich wieder links. Am Schützenhaus vorbei, sind wir wieder im Weinberg und schauen von ferne auf den Johannisberger Schlosshof. Mit dem blauen R wandern wir nach rechts, rund 200 Meter weiter links bergab, umrunden den Taleinschnitt und folgen dem Zeichen, bis der Weg auf einen Querweg mündet. Hier verlassen wir das blaue Rheinsteig-R und wenden uns, nun wieder mit einem gelben R, nach links. An einer Weinbergmauer führt es uns scharf rechts bergauf Richtung 4 **Burg Schwarzenstein**. Diese künstliche Ruine, 1873 einer Höhenburg nachempfunden, beherbergt ein Schlosshotel mit Restaurant. Auch sie versteckt sich gut. Wer das prächtige Gemäuer von der Schauseite bewundern will, kann vor der Grundstücksmauer einen Abstecher nach links in den Weinberg machen. Wir gehen mit dem gelben R weiter geradeaus, das Schwarzenstein-Gelände zur Linken, bergauf durch ein Wäldchen zum Ortsrand des Geisenheimer Ortsteils Schloßheide, hier gleich links auf einen Fußweg und an der Straße wieder links. Rund 150 Meter geht es an der Straße entlang, der Blick auf Schloss Johannisberg mit der Basilika entschädigt für den Verkehr. Erst jetzt zeigt sich uns auch Schloss Schwarzenstein in voller Pracht.

Links: Der Wohnturm ist das älteste Gebäude von Schloss Vollrads.

Rechts: Ein schöner Ausklang nach der Wanderung!

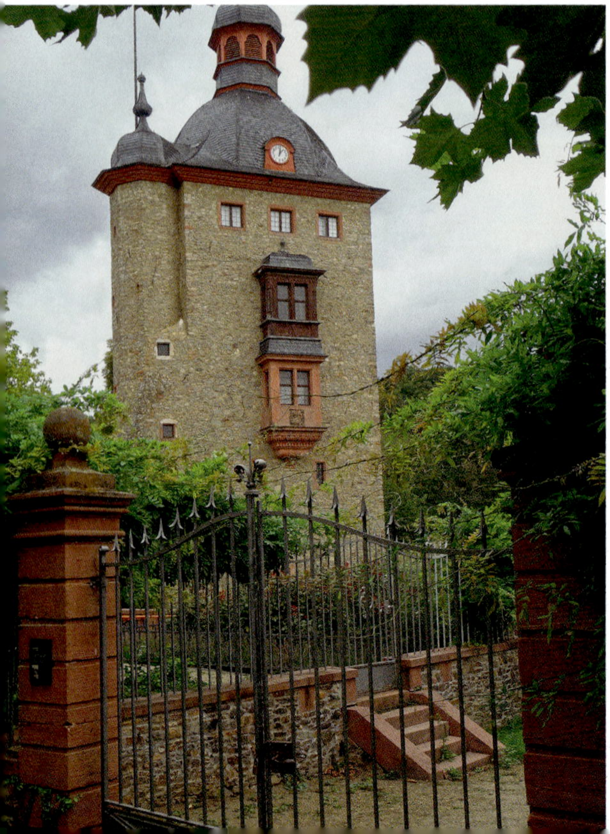

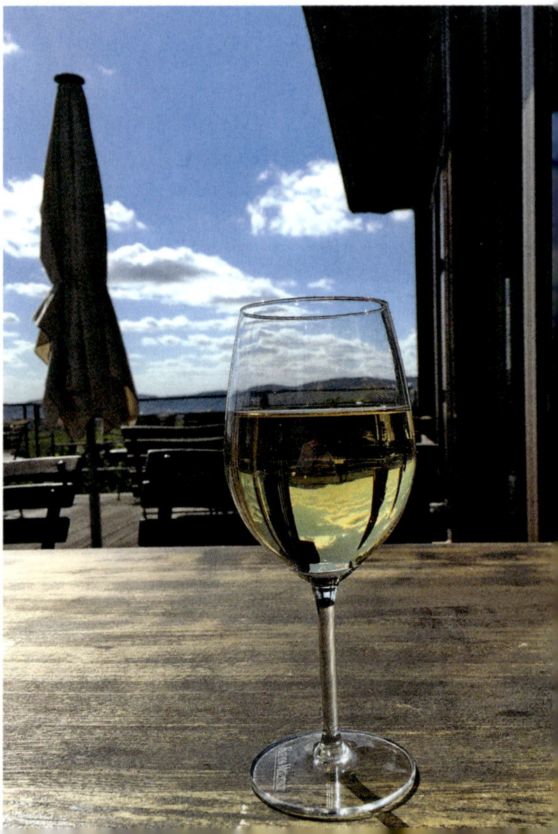

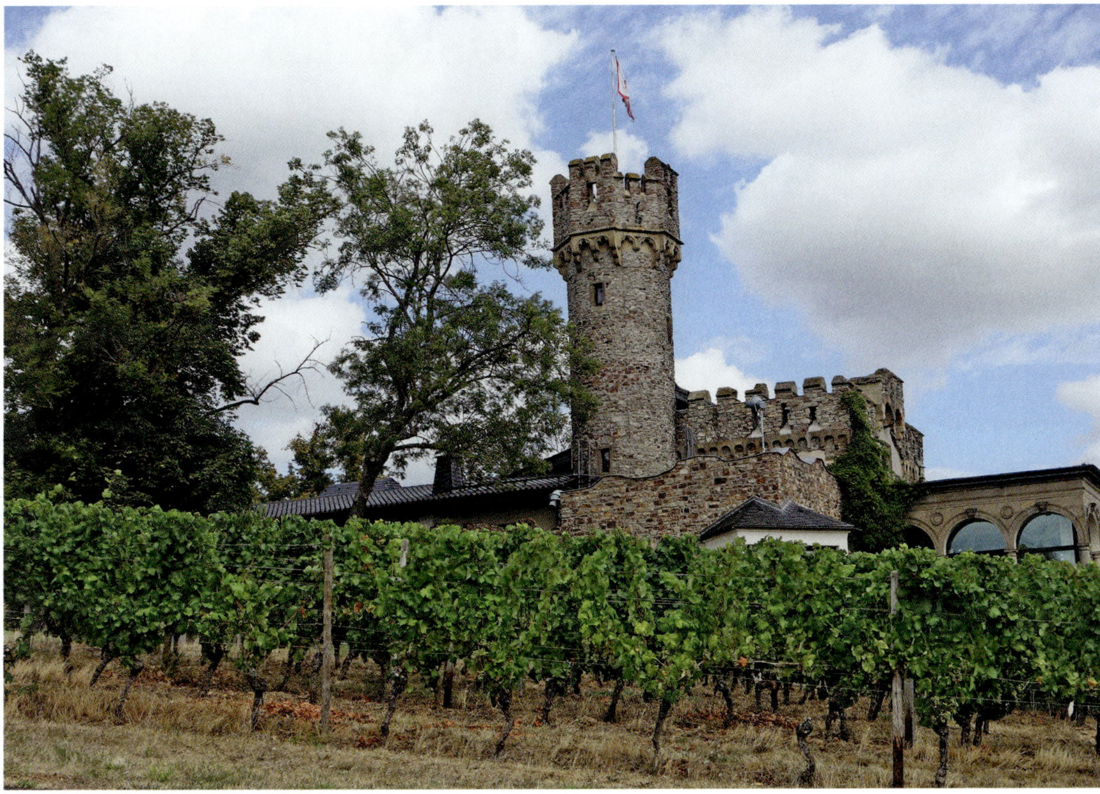

Auch wenn die Burg nur nachempfunden ist, macht Schwarzenstein was her.

Wechselnde Aussichten Das gelbe R verlassend, nehmen wir den zweiten Weinbergsweg nach rechts, erkennbar an einer Bank mit Weinfass. Nun blicken wir Richtung Bingen und Rüdesheim und können über den Baumwipfeln das Niederwalddenkmal erkennen. Bald taucht rechts das vierte Schloss unserer Runde auf, **5 Schloss Hansenberg**. 1824 als reformpädagogische Musterschule erbaut, ist es heute ein Internat. Der betonierte Weg stößt auf eine T-Kreuzung, wir gehen links bergab. Nun haben wir, wenn wir uns umschauen, drei der vier Schlösser des heutigen Tages im Blick. Vor den ersten Häusern von Johannisberg biegen wir rechts ab und bleiben noch für ein kurzes Stück bergab im Weinberg. Vor uns taucht das Kloster Johannisberg auf. An der Bank können wir nochmals die Weitsicht genießen. Dann gehen wir links in den Ort. An der ersten Querstraße (Schweizertal) rechts, gleich links kräftig bergauf (Obere Brunnengasse), an der nächsten Straße (Im Flecken) rechts, passieren wir das **6 alte Rathaus** und einige schöne alte Höfe. Viele historische Gebäude sind mit Infotafeln versehen. Am Friedhof überqueren wir die Landstraße und nehmen an der Gabelung den linken Fußweg, der uns bergauf durch eine Kirschbaumallee zum **E Ausgangspunkt** bringt. Wer öffentlich angereist ist, kann schon vorher an der **7 Haltestelle Friedhof** direkt in den Bus steigen.

KULTUR- UND GENUSSTIPPS Rheingau-Musik-Festival (www.rheingau-musikfestival.de), Weihnachtsmarkt im Schloss Vollrads (2. Adventswochenende), Weinproben und Veranstaltungen auf beiden Schlössern (siehe jeweilige Webseiten)

20

Stilles Kloster und ein großes Denkmal

Von Geisenheim nach Rüdesheim

Mittel | 10,5 km | 330 Hm | 3.30 Std.

Tourencharakter
Streckenwanderung mittlerer Anforderung. Überwiegend befestigte Wirtschaftswege durch Weinberge und Felder. Aufstiege meist moderat, Abstieg nach Rüdesheim teils steil. Wenig Schatten, besonders schön im Herbstlaub

Ausgangspunkt
Geisenheim, Bahnhof (Nordseite an der Bahnstraße)

Endpunkt
Rüdesheim, Bahnhof

Anfahrt
ÖPNV: Ab Frankfurt, Wiesbaden oder Darmstadt mit der Regionalbahn
Auto: Über A66 und B42, Abfahrt Geisenheim (Navi: Geisenheim, Berliner Str. 2), Parkplatz (kostenlos) Berliner Straße, rechts vom Bahnhof

Einkehr
Unterwegs: Klostercafé (Abtei St. Hildegard), Zum Rebenhaus (Nähe Niederwalddenkmal)
Am Ziel: Gastronomie in Rüdesheim, z. B. Ratsstube (Marktstraße 26), Tapas-Bar Stellwerk (am Bahnhof)

Informationen
Tourist-Information Rüdesheim: Tel. 06722/90 61 50, www.ruedesheim.de; Verkehrsverein Geisenheim: Tel. 06722/70 11 22, www.geisenheim.de; Abtei St. Hildegard: www.abtei-st-hildegard.de; Niederwalddenkmal: www.niederwalddenkmal.de

Wanderkarte
NaturNavi: Rheingau, Wanderkarte mit Radwegen, Blatt 45-555, 1:25 000

Wanderziele in der Nähe
Landschaftspark Jagdschloss Niederwald, Assmannshausen, Schloss Johannisberg, Weitwanderweg Rheinsteig

Einst prachtvolles Ausflugsziel, wird Rüdesheim heute eher mit Touristenrummel in Verbindung gebracht. Dabei verbinden sich hier große Weinlagen, Kultur und Geschichte mit einer spektakulären Landschaft. Geisenheim und sein Hinterland sind dagegen etwas stiller. Beide Perspektiven vereint diese schöne Rheingau-Wanderung.

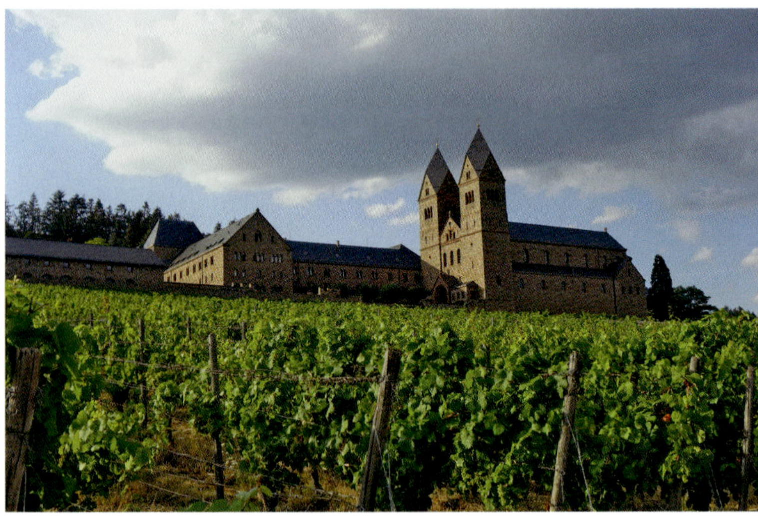

Rundumblick vom Rotenberg Mit den Gleisen im Rücken gehen wir links durch die Ⓐ **Bahnstraße**, vorbei am ehemaligen ❶ **Schloss Kosakenberg**, heute Studentenwohnheim, dann rechts durch die Behlstraße, am Parkplatz rechts und die Straße entlang zur nächsten Kreuzung mit Kapellchen. Hier direkt an der Weinbergmauer scharf links (Haarnadelkurve), folgen wir dem Weinbau-Lehrpfad bergauf (auch Rundweg K, die Markierung ist jedoch nur sporadisch vorhanden). In der Ferne vor uns sehen wir die Binger Rochuskapelle. Rechts davon, diesseits des Rheins, kommt der Landschaftspark Niederwald in den Blick, dessen berühmtes Denkmal wir bald über den Baumwipfeln erkennen. Die Gondeln der Rüdesheimer Seilbahn funkeln, rechts liegt die trutzige Abtei Sankt Hildegard. In einer Haarnadelkurve, markiert mit zwei großen Findlingen, biegt der Weinlehrpfad nach rechts. Unsere Richtung ist hier gleich geradeaus, aber zunächst folgen wir rechts bergauf und gleich links, hoch auf den ❷ **Rotenberg**. Am Gedenkkreuz haben wir einen 360-Grad-Blick. Richtung Nordost sehen wir Schloss Johannisberg und die Burg Schwarzenstein, weiter rechts den Ingelheimer Westerberg mit Bismarckturm sowie den Jakobsberg mit seinem Kloster. Und es lockt eine Liegebank am Aussichtspunkt »Schönste Weinsicht 2012 im Rheingau«.

Vom Weinberg in den Niederwald Wieder zurück an der Haarnadelkurve, verlassen wir den Weinlehrpfad. Jetzt von oben kommend, gehen wir auf unbefestigtem Weg geradeaus und im Rechtsbogen bergab, für rund 150 Meter entlang des ❸ **ehemaligen Kaolin-Steinbruchs**, dann unten nach links durch die Weinberge bis zur nächsten Kreuzung. Hier nehmen wir links den befestigten Weg bergab (immer noch Rundweg K) und gehen an der nächsten Kreuzung rechts. Zwischen Gärten und am Imkerzentrum vorbei, erreichen wir eine ❹ **Schutzhütte**. Hier verlassen wir das K und wechseln nach links auf den Rundweg F. Er führt uns wieder in die Weinberge und geradeaus bis zum Friedhof, wo wir das F verlassen und uns nach links wenden. Ein Stück bergab gesellt sich Rundweg G zu uns, dem wir am Friedhofsparkplatz vorbei nach rechts über die Landstraße und durch die Straße An der Sommerau in den Wald hinein folgen. Im leichten Rechtsbogen wandern wir durch den typischen Rheingauer Niederwald mit seinen gekrümmten Eichen.

Linke Seite: Die ehrwürdige Abtei St. Hildegardis beeindruckt schon von Weitem.

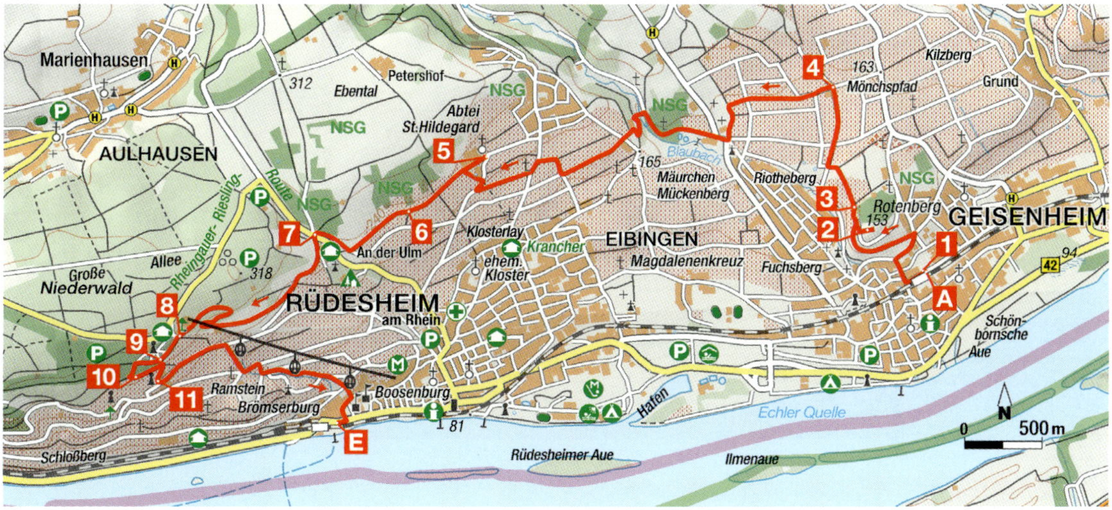

Für Abkürzer

Wer den Abstieg vermeiden oder sich Zeit für den Landschaftspark nehmen will, kann mit der Seilbahn über die Reben nach Rüdesheim schweben (21. März–1. Nov. tägl. 9.30 Uhr–18.00 Uhr, Sa/So bis 19.00 Uhr).

Ehrwürdiges Kloster Bald gelangen wir an eine Kreuzung, wo der Rheinsteig und der Klostersteig auf uns treffen. Rundweg G verlassend, folgen wir nun diesen Wegzeichen nach links, rund 150 Meter weiter scharf rechts bergauf und an der Reitschule vorbei Richtung Niederwalddenkmal (Schild »4,5 km«). Wir bleiben auf diesen Markierungen bis zum Kloster, es geht im Weinberg nach rechts und dann links, an der Straße wenige Meter links bergab, wieder rechts in den Weinberg und dann für rund 50 Meter rechts auf den Klosterweg. Schon vor der Mauerecke (Wanderzeichen »Hildegardweg«) biegen wir links ab, gehen steil bergauf und lassen uns von den keramischen Großskulpturen zum Wirken der heiligen Hildegard begrüßen, die eine Nonne der Abtei gestaltet hat. Dann sind wir oben an der ❺ **Benediktinerinnenabtei St. Hildegard**. Es gibt ein Café und einen Klosterladen mit Vinothek (beides bis 17.00 Uhr). Auch die Kirche kann meistens besichtigt werden.

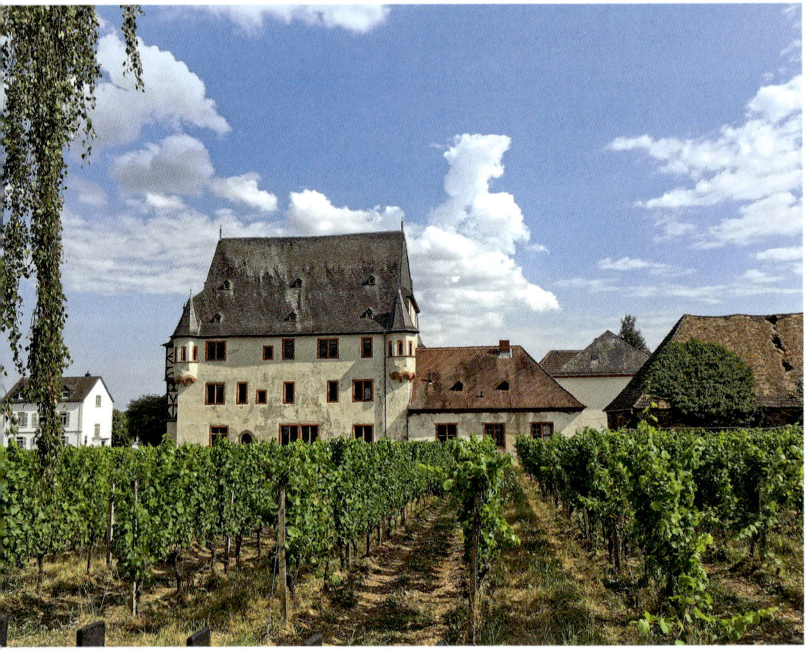

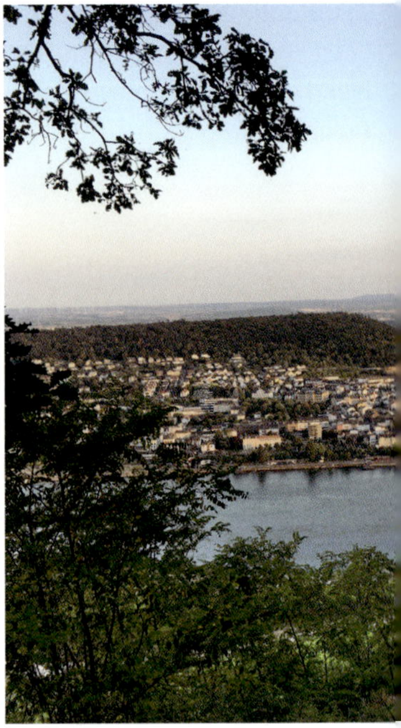

Links: Historisches Geisenheim: Das Renaissanceschloss Schönborn liegt sogar in Bahnhofsnähe.

Mitte: Gegenüber mündet die Nahe in den Rhein: Aussicht von der Terrasse am Niederwald-Denkmal

Rechts: »Fest steht und treu die Wacht am Rhein«: Das Germania-Denkmal gibt Anlass zum Nachdenken.

Landschaftspark und Patriotendenkmal Nach dem Besuch der Abtei zurück zur Mauerecke bei den Skulpturen, bleiben wir nun auf der Rheinsteig-Markierung geradeaus Richtung Rüdesheim (der Klostersteig biegt bald rechts ab). Vorbei am ❻ **Wegkreuz Hildegardis-Ruh** gelangen wir nach rechts zur Landstraße, überqueren sie und wandern an der ❼ **ehemaligen Jugendherberge** vorbei durch die Weinberge. Wo nach links der baumgesäumte Brahms-Weg abzweigt, heißt es aufpassen: Kurz darauf biegt unser Rheinsteig rechts hoch auf einen Kiesweg, beim Hinweisschild zum Rebenhaus scharf rechts bergauf und in einer Linkskehre auf die alte Zahnradbahntrasse. An einer schrägen Kreuzung bleiben wir links. Leicht bergab unterqueren wir die Seilbahn und erreichen den ❽ **Landschaftspark Niederwald mit Aussichtstempel** und dem gewaltigen ❾ **Denkmal der Germania**. Von der Terrasse aus blicken wir über Rüdesheim und seine Weinberge hinüber nach Bingen, auf die Nahemündung und den südlichen Hunsrück.

Abstieg nach Rüdesheim Mit der Rheinsteig-Markierung am Denkmal vorbei, gelangen wir wieder in den Wald. Nach wenigen Metern verlassen wir nun unser Zeichen und biegen links ab zum ⑩ **Ruheplatz Binger Blick**. Rechts neben den Bänken geht es ein kurzes Stück den Waldweg hinunter, dann links auf den Weg am Wingert entlang zurück in Richtung Denkmal. Unterhalb der Denkmalsterrasse, an einer Bank, geht es scharf rechts bergab, kurz darauf an der ⑪ **Pendel-Skulptur** scharf links. Der Schotterweg mündet auf einen betonierten Weg, dem wir geradeaus folgen. An der Treppe unterhalb des Gasthauses Rebenhaus gesellt sich das gelbe R des Rheinsteig-Zuwegs zu uns, das uns bis zum Rüdesheimer Bahnhof (am westlichen Ortsrand) leitet. Es biegt kurz vor der Seilbahntrasse rechts bergab, links auf den

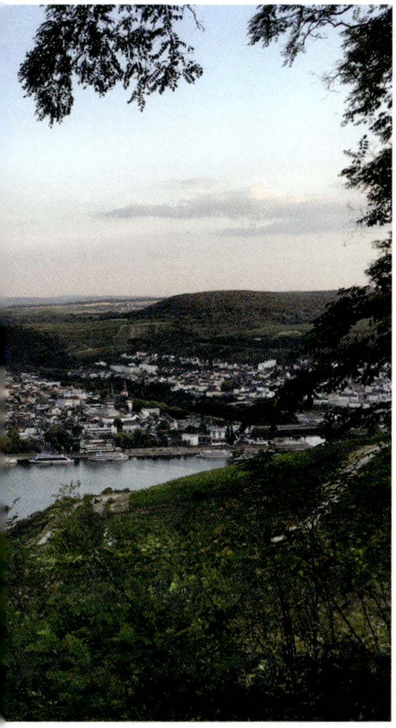

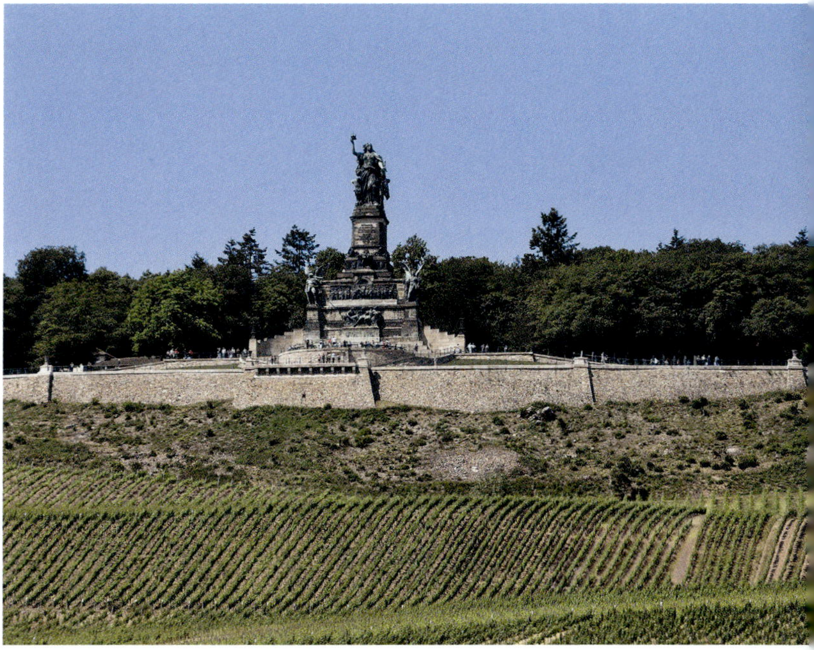

Asphaltweg, dann wieder rechts einen schmalen, mit bemerkenswert grünen Steinen gepflasterten Pfad und über Stufen steil bergab. Nochmals geht es links auf einen geteerten Weg, wiederum kurz von der Seilbahn rechts über Stufen und einen steinig-steilen Pfad hinunter bis zum Ort. Nach rechts durch die Oberstraße, erreichen wir den Ⓔ **Bahnhof**. Die halbstündlich verkehrende Regionalbahn bringt uns in wenigen Minuten zurück nach Geisenheim.

Landschaftspark Niederwald und das Denkmal der Germania

Ende des 18. Jahrhunderts ließ der Graf von Ostein nahe seines Assmannshäuser Jagdschlosses einen Landschaftspark mit Bauernhaus, Eremitage und Kohlenmeiler anlegen. Später kamen eine künstliche Ruine, Aussichtspunkte und eine Zauberhöhle hinzu. Alles diente der Inszenierung der Landschaft und des einfachen Lebens auf dem Lande und kann zum Teil heute noch besichtigt werden. Nach dem Deutsch-Französischen Krieg 1870/71, der zur Gründung des Deutschen Kaiserreiches führte, wurde die romantische Parkanlage als Standort für das Denkmal der Germania ausgewählt – Symbol der deutschen Einigung, aber auch der Wehrhaftigkeit gegenüber dem »Erzfeind«. Heute kann man das von Touristen aus aller Welt umlagerte Patrioten-Denkmal auch mit anderen Augen sehen: als Mahnung, dass Frieden nicht selbstverständlich ist, und als Auftrag, die Völkerfreundschaft zu bewahren.

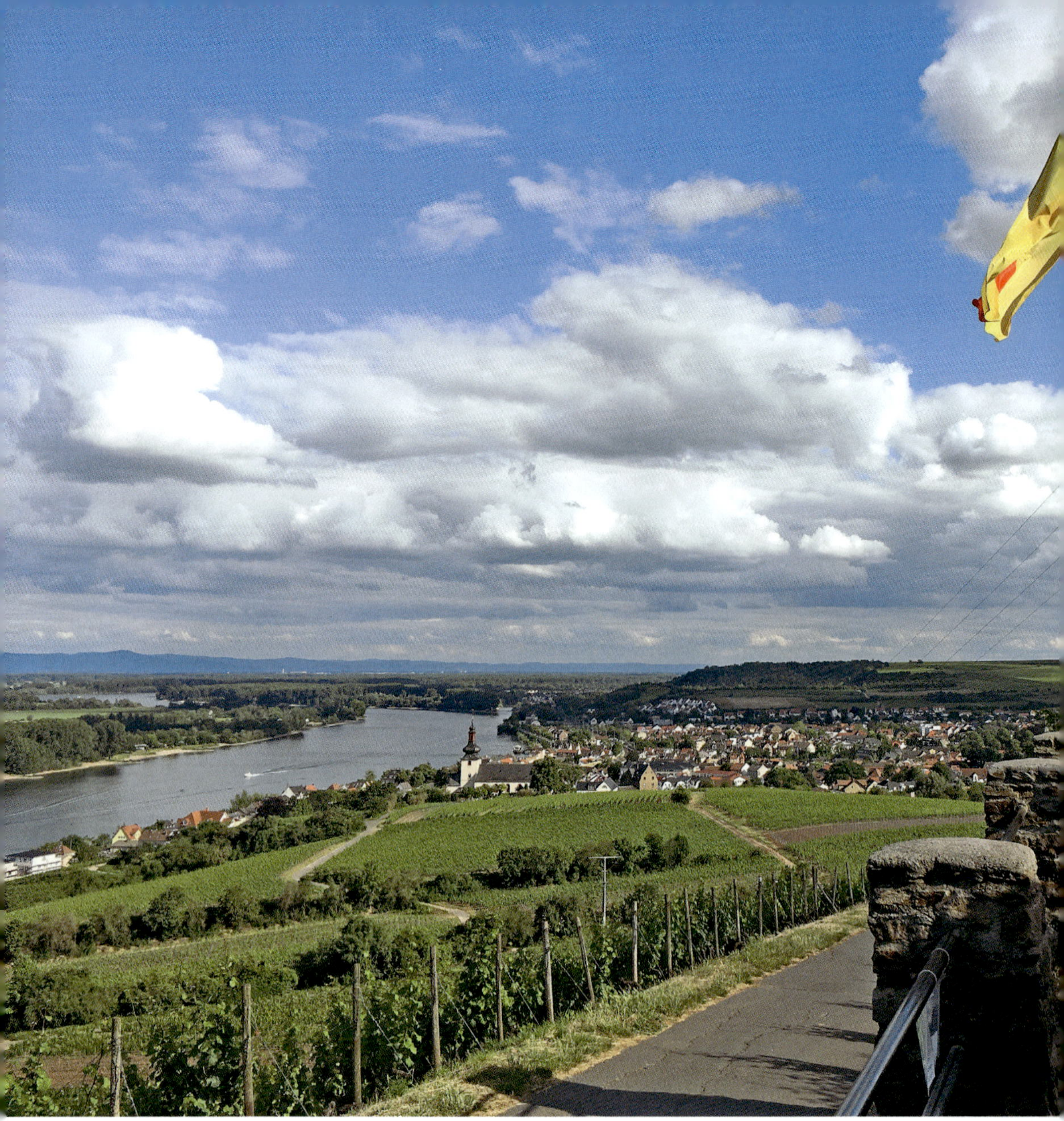

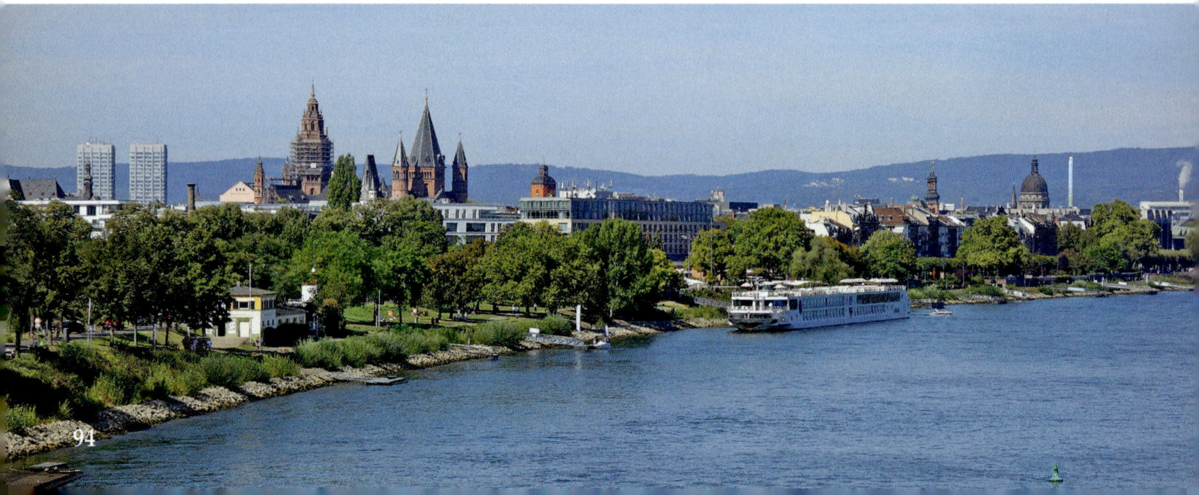

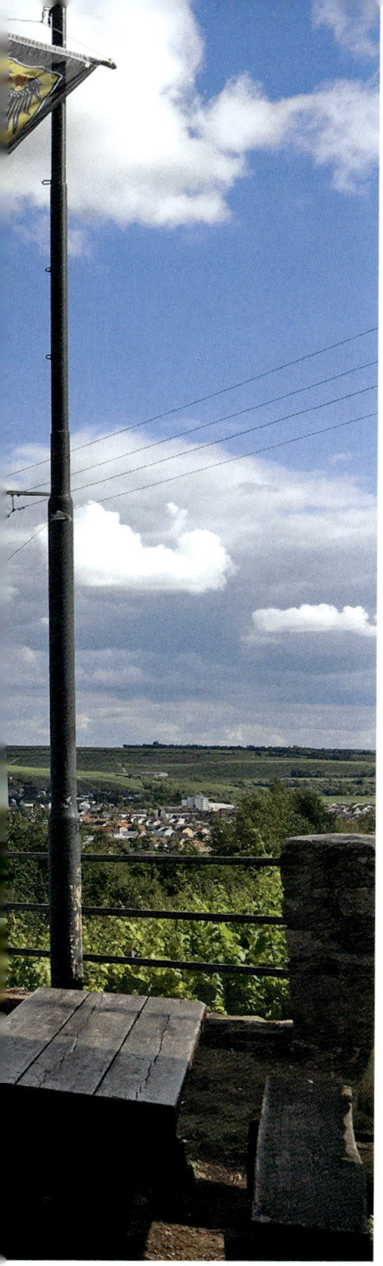

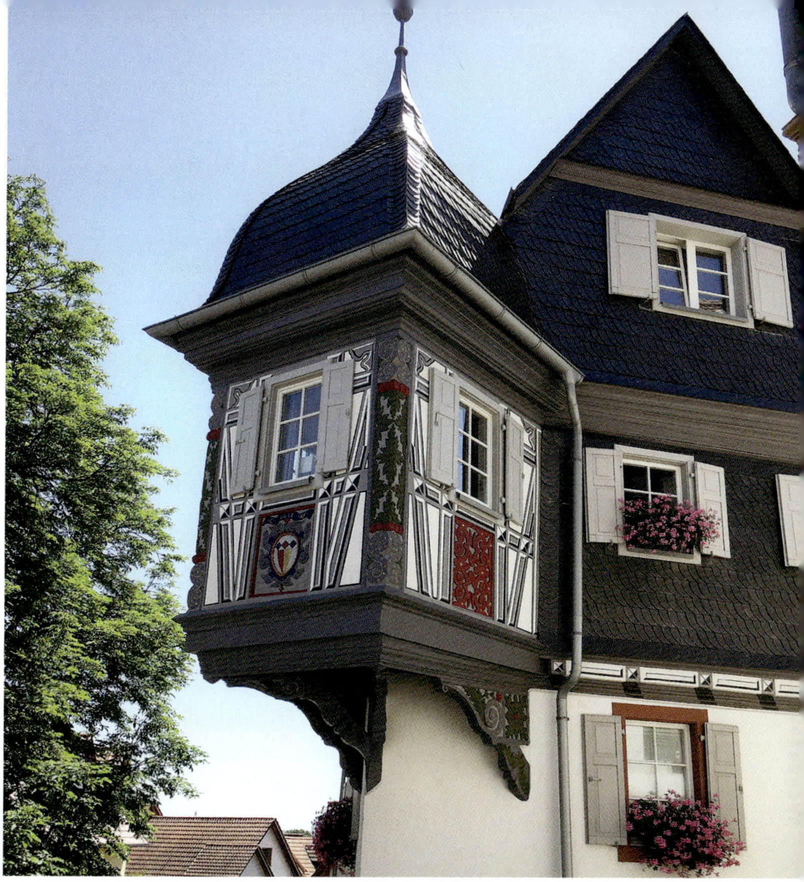

Mainz und Rheinhessen

Weitblick: Vom Niersteiner Roten Hang schauen wir über den Rhein bis zum Odenwald (o. li.). Fachwerkgiebel in Bodenheim (o. re.). Im Weinberg gibt es immer was zu tun (u. re.). Mainzer Rheinufer: Ausgangspunkt einer interessanten Zwei-Städte-Wanderung (u. li.).

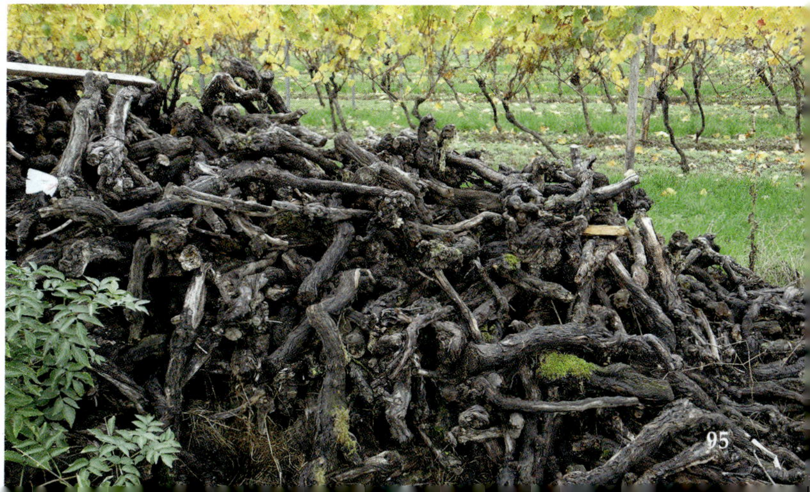

21

Wo der Main im Rhein zerfließt

Dreibrückentour um die Mainmündung

Leicht | 10,7 km | 80 Hm | 3 Std.

Tourencharakter
Stadtnahe leichte Rundwanderung auf meist befestigten Spazierwegen, Auenpfaden und Uferpromenaden sowie über drei große Brücken

Ausgangs-/Endpunkt
Mainz, Aussichtsterrasse im Stadtpark (zwischen Parkhotel und Fußgängerbrücke über die Bahn)

Anfahrt
ÖPNV: Mehrere Busverbindungen in Mainz, Haltestellen Favorite Parkhotel oder Rosengarten, ab Bahnhof Römisches Theater ca. 500 m zu Fuß
Auto: Über Wormser Straße Richtung Stadtpark (Navi: Mainz, Karl-Weiser-Straße 1), Parken entlang der Karl-Weiser-Straße oder Göttelmannstraße

Einkehr
Unterwegs: Zum Engel (Kostheim, an der Brücke); Rhein-Main-Terrasse; Mainschanze; Mainzblick (alle Maaraue); Bastion Schönborn mit Strand (Kastel); Mainzstrand (Nähe Theodor-Heuss-Brücke), Rheinkanzel (am Fort Malakoff); Bootshaus (am Ruderverein)
Am Ziel: Favorite Biergarten (am Stadtpark); Gastronomie in der Mainzer Altstadt

Informationen
Tourist Service Mainz:
Tel. 06131/ 24 28 88,
www.mainz-tourismus.com

Wanderkarte
Landesamt für Vermessung und Geobasisinformation Rheinland-Pfalz*: Mainz und Rheinhessen topographische Wander- und Radwanderkarte, 1:50 000
*siehe S. 16

Wanderziele in der Nähe
Rheininsel Nonnenau Ginsheim, Regionalpark-Route ab Mainspitze, Hochheim, Laubenheimer Höhe

Zwei Flüsse, drei Brücken, Auen, Industrie und Uferpromenaden: Die Einheimischen lieben ihre Dreibrückentour, doch die meisten Rhein-Mainer kennen sie nicht. Dabei übt der Ort, an dem der nicht gerade schmale Main spurlos im mächtigen Rhein verschwindet, eine besondere Faszination aus.

Zur Mainmündung Vom **Ⓐ Mainzer Stadtpark** erschließt sich die Mainmündung besonders schön. Man sieht sie bereits von der Terrasse unterhalb des Hotels, links neben der Eisenbahnbrücke. Unser Weg führt links der Terrasse über die Bahn, rechts die Treppe hinunter und auf die Brückenrampe. Auf dem stark frequentierten Fuß- und Radweg der Eisenbahnbrücke heißt es aufpassen – dabei zieht es unseren Blick doch in Richtung Strom, wo sich das Mainzer Stadtpanorama entfaltet und Wiesbaden und der Rheingau-Taunus die Kulisse bilden. Am Ende der Vorlandbrücke geht es links treppab, unter der Bahn hindurch und nach rechts. Ein Kiesweg bringt uns zum Ufer, vorbei am Segelclub und an Resten von Festungsanlagen, die einst Mainz umfassten. Am Ufer nach rechts, erreichen wir die **❶ Mainspitze**. Bänke laden dazu ein, den Fluten, Schiffen und Schiffchen zuzuschauen.

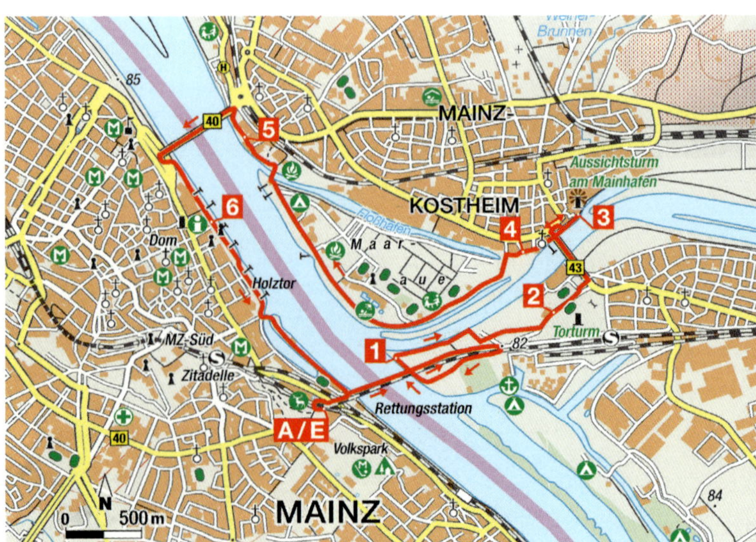

Weinort Kostheim Nun wandern wir am Mainufer flussaufwärts, kurz über geteerten Weg und dann auf einem Pfad durch ein Auenwäldchen, am Containerhafen vorbei und am Sportplatz links, wo uns die liebevoll aufgebaute ❷ **Anlage des Miniatur-Dampfbahn-Clubs** erfreut. Weiter geht es links über die Mainbrücke nach Kostheim. Am Brückenende gehen wir scharf rechts auf die Uferstraße und machen nach links einen Abstecher zum ❸ **Aussichtsturm**. Der Aufstieg lohnt sich: Wir schauen bis zur Main-Schleuse, nach Mainz, Wiesbaden und in den Taunus. Zurück auf dem Mainuferweg und vorbei an der Markierung des 50. Breitengrads und dem ❹ **Kostheimer Weinprobierstand**, biegen wir nach dem Spielplatz nach links und erreichen das Naherholungsgebiet Maaraue, vom Kostheimer Ufer durch den Floßhafen getrennt. Durch die Lesselallee gelangen wir zur anderen Seite der Mainmündung.

Strecken-Variationen

Alternative Startpunkte zum Beispiel ab Bahnhof Gustavsburg, Mainbrücke Mainz-Kostheim, Bahnhof Mainz-Kastel, Mainz Brückenkopf/Rheingoldhalle. Vom gewählten Startpunkt aus ist der Blick auf die Mainmündung besonders schön.

Panoramablick auf Mainz Hier nach rechts, wandern wir längere Zeit auf dem Rheinuferweg, vorbei an einer Liegewiese und dem Campingplatz, über die Fußgängerbrücke an der Wasserschutzpolizei und zur Bastion Schönborn. Sie bietet ein Flößermuseum, Restaurant, Biergarten und einen kleinen Sandstrand. Baden ist hier allerdings wegen der Strömung tabu! Vorbei an der ❺ **Festung Reduit**, gehen wir rechts hoch zur Theodor-Heuss-Brücke und zurück nach Mainz. Am Brückenende links treppab und über die Straße, biegen wir nach rechts auf die Uferpromenade und schlendern hier eine Weile am Fluss entlang. Wir passieren den Mainz-Strand, die Rheingoldhalle und das ❻ **Rathaus** des Stararchitekten Arne Jacobsen. Nach dem Hyatt-Hotel führt eine Drehbrücke über die Einfahrt zum Winterhafen. An der Rampe der Eisenbahnbrücke rechts, gelangen wir wieder zum Ⓔ **Stadtpark**.

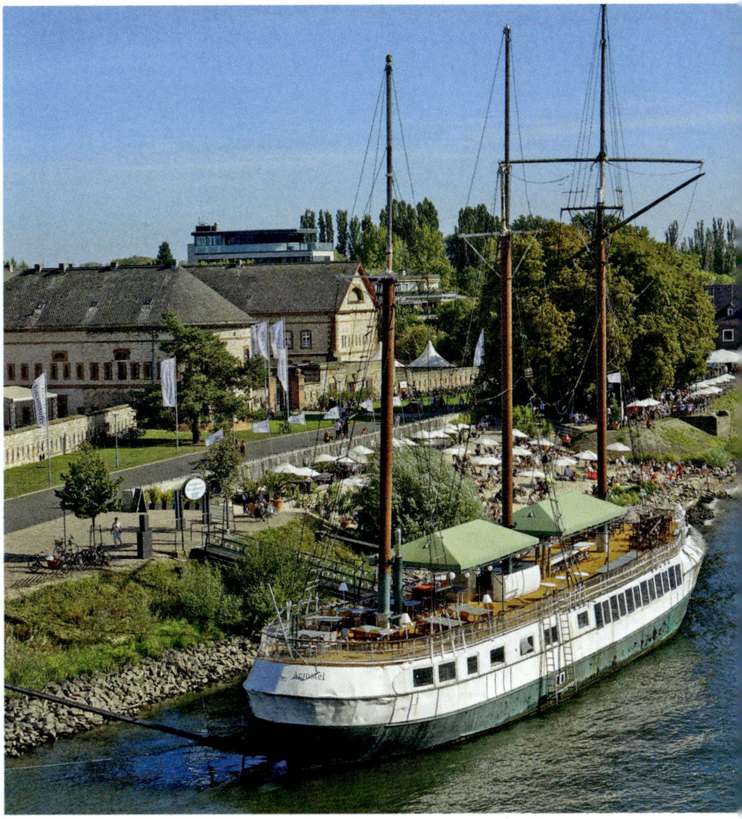

Maritimes Flair in Mainz-Kastel – früher Mainzer Vorort, heute Stadtteil von Wiesbaden

SIGHTSEEING-TIPP Mainzer Altstadtbummel: Ab Fischtorplatz zum Dom, dann durch Augustinergasse, Kapuzinerstraße, Dagobertstraße auf Höhe Winterhafen zurück zum Rhein.

22

Mainzer Landpartie

Vom Bahnhof Römisches Theater zur Laubenheimer Höhe

Mittel | 10 km | 200/125 Hm | 2.45 Std.

Tourencharakter
Streckenwanderung mittlerer Anforderung, anfangs Park und Straßen, dann befestigte Spazierwege (teils auch Radweg), Kies-, Feld und Weinbergwege. Meist moderate Anstiege, einmal etwas steiler. Wenig Schatten

Ausgangspunkt
Mainz, zwischen Bahnhof und Parkhaus Römisches Theater (Ecke Albanstraße/Zitadellenweg)

Endpunkt
Bushaltestelle Laubenheimer Höhe

Anfahrt
ÖPNV: Mit der S-Bahn/Regionalbahn oder Bus bis Bahnhof Römisches Theater
Auto: Über Wormser Straße/Weisenauer Straße/Rheinstraße zum Römischen Theater (Navi: Mainz, Holzhofstraße 7), Parken im Parkhaus Römisches Theater

Einkehr
Unterwegs: keine
Am Ziel: Hofgut Laubenheimer Höhe (kurz vor Abschluss) oder in Mainz-Laubenheim: Goldene Ente (Oppenheimer Straße 2) oder Gastronomie in der Mainzer Altstadt (Nähe Bahnhof Römisches Theater)

Informationen
Tourist Service Mainz: Tel. 06131/ 24 28 88, www.mainz-tourismus.com; Initiative Römisches Mainz: www.roemisches-mainz.de/

Wanderkarte
Landesamt für Vermessung und Geobasisinformation Rheinland-Pfalz*: Mainz und Rheinhessen topographische Wander- und Radwanderkarte, 1:50 000
*siehe S. 16

Wanderziele in der Nähe
Dreibrückentour, Bodenheim, Ober-Olmer Wald

Wir starten mit einem römischen Bühnenstück, passieren 300 Jahre Festungsgeschichte und 30 Millionen Jahre Erdgeschichte und enden mit einer Landpartie und einem Biergarten mitten im Weinberg. Eine historisch wie landschaftlich abwechslungsreiche Stadtwanderung!

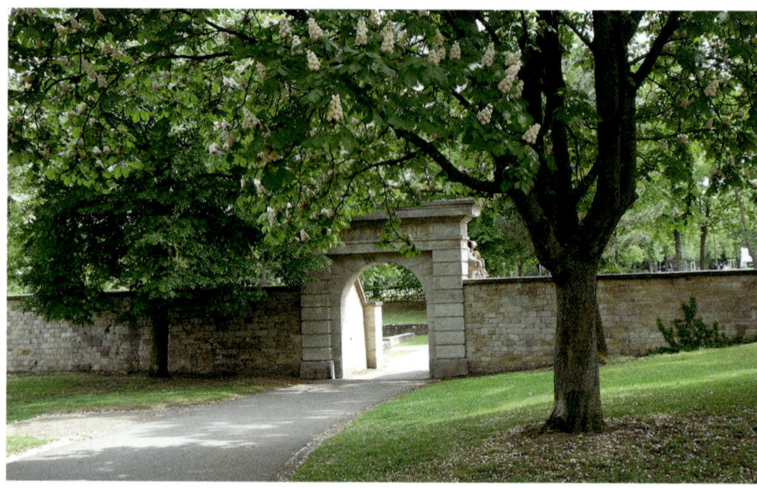

Militär- und Kulturgeschichte Wer mit dem Zug ankommt, kann hinter den Glasscheiben an Gleis 4 schon die Relikte des römischen Theaters erkennen. Unser Weg startet direkt am **A Gleis 1**. Der Bahnsteig in Richtung Tunnel mündet auf den Zitadellenweg, der uns hinter dem Parkhaus scharf links hoch zur Festung führt, vorbei am kleinen Prominentenweinberg der Stadt Mainz. Die **1 Zitadelle**, kurfürstlicher Bau aus dem 17. Jahrhundert, ist eines der Zeugnisse der Mainzer Festungsgeschichte. Wer will, kann einen Abstecher hinein machen. Sehenswert ist der römische Drusussstein von 9 v. Chr., Denkmal dankbarer Soldaten für ihren früh verunglückten Feldherren. Vorbei am Zitadellentor, stehen wir nach wenigen Schritten am oberen Ausgrabungsrand des **2 römischen Bühnentheaters**. Einst war es das größte Bühnentheater nördlich der Alpen und bot rund 10 000 Zuschauern Platz. Die Ausmaße muss man sich vorstellen: 116 Meter Durchmesser, die Bühne 42 Meter breit, die Ränge hoch bis oberhalb der jetzt dort stehenden Lutherkirche. Über die Bühne läuft heute leider nur noch ein Stück, der Zugverkehr.

Vom Park zum Fluss Wir gehen links die Salvatorstraße hinunter, überqueren sie bei der Einmündung Abtsgasse und gelangen in den Stadtpark mit seinem alten Baumbestand. Am Flamingoteich bleiben wir geradeaus, ca. 70 Meter weiter biegen wir vor der Wiese links und gelangen bergauf zum Vogelhaus. Dahinter bringt uns eine Fußgängerbrücke auf die andere Straßenseite in den Volkspark. Wir wenden uns gleich rechts und wieder links, passieren Spiel- und Liegewiesen und durchschreiten bald das Tor des ehemaligen ❸ **Forts Weisenau**, einst südliches Bollwerk der Stadt. Links hindurch und nach rechts, verlassen wir an der Jugendherberge den Volkspark, halten uns am Parkplatz geradeaus und gehen ein paar Stufen treppab und durch die Straße (Am Fort Weisenau). Hinter den Häusern sehen wir den Rhein blitzen. Am Grenzweg geht es kurz links/rechts durch einen Fußweg zur Burgstraße, dort links und rechts (An der Kirche) zum Gelände der ❹ **Kirche Mariä Himmelfahrt**. Unser Weg führt am Eingangsportal vorbei und rechts hinunter in die alten Weisenauer Gässchen, im Zickzack und dann treppab auf die Hohlstraße, die wir überqueren, um links zum Tanzplatz zu gelangen. Über den Platz und die Fußgänger-/Fahrradbrücke erreichen wir die Rheinfront und biegen nach links auf den als Rad- und Fußweg ausgebauten Leinpfad ein. Nach wenigen Metern können wir dem Radverkehr ausweichen, parallel führt ein Fußpfad am Ufer entlang, markiert mit dem Wanderzeichen des Rheinterrassenwegs.

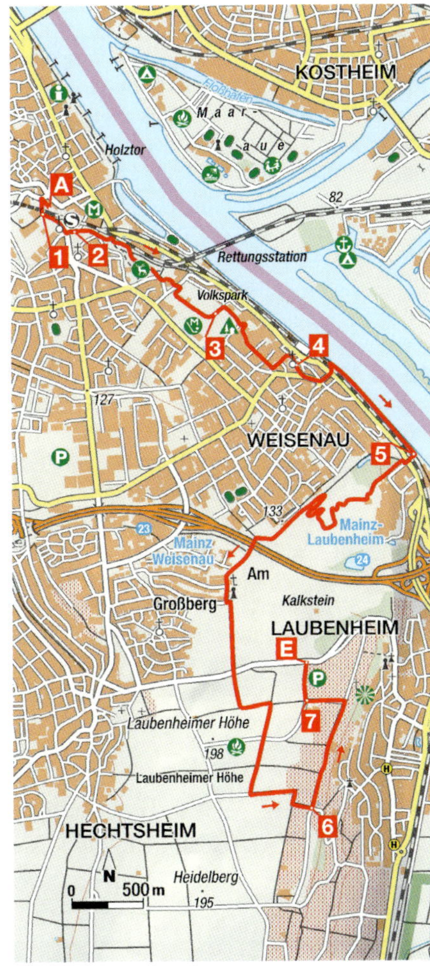

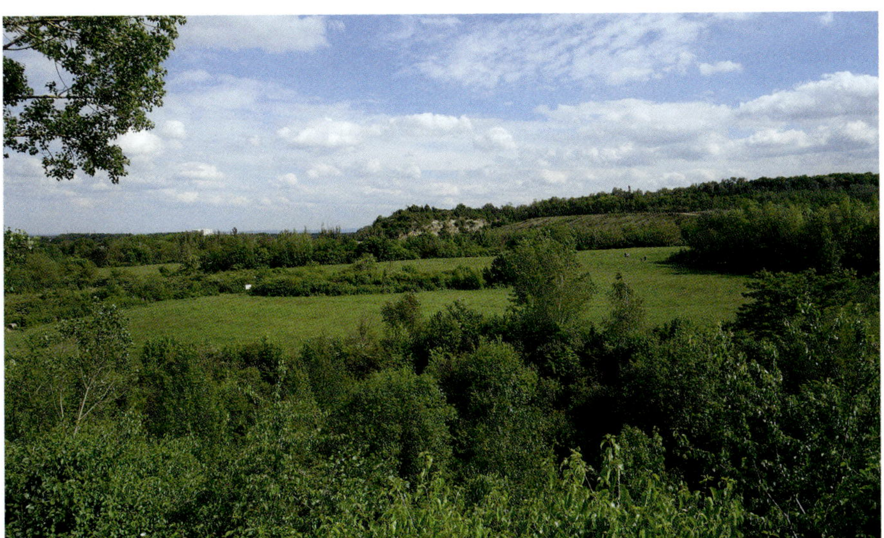

Linke Seite: Reste der Festungsmauern begegnen uns an vielen Stellen in Mainz.

Am Geopfad im alten Weisenauer Steinbruch

Goldenes Mainz und eingezwängte Festungsstadt

Mainz blickt auf über 2000 Jahre Geschichte. Im Hochmittelalter war die Freie Stadt blühender Wirtschaftsstandort (»Goldenes Mainz«). Seine Kurfürsten und Erzbischöfe hatten das Recht, den Kaiser zu wählen und über die Geschicke des Heiligen Römischen Reiches mitzubestimmen. Später verlor es seine politische Bedeutung. Doch war die Stadt am Fluss immer ein wichtiger Militärstützpunkt. Ab ca. 13/12 v. Chr. war »Mogontiacum« römisches Legionslager und Bollwerk nach Germanien. Im Dreißigjährigen Krieg wurde Mainz zur Festung, aus dieser Zeit stammt zum Beispiel die Zitadelle. Später ging es als Bundesfestung um die Verteidigung gegen Frankreich. Mainz wurde mit Wällen und Bastionen regelrecht eingezwängt und war Ende des 19. Jahrhunderts eine der am dichtesten besiedelten Städte weit und breit. Als Bismarck und der spätere Kaiser Wilhelm I. nach dem Deutsch-Französischen Krieg in Mainz weilten, gaben sie endlich einer Erweiterung statt, die Neustadt entstand. Ab 1904 wurden die übrigen Wälle geschleift, Mainz konnte expandieren.

Erdgeschichte zum Anfassen Bald stoßen wir auf altes Industriegebiet und nehmen gleich die Wendeltreppe zur Fußgänger-/Fahrradbrücke rechts über die Wormser Straße. Am Brückenende bleiben wir geradeaus und folgen dem ❺ **Schild »Geopfad«**, dessen Beginn wir nach wenigen Metern erreichen. Wir verabschieden uns kurz vom Rheinterrassenweg und betreten nach links das Gelände. Bis 2004 wurde hier Kalkstein abgebaut, heute bietet der rekultivierte Steinbruch Schutz für seltene Tiere und Pflanzen sowie erdgeschichtliche Einblicke für interessierte Besucher. Die steilen Abbrüche geben immer noch Fossilien von Muscheln und Schnecken frei. Der Kiesweg steigt zum Steinbruchrand an. Oben in der Rechtskurve verlassen wir ihn kurz und gehen geradeaus auf einem Wiesenweg, an Hecken vorbei und dann nach rechts – denn von hier haben wir einen unverstellten Blick auf die gegenüberliegende Steilwand. Weiter geradeaus und rechts, sind wir bald zurück auf dem Geopfad, der uns in zwei Kehren aus dem Gelände herausführt.

Antike Kultur: Reste des römischen Bühnentheaters am Südbahnhof

Hoch oben die Felder Oben wenden wir uns nach links und folgen für rund 1 Kilometer wieder dem Rheinterrassenweg: vor der Autobahn rechts, dann links über die

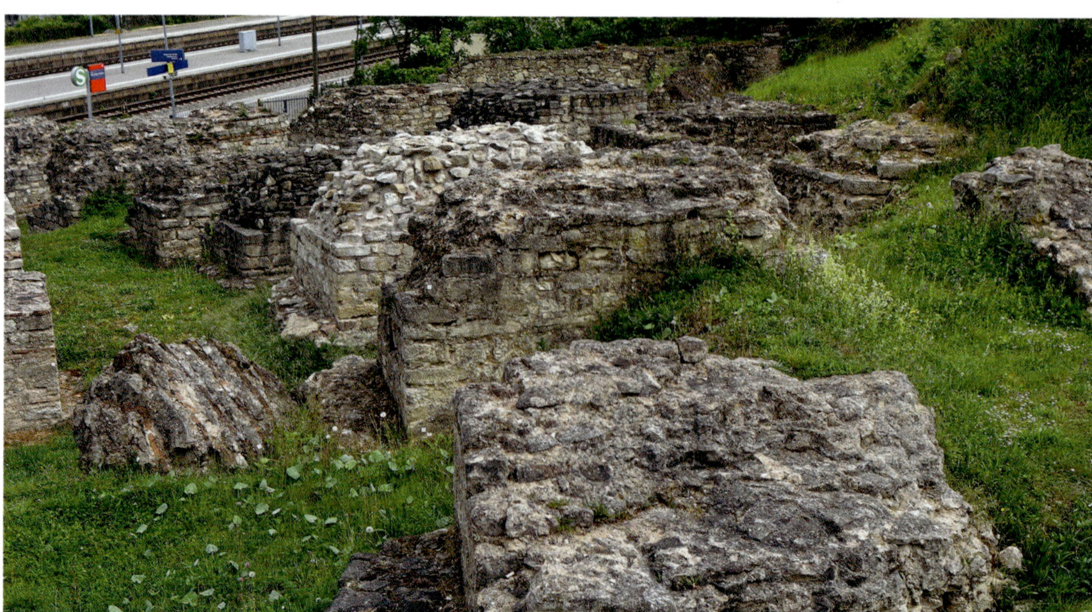

Brücke und am Rand des Wohngebiets bergauf zur Straße (Zur Laubenheimer Höhe). Das Wanderzeichen verlassend, überqueren wir sie und gehen auf grasbewachsenem Feldweg geradeaus, am Querweg links und gleich wieder rechts. Ein Stück geradeaus, biegen wir an der dritten Kreuzung auf den befestigten Feldweg nach links ein. Hier oben auf der Laubenheimer Höhe haben wir einen grandiosen Rundumblick. Vor uns liegen der Rhein und die Rhein-Main-Ebene. Wir erkennen von links nach rechts Großen Feldberg und Altkönig, die Frankfurter Skyline, den Flughafen, Rüsselsheim mit dem Opelwerk, Darmstadt und den Odenwald. Ganz rechts schmiegen sich Bodenheim und Nackenheim in die rheinhessischen Hügel. 150 Meter weiter gehen wir kurz rechts und links und erreichen den **6 Rastplatz Laubenheimer Polderblick**. Er lenkt unsere Aufmerksamkeit auf das Thema Hochwasser. Die Rückhalteflächen können geflutet werden, sind aber meist saftig grün.

Aussicht zum Abschluss Mit Blick zum Rhein auf dem Höhenweg nach links geht es nun durch die Weinberge. Unter uns liegt der Stadtteil Laubenheim, weiter vorne die stark frequentierte Weisenauer Autobahnbrücke – ein starker Kontrast zur Idylle hier. Die vierte Abzweigung nach links bringt uns auf einen Weinlehrpfad und zum **7 Hofgut Laubenheimer Höhe** mit Restaurant, Biergarten, einer Weinwiese und im Winter sogar einer Eisbahn. Am Hofgut vorbei, rechts die Zufahrtsstraße hinunter, gelangen wir zur **E Bushaltestelle Erich-Koch-Höhenweg**, Bus 64 Richtung Hartenberg bringt uns zurück zum Bahnhof Römisches Theater. Alternativ können wir vor dem Hofgut rechts nach Laubenheim absteigen und dort einkehren. Zurück geht es mit dem Bus 64 ab Marktplatz oder Bus 61 ab Bahnhof Laubenheim.

EVENT-TIPP Mainzer Weinmarkt am letzten August- und ersten September-Wochenende im Stadtpark

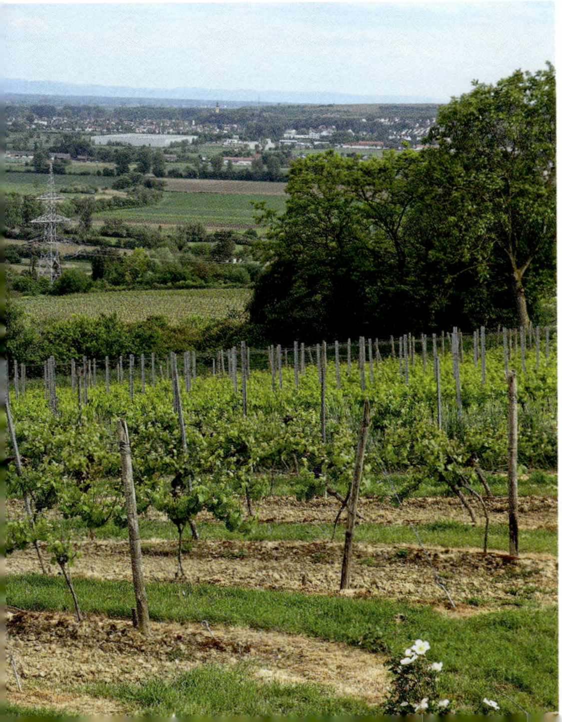

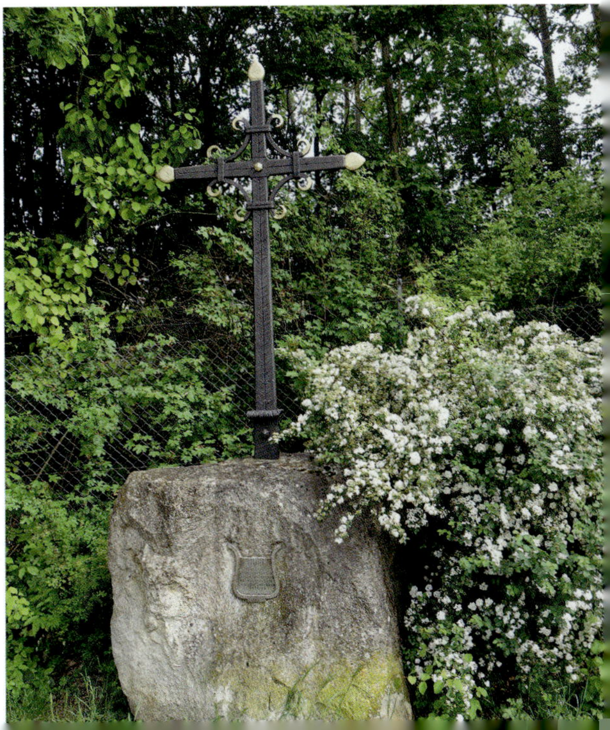

Links: Weinberge am Hang der Laubenheimer Höhe

Rechts: Wegkreuz zwischen Mainz-Weisenau und Mainz-Hechtsheim

23

Friedvolle Panoramatour

Von Mainz-Drais durch den Ober-Olmer Wald zum Flugplatz Finthen

Mittel | 12 km | 100 Hm | 3.45 Std.

Tourencharakter
Rundwanderung mittlerer Anforderung durch Obstplantagen, Felder und einen lichten Wald. Kaum An- und Abstiege. Hoher Anteil an befestigen Wirtschaftswegen. Besonders schön während der Baumblüte

Ausgangs-/Endpunkt
Mainz-Drais, Kreuzung vor dem Obsthof Nickolaus

Anfahrt
ÖPNV: Ab Mainz Hbf. Bus 54 Richtung Lerchenberg Hindemithstraße, Haltestelle Ober-Olmer Straße
Auto: A60 Abfahrten Mainz-Lerchenberg oder Mainz-Finthen, über die L427 zwischen Lerchenberg und Finthen (Navi: Mainz, Am Waldweg 1), Parkplätze rechts an der Bezirkssportanlage

Einkehr
Unterwegs: Tower One (am Flugplatz Finthen)
Am Ziel: Ristorante Classico (Daniel-Brendel-Straße 37), Gastronomie in Mainz-Finthen, Mainz-Gonsenheim oder Mainz-Lerchenberg

Informationen
Tourist Service Mainz: Tel. 06131/24 28 88, www.mainz-tourismus.com; Ober-Olmer Wald: www.mainz.de (unter Freizeit und Sport)

Wanderkarte
Landesamt für Vermessung und Geobasisinformation Rheinland-Pfalz*: Mainz und Rheinhessen topographische Wander- und Radwanderkarte, 1: 50 000
*siehe S. 16

Wanderziele in der Nähe
Laubenheimer Höhe, Wackernheim, Heidesheim, Ingelheim, Gonsenheimer Wald, Mainzer Sand

Obstbau und Fernsicht prägen den hochgelegenen Mainzer Vorort Drais. Der Ober-Olmer Wald ist eine Besonderheit im waldarmen Rheinhessen: in Biotop mit Artenvielfalt, aber auch mit Friedensbotschaft. Früher wurde er vom US-Militär genutzt, ebenso wie der heute freundlich-verträumte Flugplatz Finthen. Große Kontraste also zwischen früher und heute, zwischen Blüten, Wald und Flugfeld.

Von Weitem grüßt das ZDF Über die Ⓐ **Ampel** geht es kurz ins Wohngebiet, rechts in die Marc-Chagall-Straße und vor dem Spielplatz rechts auf den Fußweg. Gleich wieder links und nochmals rechts, erreichen wir die Obstfelder der Draiser Senke. Vor uns liegt der Lerchenberg, 1962 zur 2000-Jahr-Feier von Mainz als neuer Stadtteil gegründet, um die seit Kriegsende drückende Wohnungsnot zu lindern. Den meisten ist der Lerchenberg als Sitz des ZDF bekannt. Dessen Gelände erblicken wir links hinter den

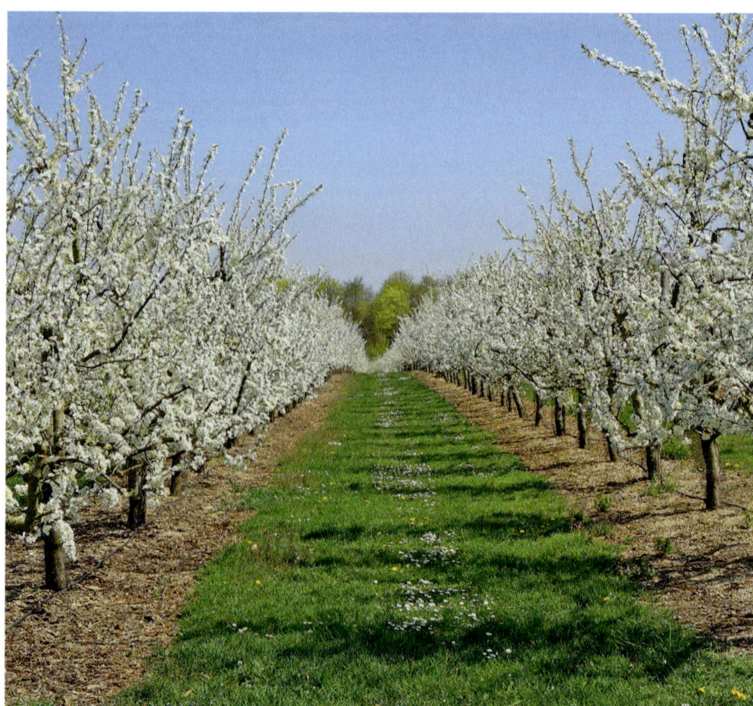

Obstwiesen. Wir durchqueren die Senke fast ganz. Nach etwa 1 Kilometer geht es rechts zwischen zwei großen Feldern auf einem unbefestigten Weg leicht bergan. Kurz innehalten und zurückschauen lohnt sich, der Blick in Richtung Wiesbaden und Taunus ist von hier besonders schön. An der Schautafel des Biotops Margarethenwiese schlüpfen wir geradeaus durch den Durchgang auf einen gepflasterten Fußweg entlang der Gärten. An der Rembrandtstraße gehen wir links und am ersten Fußweg wieder nach links. Der Weg führt nun oberhalb der Obstbäume zu einem lichten Wäldchen, das wir nach rechts auf dem Christian-Haas-Weg durchwandern.

Erinnerungen an den Kalten Krieg Nachdem wir die Büchnerallee und die Landstraße überquert haben, gelangen wir auf schmalem Pfad in den Ober-Olmer Wald. Bald erreichen wir einen mit Laufstrecken-Zeichen markierten Weg und folgen ihm nach rechts und dann im Zickzack bis zu einer Kreuzung mit Bank. Hier gehen wir links, bis eine breite gerade Schneise kreuzt. Auf sie biegen wir nach links ein. ❶ **Foto-Stelen** säumen den Weg. Sie zeigen das Leben von Menschen in Russland, den USA und Deutschland und erinnern so an die Zeit des Kalten Krieges, als dieser Wald von der US-Armee zur militärischen Nutzung abgeriegelt war. Bald gelangen wir in waldfreies Gelände. Nach rechts folgen wir einem mit Baumstämmen gesäumten Weg ins Naturschutzgebiet. Zwischen den Hecken zeigen sich immer wieder Reste von Bunkeranlagen, die die Natur zurückerobert hat. Kurz darauf rechts ab, erreichen wir eine Pyramide mit Aussichtspunkt, die wir erklimmen. Dieser ❷ **Hügel der Freundschaft** wurde von der Künstlerin Dörthe Bäumer auf dem ehemaligen Raketenabschussgelände gestaltet und Stufe für Stufe mit Friedens-

Linke Seite: Im Frühjahr erstrahlt die Draiser Senke im Blütenmeer.

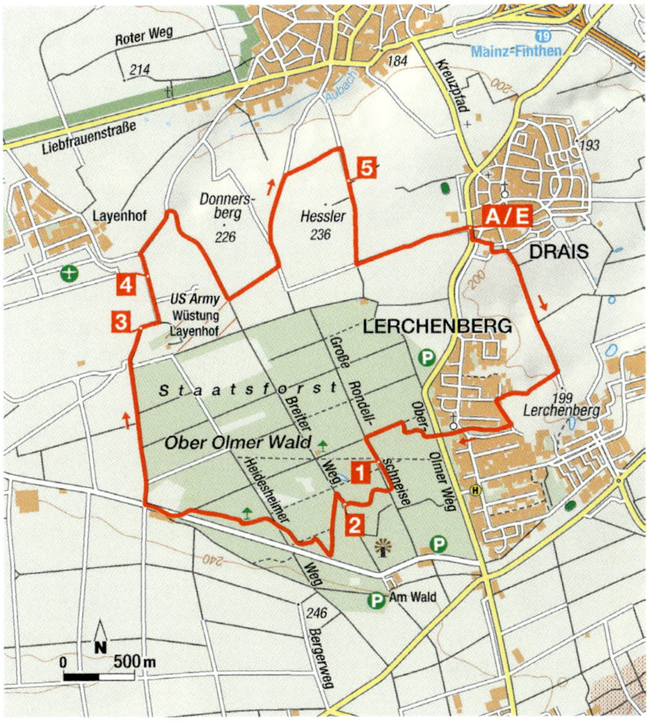

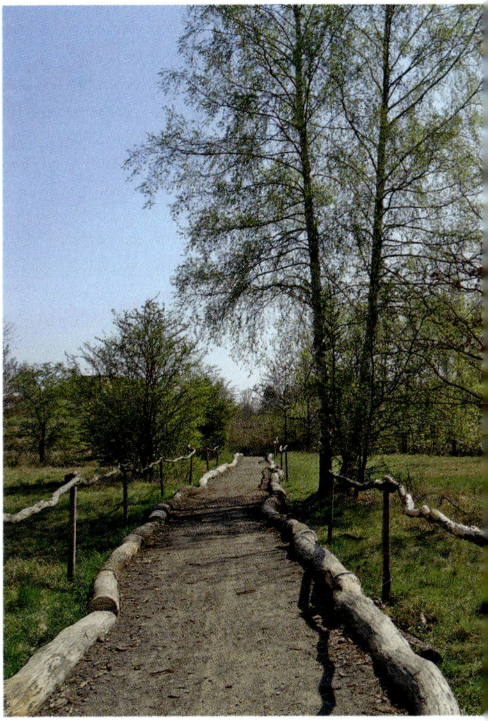

Wo einst Atomsprengköpfe lagerten, führt heute der Weg behutsam durchs Naturschutzgebiet.

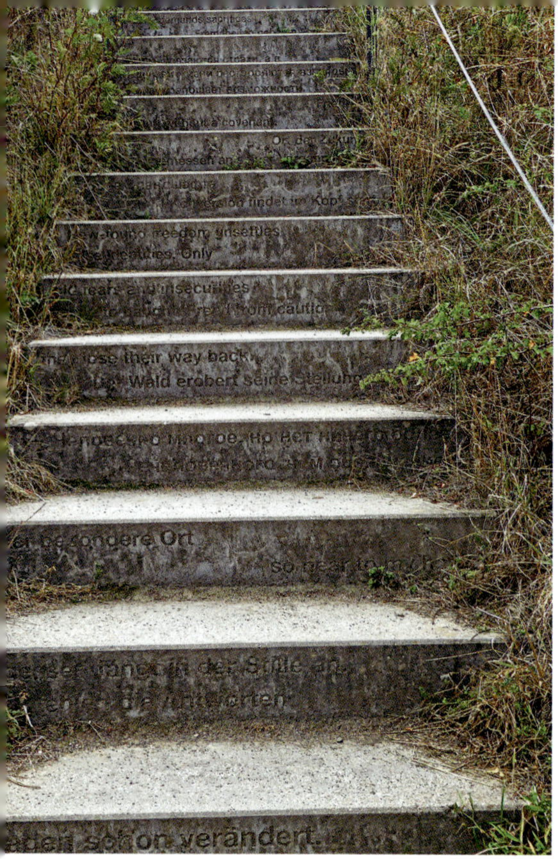

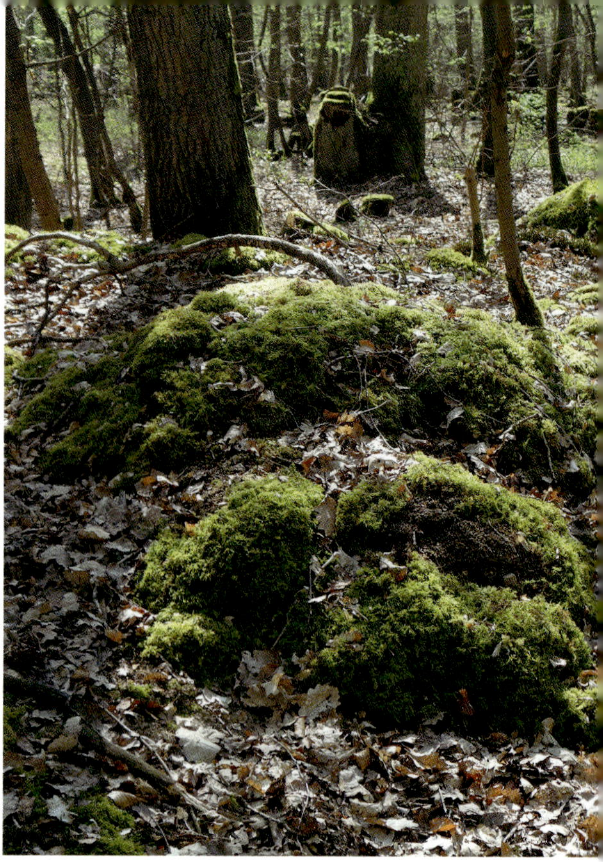

Ober-Olmer Wald und Layenhof

Der Ober-Olmer Wald gehörte zwischen 1951 und 1983 zum US-amerikanischen Flugabwehrgürtel und beherbergte Raketenstellungen mit atomaren Nike-Sprengköpfen. 1991 wurde er in zivile Nutzung überführt, ein einzigartiges ökologisches Modellprojekt verwandelte ihn in ein Naturschutzgebiet und grünes Mahnmal des Friedens. Zwischen Wald und Flugplatz befinden sich noch Anlagen der US-Armee. Seit dem 18. Jahrhundert lag hier das einst kurfürstliche Hofgut Layenhof. Im Zweiten Weltkrieg enteignet, diente es später unter anderem zur Truppenversorgung, als Offiziersunterkunft und für KZ-Häftlinge. Die maroden Gebäude erlagen schließlich dem Panzerbeschuss bei Geländeübungen des US-Militärs. Geblieben ist eine Wüstung – und der Name Layenhof, den heute die nahegelegene Siedlung trägt.

botschaften in Deutsch, Englisch, Französisch und Russisch versehen – spektakulärstes Zeugnis der Konversion, die hier stattgefunden hat.

Lust auf Plane Spotting? An der Pyramide vorbei und am Waldrand wieder links, verlassen wir die Lichtung. Durch lockeren Wald geht es bis kurz vor die Straße. Dort biegen wir rechts auf einen Pfad, der sich mehr oder weniger parallel zur Straße durch den Wald schlängelt. Mehrmals kreuzen schmalere Pfade oder zweigen rechts ab, wir bleiben aber in der Hauptrichtung. An einer Schranke überqueren wir die Fahrbahn, der Pfad verläuft nun links der Straße. Aus dem Wald heraus, haben wir einen schönen Blick auf Felder und Obstbäume. Nach rechts am Feldrand entlang, erreichen wir bald wieder die Fahrbahn, queren sie diagonal und biegen hinter der Schranke rechts auf einen geteerten Weg ein. Nach etwa 1,5 Kilometern erreichen wir den ❸ **Flugplatz Finthen**. Am Zaun entlangwandernd, können wir dem Treiben der Sportflieger zusehen. Rechts abgesperrt, auf dem Gelände des ehemaligen Hofguts Layenhof, befindet sich noch ein aktiver

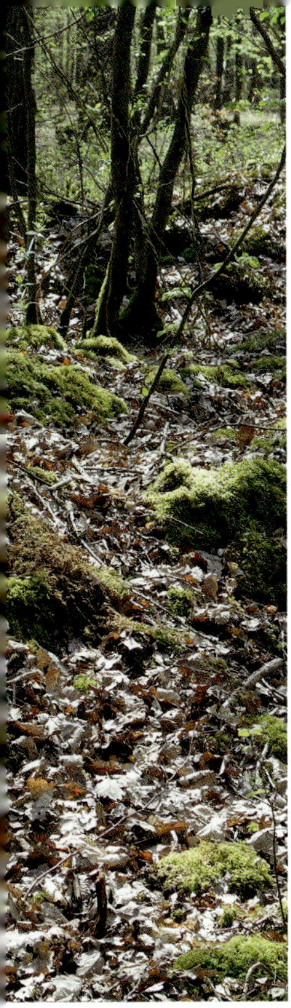

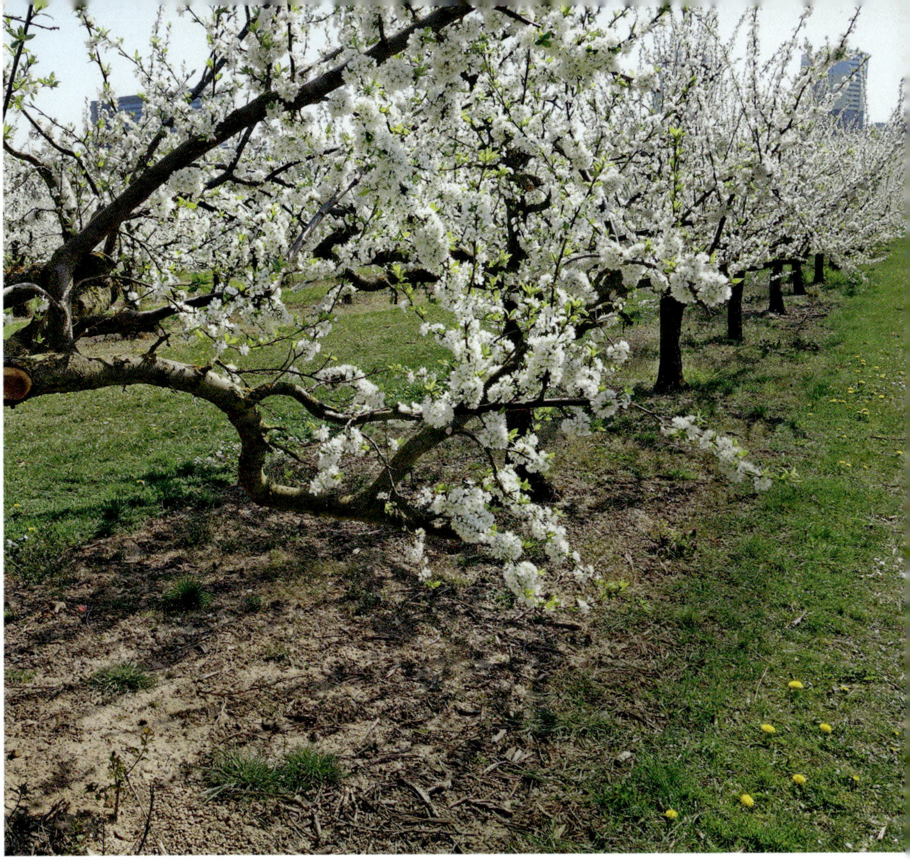

Übungsplatz der amerikanischen Streitkräfte. Hier gehen wir links um den Flugplatz herum. Betonelemente markieren den ❹ **Plane Spotting Viewpoint**, von dem aus wir einen direkten Blick auf die Rollbahn haben. Wer hungrig ist, macht einen Abstecher nach links Richtung Tower, wo ein Restaurant zur Einkehr lockt. Ansonsten verlassen wir das Gelände rechts durch das Tor.

Links: Jede Stufe eine Friedensbotschaft: in Deutsch, Englisch, Französisch, Russisch

Mitte: Wald gibt es in Rheinhessen nur selten, dieser ist besonders hübsch.

Rechts: Durch die Äste blitzt das ZDF-Gebäude.

Obstbäume und Weitblick Nach dem Tor wandern wir auf dem Wirtschaftsweg durch Obstplantagen bergab. Rund 300 Meter weiter, hinter einem Regenrückhaltebecken, biegen wir rechts auf den unbefestigten Weg entlang des Aubach-Grabens. Am Hochsitz wenden wir uns nach links, durch die Felder erreichen wir den befestigten Hauptweg. Hier nach rechts, wären wir schnell wieder am Ausgangspunkt. Doch wir wenden uns nach links, um noch eine besonders schöne Aussicht mitzunehmen. Nach ca. 200 Metern auf dem Asphalt biegen wir schräg rechts auf einen Feldweg ein. Vor uns liegen die Rheingau-Taunusberge, bald sehen wir auch die Kirchturmspitze von Finthen und Wiesbaden, das sich den Hang hinaufzieht. Nach rund 400 Metern (an einer Einmündung vorbei) nehmen wir wiederum schräg rechts einen grasbewachsenen Feldweg, der später zu einem Schotterweg wird und an einer T-Kreuzung endet. Wir biegen rechts auf den befestigten Wirtschaftsweg und wandern zwischen Obstplantagen und Spargelfeldern hoch auf die Kuppe. Hier lädt ein Picknickplatz mit ❺ **360-Grad-Aussicht** zum Verweilen ein. Dann weiter geradeaus, an der T-Kreuzung nach links und auf geteertem Weg durch die Obstplantagen, gelangen wir wieder zum Ⓔ **Ausgangspunkt**.

24

Wehrkirche am Weinberg

Von der Ingelheimer Burgkirche hoch auf den Westerberg

Leicht | 10 km | 240 Hm | 2.30 Std.

Tourencharakter
Leichte Rundwanderung durch Weinberge, Obstwiesen und Koppeln auf vorwiegend befestigen Wirtschaftswegen. Ein langer Anstieg, sonst moderate Steigungen, zum Abschluss ein Stück Altstadt. Wenig Schatten

Ausgangs-/Endpunkt
Ingelheim, Stadtteil Ober-Ingelheim, Wandertafel hinter der Burgkirche (Parkplatz am Gehauweg)

Anfahrt
ÖPNV: Regionalbahn nach Ingelheim, dann Bus 640 Richtung Nieder-Olm oder 643 Richtung Ober-Hilbersheim, Haltestelle Ober-Ingelheim Marktplatz, 300 m zu Fuß zur Burgkirche und zum Parkplatz
Auto: A60 Abfahrt Ingelheim-Ost, Beschilderung Ober-Ingelheim und Burgkirche folgen (Navi: Gehauweg 22, Ingelheim), Parkplätze (kostenlos) am Gehauweg hinter der Burgkirche

Einkehr
Unterwegs: Landrestaurant Eulenmühle (an der Eulenmühle)
Am Ziel: Gastronomie in Ober-Ingelheim, z. B. Alter Gutshof (Stiegelgasse 42), Wasem Kloster Engelthal (Edelgasse 15)

Informationen
Ingelheim Tourist-Info im Winzerkeller: Tel. 06132/710 00 92 00, www.ingelheim-erleben.de

Wanderkarte
Landesamt für Vermessung und Geobasisinformation Rheinland-Pfalz:* Mainz und Rheinhessen topographische Wander- und Radwanderkarte, 1:50 000
*siehe S. 16

Wanderziele in der Nähe
Wackernheim, Bismarckturm auf dem Westerberg, Jakobsberg

Eine spätgotische Wehrkirche, berühmte Rotweinlagen, das Selztal, der lang gestreckte Westerberg, Koppeln, Hohlwege und die Gässchen von Ober-Ingelheim – diese panoramareiche Tour bietet viel Abwechslung.

Weite Weinberge Von der Ⓐ **Wandertafel** folgen wir dem gelb markierten Ausleseweg durch die Bürgermeister-Bauer-Straße. Am Hesselweg kurz rechts zum ❶ **Uffhubtor** schauen, ein schönes Relikt der mittelalterlichen Stadtbefestigung. Hier gehen wir links hoch in den Weinberg und biegen nach rund 400 Metern mit der Markierung rechts ab. Vorbei an Feldsteinmauern und über einen Querweg hinweg, stößt unser Weg an einer T-Kreuzung auf einen Hohlweg. Hier rechts bergab, verlassen wir die Markierung und gelangen zur Straße, gehen kurz neben den Rebzeilen nach rechts bis zum gegenüberliegenden Feldweg, überqueren die Fahrbahn und wandern geradeaus durch Reben, Obstwiesen und Gärten. Unten folgen wir dem Fuß-/Radweg nach links unter der Landstraße hindurch, an der ❷ **Layenmühle** vorbei und nach rechts über die Selz.

Hoch zum Schloss Kurz geht es bergauf, dann gleich wieder links, jetzt laufen Rad- und Fußweg nebeneinander. Wo der Radweg auf den alten Bahndamm wechselt, bleiben wir auf dem Fußweg, jetzt mit blau-grüner Markierung (Hiwweltour Westerberg) bis zum ❸ **Pferdehof Eulenmühle**. An der Zufahrt verlassen wir die Markierung und wandern

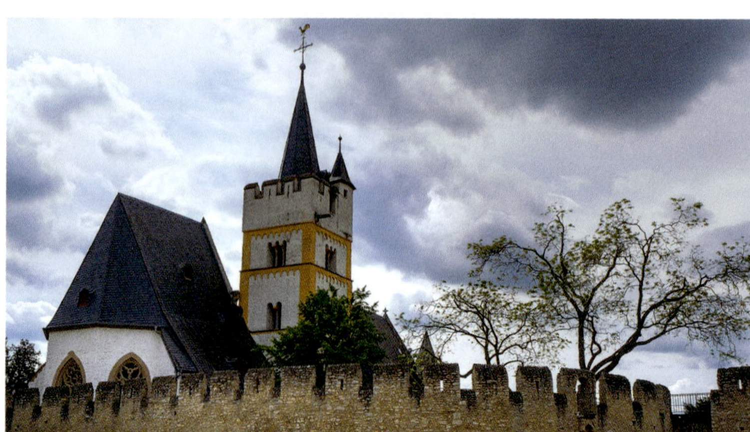

Mittelalterliches Ingelheim

Im Selztal zwischen Mainzer Berg und Westerberg, nahe des Rheins und mit fruchtbarem Boden: Schon Karl der Große schätzte die Vorzüge von Ingelheim und unterhielt hier im 8. Jahrhundert eine Kaiserpfalz. Teile davon sind heute wieder zugänglich, ein Museum macht ihre Historie lebendig. Das mittelalterliche Ortsbild in Ober-Ingelheim wird durch die Burgkirche geprägt. Oft als Wehrkirche bezeichnet, ist sie selbst kein wehrhafter Bau, sondern liegt eingebettet inmitten hoher Wehrmauern. Die Gewölbe im Inneren sind geschmückt mit zierlichen Pflanzenornamenten.

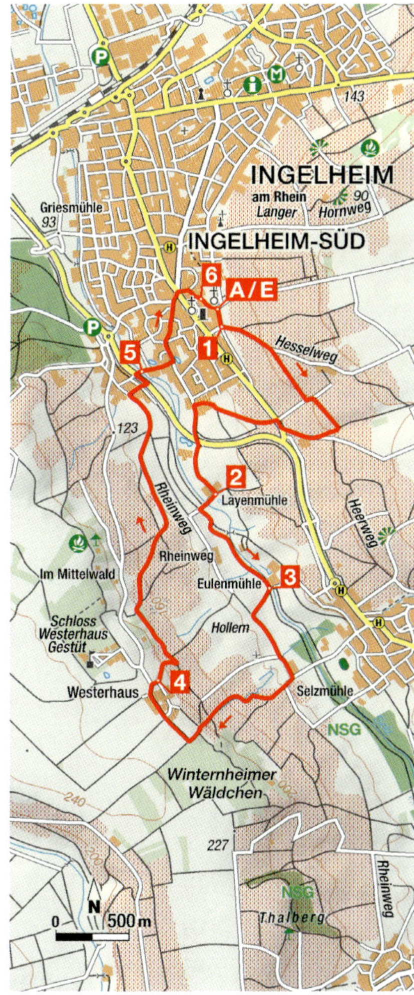

rechts bergan, am Ende des Weidezauns nach links Richtung Großwinternheim, dessen imposanter Selztaldom durch die Bäume blitzt. Nach einer Geflügelfarm finden wir an der nächsten Kreuzung unser gelbes Wanderzeichen wieder und folgen ihm rechts bergauf zum ❹ **Schloss Westerhaus**. Hinter der Kuppe, nach einer Koppel, biegen wir nach rechts und erreichen das Schloss. Es ist das größte Hofgut in Rheinhessen und glänzt als Weingut wie als Gestüt. Die Vinothek ist einen Besuch wert! Auf einer Bank an einem Baum können wir rasten und über das Selztal zum Mainzer Berg blicken.

Seltene Hohlwege Wir verlassen das gelbe Zeichen, passieren die Schlosszufahrt und nehmen den Weg zwischen Koppel und Mauer bergab, nun wieder mit dem Hiwwelweg Westerberg. Der Wingert geht in den landschaftstypischen Niederwald über, der Weg ist immer stärker ausgewaschen. Für seine Hohlwege, durch Wind, Wetter und Bewirtschaftung in den Lössboden gegraben, ist Ingelheim berühmt. Aus dem Wäldchen heraus, bleiben wir auf der Markierung, ebenso an der nächsten Gabelung ca. 120 Meter weiter. Dann kommt eine baumbestandene Kreuzung, wo die Hiwweltour rechts abbiegt. Wir bleiben geradeaus und gelangen durch freies Feld bergab zu den ersten Häusern, gehen rechts und links, an der Ampel über die Landstraße und am ❺ **Ohrenbrücker Tor** in die Gässchen von Ober-Ingelheim. Vorbei am ehemaligen Kloster Engelthal, links durch die Stiegelgasse und über den Marktplatz mit dem fröhlichen Brunnen, erreichen wir die ❻ **Burgkirche**. Wenn wir es nicht schon getan haben, sollten wir sie jetzt besichtigen. Hinter der Kirche liegt unser Ⓔ **Parkplatz**, für ÖPNV-Wanderer geht es am Marktplatz zum Bus.

KULTUR- UND GENUSSTIPPS Museum und Besucherzentrum Kaiserpfalz, François-Lachenal-Platz (Führungen April–Okt., www.kaiserpfalz-ingelheim.de); Ingelheimer Rotweinfest (letztes September- und erstes Oktoberwochenende); Ingelheimer Weihnachtsmarkt an der Burgkirche (2., 3., 4. Adventswochenende)

Linke Seite: Die spätgotische Burgkirche mit ihren Wehrmauern ist einen Besuch wert.

25

Kloster mit Aussicht

Von Gau-Algesheim über Jakobsberg und Laurenziberg

Mittel | 12,3 km | 200 Hm | 3.30 Std.

Tourencharakter
Rundwanderung mittlerer Anforderung durch Weinberge und Wiesen. Überwiegend befestigte Wirtschaftswege und gut begehbare Feldwege. Meist moderate An-/Abstiege. Wenig Schatten. Besonders reizvoll im Herbstlaub

Ausgangs-/Endpunkt
Gau-Algesheim, Bahnhof Südseite (Bahnhofstraße)

Anfahrt
ÖPNV: Regionalbahn ab Mainz
Auto: A60 Abfahrt Ingelheim-West/Gau-Algesheim (Navi: Gau-Algesheim, Bahnhofstr. 1), P+R-Parkplätze (kostenlos) hinter dem Bahnhof

Einkehr
Unterwegs: Sonntags-Café Kloster Jakobsberg (nur am ersten So im Monat 14–17 Uhr), Gutsschänke im Alten Kornspeicher (Laurenziberg)
Am Ziel: Gastronomie rund um den Marktplatz Gau-Algesheim, z. B. Raphiniert im Weingut Kronenhof (Langgasse 8), Restaurant im Schloss Ardeck (Schlossgasse 16)

Informationen
Touristeninformation Gau-Algesheim: www.gau-algesheim.de; Kloster Jakobsberg: www.bistummainz.de

Wanderkarte
Landesamt für Vermessung und Geobasisinformation Rheinland-Pfalz:* Mainz und Rheinhessen topographische Wander- und Radwanderkarte, 1:50 000
Wanderkarte Gau-Algesheim als PDF: www.vg-gau-algesheim.de (unter Tourismus und Freizeit/Wandern)
*siehe S. 16

Wanderziele in der Nähe
Ingelheim, Bismarckturm auf dem Westerberg, Selztal, Binger Rochusberg

Vom hübschen Weinort geht es durch die Weinberge hoch zum Kloster Jakobsberg, einem bedeutenden Wallfahrtsort, und weiter zum verträumten Laurenziberg. Die Aussicht auf Rhein und Hinterland und der Bachgrund mit Wildgehegen und Gärten tragen zum Reiz dieser Wanderung bei.

Weinort mit rotem Rathaus Unsere Tour verbindet zwei örtliche Wanderwege: Anfangs folgen wir dem Rundweg Rabenschule (schwarzer Rabe), später führt uns der Dreibächeweg (blaue Wellen) zurück. Das erste Stück ist aber unmarkiert: Mit dem Ⓐ **Bahnhof im Rücken** geht es rechts durch die Bahnhofstraße zur Kreuzung an der Ortseinfahrt. Eine historische Weinpresse zeugt von der Weinbautradition seit 766. Links durch die Langgasse treffen wir am Marktplatz auf die Raben-Markierung. Wir können uns kurz umsehen und das barocke ❶ **Rathaus** mit der rot getünchten Fassade bewundern. Früher war das Erdgeschoss offen und diente als Markt- und Gerichtshalle. Stadtwappen, Inschriftentafeln und zwei allegorische Figuren – Justitia und Prudentia – zieren die Mauern. Auch die Pfarrkirche St. Cosmas und Damian mit ihren außergewöhnli-

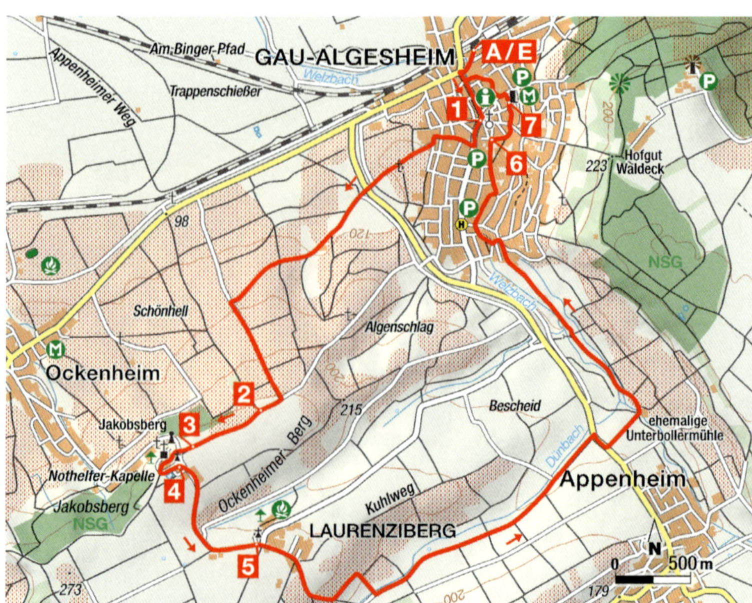

chen Seitenaltären ist einen Abstecher wert. Dann folgen wir unserem Zeichen rechts am Rathaus vorbei durch die Kloppgasse. Vor der Schulstraße können wir rechts durch den Eickemeyer-Park gehen und später auf die Schulstraße wechseln. Wo sie endet, geht es links auf einen Fußweg. Das Zeichen ist erst nach ca. 20 Metern wieder zu sehen und führt rechts auf einen geteerten Wirtschaftsweg, der uns nun eine Zeitlang geradeaus leitet.

Das Kloster vor Augen bergauf Durch Streuobstwiesen erreichen wir die Weinberge. Rechts erahnen wir schon die Aussicht Richtung Rheingau, die sich mit jedem Höhenmeter weiter vor uns ausbreitet. Nach der Brücke über die Landstraße sehen wir oben unser erstes Etappenziel, das Kloster Jakobsberg. Wir lassen uns nicht von den Fußwegschildern links Richtung Jakobsberg irritieren, sondern bleiben geradeaus auf dem Wirtschaftsweg mit dem hier etwas spärlich gesäten Raben-Zeichen. Links liegt nun der Hang, der diesem Weg seinen Namen gab: Wegen seiner Aufwinde wird er vom Raben-Nachwuchs als Flugübungsfeld genutzt und heißt daher »Auf der Rabenschule«. Allmählich geht es immer stärker bergauf. An einer T-Kreuzung biegen wir links auf den gepflasterten Wirtschaftsweg, der uns auf die Höhe bringt. Das Stück ist steil, doch ist damit der Anstieg für heute auch geschafft. Oben treffen wir auf einen Schotterweg. Die Raben-Markierung verlässt uns nach links, wir wandern rechts weiter und gelangen zum ❷ **Johannisberger Türmchen** mit Himmelsschaukel, ein Platz mit tollem Panoramablick – allerdings oft windig. In wenigen Minuten können wir auch am Kloster rasten.

Auf Pilgerpfaden Wir bleiben auf dem Weg und sehen kurz darauf rechts die ❸ **Jakobsberger Weinlaube**. Mönche haben im Jahr 1985 über 170 Rebsorten aus aller Welt arkadenförmig angepflanzt. Wer hindurchgeht, kann die Vielfalt der Reben und

Zur Ruhe kommen kann man am Kloster auf dem Jakobsberg.

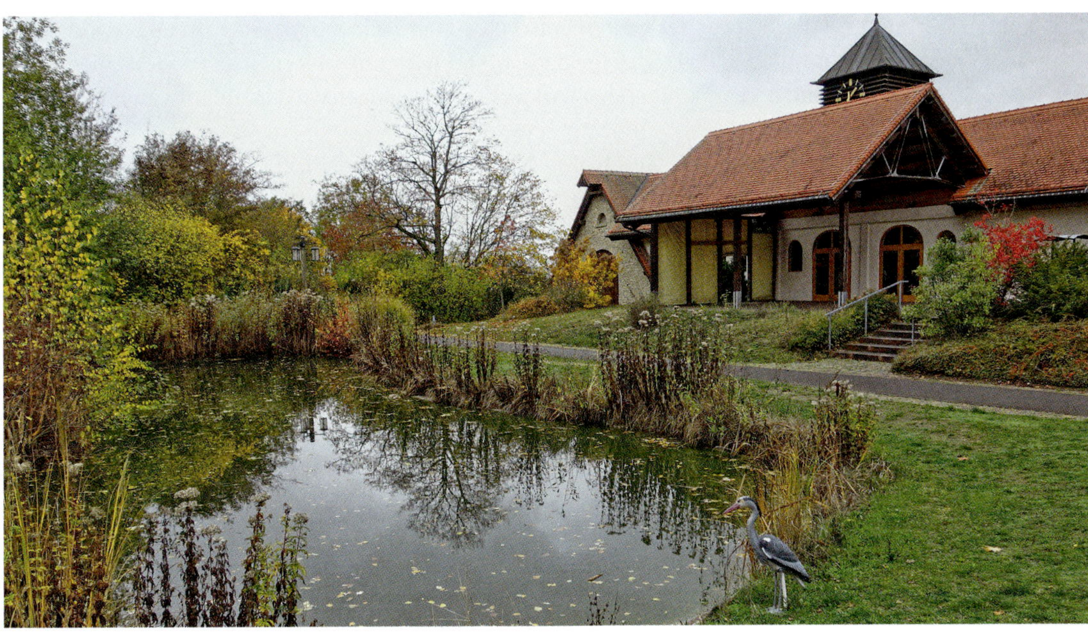

der Blätter studieren. Am ❹ **Kloster Jakobsberg** begegnet uns die Muschelmarkierung des Jakobswegs, der durch Rheinhessen verläuft und Jakobsberg mit Laurenziberg verbindet. Bevor auch wir dorthin wandern, geht es erst auf die Wiese vor dem Kloster. Hier können wir rasten und schauen: Der Rhein ist ein schmales silbernes Band zwischen Pappelreihen. Links erkennen wir zwischen Weinbergen und Waldrand das Rüdesheimer Niederwalddenkmal. Auf der diesseitigen Rheinseite thront

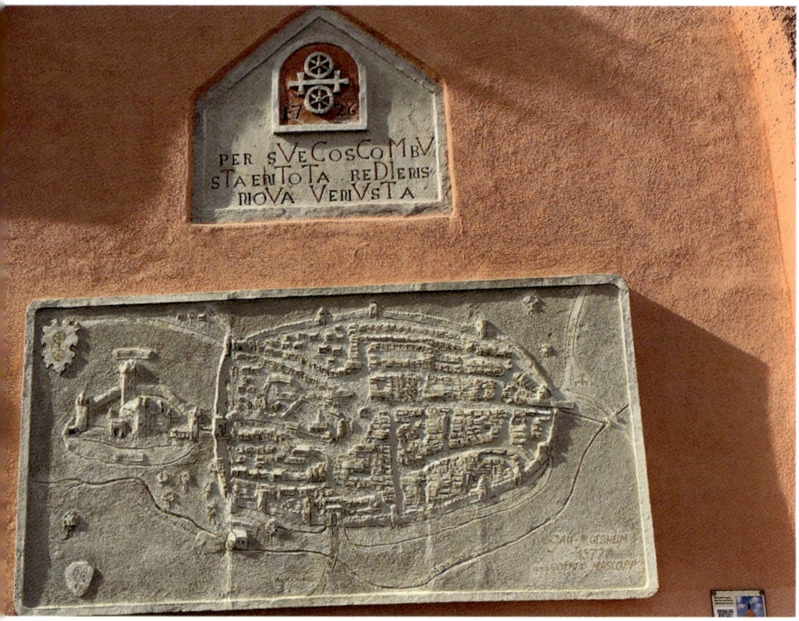

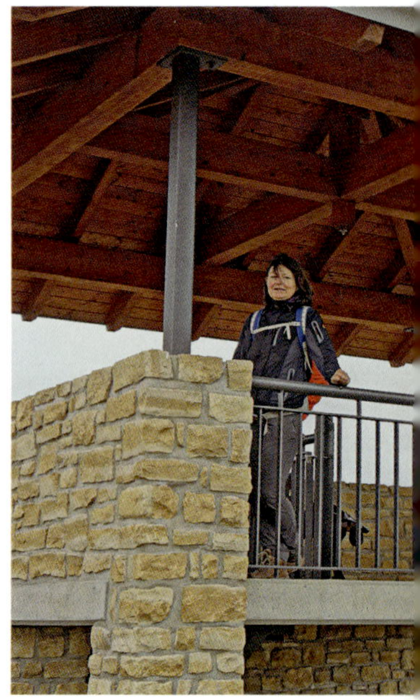

die Rochuskapelle auf dem Binger Rochusberg. Geradeaus, auf Augenhöhe mit unserem Kloster, liegt der neuromanische Bau der Benediktinerinnen-Abtei St. Hildegard. Wir umrunden das Klostergelände weiter nach links, biegen nach dem Weiher rechts ab, dann nach links über den Parkplatz und gelangen wieder auf unseren Hauptweg.

Verträumter Ort mit Geschichte Nach rechts folgen wir den Markierungen (u. a. Jakobsweg) nach Laurenziberg. Vom Tal herauf gesellt sich der Rundweg Dreibächetour zu uns, dem wir ab jetzt folgen. Am Ortsrand geht es links, vorbei an der barocken ❺ St. Laurenzikirche. Sie ist im Kern eine der ältesten Kirchen der Region. Die christliche Gemeinde reicht zurück bis zur Zeit des heiligen Bonifatius, erstmals wurde hier im Jahr 745 eine Kirche erwähnt. Am Dorfplatz mit dem schmiedeeisern umzäunten Baum geht

Die drei heiligen Berge Rheinhessens

Der Ockenheimer Jakobsberg (273 m) ist einer der drei »heiligen Berge« im Rheinhessischen Hügelland. Im Kloster leben benediktinische Mönche und Schwestern. Zudem gibt es eine Bildungsstätte, es werden Wallfahrten, Meditationen und im Juni ein Klostermarkt angeboten. In Sichtweite liegt der Binger Rochusberg mit der Rochuskapelle, und an der Südseite des Jakobsbergs der Laurenziberg, auch er eine herausragende christliche Pilgerstätte. Einmal im Jahr findet hier an der Laurenzikirche eine Wallfahrt mit Pferdesegnung statt, die einzige nördlich des Mains.

es rechts über die obere Dorfstraße. Sollte das Wetter es schlecht mit uns meinen, finden wir hier sogar eine Schutzhütte im alten Feuerwehrhaus. An der Wegspinne am Ortsausgang folgen wir halb rechts dem Dreibächeweg. Die Straße wird zum Schotterweg und führt sanft bergab. An einer Bank geht es links steil bergab. Auf halber Höhe biegen wir mit der Markierung links und bald wieder nach rechts, in den Talgrund und auf die andere Bachseite. Dort geht es links auf einen breiten Wirtschafts-

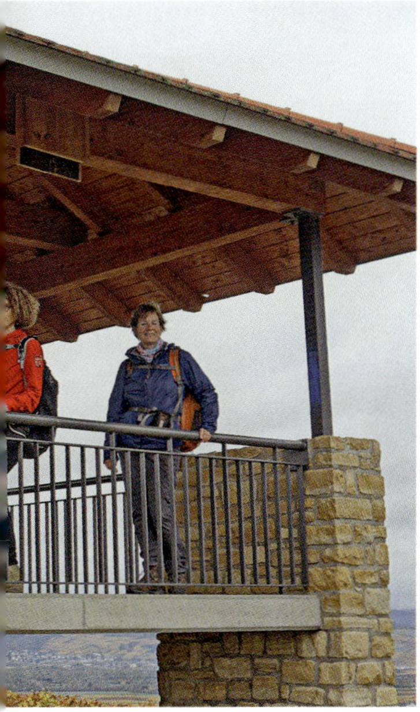

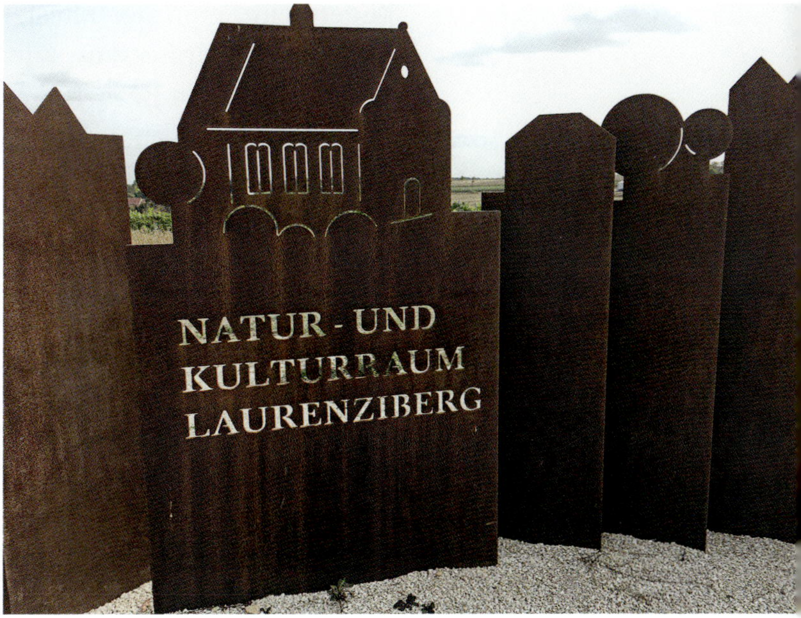

weg. Gemütlich führt er uns zwischen hohen Bäumen, Feldern und Obstplantagen bis zur Landstraße.

Links: Seitlich am Rathaus ein mittelalterlicher Ortsplan

Mitte: Rundumblick vom Johannisberger Türmchen

Rechts: Idylle zwischen Jakobsberg und Laurenziberg

Der Bach bringt uns zurück Wir überqueren die Straße und gehen auf dem Fuß-/Radweg einige Meter nach rechts, um dann links zur Alten Unterbollermühle abzubiegen, heute ein Weingut. Der breite Hügel, auf den wir nun blicken, ist der Ingelheimer Westerberg. Am Weingut finden wir links zwei Wildgehege. Unser Zeichen führt zwischen den Gehegen nach links, am Bach entlang und immer geradeaus nach Gau-Algesheim. Nachdem die ersten Häuser passiert sind, gehen wir links (Im Hippel) und gleich rechts in den Fußweg, überqueren die Straße (An der Layenmühle) und halten uns rechts vom Bach auf dem Pfad, an der Wüstenrotstraße dann links. Vorbei an Sportplatz und Schule, passieren wir das ehemalige ❻ **Wasserschloss Ardeck** mit dem Rheinhessischen Fahrradmuseum (Schlossgasse). Weiter führt unser Wanderzeichen nach rechts um die Altstadt herum und am Bach entlang zum ❼ **Festplatz am Graulturm**. Geradeaus über den Platz, dann mit dem Radweg links und rechts (Im Weiher), geht es zurück zum Ⓔ **Bahnhof**.

GENUSSTIPP Fest des jungen Weines in Gau-Algesheim (2. Wochenende im Okt.) mit Bewirtung in vielen Winzerhöfen

26

St. Alban auf der Spur

Durch die Weinberge von Bodenheim

Mittel | 10,2 km | 175 Hm | 2.30 Std.

Tourencharakter
Rundwanderung mittlerer Anforderung durch Weinberge und Felder. Anfangs etwas steiler, dann moderate An- und Abstiege. Hoher Anteil an befestigten Wirtschaftswegen. Wenig Schatten. Besonders schön während der Rebblüte und in der Herbstlaub-Färbung

Ausgangs-/Endpunkt
Bodenheim, Bahnhof (Bahnhofsplatz)

Anfahrt
ÖPNV: Mit der Regionalbahn oder dem Bus ab Mainz
Auto: A60 Abfahrt Mainz-Innenstadt, Beschilderung Bodenheim folgen, P+R-Parkplatz (kostenlos) am Bahnhof

Einkehr
Unterwegs: Abstecher nach Gau-Bischofsheim
Am Ziel: Gastronomie in Bodenheim, z. B. Uriger Weinkeller (Langgasse 20), Gutsausschank zur Dutt (Langgasse 17), Gasthaus zum Goldenen Lamm (Gaustraße 11), Battenheimer Hof (Rheinstraße 2) oder Straußwirtschaften (nicht ganzjährig geöffnet, Öffnungszeiten checken)

Informationen
Tourist Info Verkehrsverein Bodenheim: Tel. 06135/63 95, www.bodenheim.de

Wanderkarte
Landesamt für Vermessung und Geobasisinformation Rheinland-Pfalz:* Mainz und Rheinhessen topographische Wander- und Radwanderkarte, 1: 50 000
*siehe S. 16

Wanderziele in der Nähe
Nackenheim, Nierstein, Weitwanderweg Rheinterrassenweg

Bodenheim, eine der ältesten und größten Weinbaugemeinden Rheinhessens, zieht mit seiner charmanten Weinkultur viele Besucher an. Zwischen Rheinauen und dem Rheinhessischen Hügelland schmiegt sich der Ort malerisch in den Rebenhang. Oben werden wir mit großartigen Aussichten belohnt.

Durch das Tor zur Rheinterrasse Ab dem Ⓐ **Bahnhof** folgen wir der gelben Markierung »Zuweg RheinTerrassenWeg«: An der Ampel über die Straße, rechts und gleich links in die Mainzer Straße, links durch die Jahnstraße und rechts in die Rathausstraße kommen wir zum ❶ **Alten Rathaus**, ein reich verzierter Fachwerkbau von 1608. Im Umkreis befinden sich mehrere schöne alte Höfe. Hinter dem Rathaus geht es rechts durch die Mainzer Pfort-Straße. Am Schönbornplatz sticht der ❷ **Molsberger Hof** von 1614 ins Auge, ein prachtvolles Renaissance-Fachwerkhaus, das auf einer Felsecke thront. 2007 dramatisch abgebrannt, konnte es gerettet werden und strahlt heute schöner denn je. Hier nach links, er-

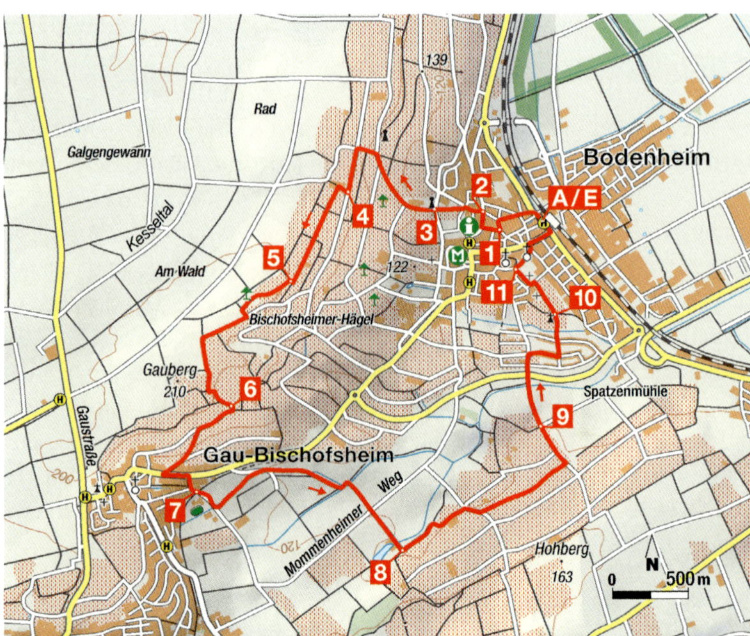

reichen wir am Dollesplatz das Tor zur Rheinterrasse. Wir gehen durch den Torbogen (Am Reichsritterstift) und geradeaus, vorbei am burgähnlich ummauerten ❸ **Wingert St. Alban** und dem Denkmal des Stiftspatrons. Nach dem Weingut bleiben wir an der Gabelung rechts. Bald zeigt sich der erste Fernblick Richtung Taunus: Bei gutem Wetter sehen wir Kleinen und Großen Feldberg, Altkönig, die Frankfurter Skyline, Darmstadt und den Odenwald mit dem Melibokus.

Panorama in alle Richtungen Wir bleiben geradeaus, vorbei an einer Kreuzung mit Bank und einem Abzweig nach links, nun dem gelb markierten Zuweg Glockenberghütte folgend. Wenige Meter nach dem Abzweig überquert der Weg eine Abflussrinne. Hier aufpassen (fehlende Markierung) – wir biegen direkt links ab auf den unbefestigten Pfad, steil bergauf zwischen Rinne und Reben, überqueren einen Weg und biegen auf den nächsten links ein. Neben dem gelben R führt nun auch das Edelweiß des Kleinen Mainzer Höhenwegs zur Glockenberghütte, die Edelweiß-Markierung ist etwas besser gepflegt. Beide Zeichen bringen uns zunächst zur ❹ **Weinberghütte Bodenheimer Hoch**. Direkt dahinter gehen wir rechts und gleich links auf einen Grasweg. Bald erreichen wir den ❺ **Aussichtspunkt Ebersheimer Hohl**, ein Rastplatz mit Gedenkkreuz und einigen Bänken. Unser Weg führt noch vor dem Gedenkkreuz rechts und sofort wieder links oberhalb des Rastplatzes. Kurz nach einer Rechtsbiegung halten wir uns an der Gabelung links. Dann biegt der Weinbergweg links auf einen Feldweg ein. Hier haben wir fast ein 360-Grad-Panorama: Hinter den Windrädern der Lerchenberg mit dem ZDF, rechts dahinter Rheingau-Taunus und Wiesbaden, dann das bereits bekannte Panorama Richtung Frankfurt. Weiter folgen wir den Markierungen mit einigen Abbiegungen zwischen Weinberg und Feldern bis zur ❻ **Glockenberghütte**, die zur Rast einlädt.

Hier wächst der Wein, der unten im Ort ausgeschenkt wird.

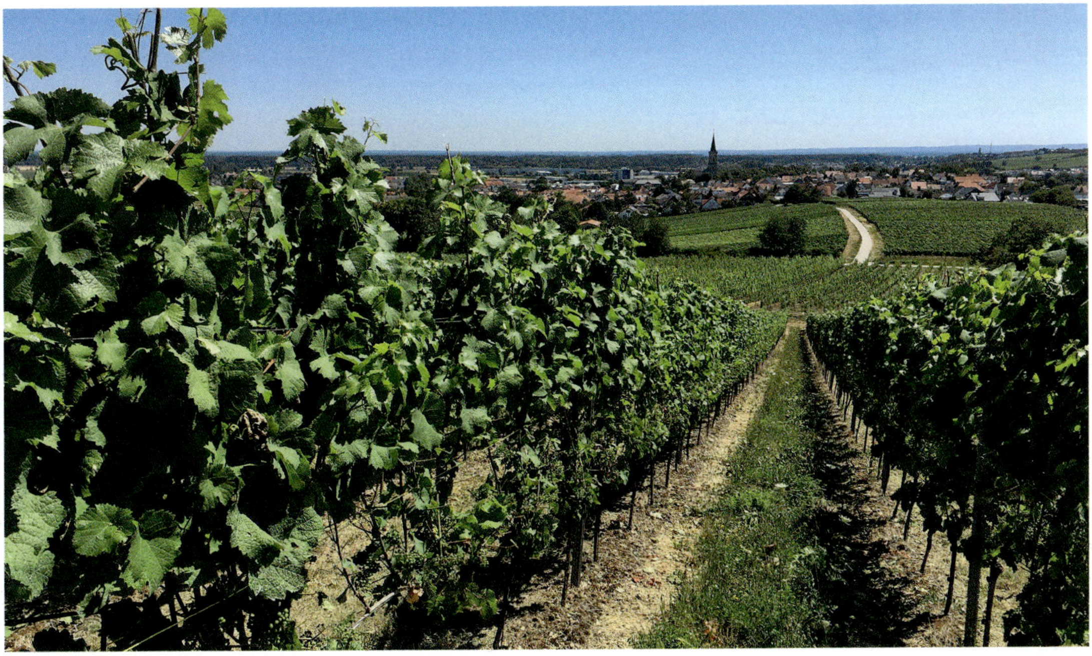

Vom Weinberg in die Felder Von der Hütte zurück am Weg, wenden wir uns (ohne Markierung) nach rechts, am Flurkreuz wieder rechts bergab und an der Gabelung links bis Gau-Bischofsheim, ebenfalls eine liebenswerte Weinbaugemeinde. Wir kommen zur Hauptstraße, gehen für rund 100 Meter links und biegen dann rechts in die Brühlstraße ein. Am Ortsrand (links St.-Florian-Weg und Feuerwehrhaus) blei-

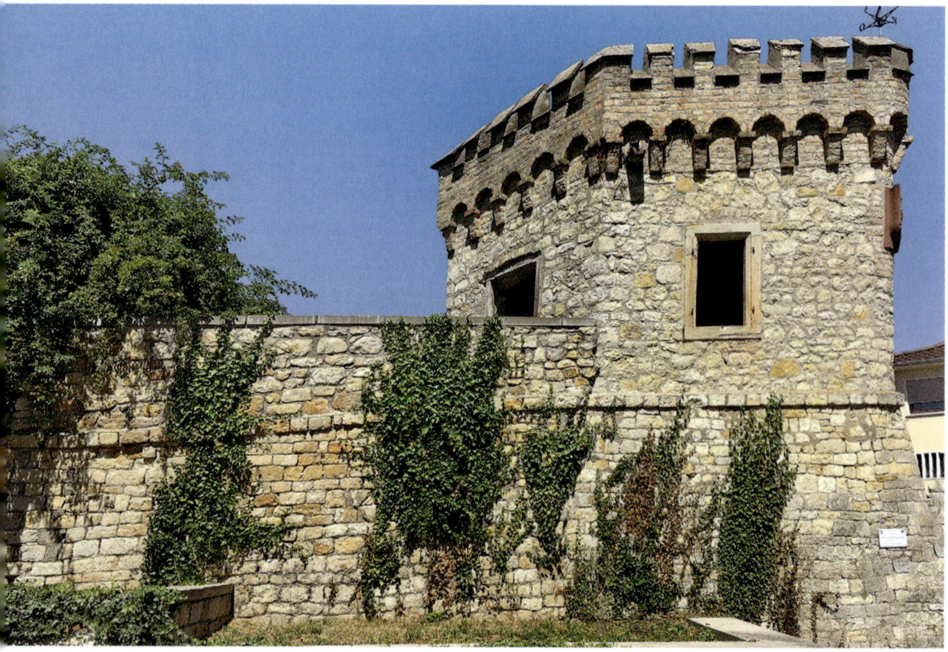

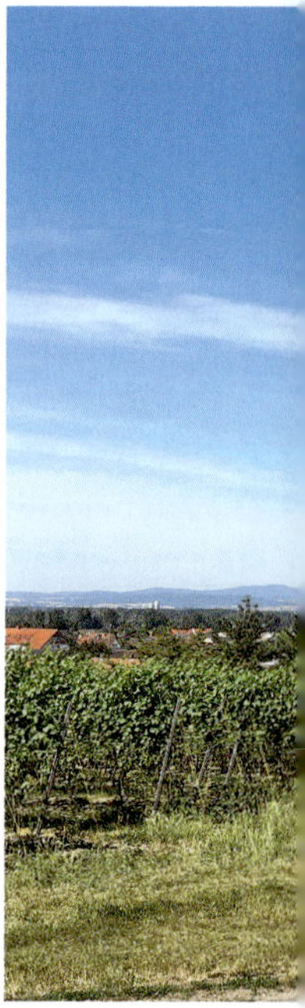

Links: Wie eine Burg ist der Wingert des Reichsritterstifts ummauert.

Mitte: Vom Weinbergshäuschen geht der Blick über Bodenheim bis zu den Taunusbergen.

Rechts: Schutzpatron St. Alban grüßt die Wanderer.

ben wir geradeaus (In der Neuwiese), die Straße wird zum Feldweg. Wir überqueren einen Bach und biegen direkt dahinter, an einem geschnitzten ❼ **Wegkreuz**, nach links auf den Pfad am Bach entlang und am Friedhofsparkplatz vorbei. Von links kommt ein Radweg, wir überqueren diese Kreuzung und bleiben geradeaus, jetzt auf geteertem Weg. Etwa 400 Meter weiter macht er eine Linkskurve (Einmündung von rechts). An der nächsten Möglichkeit biegen wir rechts ab, vom Teerweg über ein Brückchen auf einen Feldweg. Leicht bergauf und an der nächsten Kreuzung geradeaus, gelangen wir zum ❽ **Anglerverein am Fischweiher**. Daran geradeaus vorbei, wenden wir uns vor dem Weinberg nach links.

Wechsel der Perspektive Nach rund 250 Metern biegt unser befestigter Weinbergweg nach rechts und führt leicht bergauf, dann links am Weinberghäuschen vorbei bis zu einer T-Kreuzung. Hier biegen wir rechts ab und gleich darauf, an einem einzelnen Baum, links auf einen Grasweg. Dem folgen wir bis zu einer Kreuzung mit Bänken und Wetterfahne. Hier gehen wir links bergab. Kunstobjekte säumen den Weg und wir haben einen schönen Blick auf Bodenheim, nun von einer anderen Seite als vorhin. Kurz darauf erreichen wir das große ❾ **Flurkreuz**. Wir bleiben geradeaus und können ab hier dem gelb markierten Zubringer zum Rheinterrassenweg folgen. Er bringt uns ins Neubaugebiet durch die Hermann-Weber-Straße, dann rechts (Schwester-Goswina-Straße) und links (Schwester-Ariela-Straße) zum barocken ⑩ **Weinbergshäuschen** mit großartiger Aussicht. Auch ein Blick auf die neugotische Wallfahrtskapelle Maria Oberndorf mit einer anmutigen Madonnenfigur vor dem Portal lohnt sich. Starke Kontraste zu dem eben durchwanderten Neubaugebiet.

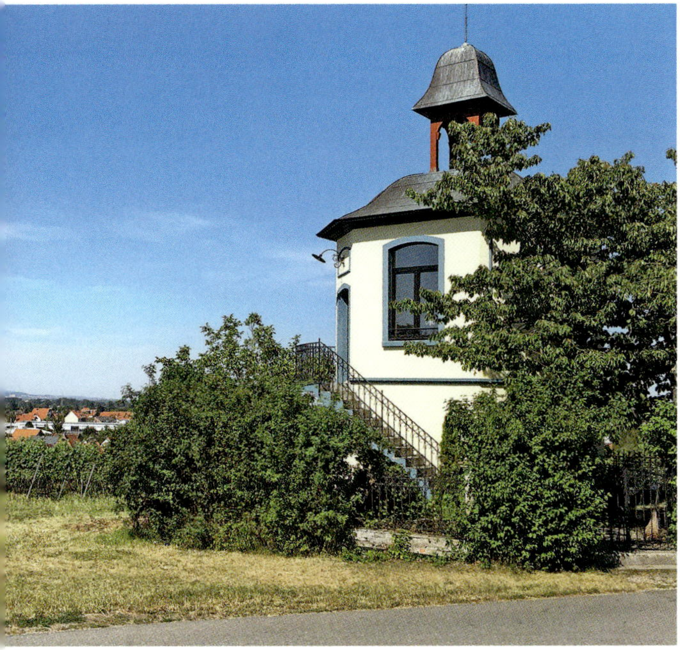

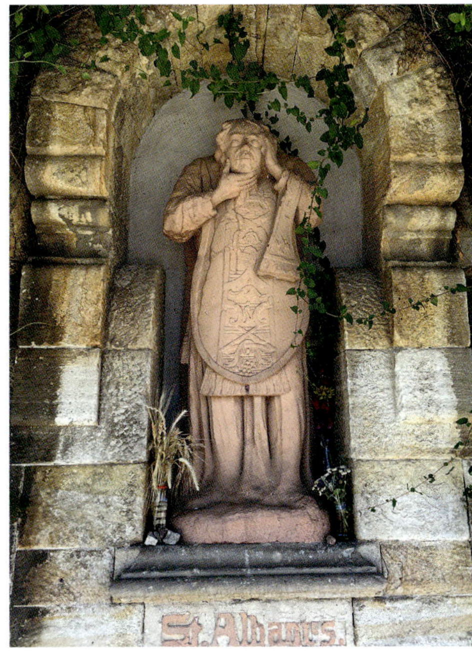

Gastfreundliches Bodenheim Zurück am Weg, wandern wir mit unserem gelben Zeichen am Friedhof vorbei und durch eine hübsche Lindenallee bis zur Bodenheimer ⑪ **Stadtkirche St. Alban**. Hier können wir das Wanderzeichen verlassen: Der kürzeste Weg zurück zum Ⓔ **Bahnhof** führt rechts den Kirchsteig bergab und nochmals rechts durch die Rheinstraße. Wer allerding noch durch die Gässchen schlendern und Bodenheimer Weinkultur erleben möchte, geht geradeaus an der Kirche vorbei, treppab zur Kirchbergstraße und links durch die Langgasse. Hier, in der Gaustraße und im Umfeld finden sich urige Wirtschaften, in den nahegelegenen Weinbergen auch Gutsschenken und Straußwirtschaften. Zurück zum Ⓔ **Bahnhof** geht es schließlich über die Langgasse/Pfarrstraße/Rheinstraße.

GENUSSTIPPS Bodenheimer St. Albansfest entlang des Wingerts St. Alban (Anf. Juni). Es ist das erste der Weinfeste entlang der Rheinterrasse und prämiert mit dem Gütesiegel »Rheinhessen AUSGEZEICHNET«. Im Sommer und Herbst haben viele Weingüter Hoffest (Termine: www.bodenheim.de).

St. Alban: Weinlage und Märtyrer

Auf St. Alban trifft man in Rheinhessen häufiger. Die rheinseitige Weinlage zwischen Mainz und Bodenheim heißt so, ebenso der Wingert des Bodenheimer Reichsritterstifts, dessen Patron St. Alban ist. Der Missionar Alban starb um 400 den Märtyrertod und lief angeblich mit dem Kopf in den Händen durch Bodenheim bis zu dem Platz, an dem er beerdigt werden wollte. Seine Statue findet sich unter anderem im Mainzer Dom – und hier am Bodenheimer Weinlehrpfad. Im Sommer gibt es zu seinen Füßen einen Weinstand.

27

Panoramaterrasse Roter Hang

Von Nackenheim nach Nierstein

Mittel | 12 km | 250 Hm | 3.45 Std.

Tourencharakter
Streckenwanderung mittlerer Anforderung durch Weinberge, Felder und Wiesen. Moderate An- und Abstiege. Hoher Anteil an befestigten Wirtschaftswegen. Besonders schön während der Rebblüte und im Herbstlaub

Ausgangspunkt
Nackenheim, Bahnhof, Ausgang Richtung Ort (Ecke Im Brühl/An der Turnhalle)

Endpunkt
Nierstein, Bahnhof

Anfahrt
ÖPNV: Regionalbahn ab Mainz
Auto: B9 Abfahrt Bodenheim/Nackenheim (Navi: Nackenheim, An der Turnhalle), Parkplatz (kostenlos) an der Turnhalle

Einkehr
Unterwegs: keine
Am Ziel: Gastronomie Nähe Marktplatz, z. B. Klein's Vinum (Saalpförtchen 2), Gutsausschank Staiger (Tempelhof 5), Weinausschank Haxthäuser Hof (Langgasse 35)

Informationen
Nackenheim: Tel. 06135/56 25, www.nackenheim.de
Tourismus- und Kulturbüro Nierstein: Tel. 06133/96 05 06, www.nierstein.de

Wanderkarte
Landesamt für Vermessung und Geobasisinformation Rheinland-Pfalz:* Mainz und Rheinhessen topographische Wander- und Radwanderkarte, 1:50 000
*siehe S. 16

Wanderziele in der Nähe
Bodenheim, Oppenheim, Hiwweltouren Rheinhessen, Weitwanderweg Rheinterrassenweg

Einen Dauer-Panoramablick auf den Rhein und die Rhein-Main-Ebene bietet der Rheinterrassenweg auf seinem Abschnitt über den berühmten Roten Hang. Unsere Tour enthält Highlights dieses Premiumwanderwegs sowie Impressionen aus dem Hinterland jenseits der Rheinfront.

Wein und Eicheln Der gelb markierte **Ⓐ Zuweg Rheinterrassenweg** bringt uns durch Im Brühl, Gartenfeldstraße, Mainzer Straße, Langgasse zum **❶ historischen Rathaus** mit einer Büste des berühmten Sohnes der Stadt, Carl Zuckmayer. Geradeaus (Weinbergstraße, Schild »Eichelsbachtalweg«) finden wir an der Adam-Winkler-Straße das restaurierte **❷ Spritzenhäuschen**, in dem früher die Spritzbrühe für die Reben angemischt wurde – damals noch mit Arsen. Der Rheinterrassenweg biegt hier ab, doch wir gehen geradeaus, vorbei an der alten Kapselfabrik (bald Baugebiet) ins Eichelsbachtal. Früher war es dicht mit Eichen bewachsen, die Schweine wurden durch das Sautor (heute leider nicht mehr sichtbar) zum Fressen dorthin getrieben. Der Weg durch das alte Mühltal hat auf der rechten Seite Hohlwegcharakter. Links ist das Tal üppig grün, es weitet sich und macht Platz für Wiesen und Schrebergärten.

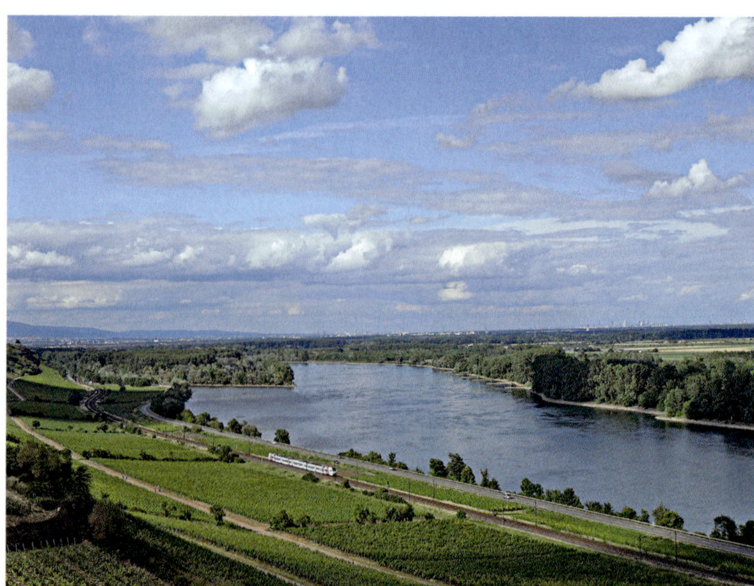

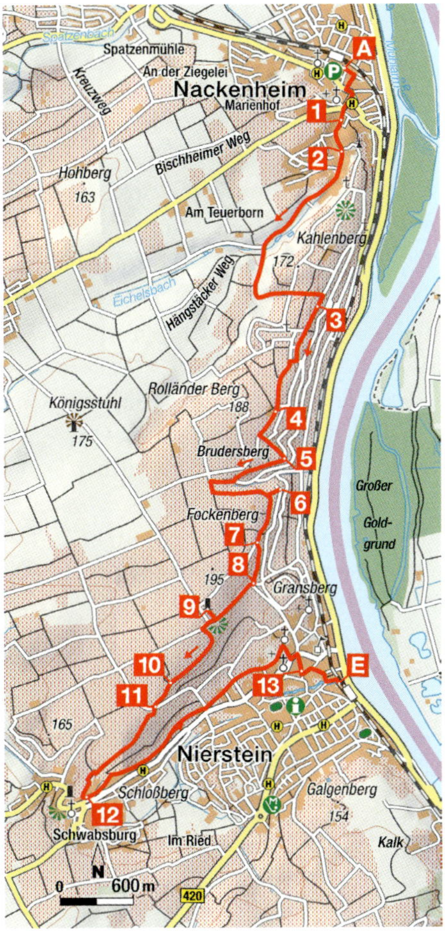

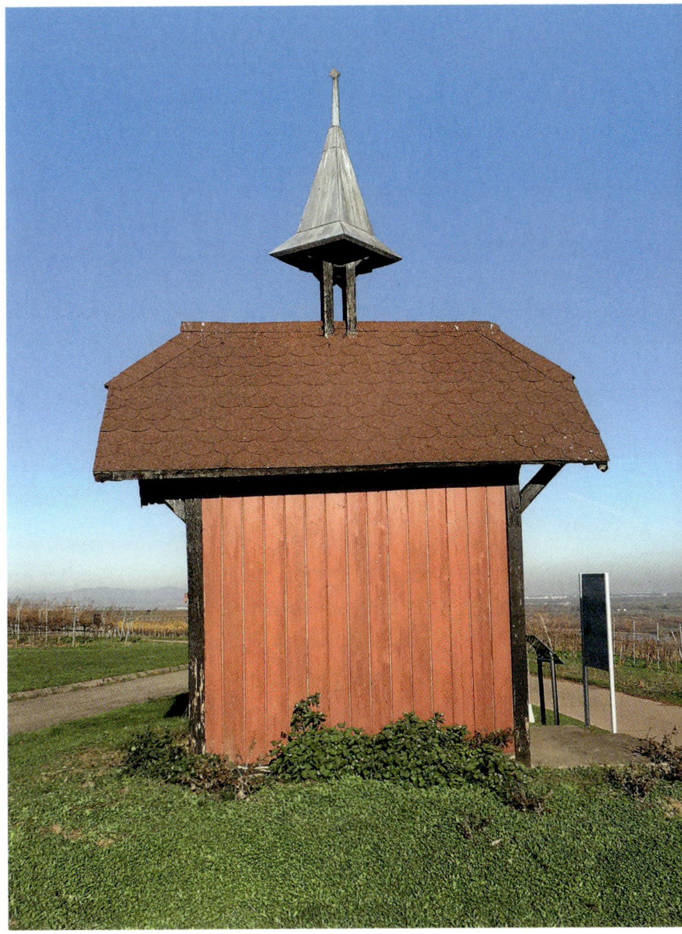

Türmchen auf dem erkalteten Vulkanschlot

Panoramablick! Kurz hinter einem Weiher, an einem Wildgehege, verlassen wir den Eichelsbachtalweg, bleiben geradeaus auf einem betonierten Wirtschaftsweg (an der Gabelung links halten). Es geht sanft bergauf und vor einem Acker nach links. Ein kräftiger Anstieg, dann sind wir in den Weinbergen. An einer Kreuzung mit Winzer-Standbild schauen wir zurück ins rheinhessische Hinterland rund um Lörzweiler und bis zum Rheingau-Taunus. An dieser Kreuzung bleiben wir geradeaus, ein Grasweg führt uns über die Kuppe. Am Weinberghäuschen vorbei, eröffnet sich uns ein fantastischer Blick auf die Rhein-Main-Ebene. Bei klarer Sicht erkennen wir Kleinen und Großen Feldberg, Altkönig, die Frankfurter Skyline, das hessische Ried, Groß-Gerau, Darmstadt und den Odenwald, zu unseren Füßen fließt breit und ruhig der Rhein. Nach der Kuppe treffen wir auf den Rheinterrassenweg, auf den wir rechts einbiegen. Bald passieren wir die ❸ Mistkaut, weiteres Zeugnis der Weinbaugeschichte. Eine Tafel informiert uns über den patenten Mehrzweckbau, dessen Name seiner Funktion kaum gerecht wird.

Linke Seite: Rheinterrassenweg: eindrucksvolles Panorama des Rheins und der Rhein-Main-Ebene

Einladung zur Rast Rund 400 Meter weiter biegt der Rheinterrassenweg links ab. Hier verlassen wir die Markierung und bleiben auf einem Wiesenweg geradeaus,

Einmalige Weinlage Roter Hang

Die rote Erde des Niersteiner Hanges ist eine geologische Besonderheit. Hier fällt das rheinhessische Plateau steil zum Oberrheingraben ab. 280 Millionen Jahre alte rote Ton- und Sandsteine treten zutage, die durch hohen Druck entstanden sind und Eigenschaften ähnlich wie Schiefer aufweisen, zum Beispiel eine hohe Wärmespeicherfähigkeit. Weil diese Ablagerung der Rotliegend-Zeit so isoliert vorkommt, wird sie als Nierstein-Formation bezeichnet. Sie lässt Reben, vorwiegend Riesling, von einer besonderen Qualität gedeihen und macht den Roten Hang zu einer der weltweit bekanntesten deutschen Weinlagen.

direkt auf eine mit Türmchen gekrönte Hütte zu. Sie markiert den Aussichtspunkt am ❹ **Vulkanschlot im Wingert**. Einmal rechts und gleich wieder links, erreichen wir diesen vor 55 Millionen Jahren entstandenen Schlot, gefüllt mit Basalt, welcher früher hier auch abgebaut wurde. Geradeaus am Schlot vorbei, biegen wir an der ersten Möglichkeit links ab, queren einen Weg und gelangen über einen Grasweg zum ❺ **Aussichtspunkt Brudersberg**. Dieser Picknickplatz wurde 2012 als Schönste Weinsicht Rheinhessens gekürt. Ab hier folgen wir wieder dem Rheinterrassenweg. Gleich nach dem Rastplatz führt er um einen Taleinschnitt herum. An den Felsabbrüchen leuchtet die rote Erde, die diese Weinlage so besonders macht. Am Ende des Taleinschnitts geht unser Weg geradeaus bergauf, an der T-Kreuzung links und gleich wieder links, zurück Richtung Hangkante. Wo der Rheinterrassenweg rechts abbiegt, lohnt sich ein Abstecher für 50 Meter nach links zum ❻ **Alexander-von-Humboldt-Blick**, bevor wir zur Markierung zurückkehren. Bald erreichen wir den nächsten Rastplatz, die ❼ **Fockenberghütte**. Hier geht es links

Links: Die Weinberge sind ein Zeugnis der Wirtschaftskultur dieser Region.

Rechts: Trutziger Bergfried, verbliebener Rest einer Stauferburg

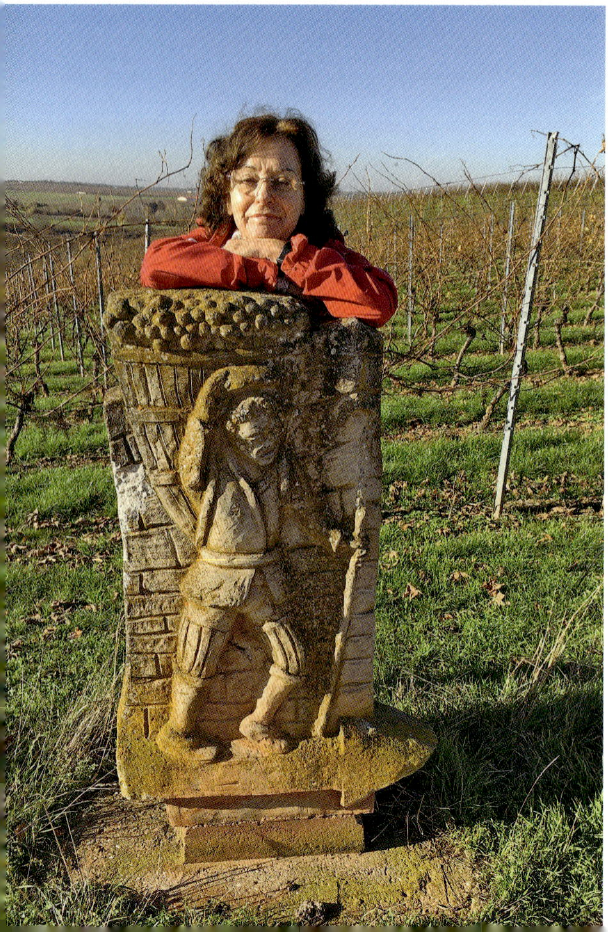

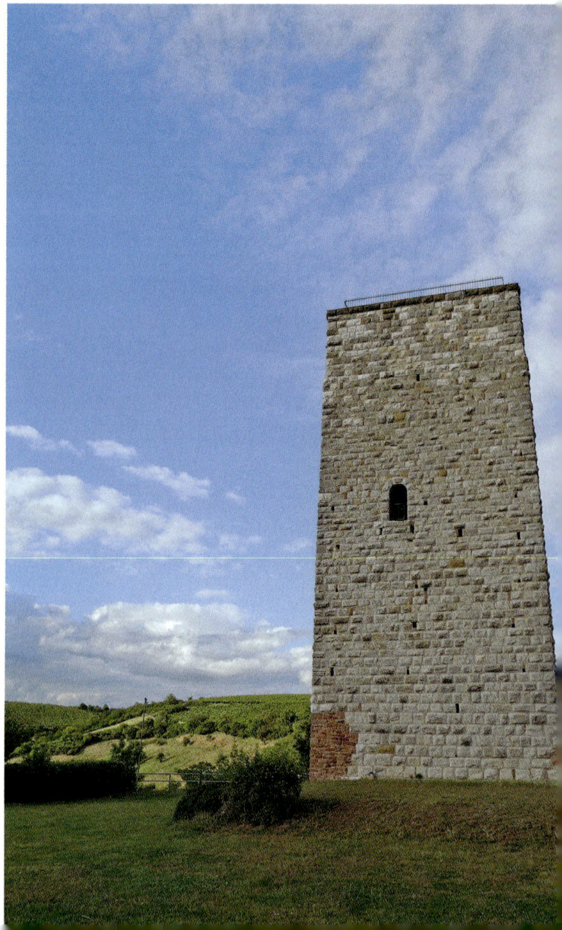

bergab, mit schöner Aussicht auf Nierstein. Unten sehen wir den fahnengeschmückten Weg, an dem die Winzer beim Weinfest Roter Hang ihre Stände aufbauen.

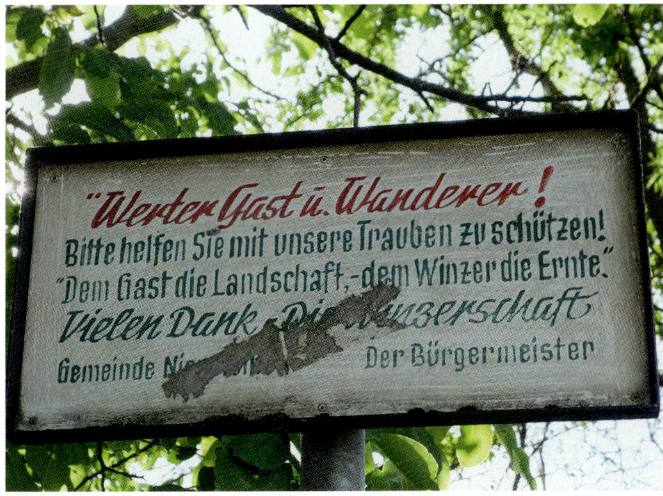

Im Glas beim Winzer machen die Trauben viel mehr Freude!

Endspurt zur Schwabsburg Vor dem nächsten Hüttchen mit einer ❽ **historischen Weinpresse** weist der Rheinterrassenweg Richtung Nierstein. Wir verlassen ihn und wandern rechts bergauf, auf geteertem Weg durch Trockensteinmauern Richtung Wartturm (gelbe Markierung zur Schwabsburg). Gleich darauf sehen wir rechts die ❾ **Niersteiner Warte**. Hier wäre ein weiterer schöner Rastplatz, unsere Tour führt jedoch geradeaus (Schwabsburg-Runde), kurz hinter dem Turm links bergab und im Bogen nach rechts. Nach der Kurve, am Mauerbruchstück Findling Auflangen, wechseln wir von dem unbequem gepflasterten Weg links auf den Parallelweg. Als ich hier gewandert bin, fehlte die Markierung. Bald findet sie sich wieder, an der ❿ **Roter-Hang-Hütte**, die mit einer Liegebank lockt. Rund 300 Meter weiter, an einer Wegspinne, nehmen wir den zweiten Weg halb rechts bergauf (Schloss-Schwabsburg-Weg). Nun hat sich unser Panorama verändert: Unten duckt sich der Niersteiner Ortsteil Schwabsburg ins Tal, in der Ferne, hinter grünen Wiesen, erstrecken sich die Oppenheimer Weinberge.

Ehemalige Stauferburg Bald sehen wir den eckigen Bergfried der Schwabsburg, dem einzigen Gebäude, das von der ehemaligen Reichsburg der Staufer erhalten ist. An einem ⓫ **Mauervorsprung mit Fahnenmast und Sängereiche** müssen wir aufpassen, es geht rechts und gleich wieder links. An der ⓬ **Schwabsburg** angekommen, können wir den Turm besteigen und den Rundumblick genießen. Vom Turm gehen wir treppab (Schloss-Schwabsburg-Weg), kurz durch die Häuser und an einer schrägen Kreuzung links zurück in die Weinberge. Nun wandern wir ein ganzes Stück geradeaus, links vorbei an einem ummauerten Wingert, bis Nierstein. Hinter dem Friedhof geht es rechts durch das Saalpförtchen zum historischen ⓭ **Marktplatz** mit dem versteinerten Stumpf eines Mammutbaums. Am Ende des Platzes rechts, führt der gelbe Verbindungsweg Rheinterrassenweg zum Ⓔ **Bahnhof**: über Langgasse, Glockengasse (uriges Glockenspiel), Große Fischergasse, Flügelgasse (Gartendenkmal Villa Mathildenhof), Dammgasse, vor dem Tunnel auf den Fußweg rechts und durch den Bleichweg.

GENUSSTIPP Weinpräsentation der Niersteiner Winzer am Roten Hang (zweites Juni-Wochenende)

Für Abkürzer

Wer die Schwabsburg auslassen will, gelangt an der Historischen Weinpresse links mit dem Rheinterrassenweg schnell zum Bahnhof Nierstein (ca. 4,5 km weniger).

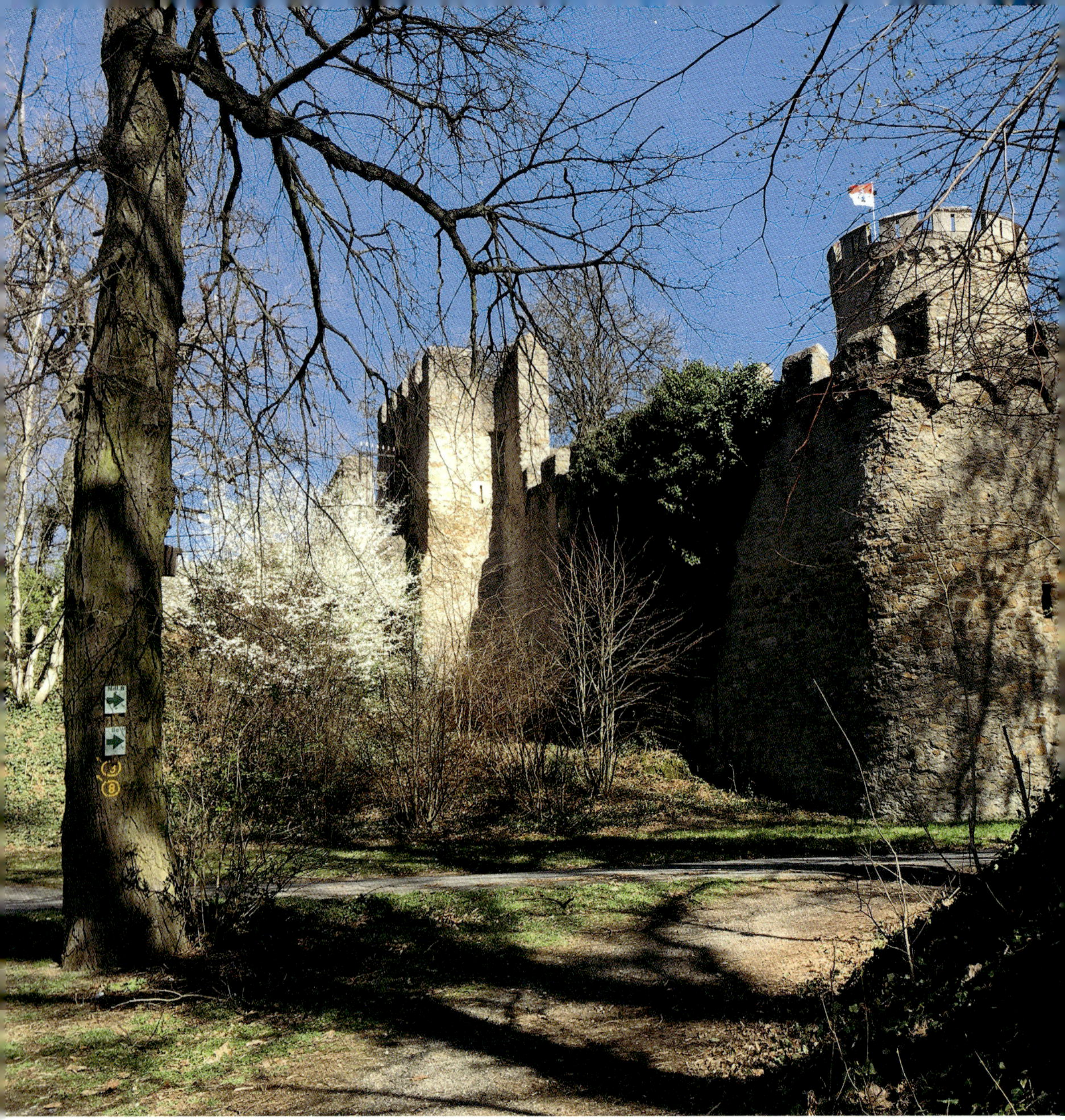

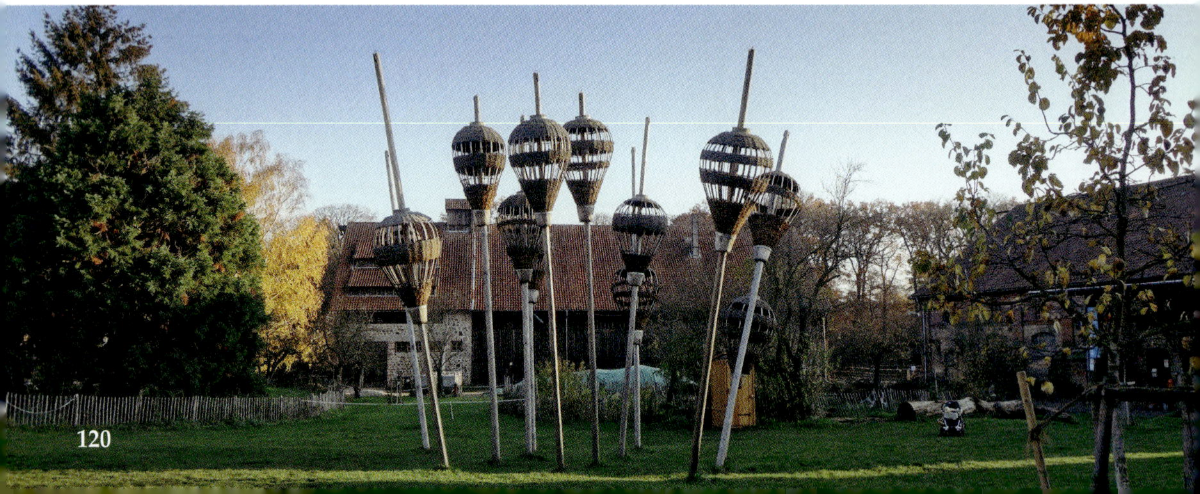

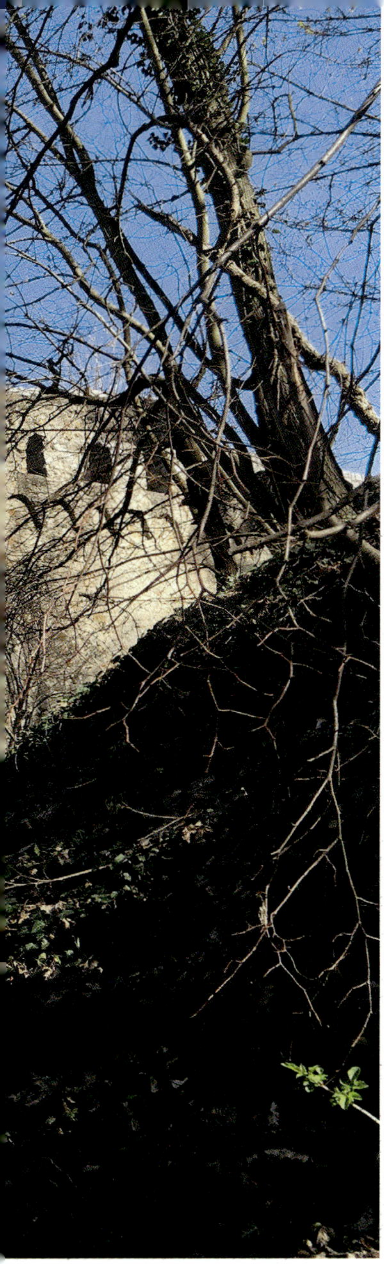

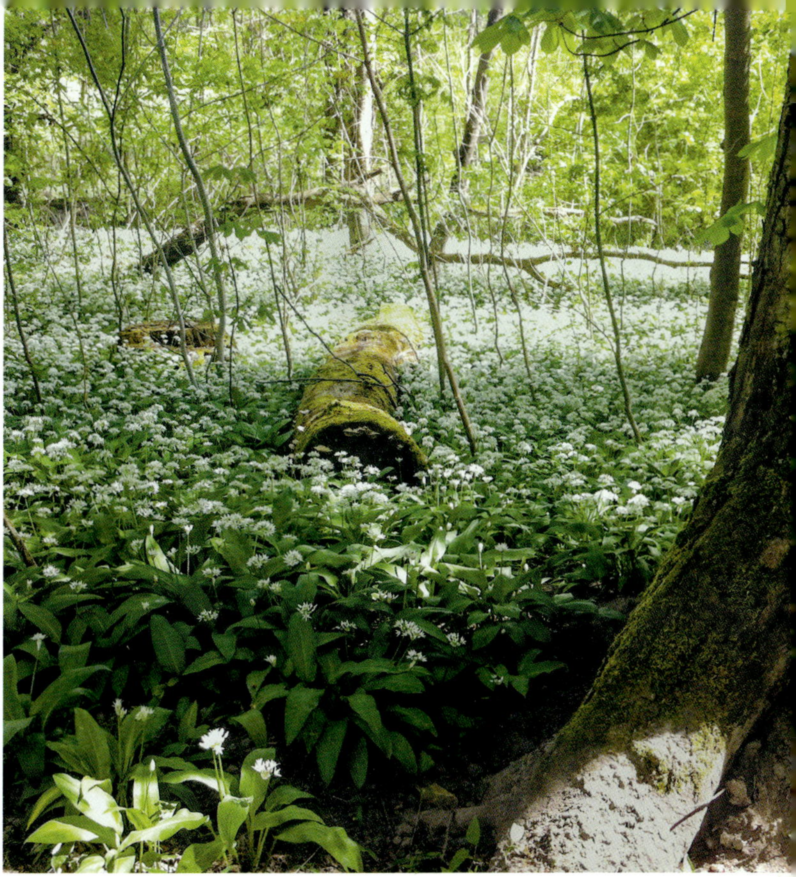

Darmstadt, Bergstraße, Odenwald

Früh blüht es an der Bergstraße, hier am Alsbacher Schloss (o. li.). Im Frühjahr ist der Waldboden auf dem Kühkopf großflächig mit Bärlauch bedeckt (o. re.). Erdgeschichte zum Anfassen erlebt der Wanderer am Felsenmeer (u. re.). Das Darmstädter Hofgut Oberfeld: Kunst zwischen Pferdestall und Hofcafé (u. li.).

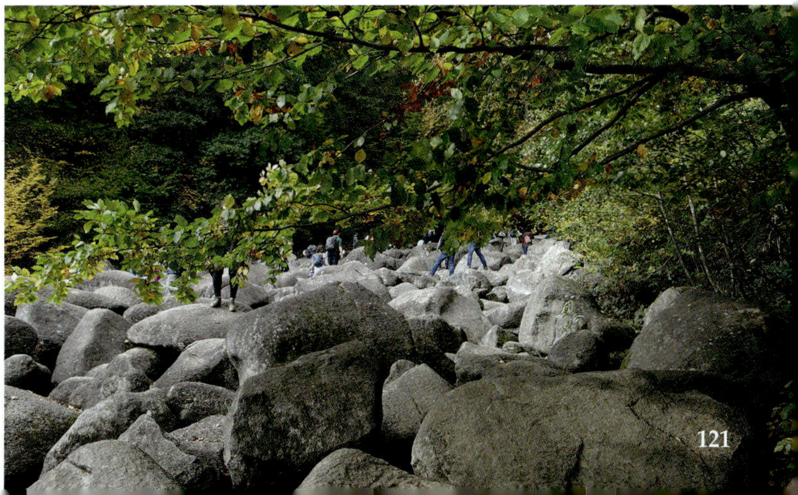

28

Auwald-Insel im Rhein

Von Stockstadt durch das Naturschutzgebiet Kühkopf

Leicht | 11,3 km | 115 Hm | 3.30 Std.

Tourencharakter
Leichte Rundwanderung durch Auwald, auf alten Sommerdeichen und über Streuobstwiesen. Meist gut begehbare, teils befestigte Wege. Besonders schön, wenn der Bärlauch blüht. Im Sommer ist Mückenschutz zu empfehlen.

Ausgangs-/Endpunkt
Stockstadt, Fußgängerbrücke zum Naturschutzgebiet Kühkopf-Knoblochsaue

Anfahrt
ÖPNV: Mit der Regionalbahn bis Stockstadt, ab Bahnhof der Rad-Beschilderung (Rheinstraße) folgen, ca. 10 Min. bis zur Brücke
Auto: A5 Abfahrt Pfungstadt, über B426 und L3361 (Navi: Stockstadt am Rhein, Rheinstraße), Wanderparkplatz an der Brücke

Einkehr
Unterwegs: Café Kühkopf (am Hofgut Guntershausen)
Am Ziel: A la Prosecco (Vorderstraße 11), Kastanienhof Graulich und Eiscafé Da Massimo (beide Vorderstraße 21), Alte Hofreite (Oberstraße 6)

Informationen
Besucher-Information Kühkopf-Knoblochsaue: Tel. 06158/82 87 39, www.tourismus.hofgut-guntershausen.de; Umweltbildungszentrum Schatzinsel Kühkopf: www.schatzinsel-kuehkopf.hessen.de

Wanderkarte
Geo-Naturpark Bergstraße-Odenwald: Wanderkarte Nördliches Ried & Naturschutzgebiet Kühkopf-Knoblochsaue, Odenwald Blatt 15, 1:20 000

Wanderziele in der Nähe
Kühkopf-Runde zur Rheinfront, Knoblochsaue, Schwedensäule

Die Altrhein-Insel Kühkopf ist das größte Auengebiet am nördlichen Oberrhein. Artenreiche Flora und Fauna bieten ein besonderes Naturerlebnis. Die schönsten Ecken abseits der Rheinfront erwandern wir mit dieser Tour.

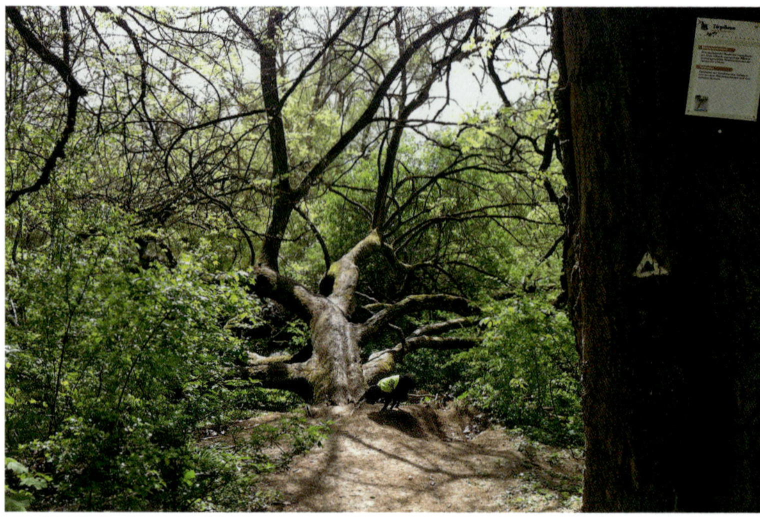

In die Hartholzaue Über die Ⓐ **Altrhein-Brücke** und geradeaus leitet uns zunächst der blaue Punkt. Er führt am ersten Abzweig rechts auf einen flachen Damm. Zuvor schauen wir uns ein paar Schritte weiter die ❶ **alte Ölpumpe** am Bohrloch Stockstadt 38 an – die letzte erhaltene Pferdekopfpumpe aus der Zeit, als hier Öl gefördert wurde (1952–1994). Dann tauchen wir auf dem Dammweg ein in die artenreiche Hartholzaue. Wasser glitzert, Schilf und Röhricht leuchten, Moos, Gestrüpp und knorrige Bäume bilden die Kulisse. Wir erreichen die erste ❷ **Vogelbeobachtungshütte**. Rund 500 Meter weiter biegen wir mit blauem Punkt links ab und gelangen nach rechts zum ❸ **Forsthaus Kühkopf**, früher ein uriges Ausflugslokal, aber heute leider geschlossen.

Beobachtungsposten Am Forsthaus vorbei erreichen wir an der nächsten Kreuzung wieder den Damm und gehen links, nun ohne blauen Punkt. Für rund 1,5 Kilometer folgen wir dem Rundweg 3. Rechts erstreckt sich eine Lichtung, die im Frühjahr mit Apfelblüten getupft ist. An ihrem

Ende ist rechts ein ausgewaschener Weg. Hier finden sich noch schöne Exemplare der knorrigen ❹ **Kopfweiden**, früher wertvolle Nutzbäume: Die geflochtenen Ruten dienten der Ufersicherung, junge Triebe der Korbmacherei, ältere Äste als Brennholz und das vermoderte Holz als Dünger. Heute sind sie kulturhistorisches Erbe und Brutbiotop seltener Vögel. Weiter auf dem Damm, kommen wir zur ❺ **Vogelbeobachtungsstation Schlappeswörth**. Unterm tiefgezogenen Dach sitzend, können wir durch schmale Fenster auf die von Bäumen und Ried gesäumte Wasserfläche schauen und abwarten, welche Tiere sich zeigen.

Zur Schatzinsel Der Markierung 3 folgend, verlassen wir den Damm rund 500 Meter weiter nach links und an der nächsten Kreuzung rechts, dem Schild »Guntersblumer Fähre« folgend. Am ❻ **Aussichtspunkt Schwedensäule** sehen wir am an-

Linke Seite: Auch der Wanderhund findet den Auenwald geheimnisvoll.

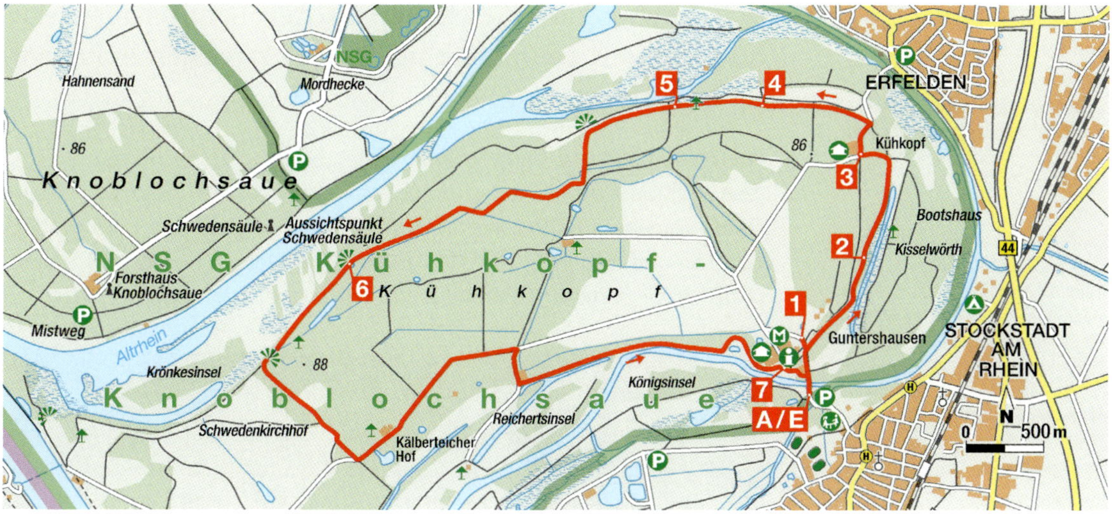

deren Ufer das Denkmal zur Rheinüberquerung Gustav Adolfs mit seinen Truppen im Dreißigjährigen Krieg. Nun heißt es aufpassen: Rund 800 Meter weiter, am Ende des Auwalds, verlassen wir bei der ersten Abbiegung die Markierung 3 und gehen links auf dem Grasweg bis zu einer Hütte. Hier treffen wir auf den befestigten Weg, der die Fähre Guntersblum mit Stockstadt verbindet. Ihm folgen wir nach links, kurz noch durch Wald und dann über eine von Apfelbäumen gesäumte Allee durch weite Wiesen. An den Bäumen wenden wir uns nach rechts und folgen den Zeichen 2 und 4, die uns kurz darauf nach links über den Damm ans Altrhein-Ufer und zum ❼ **Hofgut Guntershausen** bringen. Hier können wir rasten und uns im Infozentrum über diese außergewöhnliche Rheininsel informieren. Über die Brücke geht es schließlich zurück zum Ⓔ **Ausgangspunkt**.

Rheininsel Kühkopf

Wo früher der Rhein zwischen Odenwald und Rheinhessen durch die Ebene mäanderte, entstand mit der Flussbegradigung 1829 eine von Auwald und Wiesen geprägte Insel. Heute ist sie weitgehend unbebaut und nur zu Fuß oder mit dem Fahrrad zu erreichen. Artenreiche Flora und Fauna machen sie zu einem einzigartigen Naturreservat von europäischem Rang. Im Hofgut Guntershausen kann man sich ausgiebig über diese Schatzinsel informieren.

29

Waldkunst und Streuobst

Über drei Hügel ab Darmstadt Böllenfalltor

Mittel | 8,1 km | 200 Hm | 2.45 Std.

Tourencharakter
Stadtnahe Rundwanderung mittlerer Anforderung durch hügeligen Wald und über Streuobstwiesen. Überwiegend gut begehbare Waldwege und Pfade. Mehrere Auf- und Abstiege, teils etwas steiler

Ausgangs-/Endpunkt
Darmstadt, Böllenfalltor (Ecke Nieder-Ramstädter Straße/Klappacher Straße, am Restaurant Bölle)

Anfahrt
ÖPNV: Ab Darmstadt-Hbf. mit Straßenbahn 9 Richtung Böllenfalltor, Ausstieg Endhaltestelle
Auto: A5 Abfahrt Darmstadt-Eberstadt, über Karlsruher Straße, Landskronstraße, Klappacher Straße zum Böllenfalltor (Navi: Darmstadt, Nieder-Ramstädter Str. 251), Parkplätze an der Nieder-Ramstädter Straße, am Sportstadion/Merck Arena oder an der Hochschule

Einkehr
Unterwegs: keine
Am Ziel: Restaurant Bölle (Nieder-Ramstädter Straße 251), Waldgaststätte Zum Schützenhaus (Böllenfalltor 10)

Informationen
Darmstadt: Tel. 06151/13 45 13, www.darmstadt-tourismus.de; Waldkunstpfad: www.iwz.waldkunst.com/; Streuobstwiesen: www.streuobstwiesen-eberstadt.de

Wanderkarte
Geo-Naturpark Bergstraße-Odenwald: Wanderkarte Darmstadt & Messeler Hügelland, Odenwald Blatt 14, 1:20 000

Wanderziele in der Nähe
Darmstadt Oberfeld, Dachsberg, Traisa/Trautheim/Mühltal, Eberstadt/Bergstraße, Burgruine Frankenstein

Im 18. und 19. Jahrhundert war Darmstadt großherzogliche Residenz mit Prachtbauten, Parks, Gartenvorstädten und Wäldern für herrschaftliches Jagdvergnügen. Nach Kriegsbombardierung und Wiederaufbau hat die Stadt heute ein anderes Gesicht, doch an vielen Stellen finden sich noch Spuren architektonischer Landschaftsgestaltung. So in diesem lauschigen Wald zwischen Böllenfalltor und Eberstadt.

Waldkunstpfad und Ludwigshöhe Gleich hinter dem Ⓐ **Biergarten** und dem Parkplatz des Restaurants geht es rechts auf einen Waldweg. An der ersten Gabelung halten wir uns links, schwenken auf den Ludwigshöhpfad ein und begegnen bald den ersten Kunstwerken des ❶ **Waldkunstpfads**. Er begleitet uns ein Stück und wir können wunderbare, in die Na-

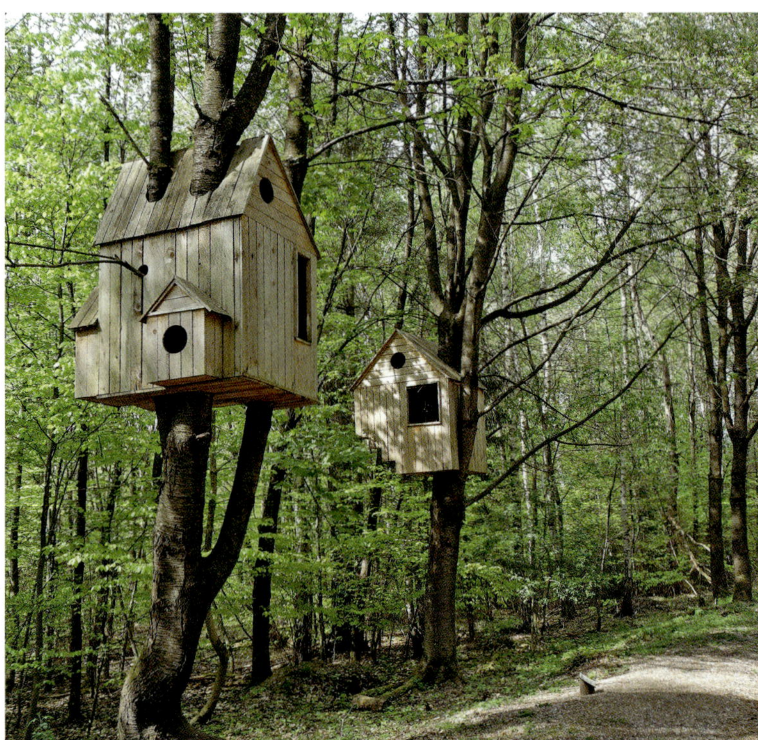

tur eingearbeitete Werke bewundern. An der Gabelung bleiben wir rechts und folgen ab jetzt dem roten S des 7-Hügel-Steigs. Auf gewundenem Weg erreichen wir die ❷ **Ludwigshöhe**. Benannt nach Großherzog Ludwig I., war sie sogar einmal eines der beliebtesten Ausflugsziele Deutschlands! Wo bis zum Zweiten Weltkrieg ein Hotel, eine Skisprungschanze sowie eine Bob- und Rodelbahn lockten, stehen heute verträumt ein Aussichtsturm, eine kleine Restauration und Picknickbänke. Von der Terrasse erblickt man Darmstadt, Frankfurt und den Taunus, nach links bei klarem Wetter auch Wiesbaden, Mainz und das Rheinhessische Hügelland.

Von der Marienhöhe zum Prinzenberg Wir biegen noch vor dem Turm links ab, die Stufen hinunter vorbei an der Ludwigsklause, über die Straße und neben der Sternwarte mit dem roten S geradeaus in den Wald. An einer Gabelung links haltend, führt der Pfad zur ❸ **Marienhöhe**, ein ehemaliger Waldpark, dessen Glanz man nur noch erahnen kann. Wir verlassen kurz das S nach rechts zum Standort des zerstörten Marientempels und dem nahen ❹ **Schembstempel**. Dort stand das prächtige Haupthaus des Waldparks, heute gehört es zu einem Gymnasium. Zurück zu unserer Markierung, führt uns das S kurz steil bergab, auf gewundenem Pfad aus dem Wald und über eine schmale Lichtung, dahinter rechts für 20 Meter auf den Steckenbornweg und links auf einem Pfad bergauf. Kurz hinter der Kuppe biegen wir mit dem roten S rechts bergab zum oberen Rand weitläufiger Streuobstwiesen. Geradeaus folgen wir unserem Zeichen hinauf auf den ❺ **Prinzenberg** und oben rechts zum Rastplatz mit Bänken und Infotafel. Hier lohnt sich eine Pause, der Weitblick

Linke Seite: Waldkunstpfad: Warum nicht mal Hütten in die Bäume hängen?

Heimatgefühle überkamen Goethe hier am Herrgottsberg.

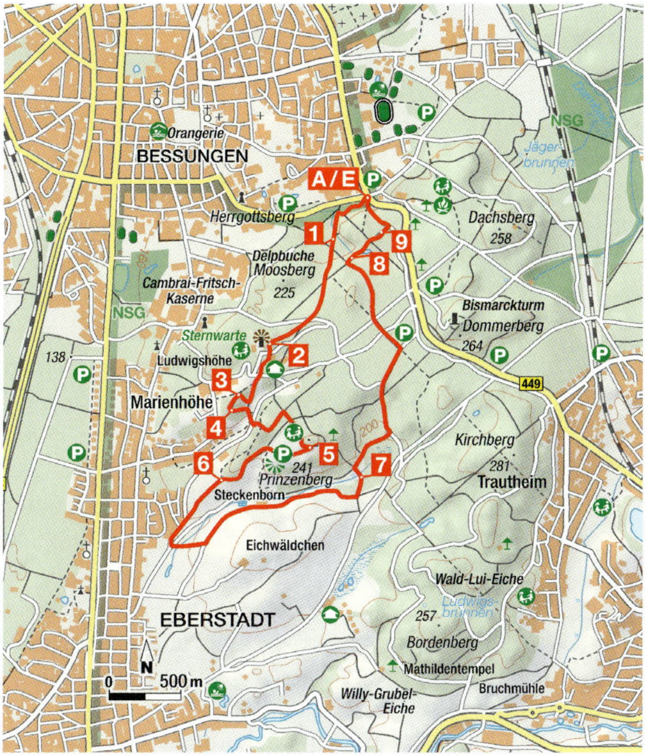

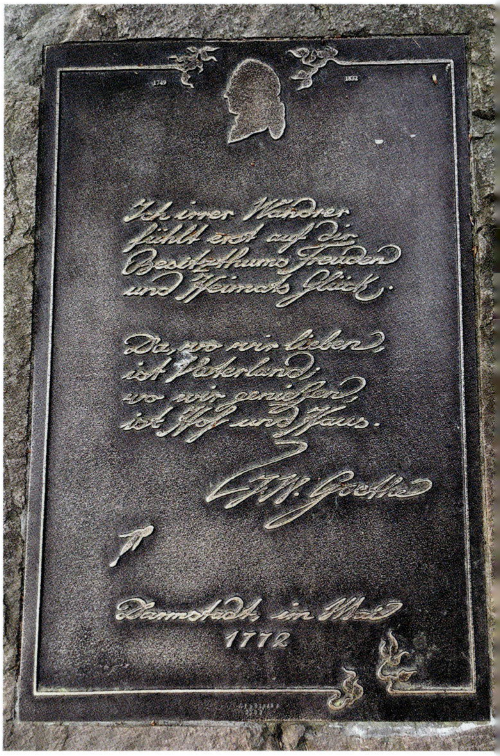

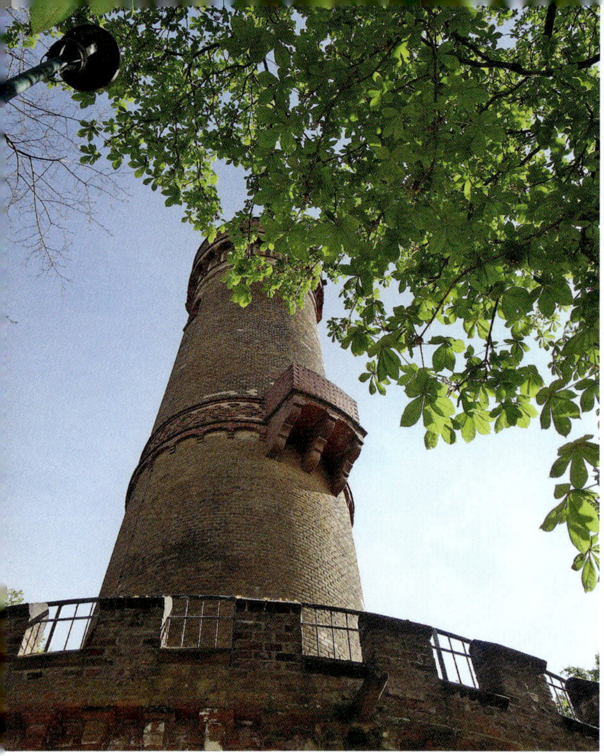

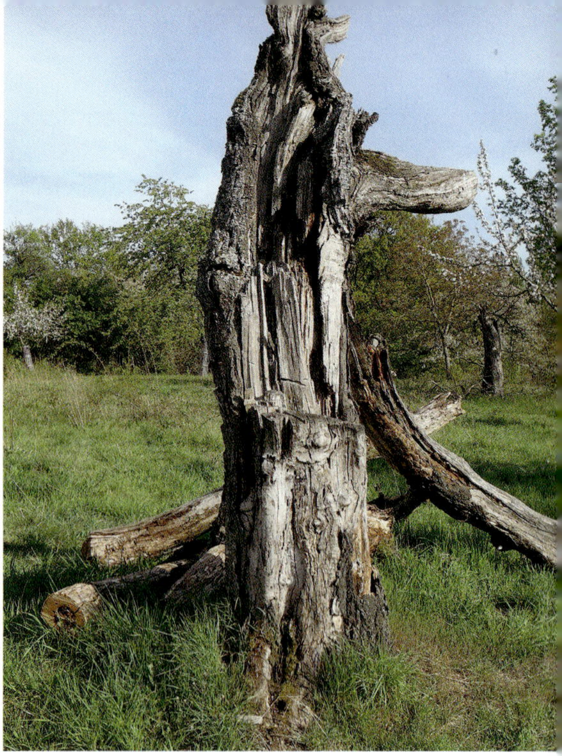

reicht vom Melibokus über Eberstadt und die Rheinebene bis zum Donnersberg. Dann führt uns unser rotes S vor der Infotafel rechts bergab über die Wiese, an der Gabelung rechts und am Waldrand links auf den Hauptweg Richtung Darmstadt-Eberstadt.

Im Bogen zu Melita Am 6 **Aussichtspunkt Wilbrandshöhe** halten wir uns links. Nun auf geteertem Weg, geht es Richtung Ortsrand, vorbei an Häusern, Gärten und einem Parkplatz. Gleich hinter dem Parkplatz verlassen wir das rote S des 7-Hügel-Steiges und biegen scharf links auf den geteerten Weg (Hettersbachweg), nach rund 20 Metern rechts auf einen sandigen Trampelpfad und durchqueren den Bachgrund. Dahinter führt uns der Pfad links leicht bergauf, durch lichtes Gehölz zum Rand einer Wiese. Dort bleiben wir links, am Schuppen vorbei parallel zum Bach und erreichen bald einen befestigten Feldweg, biegen links darauf ein und wandern vorbei an Weidezäunen und Gärten Richtung Prinzenberg. Im Bachgrund blitzen Angelteiche, darüber sehen wir den Hang, an dem vorhin unser Wiesenweg entlangführte. Entlang der Koppeln bleiben wir immer geradeaus, am Waldrand vorbei und mit einer Rechts-links-Biegung um ein Feld herum bis zu einer Kreuzung, wo mehrere Wanderzeichen (1, 2) queren. Hier biegen wir links ab. Durch die Schranke hindurch, erreichen wir nach wenigen Schritten eine Lichtung mit Pick-

Waldkunst und Streuobst

Eine Kunstausstellung mitten im Wald, deren Werke mitwachsen und sich mit der Natur verändern – das ist der Internationale Waldkunstpfad in Darmstadt. Auf einem rund 2,5 Kilometer langen Abschnitt sind Exponate internationaler Künstler in die Natur integriert. Alle zwei Jahre schafft ein neues Symposium des Vereins für Internationale Waldkunst e. V. eine neue Ausstellung. Eine Verbeugung vor der Natur sind auch die Streuobstwiesen Darmstadt-Eberstadt/Prinzenberg. Sie bieten ein seltenes Habitat für Flora und Fauna und sind Teil des europaweiten Schutzgebietsnetzes NATURA 2000.

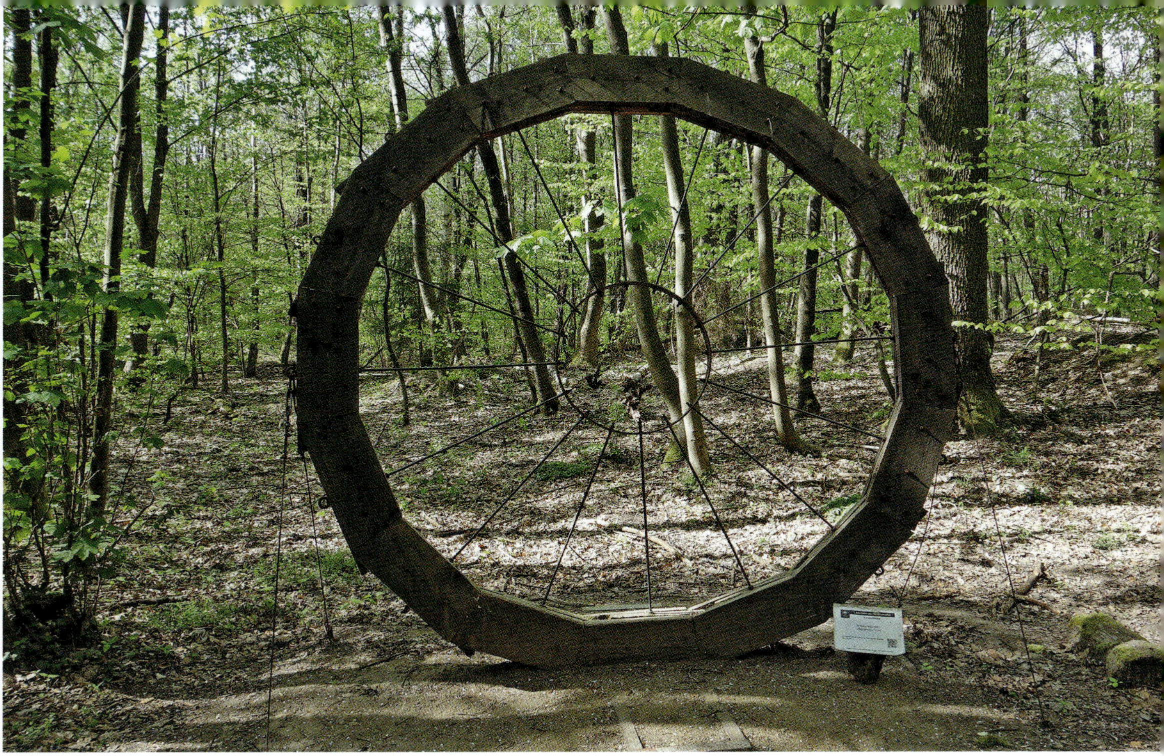

nickplatz und können am 7 **Melita-Brunnen** frisches Wasser schöpfen. Die eingefasste Quelle ist benannt nach Prinzessin Victoria Melita von Sachsen-Coburg, erste Frau des Großherzogs Ernst Ludwig. Ihr Name wurde nach der Scheidung aus der Stadt getilgt – doch den Brunnen im Wald hat man anscheinend übersehen.

Goethe und der Teufel waren schon hier Hinter der Lichtung biegen wir ohne Wanderzeichen rechts auf einen Schotterweg und erreichen nach rund 300 Metern den breiten Ludwigsweg, dem wir nach links folgen. Etwa 700 Meter weiter, an einer Kreuzung mit Bank, biegen wir links auf den Viereicher Weg, überqueren mit ihm die alte Bogenschneise und gelangen an der Wilbrandschneise an eine Wegspinne. Unser Viereicher Weg führt uns halb rechts als schmalerer Pfad bergab. Nach etwa 300 Metern nehmen wir an der Gabelung den rechten Pfad, der noch etwas steiler bergab führt, und erreichen bald einen Weiher, den 8 **Goetheteich**. Links daran vorbei, gelangen wir zu einer größeren Wegspinne. Vor uns ragen Felsen von der Flanke des Herrgottsbergs empor, Reste früherer Steinbrüche, aber vom abergläubischen Volk Teufelskralle genannt. Angeblich hatte man den Teufel mit einer Täuschung dazu gebracht, auf dem Berg eine Kapelle zu errichten, und mit diesen Felsen wollte der zornige Geselle sie zerstören, allerdings erfolglos. Seine Krallenspuren sollen noch sichtbar sein. Doch auch Schöngeister wurden von diesem Felsen inspiriert. Eine Inschrift erinnert an Goethe und seinen »Kreis der Empfindsamen«. Wir wenden uns nach rechts und gleich wieder links und folgen dem Pfad steil bergauf, kurz nochmals begleitet vom roten S. Oben auf dem 9 **Herrgottsberg** gibt es noch steinerne Reste der Martinskapelle aus dem 16. Jahrhundert. Geradeaus an der Kuppe vorbei, bergab und an der T-Kreuzung nach links, erreichen wir wieder unseren E **Ausgangspunkt**.

Links: Den Ludwigsturm kann man gegen einen Obolus besteigen.

Mitte: Alte Streuobstwiese: Baumstumpf mit Charakter

Rechts: Mal mit anderen Augen auf den Wald blicken!

30

Steinzeit bis Jugendstil

Vom Bessunger Forsthaus zur Darmstädter Mathildenhöhe

Leicht | 10,3 km | 120/180 Hm | 3 Std.

Tourencharakter
Leichte Streckenwanderung ohne nennenswerte Steigungen. Wald-, Feld- und befestigte Wirtschaftswege und Straßen

Ausgangspunkt
Darmstadt, Waldparkplatz am Bessunger Forsthaus/Jugendhof

Endpunkt
Jugendherberge am Woog (Landgraf-Georg-Straße Nähe Ostbhf.)

Anfahrt
ÖPNV: Darmstadt Ost Bus 672 Richtung Dieburg oder Bus 673 Richtung Roßdorf, Haltestelle Bessunger Forsthaus Jugendhof (Halt im Bus anfordern – nicht bis Bessunger Forsthaus Siedlung fahren)
Auto: Zum Ostbahnhof (Navi: Darmstadt, Erbacher Str. 89), Parken am Schwarzwaldring, weiter mit Bus 672 oder 673, siehe oben

Einkehr
Unterwegs: Café Hofgut Oberfeld (Erbacher Straße)
Am Ziel: Ristorante Riviera (Beckstraße 2), Ristorante Delfino (Darmstraße 49), Bistro Café Woog (Beckstraße 44)

Informationen
Darmstadt Tourismus: Tel. 06151/13 45 13, www.darmstadt-tourismus.de; Menhir-Anlage: www.khvr.de/menhire; Oberfeld: www.landwirtschaft-oberfeld.de; Mathildenhöhe: www.mathildenhoehe.eu

Wanderkarte
Geo-Naturpark Bergstraße-Odenwald: Wanderkarte Darmstadt & Messeler Hügelland, Odenwald Blatt 14, 1:20 000

Wanderziele in der Nähe
Jagdschloss Kranichstein, Messeler Grube, Fischteiche/Darmquelle, Darmstadt Böllenfalltor

Das Oberfeld habe ich schon als Kind geliebt, die Mathildenhöhe war für uns ein Spielplatz. Beides erleben wir auf dieser Tour. Sie startet im Wald und führt entlang verträumter Bäche und Lichtungen allmählich stadteinwärts. Steinzeitfunde, ein nostalgisches Hofgut, Skulpturen, der Park Rosenhöhe und die Mathildenhöhe sind Glanzpunkte unterwegs.

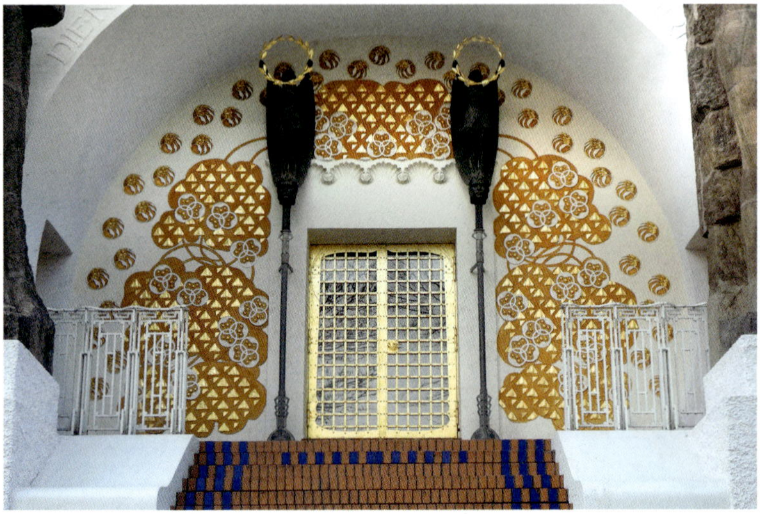

Gruß aus der Steinzeit Aus dem Bus ausgestiegen, überqueren wir die Landstraße und gehen beim Ⓐ **Parkplatz** geradeaus in den Wald, über die alte Eisenbahntrasse und durch die Bundesstraßen-Unterführung. Gleich danach biegen wir rechts in den Schleppweg, der bald eine Linksbiegung macht und uns im Bogen entlang einer großen Lichtung führt, ein Teil der Scheftheimer Wiesen. Heute Naturschutzgebiet, dienten diese offenen Flächen den Landgrafen von Hessen-Darmstadt im 16. und 17. Jahrhundert zur Jagd, die Jäger saßen bequem auf Holztribünen. Weitaus ältere Zeugnisse der Nutzung finden wir etwa 700 Meter weiter mit der jungsteinzeitlichen ❶ **Menhiranlage**. An der Infotafel links über den Pfad und das Brückchen, können wir den Steinkreis mit bis zu 80 Zentimeter hohen Menhiren bewundern. Zurück auf dem Weg geht es links weiter, an der nächsten Kreuzung rechts und die erste Möglichkeit wieder links. Wir wandern durch lichten Wald entlang der Wiesen. Unser Weg macht eine Rechtskurve (Ober Waldgrenzweg), wir folgen ihm bis zu einer Gabelung (Schild »Naturschutzgebiet«) und biegen links auf den Scheftheimer Weg, überqueren die Lichtung und tauchen wieder in den Wald ein.

Weites Feld Kurz darauf sind wir an der Kreuzung Bernhardsacker-Schneise und nehmen den breiten Weg nach rechts bis zum ❷ **Bernhardsbrünnchen**. Die lauschige Quelle mit Schutzhütte lädt zur Rast ein. Dann

Die Künstlerkolonie: Jugendstil in Darmstadt

Ein Bebauungsplan für den schon als Park angelegten Hügel über der Stadt, mit dieser Idee konnte Großherzog Ernst Ludwig 1897 namhafte Architekten gewinnen. Als Feingeist lag ihm an der Förderung zeitgenössischer Kunst. Mit seinem Verleger Alexander Koch gründete er 1899 die Künstlerkolonie auf der Mathildenhöhe, eine Gruppe von Künstlern und Kunsthandwerkern, die hier in ihren Ateliers gemeinsam wirkten. Sie schufen Bauwerke samt harmonisch durchgestalteter Innenausstattung, Gartenanlagen und Skulpturen. Der Erste Weltkrieg ließ die Gruppe auseinanderbrechen. Doch bis heute weht ein lebendiger Geist durch das Ensemble, mit Jugendstil-Museum, Ausstellungen, Führungen und Veranstaltungen in den Villen – und nicht zuletzt dem Standesamt im Hochzeitsturm.

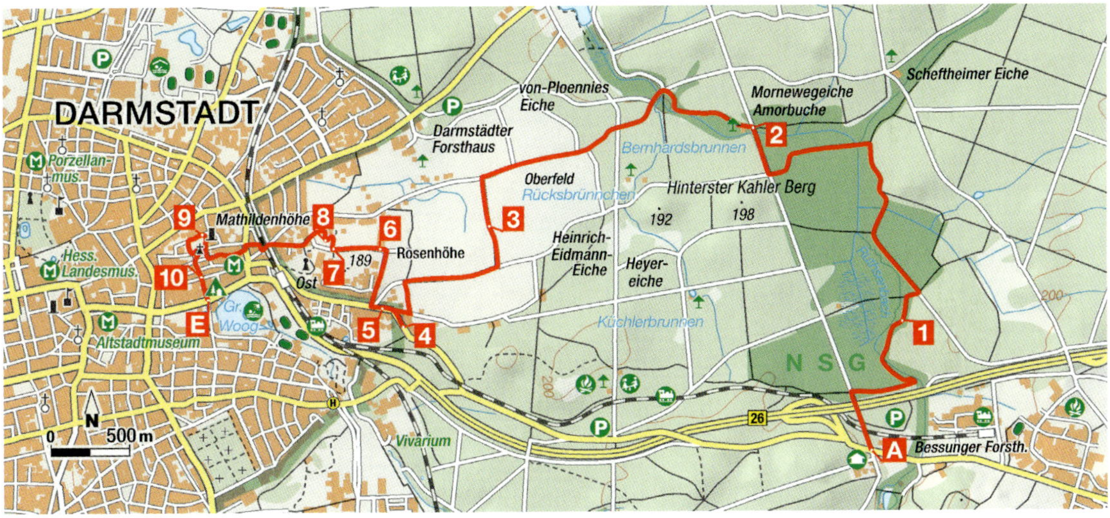

geht es links auf den Bernhardsbrünnchenweg und entlang zweier kleinerer Lichtungen. Am Ende der zweiten Lichtung biegen wir nach links, überqueren ein Brückchen und wandern geradeaus (Judenpfad), bis wir durch die Schranke aus dem Wald herauskommen. Nun stehen wir am Rand des weitläufigen Oberfelds, das vom Biohof Oberfeld bewirtschaftet wird. Wir bleiben geradeaus an einer Bank vorbei und gehen danach an der ersten Möglichkeit links. Am Wegrand stehen mächtige ❸ **Skulpturen**, »Die Unbesiegbaren« des Darmstädter Künstlers Detlef Kraft. Wir stoßen auf eine T-Kreuzung und biegen rechts ein, vorbei an der Kunstinstallation »Windharfen« von Roger Rigorth, von dem wir im Hofgut weitere Arbeiten finden. Am Seiterswiesenweg gehen wir links, am Ende rechts und passieren dabei Kälber-, Kuhstall und Molkerei des Hofguts, das wir bald erreichen. Bevor wir die Straße zum Eingangstor überqueren, machen wir noch einen Abstecher nach links zu den sehenswerten ❹ **historischen Arbeiterhäusern**.

Linke Seite: Verspielte Kunst, naturnahe Ornamente: Eingangsportal des Instituts Mathildenhöhe

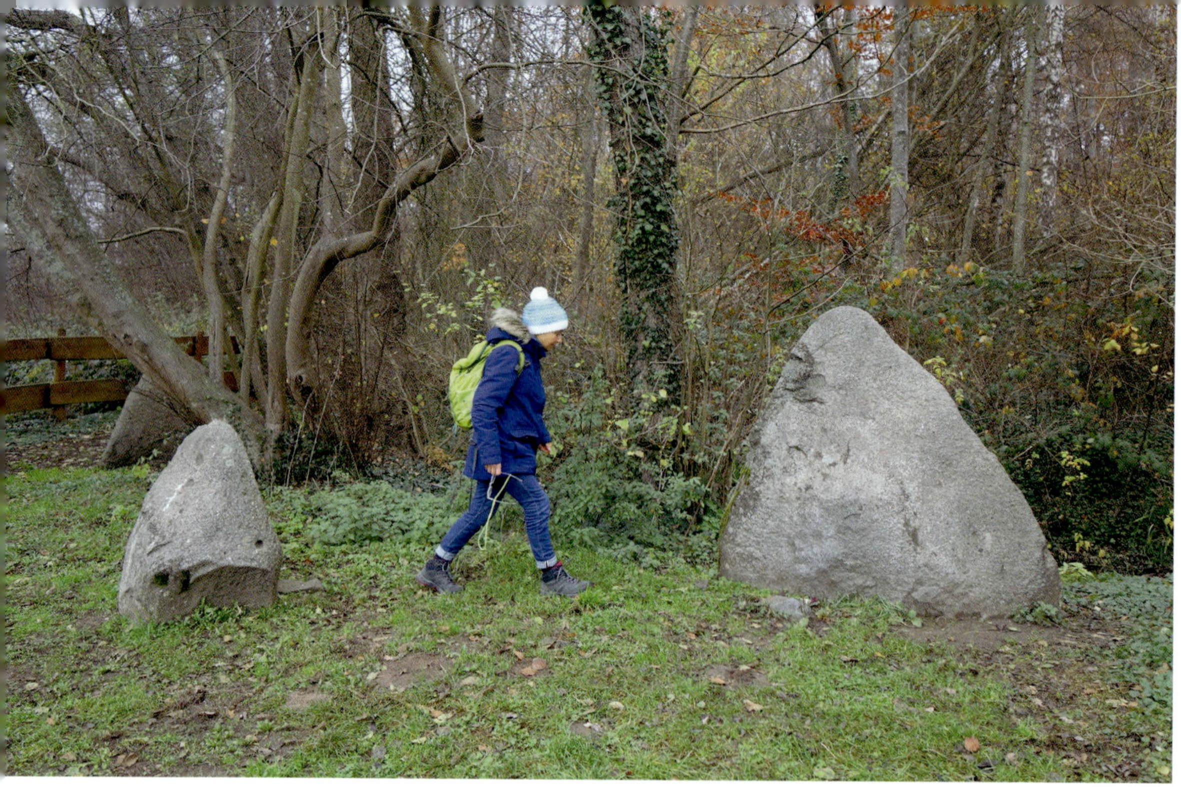

Steinzeitliche Menhire: Diese Kultstätte ist noch nicht lange wiederentdeckt.

Hofgut mit Charme Dann betreten wir das ❺ **Hofgut Oberfeld**, das rund um einen kleinen Anger angelegt ist. Ehemals fürstliche Hofmeierei, dann Staatsdomäne und Pferdezucht (die hier geborene Stute Halla wurde mit Hans Winkler weltberühmt), zunehmend verfallen, wurde der Hof durch private Initiative zum Vorzeige-Ökobetrieb und pädagogischen Lernort. Das Café lockt zu einer Pause. Wieder an der Straße, gehen wir kurz nach links, dann rechts in den Römheldweg, in der Kurve geradeaus auf den Fußweg und durch das Tor in den Park Rosenhöhe. Der Garten des ❻ **Spanischen Turmes** bietet weiteren Skulpturen-Genuss. Wir biegen davor nach links, durch eine Streuobstwiese und vorbei am ❼ **Rosarium**, rechts am Häuschen ist ein kleiner Kräutergarten angelegt. Dahinter – noch vor der Hecke – gehen wir rechts und gelangen durch ein Tor zu den beiden Mausoleen und weiter nach links zu den ❽ **Fürstengräbern** des großherzoglichen Hauses Hessen, das 1937 durch einen Flugzeugabsturz fast ausgelöscht wurde. Auf dem Ludwig-Engel-Weg nach links, vorbei am chinesischen Teehaus und durch das steinerne Tor nach rechts, verlassen wir am Löwentor den Park.

Überall Jugendstil Links liegt schon der Ostbahnhof – wer wandermüde ist, kann die Tour hier beenden. Doch ich führe meine Leser gern weiter zum Gesamtkunstwerk ❾ **Mathildenhöhe**. Wir gehen geradeaus über die Eisenbahnbrücke, sofort rechts und gleich links in den Olbrichweg, am Fiedlerweg kurz links und rechts in den Alexandraweg. An der Kreuzung Mathildenhöhweg wenden wir uns kurz nach links, um einen Blick auf das wunderschöne Haus Deiters zu werfen, das kleinste der acht Häuser, die nach den Plänen von Joseph Maria Olbrich für die Künstlerkolonie gebaut wurden. Weitere Villen von ihm und seinen Mitstreitern finden wir zum Beispiel am Alexandraweg, den wir jetzt ein Stück entlanglaufen. Rechts den Hang hoch thront das Ernst-Ludwig-Haus, früher Gemeinschaftsatelier, heute das Museum Künstlerkolonie Darmstadt. Wir nehmen unterhalb des Tempelchens die Treppen rechts hoch und schlendern zwischen Russischer Kapelle und Ausstellungsgebäude zum Portal des Hochzeitsturms, dann links treppab in den Platanenhain, am anderen Ende links heraus und zur Brunnenanlage Lilienbecken. Dahinter bringt uns ein Fußweg parallel zum Eugen-Bracht-Weg bergab. Am Prinz-Christians-Weg erwartet uns an der Hausnummer 13 noch eine Überraschung: Der ⑩ **Vortex-Garten** des Hauses Martinus, ein öffentlicher Garten in Privatbesitz, der den Besucher in eine mystische Welt entführt. Den Eugen-Bracht-Weg weiter hinab, stoßen wir auf die Landgraf-Georg-Straße. ÖPNV-Wanderer können hier schon den Bus nehmen, wer sein Auto am Ⓔ **Ostbahnhof** hat, geht noch rund 300 Meter nach links.

Für Abkürzer

Nach der Rosenhöhe am Löwentor links die Straße hinunter zum Ostbahnhof (ca. 1,5 km weniger).

EVENT- UND BADETIPP Hofgut Oberfeld: Erntedankfest mit Gottesdienst im Freien (erster So im Okt.); Badetipp: Die Tour endet am denkmalgeschützten Naturfreibad Großer Woog. Hier lässt es sich nach der Wanderung stilvoll baden.

Links: Spanischer Turm auf der Rosenhöhe: früher ein Aussichtsturm der höfischen Gesellschaft

Rechts: Wasserspeier im Bernhardsbrünnchen: Manchmal bleibt er auch trocken

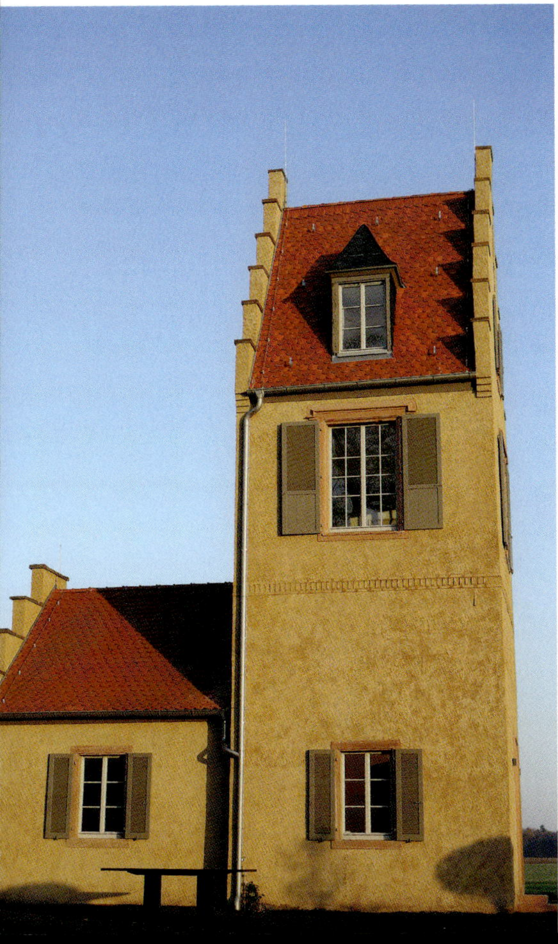

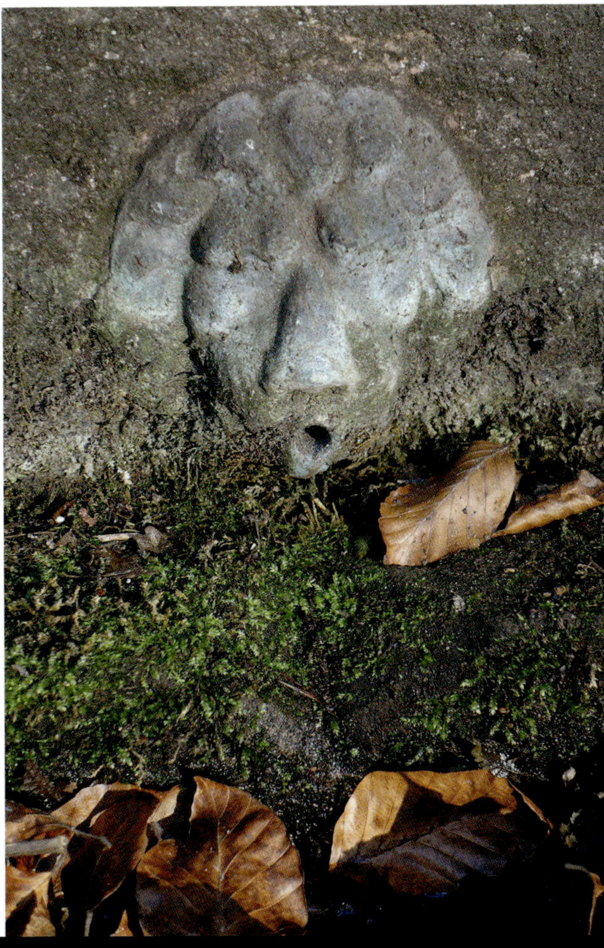

31

Burg, Blüten, Buchenwald

Von Zwingenberg über Blütenweg und Burgenweg

Mittel | 8,3 km | 370 Hm | 3.15 Std.

Tourencharakter
Rundwanderung mittlerer Anforderung über gut begehbare Waldwege und befestigte Weinbergwege. Teils steile, aber nicht gefährliche An- und Abstiege. Besonders schön zur Baumblüte und im Herbstlaub

Ausgangs-/Endpunkt
Bahnhof Zwingenberg, P+R-Parkplatz (Bahnhofstraße)

Anfahrt
ÖPNV: Regionalbahn ab Darmstadt bis Bahnhof Zwingenberg
Auto: A5 Abfahrt Zwingenberg (Navi: Zwingenberg, Bahnhofstraße 22), P+R-Parkplatz am Bahnhof

Einkehr
Unterwegs: Burgschänke (Alsbacher Schloss)
Am Ziel: Gastronomie in Zwingenberg, z. B. Altes Brauhaus (Pass 19), Bunter Löwe (Löwenplatz 6), Die Scheune (Scheuergasse 14), Kaltwasser's Wohnzimmer (Obergasse 15)

Informationen
Touristinformation Zwingenberg: Tel. 06251/98 49 50, www.zwingenberg.de

Wanderkarte
Geo-Naturpark Bergstraße-Odenwald: Wanderkarte Bergstraße-Odenwald, Odenwald Blatt 5, 1:20 000

Wanderziele in der Nähe
Bergstraße, Auerbacher Schloss, Melibokus, Fürstenlager, Weitwanderwege Nibelungensteig, Alemannenweg, Bergsträßer Burgenweg

Fachwerkorte schmücken die Bergstraße, Zwingenberg ist einer der hübschesten davon. Die Tour führt uns von Streuobstwiesen zu waldigen Hügeln und der Burgruine Alsbacher Schloss, durch Obst- und Weingärten geht es zurück nach Zwingenberg.

Sanfte Bergstraße Mit Blick zur Bahnhofstraße gehen wir rechts über den **A Parkplatz**, vorbei am historischen Güterschuppen und links durch die schmucke **1 Scheuergasse**. Nach dem Heimatmuseum geht es an der Straße ein paar Schritte links, dann rechts über den **2 Löwenplatz** und durch das Gässchen Wetzbach bergauf. Vor der Hausnummer 20 nehmen wir links den Treppendurchgang zur Straße Am Malschen. Hier rechts und gleich links treffen wir auf das gelbe B des Blütenwegs. Ihm folgen wir aus dem Ort und nach rechts auf einen Wiesenweg. Nun weitet sich der Blick auf die hübsche Bergsträßer Landschaft. Bald sind wir in Alsbach. An der ersten Abzweigung (Marienruhweg) verlassen wir den Blütenweg und laufen rechts kurvig bergan. Am Ende der Häuser, am Park-

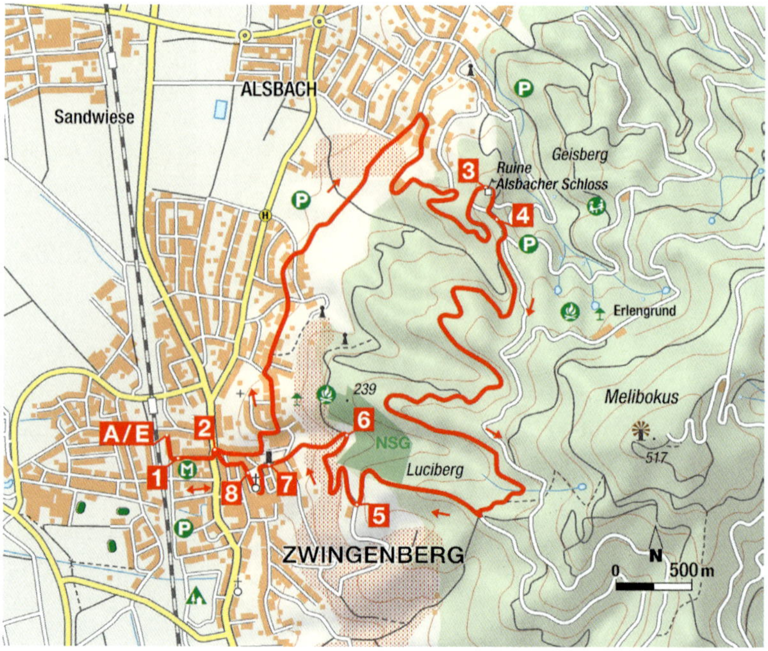

platz, folgen wir rechts dem Fußweg mit der Markierung 2 im Linksbogen bergauf. Nach einem halben Kilometer biegt die 2 links ab, von unten kommt die Markierung 3 hoch. Mit dieser wandern wir rechts durch die Schranke weiter bergauf bis zum Alsbacher Schloss.

Zwingenberg an der Bergstraße

Mit über 1000-jähriger Geschichte ist Zwingenberg die älteste Stadt an der hessischen Bergstraße. Dank ihrer günstigen Lage zwischen Berghang und Sumpfgebiet führten Kriegs- und Handelsrouten hier vorbei. Sie brachten Wohlstand, aber auch Leid und Elend. So wurde Zwingenberg im Dreißigjährigen Krieg schwer verwüstet und erholte sich lange nicht davon. Spuren dieser Zeit sind in der Altstadt noch zu finden.

Burg mit Kräutergarten Links an der Burg vorbei, gelangen wir zur Auffahrt. Zwischen den Toren fällt der schöne Kräutergarten ins Auge, angelegt nach Richtlinien Karls des Großen. Von der Burg aus genießen wir einen herrlichen Blick und können den Drachenfliegern am Melibokus zusehen. Zurück am Parkplatz und rechts zur Infotafel des Geo-Naturparks, folgen wir dem Burgenweg (blaues Zeichen) an der Wiese vorbei in den Buchenwald. Für die nächsten 3 Kilometer windet sich der Weg um Taleinschnitte herum. An der Kreuzung Commoder Weg/ Luciberg verlassen wir den Burgenweg und biegen rechts auf den Nibelungensteig (rotes N). Der schmale, teils ausgewaschene Weg führt stramm bergab aus dem Wald und zum 5 **Aussichtspunkt Luciberg**. Hier lohnt das Verweilen: Links erstrecken sich die Odenwälder Kuppen, gekrönt von Auerbacher Schloss und Heppenheimer Starkenburg. Unter uns liegt Zwingenberg, geradeaus die Rheinebene und in der Ferne die sanften Hügel Rheinhessens.

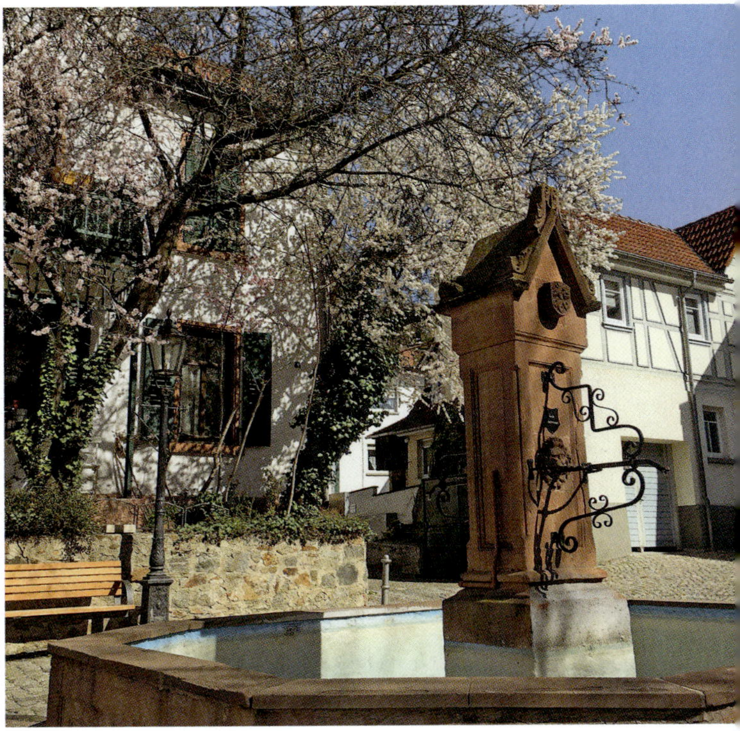

Einladender Platz in der Zwingenberger Altstadt

Unter uns die Altstadt Mit dem roten N wandern wir vom Aussichtspunkt rechts bergab, durch Wein- und Obstgärten und vorbei an einem alten 6 **Steinbruch**, wo imposante Granit-Abbrüche sichtbar sind. Unter uns schmiegt sich die Altstadt an den Hang. Durch den 7 **Aul**, den letzten erhaltenen Eckturm der Stadtmauer, geht es hinein. Doch nehmen wir nicht gleich die Stufen hinunter, sondern bleiben links bis zur 8 **Bergkirche** und genießen ein letztes Mal die Aussicht, bevor wir den Nibelungensteig verlassen und treppab in die Altstadt gelangen. Die Obergasse bringt uns zum historischen Rathaus, von da sind wir schnell in der Scheuergasse und zurück am Bahnhof.

32

Fürstliche Sommerfrische

Rund um den Bensheimer Staatspark Fürstenlager

Mittel | 9,5 km | 310 Hm | 3.15 Std.

Tourencharakter
Rundwanderung mittlerer Anforderung über meist gut begehbare Wald- und Wiesenwege, Zuweg zum Bahnhof durch den Ort. Anfangs steil, dann gemütlichere An- und Abstiege

Ausgangs-/Endpunkt
Bensheim-Auerbach, Bahnhofsvorplatz (Ecke Wilhelmstraße/Otto-Beck-Straße)

Anfahrt
ÖPNV: Ab Darmstadt Hbf. mit der Regionalbahn
Auto: A5 Abfahrt Zwingenberg oder B3 bis Auerbach (Navi: Bensheim Ortsteil Auerbach, Otto-Beck-Str. 32), P+R-Parkplätze (kostenlos) am Bahnhof

Einkehr
Unterwegs: Landgasthof Herrenhaus (im Fürstenlager)
Am Ziel: Gastronomie in Auerbach, z. B. Alte Dorfmühle (Bachgasse 71), Blauer Aff (Kappengasse 2)

Informationen
Touristeninformation Bensheim: Tel. 06251/869 61 01, www.bensheim.de; Fürstenlager: www.kultur-in-hessen.de (unter Orte)

Wanderkarte
Geo-Naturpark Bergstraße-Odenwald: Wanderkarte Bergstraße-Odenwald, Odenwald Blatt 5, 1:20 000

Wanderziele in der Nähe
Bergstraße, Heppenheim, Auerbacher Schloss, Zwingenberg, Felsenmeer, Weitwanderwege Alemannenweg, Bergsträßer Burgenweg

Im Absolutismus herrschte in der Darmstädter Residenz ein steifes französisches Hofritual. Doch zur Sommerfrische im »Dörfchen«, wie das Fürstenlager genannt wurde, waren die Sitten dahin. Man lagerte auf der Wiese und amüsierte sich mit Schäferspielen. Nicht unbeobachtet! Die bäuerlichen Untertanen beäugten das Treiben vom Rande des Talkessels. Aus dieser Perspektive nähern auch wir uns dem Fürstenlager und betreten erst am Ende den wunderschönen Park.

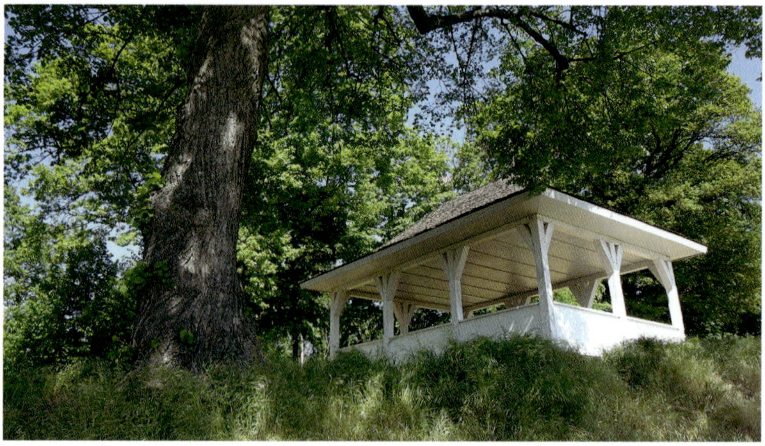

Aufstieg durch die Wolfsschlucht Mit dem **A Bahnhof** im Rücken kurz nach links, gehen wir rechts durch die Otto-Beck-Straße, hinter der Post gleich rechts (Im Bangert) und am Bach entlang zu einem kleinen Park. Vor dem Park-Hotel mit Biergarten geht es links zur Straße. Wir überqueren sie, gehen gegenüber in die Bachgasse und anschließend ein Stück geradeaus entlang des Ziegelbaches, der hier munter neben dem Bürgersteig plätschert. Sehenswert ist auf der linken Seite der spätbarocke Bau der **1 ehemaligen Synagoge**. Direkt dahinter an der Mitfahrer-Bank geht es rechts in die Ludwigstraße, dann links bergauf (In der Wolfsschlucht). Die Gasse mündet auf einem Waldweg, hier rechts findet sich der Gedenkstein Wolfsschlucht, der an eine Unwetterkatastrophe im Jahr 1928 erinnert. Es geht die Treppe hoch, dann nach links und gleich wieder nach rechts. Der Fußweg führt uns am Friedhof vorbei bis zur ❷ **Bergkirche** mit ihrem spätgotischen Turm. Hier können wir einen ersten weiten Blick über Auerbach und auf den Rheingraben genießen.

Zwischen Weinberg und Park Weiter geht es scharf rechts in den Kirchweg, nun auf der anderen Seite am Friedhof vorbei. Oben an der Bushaltestelle wenden wir uns links und erreichen bald die oberen Ausläufer des Landschaftsparks Fürstenlager, der sich links im Tal erstreckt. Ein Weg führt hinab, doch wir bleiben geradeaus, nehmen den Pfad direkt entlang der Grundstücksmauern und dahinter an der Gabelung dann den rechten Pfad und kommen über die Gustav-Eller-Ruh hoch auf den ❸ **Altarberg** mit dem nostalgischen Teehaus. Es lädt am Rande des Weinbergs zur panoramarei-

Staatspark Fürstenlager

Mit der Entdeckung mineralischer Quellen um 1730 begann der Ruhm dieses engen Tales am Westrand des Odenwalds. Aus dem Gesundbrunnen wurde in der zweiten Hälfte des 18. Jahrhunderts ein festes Ziel des Darmstädter Landgrafen Ludwig VIII. und seiner Familie. Er ließ die ersten standesgemäßen Unterkünfte errichten. Landgraf Ludwig X., später Großherzog, erwarb schließlich das Gelände als Sommerresidenz, baute ab 1783 das Dörfchen und ließ den Landschaftspark nach englischem Vorbild anlegen. Auch die russische Zarenfamilie, eng verwandt mit dem Haus Hessen-Darmstadt, weilte hier im Fürstenlager. Heute ist der 46 Hektar große Staatspark mit seinen exotischen Pflanzen und seinem gut erhaltenen baulichen Ensemble von hohem kultur- und kunsthistorischem Wert.

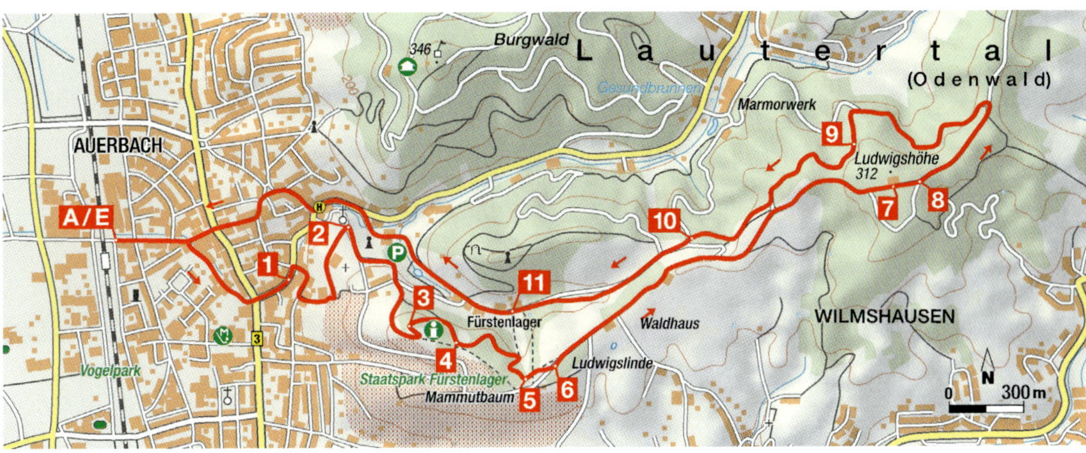

chen Rast. Wir blicken auf den Rheingraben mit der fruchtbaren Bergstraße. Das silberne Band des Flusses blitzt nur an wenigen Stellen hervor, sein Verlauf wird durch die Bäume und stellenweise durch die Industriebebauung markiert. Links liegt Bensheim, dahinter in der Ferne die Industrieregion Worms-Frankenthal-Ludwigshafen. Noch weiter am Horizont erkennen wir bei gutem Wetter sogar den Pfälzerwald, rechts davon den Donnersberg und noch weiter rechts das Rheinhessische Hügelland.

Linke Seite: Vom Teehaus auf dem Altarberg überblicken wir die Weinberge.

Das Fürstenlager zu Füßen Mit dem Teehaus im Rücken steigen wir rechts bergab zu einer Pappelallee, die uns immer oben im Bogen um das Fürstenlager herumführt (Rundwegmarkierung 8). Nach dem Aussichtspunkt ❹ **Zedernblick** und einer Rechtskurve biegt die 8 links ab. Wir bleiben aber auf dem oberen Weg zum

❺ **Freundschaftstempel** mit schönem Blick auf den fürstlichen Park und das Herrenhaus. Weiter geradeaus und durch eine junge Allee leicht bergauf, stößt unser Weg auf einen breiten Kiesweg. Hier ist unsere Richtung links, doch zuvor überqueren wir den Weg zum ❻ **Aussichtspunkt Ludwigslinde** oberhalb des Weinbergs, mit Blick auf die Heppenheimer Starkenburg und die Hügel des Odenwalds. Vom Aussichtspunkt zurück auf den Kiesweg und jetzt rechts, wandern wir aus dem

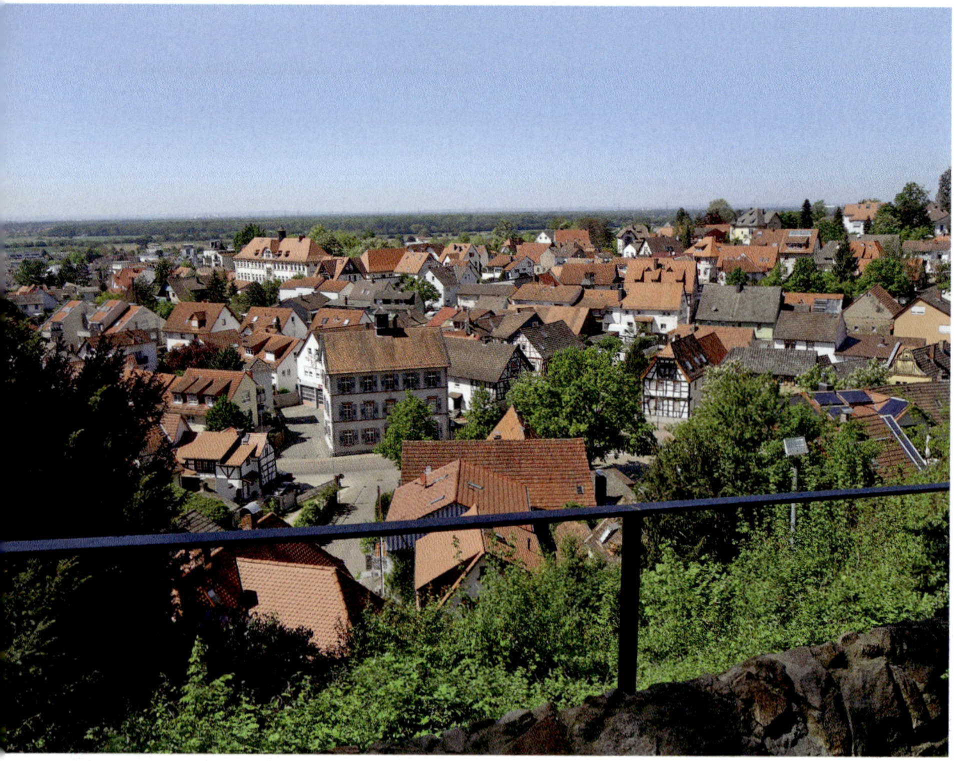

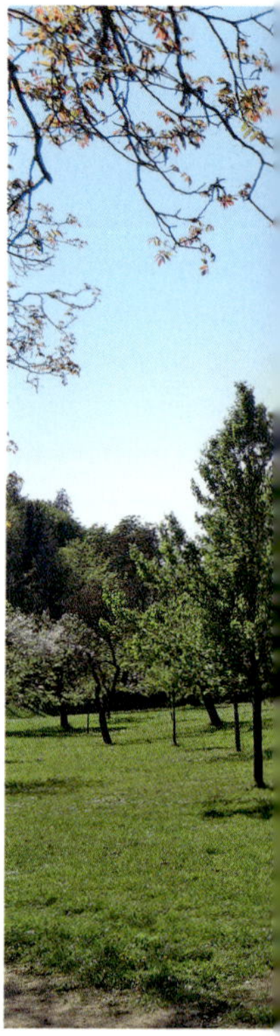

Landschaftspark heraus. Hinter einem Haus am Wegesrand sehen wir die Wanderzeichen rotes A/gelber Balken und folgen ihnen. Links fällt unser Blick auf das Auerbacher Schloss, den Melibokus und die Eremitage, eine rindenverkleidete Klause, die wir später noch streifen.

Wald mit Geschichte An der Hermann-Schäfer-Eiche biegen rotes A/gelber Balken kurz ab, wir bleiben geradeaus (Richtung Felsenmeer) und wandern zwischen Koppeln leicht bergauf in den Wald, wo die Zeichen wieder zu uns stoßen. Etwa 250 Meter weiter folgen wir ihnen nach links. Durch einen Hohlweg gelangen wir zur Mountainbike-Anlage und der ❼ **Zeppelinhütte**. Weiter geht es auf den Markierungen bergab. An einer Wegeinmündung stoßen wir auf die ❽ **Felsformation Toter Mann**, eine uralte Wegmarke, umrankt von einer finsteren Sage vom Mord einer Frau an ihrem Ehemann im Jahr 1555. Etwa 400 Meter weiter, nach einer Einmündung, gelangen wir zu einem Wegedreieck mit kleiner Bauminsel. Hier verlassen wir die Markierungen (rotes A, gelbes Quadrat) und laufen in einer Spitzenkehre links bergab. Auf unmarkiertem Waldweg durch Laubwald umrunden wir die Ludwigshöhe, die einige Felsen hervorblitzen lässt. An der Gabelung (rechts geht es ins Tal und zum Marmorwerk im Mühlgrund) bleiben wir links, am ❾ **Bismarckstein** vorbei, und kreuzen bald den Mountainbike-Trail. Kurz dahinter biegen wir rechts auf den Pfad bergab (hier gehen wir wieder mit den Wanderzeichen rotes A/gelbes Quadrat).

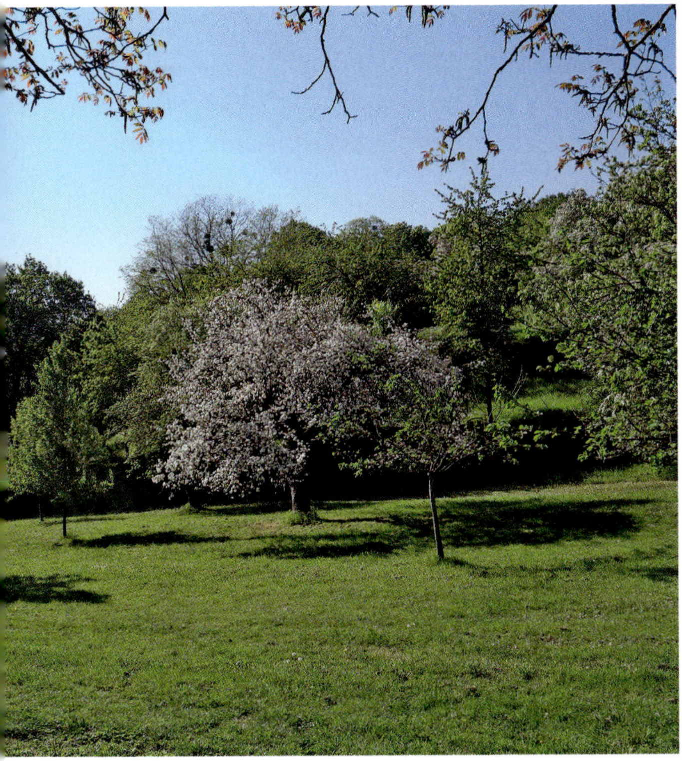

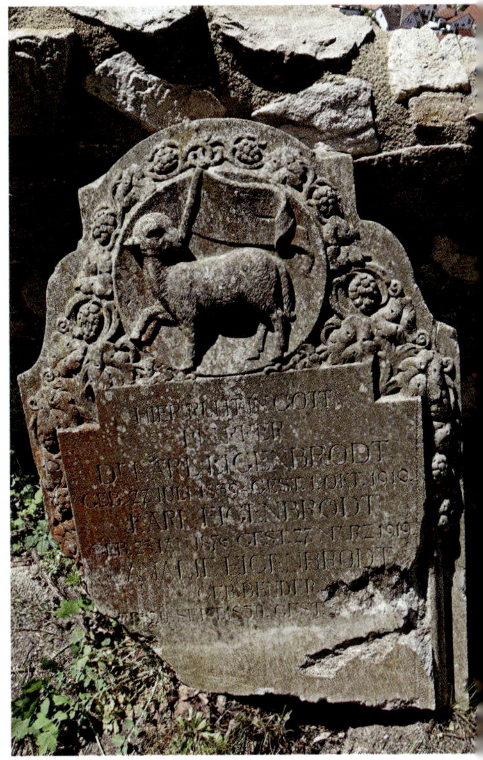

Fürstlicher Park, ländliche Idylle Ein Stück geht es jetzt geradeaus durch den Wald, dann unterhalb einer Koppel rechts zur ❿ **Eremitage**, die wir anschauen können. Wir folgen den Zeichen noch bis zur T-Kreuzung am Wiesenweg. Anschließend gehen wir rechts auf dem Doktor-Lommel-Weg (wieder Rundweg 8) durch die saftigen Streuobstwiesen ins Tal und schließlich zum ⓫ **Fürstenlager** mit dem schmucken Herrenhaus und den anmutigen Gebäuden, die sich wie in einem Bilderbuchdorf in den Talgrund schmiegen. Hier sollten wir uns etwas Zeit für die Besichtigung nehmen. Dann schlendern wir über die Lindenallee aus dem Park heraus. Durch die Bachgasse (Parkplatz Fürstenlager), nach rechts in die Weidgasse, links in die Schloßstraße, rechts in die Karlsbader Straße und über die B3 erreichen wir bald den Ⓔ **Bahnhof**.

Links: Hinter uns die Bergkirche, vor uns die Altstadt und die Bergsträßer Rheinebene

Mitte: Ländliche Idylle im Staatspark Fürstenlager

Rechts: Auch mal um die Ecke schauen: alter Grabstein hinter der Bergkirche

KULTUR- UND EVENT-TIPPS Park-, Botanik-, Funzel- sowie individuelle Führungen im Fürstenlager (s. Website). Künstlerweihnacht im Fürstenlager (2. Adventswochenende)

33

Verträumtes Tal, versteckter Bach

Von Ernsthofen durchs Modautal

Mittel | 10,5 km | 350 Hm | 3.15 Std.

Tourencharakter
Rundwanderung mittlerer Anforderung durch Feld, Wald und Wiesen. Meist gut begehbare Wanderwege, teils geteerte Wander-/Radwege. Moderate Steigungen, einige steile Abschnitte und eine kurze evtl. rutschige Stelle bergauf

Ausgangs-/Endpunkt
Modautal-Gemeinde Ernsthofen, Ortsmitte (Ecke Darmstädter Straße/Asbacher Straße)

Anfahrt
ÖPNV: Ab Darmstadt-Böllenfalltor Bus O (am Wochenende stündl.), Haltestelle Ernsthofen Mitte
Auto: A5 Abfahrt Darmstadt-Eberstadt, B426 bis Ober-Ramstadt, dann rechts Richtung Modautal (Navi: Modautal, Darmstädter Straße 18), Parkplätze entlang der Darmstädter Straße

Einkehr
Unterwegs: keine
Am Ziel: Gasthaus Zur Sonne (Darmstädter Str. 16), Gastronomie in den umliegenden Orten

Informationen
Gemeinde Modautal: Tel. 06254/930 20, www.modautal.de

Wanderkarte
Geo-Naturpark Bergstraße-Odenwald: Wanderkarte Bergstraße-Odenwald, Odenwald Blatt 5, 1:20 000

Durch sanfte Hügellandschaft mit Wald, Wiesen und hübschen Dorfplätzen schlängelt sich die Modau, mit dichtem Uferbewuchs oft vor Blicken geschützt. Nah an Darmstadt, sind wir schnell in dieser odenwaldtypischen Idylle.

Verstecktes Flüsschen Auf der Ⓐ **Asbacher Straße** überqueren wir die Modau und finden unser erstes Wanderzeichen, das grüne M des Modautalwegs. Es führt rechts (Mühlstraße) aus dem Ort und oberhalb der ❶ **Gärten zur Ahlheim-Ruhe** mit Informationstafel. Hier biegen wir rechts Richtung Brandau auf einen Kiesweg durch Weiden und Koppeln bis zu einer Straße. Rund 20 Meter geht es rechts, dann mit dem M vor dem Zaun links auf einen Grasweg zwischen hügeligem Weideland und der zugewachsenen Modau. Kurz hinter einem kleinen Hochsitz heißt es aufpassen, unser Weg biegt vor dem Waldrand rechts ab. Über einen steinigen Weg geht es mehr oder weniger eben um eine Kuppe herum. Vom hohen Ufer aus haben wir endlich einen Blick auf die Modau. Bergab und

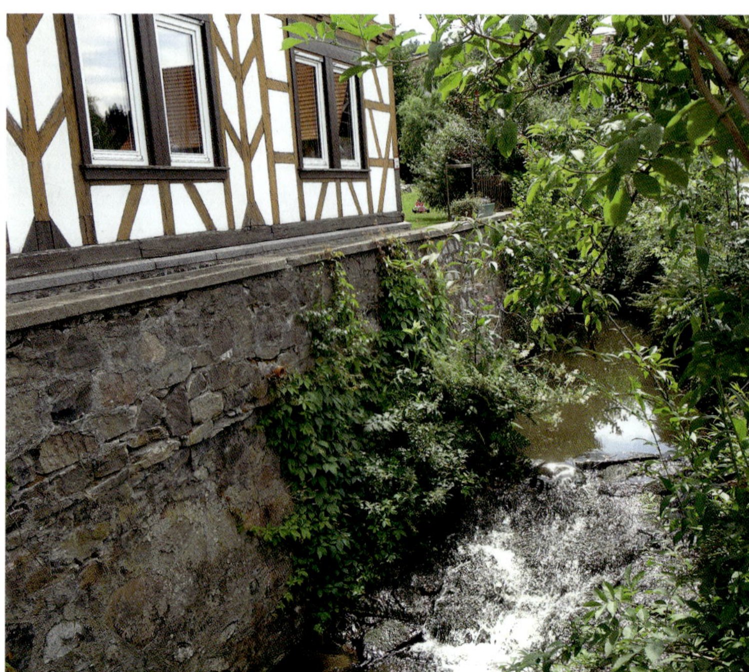

Munter sprudelt die Modau durch Ernsthofen.

vorbei an einem Brückchen, gelangen wir etwa 200 Meter weiter an eine Stelle, wo der Weg nach links kurz felsig und steil bergauf führt, aber bald nach rechts in einen gut begehbaren Waldweg mündet. Gleich darauf biegt unser M an einer Wegspinne halb rechts ab.

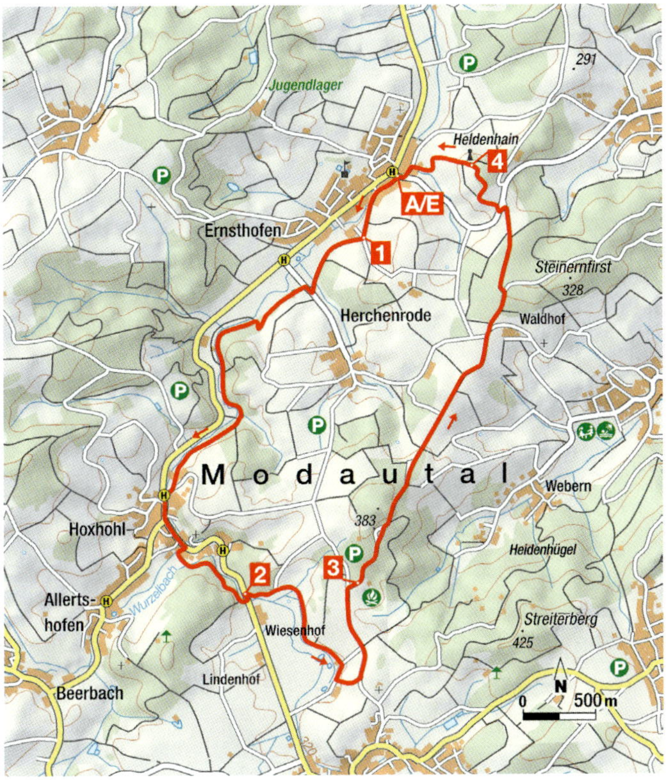

Engstelle der Modau Auf gemütlichem Waldweg erreichen wir Hoxhohl und wandern nach rechts (Alte Darmstädter Straße), an der Hauptstraße links und ein Stück durch den Ort. Kurz vor dem Ortsende, hinter einer Brücke, folgen wir dem M rechts bergauf, links entlang einer Weide und am Waldrand erneut links. Am Hang entlangwandernd, erreichen wir die engste Stelle des ❷ **Modautals**. Kurz danach geht es vor dem Waldrand wenige Schritte links hinunter zur Straße, die wir ebenso wie die Modau überqueren. Nach der Brücke geht es mit dem M rechts an einer Weide entlang, an der Gabelung rechts und im Bogen auf dem Talweg bis zu einem Sträßchen, auf das unsere Markierung nach rechts einbiegt. Etwa 100 Meter weiter verlassen wir das M, biegen vor dem Weidezaun eines Pferdehofs links ab und wandern bergauf ohne Markierung durch die Wiese bis zu einem geteerten Weg. Hier links, treffen wir auf den blauen Balken des Odenwaldclubs. Dieser Markierung folgen wir zurück nach Ernsthofen.

Gedenkstätte im Wald Der Weg führt uns bergauf zum Waldrand, dann rechts, vorbei am ❸ **Parkplatz Naturpark**, nach rund 1 Kilometer kurz vor dem Waldrand links auf schönem Waldweg bergab, am Weidezaun rechts und am Waldrand vorbei durch Felder bergan. Auf der kleinen Kuppe blicken wir zum nordöstlichen Odenwald mit dem Otzberg, zum Klein-Bieberauer Kirchberg, der Neunkirchner Höhe und dem Melibokus. Wieder im Wald, gesellt sich bald auch das rote A des Alemannenwegs zu uns. An der Gabelung nach einem Wasserwerk biegen wir mit den Zeichen links ab und geradeaus bis zur Landstraße, hier wenige Meter links, dann rechts bergauf, oberhalb des Ackers nochmals rechts und dann links am Waldrand entlang. Bald erreichen wir die ❹ **Gedenkstätte Heldenhain**. Vor der Anlage biegen wir links bergab (rechts die Julius-Scriba-Hütte) und, den blauen Balken verlassend, geradeaus über den Wiesenweg nach Ernsthofen (das A führt hier lang, ist aber spärlich angebracht). Beim ersten Gehöft links, dann rechts, links und rechts durch den Ort gelangen wir zum Ⓔ **Ausgangspunkt**.

34

Felsen zum Staunen

Ab Lautertal durchs Odenwälder Felsenmeer

Schwer | 7,5 km | 370 Hm | 3.30 Std.

Tourencharakter
Anspruchsvolle Rundwanderung. Meist gut begehbare Waldwege, Pfade und Feldwege. Steiler Aufstieg, sanfterer Abstieg

Ausgangs-/Endpunkt
Lautertal, Ortsteil Reichenbach, Marktplatz (Ecke Nibelungenstraße/Beedenkirchener Straße)

Anfahrt
ÖPNV: Ab Bahnhof Bensheim mit Bus 665 Richtung Gadernheim/Winterkasten/Reichelsheim, Haltestelle Reichenbach Markt
Auto: A5 Abfahrt Bensheim, weiter B47 (Navi: Lautertal/Odenwald, Nibelungenstraße 265), Parken Nähe Markt oder kostenpflichtig am Felsenmeer-Informationszentrum (Seifenwiesenweg 59)

Einkehr
Unterwegs: Ada's Burka (oberhalb vom Felsenmeer), Waldgasthaus Am Borstein (gegen Ende der Tour)
Am Ziel: Gasthaus Zur Traube (Nibelungenstr. 265), Doras Café Bistro (Beedenkirchener Str. 6)

Informationen
Gemeinde Lautertal: Tel. 06254/30 70, www.gemeindelautertal.de; Felsenmeer-Informationszentrum: Tel. 06254/94 01 60, www.felsenmeer-zentrum.de, www.lautertal.de/das-felsenmeer.html

Wanderkarte
Geo-Naturpark Bergstraße-Odenwald: Wanderkarte Bergstraße-Odenwald, Odenwald Blatt 5, 1:20 000

Wanderziele in der Nähe
Neunkirchner Höhe, Modautal, Lindenfels, Zwingenberg/Bergstraße, Auerbacher Schloss, Weitwanderwege Nibelungensteig, Alemannenweg

Ein spektakuläres geologisches Denkmal im Odenwald: Das Felsenmeer muss man gesehen haben! Wir erwandern es von unten und steigen an den bei Ausflüglern beliebten Blockhalden steil bergauf. Danach wird die Tour beschaulicher. Durch schönen Wald und entlang von Wiesen und Feldern geht es zurück.

Aufstieg zur Attraktion Am Startpunkt, dem **A Marktplatz in Reichenbach**, präsentiert sich zum Auftakt als kleine Sehenswürdigkeit der **1 Reichenbacher Pranger**, ein Zeichen alter Volksgerichtsbarkeit. Direkt daneben ist schon der Fußweg zum Felsenmeer ausgeschildert. Ab hier folgen wir für die nächsten 4,5 Kilometer dem roten N des Nibelungensteigs: Auf der Beedenkirchener Straße durch den Ort, an der Gabelung (Fahrstraße zum Felsenmeer) bleiben wir links auf dem Fußweg (Seifenwiesenweg) und erreichen kurz darauf das **2 Felsenmeer-Informationszentrum**. Unser Weg führt zwischen Parkplätzen durch, rechts Richtung Informationszentrum und links bergauf bis zur ersten spektakulären Stelle, der **3 Siegfrieds-Quelle**. Vor uns erstreckt sich das ganze Tal hinauf eine Art Geröllzunge aus teils mannshohen, rund geschliffenen Felsen. Viele Besucher klettern bergauf, aus Gründen des Naturschutzes sollte man aber auf den Wegen bleiben.

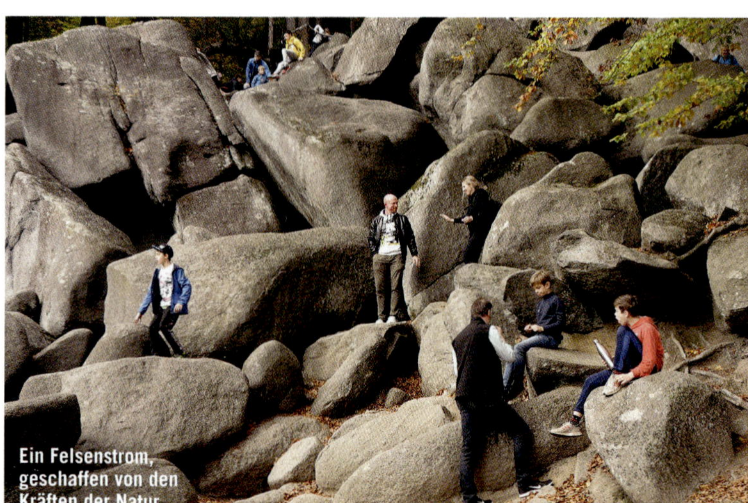

Ein Felsenstrom, geschaffen von den Kräften der Natur

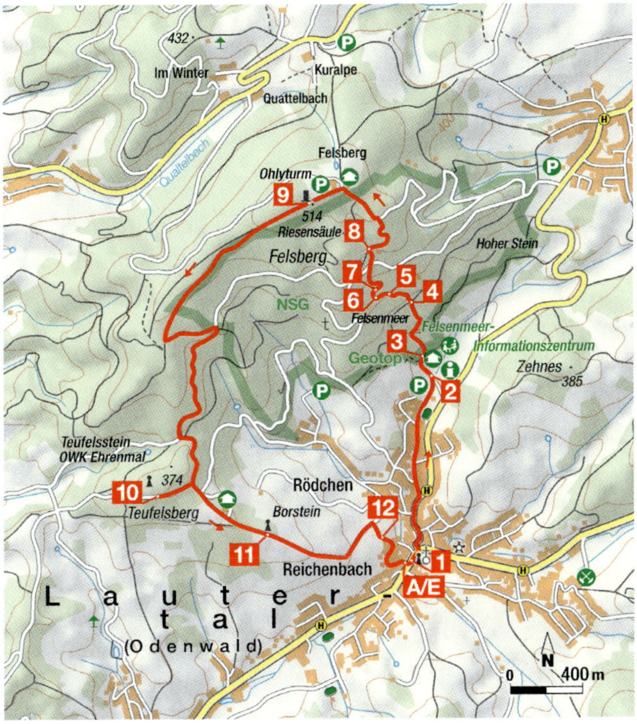

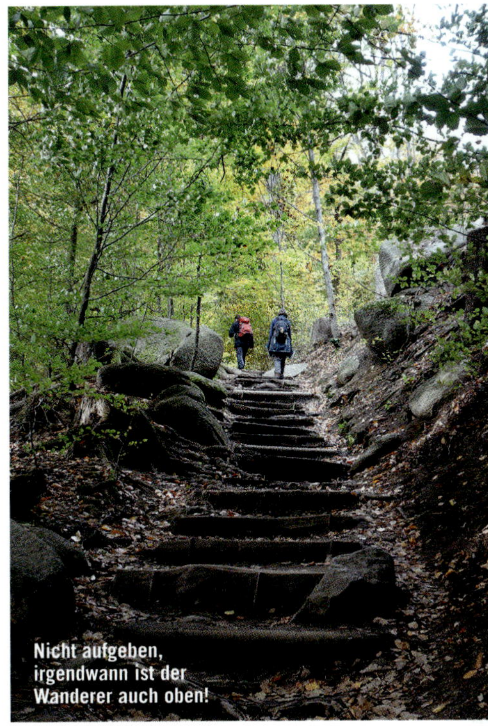

Nicht aufgeben, irgendwann ist der Wanderer auch oben!

Ein Meer von Felsen Unser rotes N biegt rechts ab und führt dann links bergauf. Die nächsten Kilometer sind ein einziger steiler Anstieg, über Stufen und Pfade, rechts entlang der Felsenhalden und mit immer neuen Blicken. Ungefähr nach 500 Metern finden wir linker Hand die ❹ **Felsformation Krokodil**, ein schöner Platz für eine kurze Rast. Kurz danach mündet der Aufstieg auf einen breiten Waldweg, wir biegen mit dem roten N nach links und erreichen bald danach die Hütte an der ❺ **Felsenmeer-Brücke**. Großflächig freigewaschene Baumwurzeln klammern sich in den Hang, dahinter weitere gigantische Felsen. Wir gehen links und überqueren den steinernen Strom. Weiter geht es stufig und steil bergauf. An einer T-Kreuzung an der ❻ **Steinformation Kiste** biegt unser Nibelungensteig nach rechts (Richtung Felsberg, Ohlyturm, Kuralpe), wenige Meter weiter nach links treppauf. Zuvor bietet es sich an, noch ein paar Schritte geradeaus zu gehen, um einen schönen ❼ **Blick auf die oberen Ausläufer des Felsenmeeres** zu erhaschen, bevor wir dem eigentlichen Weg die Treppen hoch folgen.

Endlich oben! Weiter geht unser Aufstieg, dem N folgend. Der nächste Rastplatz ist an der ❽ **Riesensäule**, das wohl berühmteste römische Werkstück (4. Jh.). Mehr als 9 Meter

Steinblöcke, die ins Tal fließen

Zwei Riesen, die sich mit Steinen bewarfen? So einfach erklärt die Sage die Entstehung des Felsenmeeres. Die geologische Wahrheit ist spannender: Zwei Kontinente kollidieren, ein Gebirge bäumt sich auf. Flüssiges Magma füllt die Lücken und erkaltet. Erosion schleift die Berge ab, Risse entstehen, Nässe dringt ein, Blöcke platzen ab. Gesteinsschutt schleift sie rund. Wetterextreme bringen den Boden in Bewegung, die Steine fließen regelrecht talabwärts. So entstand in rund 390 Millionen Jahren die Blockhalde Odenwälder Felsenmeer. Schon die Römer nutzen sie zur Steingewinnung, Spuren davon sind als römische Werkplätze und unfertige Werkstücke heute noch sichtbar. Bis 1968 wurde hier der Felsberg-Granit abgebaut, heute steht das Gebiet unter Naturschutz.

lang, knapp 28 Tonnen schwer und fertig bearbeitet wurde sie aus unbekannten Gründen hier zurückgelassen. Ähnliche Säulen tauchten zum Beispiel in Mainz und Heidelberg auf, ein abgesprengtes Teil dieser Säule fand seinen Weg in den Trierer Dom. Bei der Säule können wir uns am Kiosk erfrischen. Dann führt uns unser N rechts durch die Absperrung auf den Waldweg und im Bogen weiter bergauf zum oberen Ende des Felsenfeldes mit dem ebenfalls römischen Altarstein und der Hütte »Grieshammer Ruhe«. Hier wenden wir uns nach links, der Nibelungensteig bringt uns zur Kuppe am Felsberg. Über den großen Parkplatz, das Restaurant Ada's Burka lassen wir rechts liegen, bleiben wir geradeaus, passieren den **9** **Ohlyturm** und folgen an der Gabelung dem N nach links.

Waldweg für Genießer Jetzt kommt der Genussteil der Wanderung, hier gibt es weitaus weniger Rummel. Ein schöner Weg führt uns durch Buchenwald sanft bergab. Nach rund 1,5 Kilometern gelangen wir an eine beschilderte Kreuzung. Hier verabschieden wir uns vom Nibelungensteig, biegen links ab und folgen nun dem markierten Rundweg L2 Richtung Ehrenmal. Auf dem Waldweg geht es bergab und geradeaus durch einen Forstwegskreisel. Der Weg mündet an einer T-Kreuzung, hier gehen wir rechts, weiter dem L2 Richtung Teufelsstein folgend, bergab und an einer Wegspinne mit dem Zeichen L2 nach links (Hinweistafel »Ehrenmal des Odenwaldclubs«). Nach rund 250 Metern erreichen wir eine Abzweigung mit mehreren Wanderzeichen, der L2 biegt rechts ab. Unsere Richtung ist jetzt eigentlich geradeaus, aber zuerst machen wir noch einen kurzen Abstecher nach rechts, um den **10** **Teufelsstein** zu besichtigen: Etwa 80 Meter nach der Abzweigung führt vom Waldweg rechts ein Pfad bergauf, dann haben wir den großen Felsen erreicht, der

Auch diese Bäume geben nicht auf: Wurzeln finden Halt am Hang.

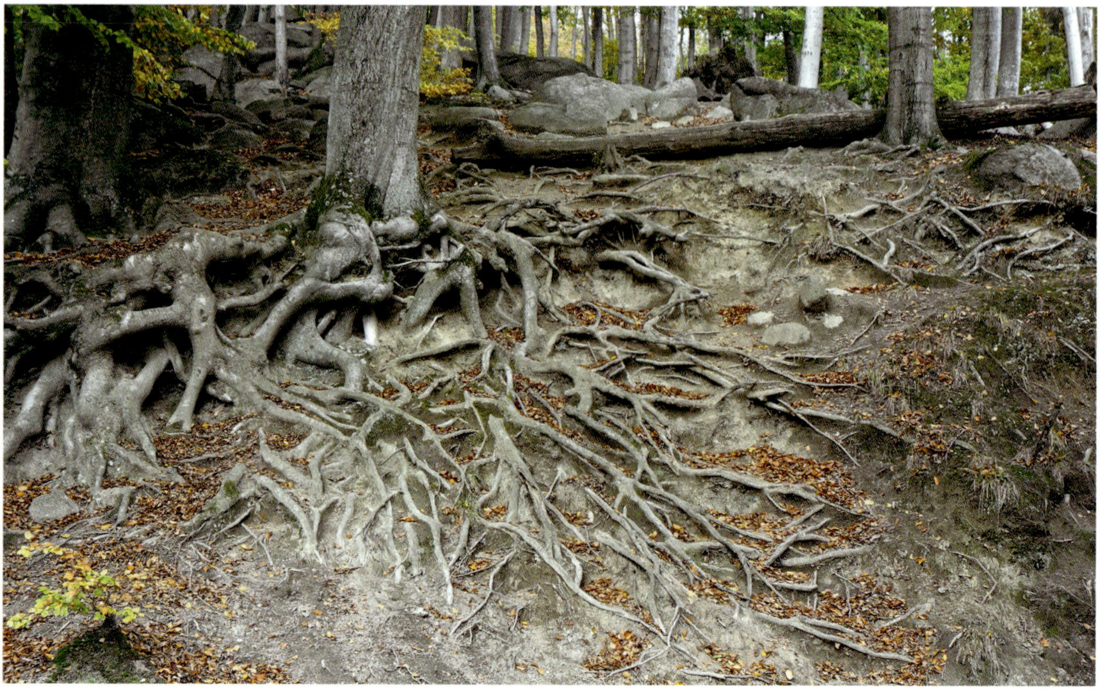

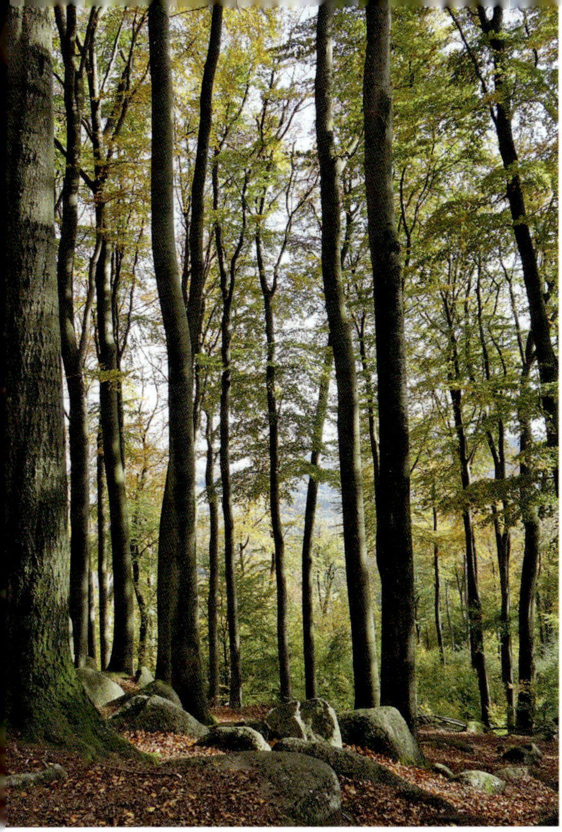

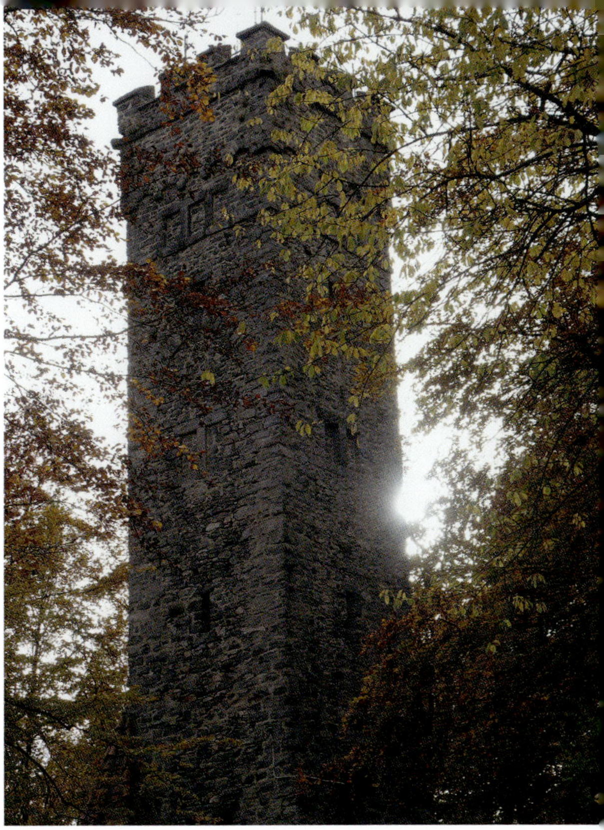

das Ehrenmal des Odenwaldclubs bildet. Die Gedenkschrift erinnert an die Gefallenen der Weltkriege und die Verstorbenen des Clubs.

Links: Schöner Buchenwald auf felsigem Grund

Rechts: Höchster Punkt der Wanderung: der Ohlyturm

Abschied mit Panoramablick Zurück zur Abzweigung folgen wir kurz der Markierung L1 bergab Richtung Felsenmeer. Am Ende des Waldwegs biegt der L1 mit dem Vogellehrpfad links ab. Wir bleiben geradeaus und können uns nun für fast den ganzen restlichen Weg am gelben Quadrat orientieren. Es führt geradeaus auf die Asphaltstraße, vorbei am Waldgasthaus Am Borstein und durch grüne Weiden. Links passieren wir einen kleinen Kletterfelsen, wenig später finden wir auf der linken Seite eine ⓫ **Gedenkstätte** für den Freiheitskämpfer Theodor Körner. Kurz danach verlassen wir den Wald und es öffnet sich uns ein weiter Blick ins Lautertal. Rechts schauen wir in die Rheinebene, davor die Bergsträßer Gipfel, ganz links die Starkenburg mit ihrem markant-eckigen Turm. Bei gutem Wetter reicht die Sicht bis Ludwigshafen und auf den schemenhaften Pfälzer Wald. Weiter auf dem geteerten Weg und vorbei an einem alten Steinbruch nähern wir uns Reichenbach. Kurz vor dem Ort führt unser Weg zwischen einigen Bäumen hindurch, dann folgen wieder Koppeln. Am Ende eines hölzernen Weidezauns biegen wir, das gelbe Zeichen verlassend, nach rechts auf den grasbewachsenen ⓬ **Weg der Stille**. Mit hübschem Blick auf den Ort und die Barockkirche geht es durch die Bangertsgasse zurück zum Ⓔ **Markt**.

WANDER-TIPP Das Felsenmeer ist ein beliebtes Ausflugsziel, daher im ersten Abschnitt etwas belebter. Wer zeitlich flexibel ist, kann die typischen Ausflugstage vermeiden.

35

Traumtal mit Schloss

Fischbachtal, Schloss Lichtenberg und Heunenburg

Mittel | 10,3 km | 500 Hm | 3.30 Std.

Tourencharakter
Rundwanderung mittlerer Anforderung auf Wald-, Feld- und Wiesenwegen sowie geteerten Dorf- und Verbindungssträßchen. Meist moderate, teils steilere Anstiege

Ausgangs-/Endpunkt
Fischbachtal, Ortsteil Niedernhausen, Tor der Ev. Kirche Johannes der Täufer (Darmstädter Straße)

Anfahrt
ÖPNV: Ab Darmstadt Hbf. mit Bus NH Richtung Niedernhausen oder ab Bahnhof Reinheim Bus MO2 Richtung Niedernhausen bzw. Brandau, Ausstieg Niedernhausen Schnurrgasse
Auto: A5 Abfahrt Darmstadt/Eberstadt, weiter B426, L3106 und L3102 (Navi: Fischbachtal-Niedernhausen, Darmstädter Str. 14), Parkplätze im Ort

Einkehr
Unterwegs: Gasthaus Alt-Lichtenberg (Am Schloss), Vesperstube Hottenbacher Hof (lohnender Abstecher ab Dieter-Held-Hütte)
Am Ziel: Landgasthof Brunnenwirt (Darmstädter Str. 45–49), Gastronomie in den umliegenden Orten

Informationen
Gemeinde Fischbachtal: Tel. 06166/930 00, www.fischbachtal.de; Geo-Naturpark: www.geopark-fischbachtal.org

Wanderkarte
Geo-Naturpark Bergstraße-Odenwald: Wanderkarte Nördlicher Vorderer Odenwald, Odenwald Blatt 2, 1:20 000

Wanderziele in der Nähe
Neunkirchner Höhe, Modautal, Lindenfels, Reichelsheim, Bad König, Otzberg, Weitwanderweg Alemannenweg

Pure Idylle findet man im Fischbachtal, meinem persönlichen Lieblingsort im Odenwald. Hier stimmt alles: Waldige Hügel umrahmen ein weites Tal mit saftig grünen Wiesen und schmucken Dörfchen. Weithin sichtbar thront das Schloss Lichtenberg über der Szenerie, die wir bei dieser Tour aus vielen Blickwinkeln erleben.

Ein Schloss hoch überm Tal Ab der ❶ **Evangelischen Kirche St. Johannes** folgen wir für die ersten Kilometer dem roten A des Alemannenwegs: Durch das Tor treppauf, hinter der Kirche rechts, ein Stück die Straße entlang und am Ortsrand links auf einen Wanderweg. Er führt uns im Zickzack und über einige Stufen hoch zum ❷ **Schloss Lichtenberg**. Wir stoßen zuerst auf ein (verschlossenes) Tor in der Mauer, hier geht es nochmals rechts bergauf und um die Burg herum bis zu einer kleinen Treppe mit Durchgang in den Schlosshof. Dort finden wir Infotafeln zur Geschichte des Renaissanceschlosses, das der junge Darmstädter Landgraf Georg I. im 16. Jahrhundert als Sommerresidenz ausbauen ließ. Min-

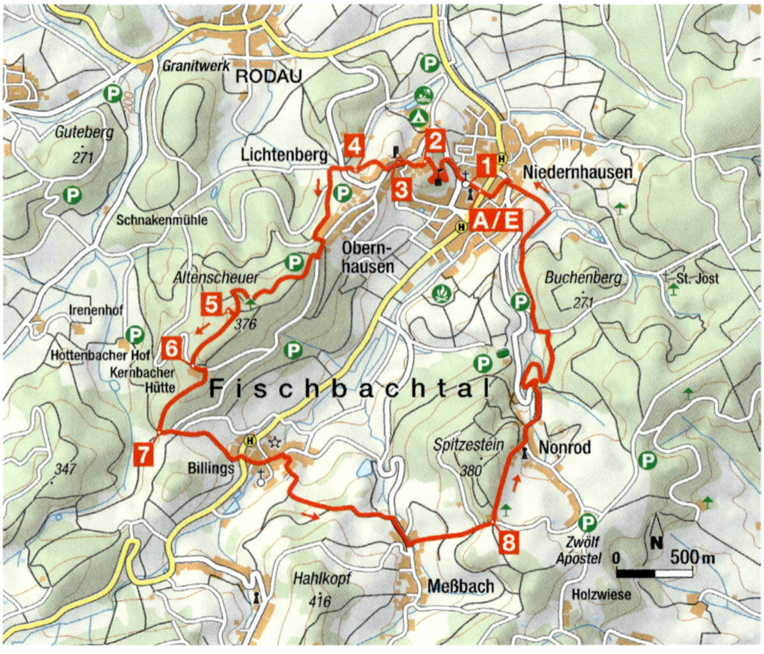

destens so beeindruckend ist der Blick über die Burgmauer ins weite Fischbachtal und auf die Neunkirchner Höhe. Dann verlassen wir die Burg durch die Vorburg, vorbei an Zehntscheuer und Marstall. Links der Mauer lockt der Biergarten des Gasthauses Alt-Lichtenberg. Vielleicht haben wir schon Kaffeedurst? Oder wir kehren nach der Wanderung nochmals hierher zurück, der Panoramablick von der Terrasse in der Abendsonne ist umwerfend.

Landidylle im Fischbachtal

Nicht weit von den Rhein-Main-Metropolen entfernt, vermittelt das Fischbachtal pure Landidylle. In den Wäldern verbergen sich Felsen, die auf die spannende Geologie dieser Region verweisen und durch den geogeschichtlichen Pfad erschlossen werden. Die Dörfer wirken gepflegt, Felder, Wiesen und Weiden malerisch. Schlosskonzerte, Sommergalerie und Exkursionen mit Vor-Ort-Begleitern umwerben den Gast. Das helle Barockschloss setzt dem Tal die Krone auf und erinnert daran, dass schon die Darmstädter Fürsten die Gegend zu schätzen wussten.

Geo-Pfad Mit der Markierung A geht es geradeaus (Landgraf-Georg-Straße). Am Verkehrs- und Verschönerungsverein machen wir einen Abstecher rechts die Treppen hoch zum 3 **Bollwerk**, wo wir besonders schön aufs Schloss schauen können. Zurück zur Straße und in der bisherigen Richtung weiter (Waldstraße), gelangen wir zum alten Schulhaus. Direkt dahinter folgen wir unserem Zeichen rechts treppab, durch ein Wiesental im Bogen zum 4 **Eselsbrünnchen**. Einst war das die Trinkwasserversorgung des Ortes, mit Eseln wurde das kostbare Nass zum Dorf transportiert. Heute haben wir es bequemer. Am Brunnen rechts vorbei geht es kurz in den Wald, gleich links über einen Pfad bergauf und über die Landstraße zum Parkplatz Riedbusch, den wir geradeaus überqueren. Gleich danach verlassen wir den Alemannenweg und biegen mit den Zeichen J1 und F2 nach links. Zwischen Apfelbaumhain und Wiesen wandern wir bergauf in den Wald, streifen den Ortsteil

Hier vom Eselsbrünnchen wurde früher das Wasser hoch in den Ort gebracht.

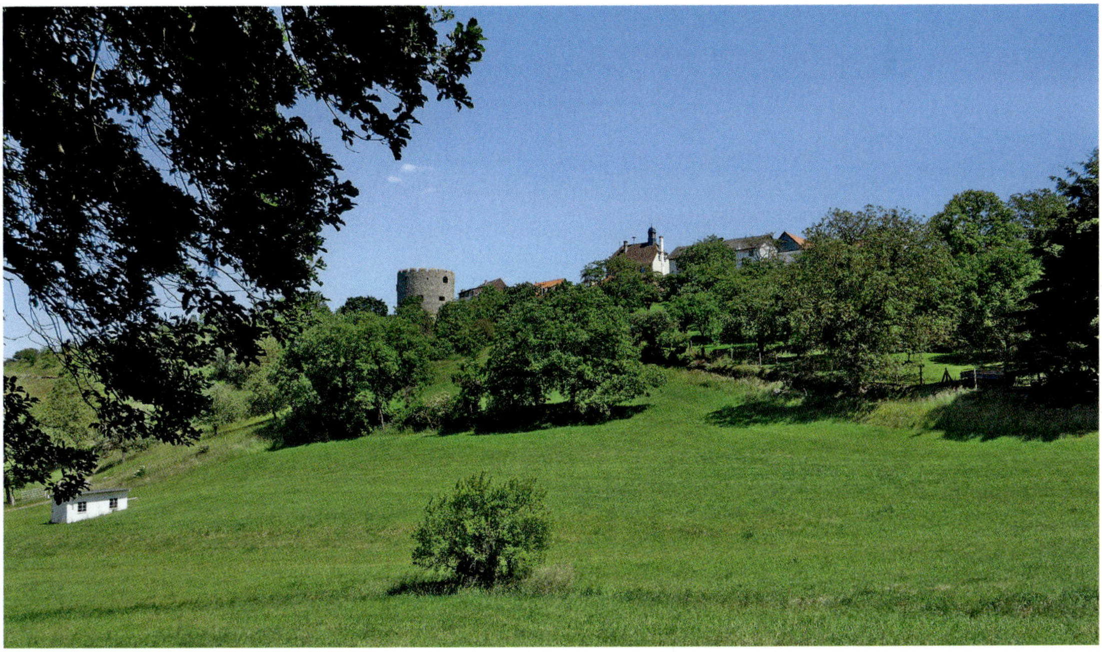

Obernhausen, wenden uns am Ende der Straße nach links und gleich wieder rechts bergauf in den Wald. Nun können wir uns von den Wegzeichen J1, F2 und dem roten Quadrat leiten lassen. Ein grasbewachsener geogeschichtlicher Pfad führt tiefer in den Wald und schlängelt sich um ein Tal mit teils uralten Buchen. Infotafeln geben Auskunft über die spannende Geologie dieser Region. Nach rechts kann man durch die Bäume die Ebene des Rheingrabens erkennen.

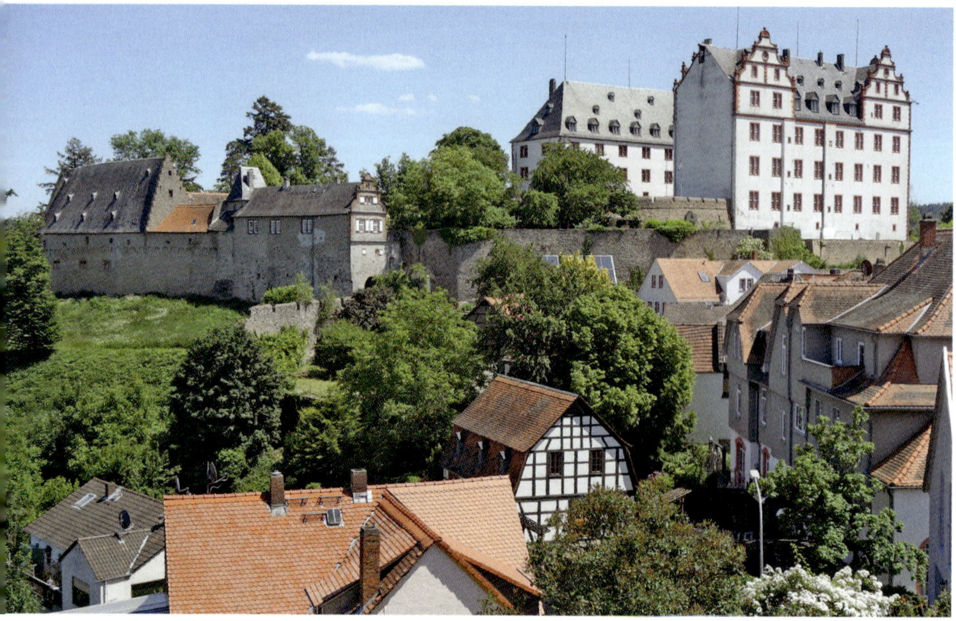

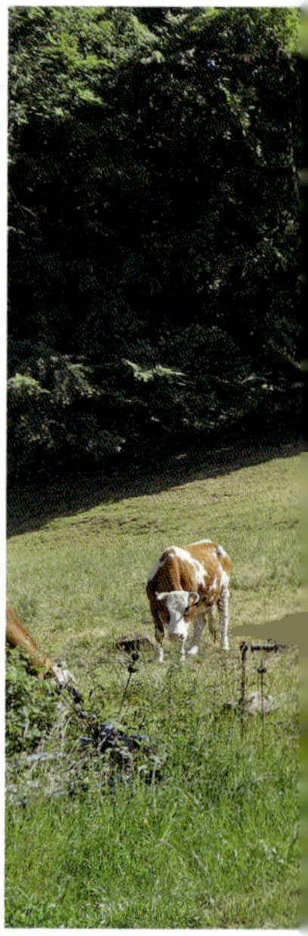

Rätselhafte Alemannenburg Kurz vor der Kuppe führen unsere Wanderzeichen links bergauf und an der Bank rechts zum ❺ **Schutzhüttchen an der Heunenburg**. Dahinter, teils im Gestrüpp verborgen, finden wir die Reste einer alemannischen Burganlage aus dem 4./5. Jahrhundert, einst integriert in natürliche Felsformationen und mit einem Ringwall aus Holz, Steinen und Erde. Ob hier ein regionaler Herrscher seinen Sitz hatte, ist nicht belegt. Zurück zum Wanderweg und nach rechts, geht es mit den bisherigen Wanderzeichen durch schönen Wald bergab bis zur ❻ **Hütte Kernbach**, einer ehemaligen Holzarbeiterunterkunft mit mehreren Gebäuden. Hier biegen wir nach links und kurz hinter dem Grundstück – jetzt nur noch mit dem roten Quadrat – nach rechts. Auf breitem Waldweg geht es bergab bis zu einer Wiese. Hier wenden wir uns kurz nach links, vorbei am Dieter-Held-Hüttchen, und erreichen die ❼ **Aussichtsbank an der Sandsteinsäule**, einer markanten Wegmarke.

Verträumte Dörfer Für die nächsten Kilometer folgen wir nun dem gelben Kreuz. Es führt über ein mit Apfelbäumen gesäumtes Sträßchen hinunter nach Billings, geradeaus an der Mühle vorbei und durch den Ort. Auffallend sind die Infotafeln an vielen Häusern. Fast wie in einem Museumsdorf erzählen sie die Geschichte der Anwesen. Kurz hinter der alten Schule biegen wir mit dem gelben Kreuz rechts ab. Aus dem Ort hinaus, wandern wir am Gedenkstein links Richtung Meßbach bergan und im Bogen um eine Wiese, während sich links ein fantastischer Blick öffnet. In der Ferne thront Schloss Lichtenberg über den Hügeln. Der Anstieg mündet auf einen Waldweg, auf den wir links einbiegen, um in ein hoch gelegenes Wiesental zu gelangen. Auch diese Wiese umrunden wir nach rechts bis zur Straße. Ihr folgen wir nach rechts in den Ort Meßbach und am Wartehäuschen (Nonroder Weg) links wieder heraus. Nun geht es ein Stück auf Asphalt bergauf, der wunderschöne Blick und

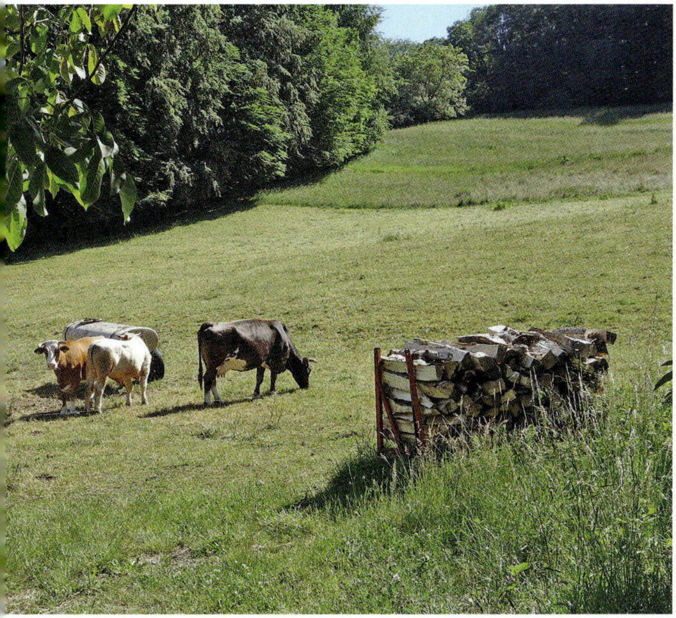

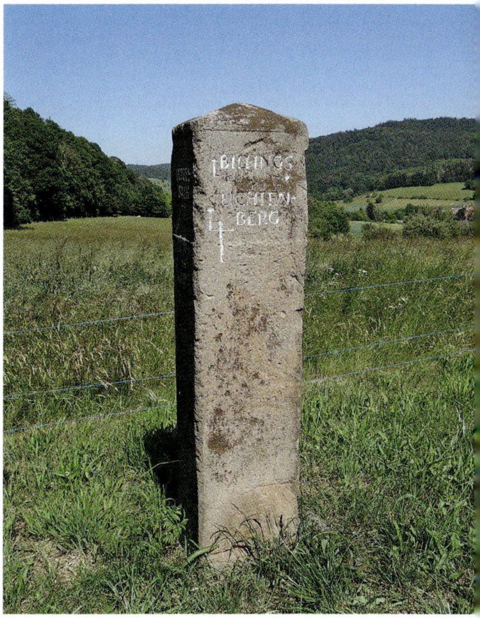

die saftig grüne Wiesenlandschaft entschädigen dafür. Auf der Kuppe an der **8 Nonroder Hütte** verlassen wir das gelbe Kreuz. Mit der Markierung FV und Rundweg 3 biegen wir links ab und wandern zwischen Waldrand und Wiese nach Nonrod. Dort geht es nach links (Rodensteiner Straße), am Angelteich vorbei aus dem Ort heraus und für ca. 500 Meter mit dem Rundweg 2 an der Straße entlang bis zur Straßenbiegung.

Links: Imposantes Schloss Lichtberg, weithin sichtbar im Fischbachtal

Mitte: Die Kühe haben ihr eigenes Tempo – Wanderer dürfen gerne mal innehalten.

Rechts: Straßenschild-Denkmal: die Sandsteinsäule bei Billings

Zurück auf dem roten A In der Kehre bleiben wir geradeaus auf einem Waldweg leicht bergab. Nach wenigen Metern treffen wir den Alemannenweg wieder, der uns zum Ausgangspunkt zurückbringt. Links bergab und im Bogen auf einem verträumten Pfad, wandern wir durch lichten Wald ins Tal des Nonroder Baches. Am Schild »Grillhütte Weidestall« bleiben wir geradeaus und wandern mit unserem Zeichen über einen idyllischen Wiesenweg entlang der Lichtung sanft bergab. Am Wegkreuz mit dem Insektenhotel geht es links auf den asphaltierten Wirtschaftsweg in den Ort. Kurz vor der Brücke biegen wir links auf den Fußweg am Fischbach entlang, nach dem Spiel- und Sportplatz nach rechts über die Brücke und zurück zur **E Kirche**.

EVENT-TIPP Besonders stimmungsvoll ist der Adventsmarkt auf Schloss Lichtenberg am 1. Adventswochenende.

36

Vulkankegel mit Burg

Rund um den Otzberg im nordöstlichen Odenwald

Mittel | 11,3 km | 330 Hm | 3.45 Std.

Tourencharakter
Rundwanderung mittlerer Anforderung durch Felder, Wiesen, Wald und kleine Ortschaften. Meist gut begehbare Wander- und Wirtschaftswege. Moderate An- und Abstiege

Ausgangs-/Endpunkt
Otzberg-Lengfeld, Bahnhof (Bahnhofstraße)

Anfahrt
ÖPNV: Ab Frankfurt Hbf. oder Darmstadt Hbf. mit der Regionalbahn oder ab Groß-Umstadt mit Bus GU1 Richtung Otzberg
Auto: Ab Dieburg über B45 und L3065 oder ab Reinheim über B426 (Navi: Otzberg-Lengfeld, Bahnhofstraße 15), Parkplätze (kostenlos) am Bahnhof

Einkehr
Unterwegs: Zum Stern (Hering)
Am Ziel: Dreispitz Essen & Trinken (Habitzheimer Straße 5), Gastronomie in den umliegenden Orten, z. B. La Trattoria (Odenwaldstraße 88 in Otzberg-Hering)

Informationen
Rathaus Gemeinde Otzberg: Tel. 06162/960 40, www.otzberg.de

Wanderkarte
Geo-Naturpark Bergstraße-Odenwald: Wanderkarte Breuberger Land, Odenwald Blatt 3, 1:20 000

Wanderziele in der Nähe
Groß-Umstadt, Höchst, Reichelsheim, Bad König, Lichtenberg, Weitwanderweg Alemannenweg

Wo der Odenwald ins Reinheimer Hügelland übergeht, sticht der Vulkankegel Otzberg markant hervor. Wie ein einsamer Wächter wirkt er, seit dem 13. Jahrhundert mit einer Veste bekrönt. Unser Weg führt durch saftige Wiesen, einsamen Wald, verträumte Orte und über diesen Berg.

Erster Blick auf den Vulkan Links des Ⓐ **Bahnhaltepunkts** gehen wir über die Gleise, biegen hinter dem Parkplatz rechts auf einen Fußweg und gelangen am Sägewerk vorbei zur Straße, die wir überqueren. Hinter dem Markt geht es rechts unter der Bahntrasse hindurch in Richtung Schrebergärten. An der ersten Abzweigung nehmen wir den Feldweg links bergauf, streifen die Häuser, halten uns an der Hasselgasse halb links und erreichen nach wenigen Metern eine Bank. Hier können wir über die Felder bis Groß-Umstadt schauen. Dann geht es rechts auf den Feldweg am Ortsrand entlang. Nun sehen wir den Vulkankegel Otzberg vor uns. Der Ort zu Füßen der Burg, Hering, ist im Kern eigentlich die Vorburg, untypischerweise außerhalb der Burgmauern errichtet, denn auf dem Burgberg fehlte Wasser.

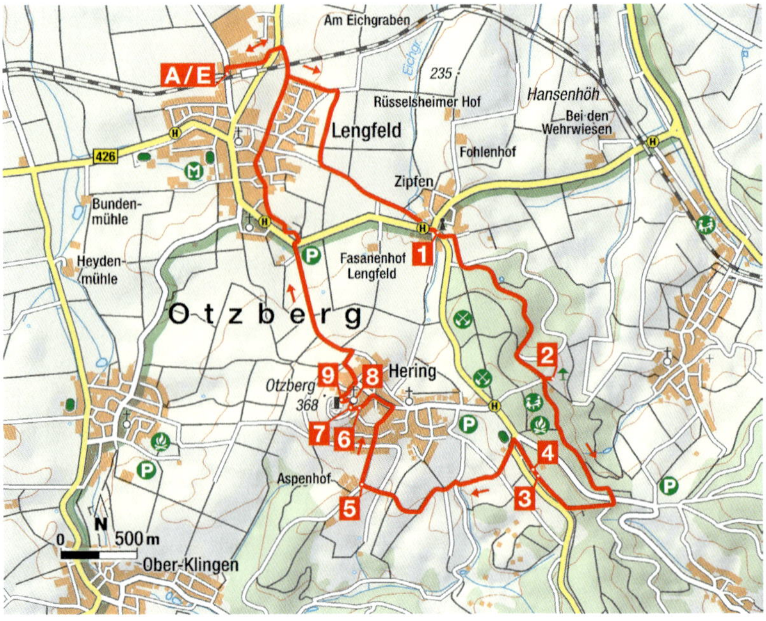

Hütte mit Talblick Bald schwenken wir nach links auf einen befestigten Weg ein, markiert mit einem blauen Quadrat, der uns zum Ort ❶ **Zipfen** bringt. Dort führt er über die Straße und links, gleich rechts, wieder links in die Forsthausstraße und nach wenigen Metern rechts auf einen schmalen Pfad. Durch einen Gebüschtunnel am Feldrand gelangen wir zur asphaltierten Forststraße und gehen kurz rechts. Nach wenigen Schritten verlassen wir an der Wegspinne das blaue Quadrat und folgen scharf links dem breiten Waldweg bergauf (Rundwanderweg Otzberg 1 Freundschaftsweg). In sanften Kurven führt er uns zu einer Kreuzung mit Wegweisern. Geradeaus (Richtung Rondell) ist unsere Richtung, zuvor gehen wir kurz links bergab zur ❷ **Ludwig-Keller-Hütte** mit idyllischem Talblick. Zurück an der Kreuzung führt der Forstweg uns um die Bergkuppe herum, bis zur Kreisstraße begleitet von einem grünen Punkt. Wir überqueren die Fahrbahn und biegen gleich rechts auf den ersten Waldweg. Nach ca. 300 Metern, kurz vor der Landstraße, nehmen wir den markierten Fußweg nach rechts durch einen kleinen Eichenwald. Ab hier leitet uns ein Stück das rote A des Alemannenwegs. Nach links öffnet sich ein großartiger Blick auf den hinteren Odenwald und in Richtung Erbach/Michelstadt. Wenig später sehen wir auch Hering mit der Burgruine. Von hier fällt vor allem der mittelalterliche Bergfried ins Auge, genannt »die weiße Rübe«.

Vulkanberg Otzberg und der Ort Hering

Kaum zu glauben: Der östliche Böllsteiner Odenwald ist rund 50 Millionen Jahre älter als der westliche Bergsträßer Odenwald. Getrennt sind sie durch eine alte Störungszone, die Otzbergspalte, auf der auch der Otzberg selbst liegt, mit 368 Metern die höchste Erhebung weit und breit. Reste von Steinbrüchen und Bergwerken zeugen vom früheren Basaltabbau. Hering, uralter Name des Dorfes rund um die Veste, hat übrigens keinen Bezug zu Fisch. Vermutet wird ein keltischer Ursprung, abgeleitet von Höh-Ring, Höhenring, denn eine Stein-Erd-Aufschüttung aus vorchristlicher Zeit ist belegt. Otzberg stammt dagegen von »Ottos Burg«.

Vulkankegel: Diese Kuppe braucht einfach eine Burg!

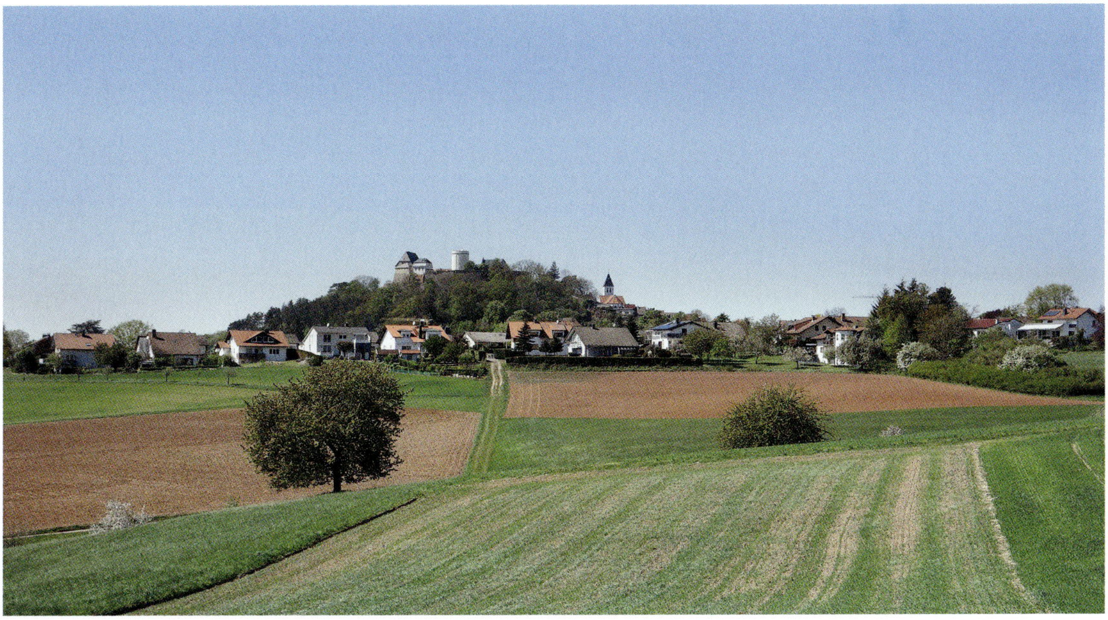

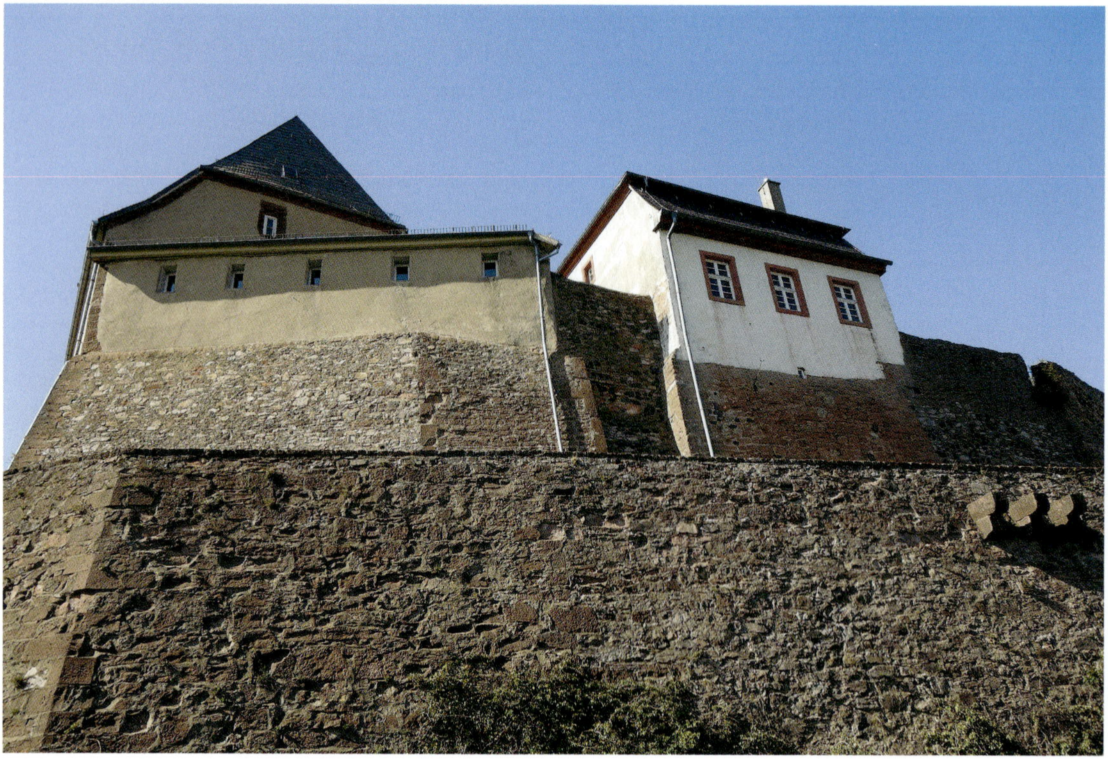

Trutzige Mauern: Die Veste Otzberg galt als uneinnehmbar.

Endlich Richtung Burg An der ❸ **Freizeitanlage Heidenstengel** führt hinter der Torwand ein Pfad rechts zur ❹ **Kapelle im Wald**, einem Freiluftaltar in einem Kreis von Bänken. Hinter den Bänken geht es links Richtung Hütte, dann über den Parkplatz und zurück zum roten A. Es führt uns über die Straßenkreuzung und nach links, am Sportplatz vorbei auf einen Grasweg. Durch Felder, Wiesen und Weiden wandern wir in das Landschaftspanorama hinein. Hinter dem Angelteich mit unserem A geradeaus, erreichen wir eine Senke mit saftigem Grün und Streuobstbäumen. Rechts erstreckt sich hangaufwärts eine Koppel, an ihrem Ende führt das rote A rechts bergauf, dann links und sofort wieder rechts durch einen Hohlweg zum ❺ **Reiterhof Aspenhof**. Hier verlassen wir das A und wandern rechts hinein nach Hering. Über die Waldstraße und nach links Richtung Groß-Umstadt, erreichen wir die Ortsmitte. Am Alten Friedhof geht es links (Zum Bergfried) und dann rechts (Burgweg). Hinter den letzten Häusern zeugt eine Wand freiliegender ❻ **Basaltfelsen** vom vulkanischen Ursprung dieses Berges.

Den Burgberg erklommen Gleich darauf verlassen wir die Straße und steigen rechts die ❼ **Waldwegtreppe Himmelsleiter** hoch zur alten Stadtmauer. Durch die Scharte bietet sich ein Blick auf die Kirche. Weiter geht es links entlang der Mauer zur ❽ **Veste Otzberg**, die wir umrunden oder besichtigen können. Rechts von der Aussichtsterrasse haben wir einen weiten Blick Richtung Dieburg, Hanau und den Main sowie Groß-Umstadt mit seinen Weinbergen. Bei gutem Wetter erkennen wir sogar rechts die Ausläufer des Spessarts, links die Frankfurter Skyline und den Taunus.

Dann nehmen wir die Treppe gegenüber dem Burgtor hinab. Tafeln informieren über die Geologie und über berühmte Besucher der Veste, die als Kerker ebenso wie als literarische Inspiration in der Romantik diente. Unten passieren wir die katholische **9** **Kirche Sankt Marien**, einst als Simultankirche von beiden Konfessionen genutzt. Weiter gehen wir den Burgweg hinunter, links (Obergasse), rechts (Am Alten Rathaus), nochmals links und rechts, vorbei am alten Backhaus und scharf links (Zinselgasse) aus dem Ort. Vor den Feldern folgen wir rechts dem Radweg R4, der uns mit Panoramablick vom Otzberg herunterführt.

Weitblick und Pfad am Bach Unten überqueren wir die Landstraße, gehen kurz rechts, gleich links und nochmals links. Ein Pfad führt um den Löschteich herum zu den Schrebergärten am Ortsrand von Lengfeld. Vor den Gärten scharf rechts, gelangen wir auf einen Trampelpfad am Bach entlang durch die Gärten auf die Straße Zum Borngraben, der wir durch den Ort hindurch folgen. Wer hungrig oder durstig ist, erreicht nach links (z. B. Rathaus- oder Borngasse) die Hauptstraße mit Geschäften. Auch das Alte Rathaus mit dem Museum für Odenwälder Volkskultur ist sehenswert. Doch zum Bahnhof läuft sich die Hauptstraße weniger angenehm, deshalb bleiben wir geradeaus. Durch die Heierngasse auf einen Fußweg zwischen Feldern und Schrebergärten, kommen wir zu der Stelle, wo wir anfangs abgebogen sind. Zurück durch die Bahnunterführung, am Raiffeisen-Markt links, über die Straße und, als Variante, links auf geschottertem Fußweg entlang der Gleise, sind wir bald wieder am **E** **Bahnhof**.

Links: Rasten und umschauen im Burghof ...

Rechts: ... und dann geht es treppab, bald ist auch diese Wanderung geschafft.

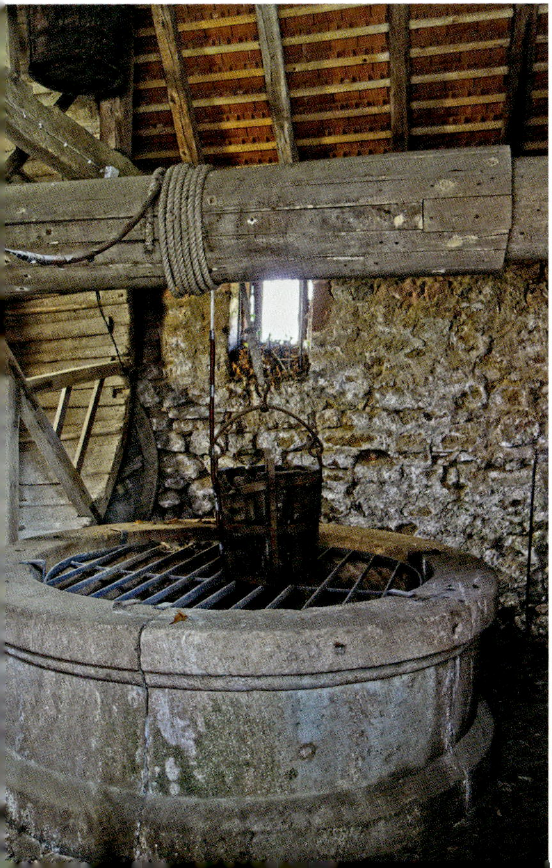

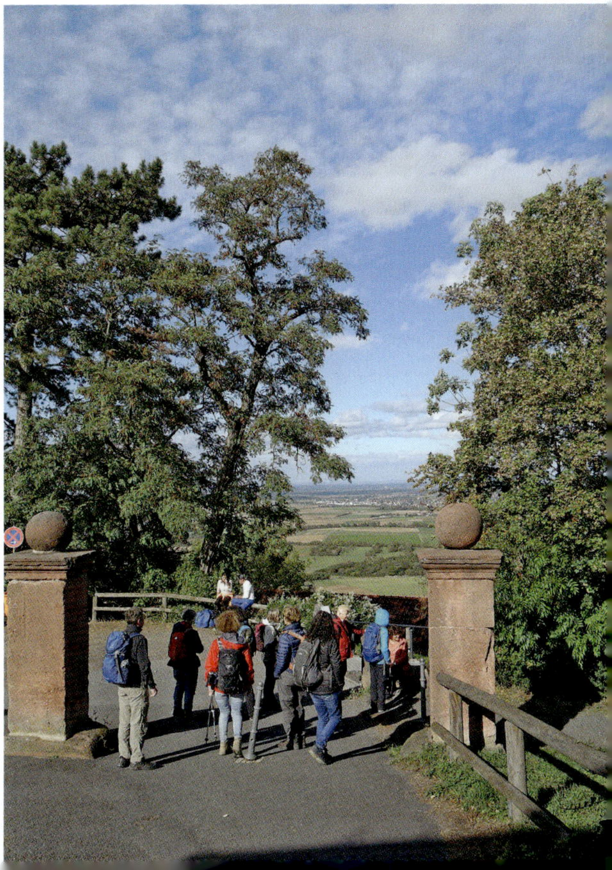

Für jeden Tag die richtige Tour

			⏱	km	⛰	🍴	☺	🏛	❄	☀	🌳	🚡	🏖	🚌
1	🔵	Grüne Großstadt-Oasen	2:30	10	100	●	●	●	●	●	●			●
2	🔴	Steinbruchseen und Mainufer	2:30	11,5	125/110	●	●	●	●	●	●			●
3	🔵	Streuobst und ein schöner Wald	2:30	9,5	170	●	●	●	●	●	●			●
4	🔵	Kurbad-Glanz und Land-Idylle	2:30	9,3	175	●	●	●	●	●	●			●
5	⚫	Mystischer Keltenberg	3:45	9,5	510	●					●		●	●
6	⚫	Burgberg und Taunuspass	3:30	9,8	385	●	●	●	●		●			●
7	🔴	Blüten mit Skyline-Blick	3:30	11,5	280	●	●		●	●				●
8	🔴	Reiterhof und Zauberberg	3:30	11	350	●	●	●	●	●	●			●
9	⚫	Nostalgietour mit Tempeln	3:00	8,1	480	●	●	●			●			●
10	🔴	Auf den Spuren von Römern und Nassauern	3:15	10,5	185	●	●	●	●	●	●			●
11	🔴	Königlicher Weinberg und Industrie-kultur	3:45	13,5	150	●	●	●	●	●				●
12	⚫	Vom Kurpark auf den Berg	3:45	12	460/300	●	●	●	●		●			●
13	🔴	Wiesbadener Waldlust	3:00	10,3	290	●	●	●	●	●	●	●		●
14	🔴	Traumwald über der Stadt	2:30	8	300	●	●	●	●		●			●
15	⚫	Waldausflug mit Tradition	4:00	13,3	350	●	●	●	●		●			●
16	🔴	Wo Goethe sich am Wein ergötzte	3:00	9	280	●	●	●	●	●	●			●
17	🔵	Durch prächtige Weinberge	3:15	10	200	●	●	●	●	●				●
18	🔴	Große Lage, stilles Tal	3:15	9	280	●	●		●	●				●

Nr.		Tour	Gehzeit	Länge (km)	Höhenunterschied hinauf/hinab	Einkehr	kindergeeignet	Sehenswürdigkeit	wintergeeignet	viel Sonne	schattiger Weg	Seilbahn	Baden	ÖPNV
19	🔵	Zwei-Schlösser-Runde	2:45	8	220	●	●	●	●	●				●
20	🔴	Stilles Kloster und ein großes Denkmal	3:30	10,5	330	●	●	●	●	●		●		●
21	🔵	Wo der Main im Rhein zerfließt	3:00	10,7	80	●	●	●	●	●				●
22	🔴	Mainzer Landpartie	2:45	10	200/125	●	●	●	●	●				●
23	🔴	Friedvolle Panoramatour	3:45	12	100	●	●		●	●				●
24	🔵	Wehrkirche am Weinberg	2:30	10	240	●	●	●	●	●				●
25	🔴	Kloster mit Aussicht	3:30	12,3	200	●	●	●	●	●				●
26	🔴	St. Alban auf der Spur	2:30	10,2	175	●	●	●	●	●				●
27	🔴	Panoramaterrasse Roter Hang	3:45	12	250	●	●	●	●	●				●
28	🔵	Auwald-Insel im Rhein	3:30	11,3	115	●	●	●	●	●	●			●
29	🔴	Waldkunst und Streuobst	2:45	8,1	200	●	●		●	●	●			●
30	🔵	Steinzeit bis Jugendstil	3:00	10,3	120/180	●	●	●	●	●	●		●	●
31	🔴	Burg, Blüten, Buchenwald	3:15	8,3	370	●	●	●	●	●	●			●
32	🔴	Fürstliche Sommerfrische	3:15	9,5	310	●	●	●	●		●			●
33	🔴	Verträumtes Tal, versteckter Bach	3:15	10,5	350	●	●		●	●	●			●
34	⚫	Felsen zum Staunen	3:30	7,5	370	●	●				●			●
35	🔴	Traumtal mit Schloss	3:30	10,3	500	●	●	●		●	●			●
36	🔴	Vulkankegel mit Burg	3:45	11,3	330	●	●	●	●	●				●

Piktogramme erleichtern den Überblick

- Länge
- Höhenunterschied hinauf/hinab
- Gehzeit
- Einkehr
- kindergeeignet
- Sehenswürdigkeit
- wintergeeignet
- viel Sonne
- schattiger Weg
- Seilbahn
- Baden
- ÖPNV

PS:

Viel Herzblut steckt in diesem Wanderführer, nicht nur mein eigenes. Das erste Tröpfchen war dafür verantwortlich, dass ich den Auftrag überhaupt annahm. Als der Verlag anfragte, war klar: Neben dem Beruf wird das schwer zu stemmen sein. Aber mein Herz schlägt fürs Wandern! Und fürs Schreiben! Und fürs Rhein-Main-Gebiet. Also, warum nicht? Bis Redaktionsschluss ist ja noch viel Zeit …

Die Sache mit der Zeit

Das Buch reifte in meinem Kopf, erreichte aber nicht sofort meine Füße, bildlich gesprochen. Die ersten Touren entstanden in großen Abständen. Irgendwann erkannte ich: Jetzt muss ich mich aber ranhalten! Glücklicherweise habe ich wunderbare Wanderfreundinnen und -freunde, die sofort zur Unterstützung bereit waren: mit Tourvorlagen, Probewandern, Feedback und mehr. Selbstverständlich und freudig halfen sie, und so steckt auch deren Herzblut in dem Buch. Und ich kann stolz sagen, alle Strecken sind erprobt und für gut befunden!

Danke allen Helferinnen und Helfern!

Viel Unterstützung habe ich von Christiane Horn, Andrea Bokler und Ignacio Garcia, Gisela Rosi, Gerdi Boehler-Kaus und Roland Kaus, Ingrid Jackwerth sowie Matthias Seibel erhalten. Als Probewanderer haben außerdem geholfen: Evelyn Annich, Andrea Brandner, Ute Deller, Silke Erdenbrecher, Ilse Hees, Dagmar Laubscher-Tietze und Andreas Bock, Ursula Lauterbach, Uta Nagel, Uli Pfeffer, Anke Potyka, Sabine Rapp, Karola Schmiedel, Lili Schumacher und Günther Steinhauer, Astrid und Jörg Stöhr, Roswitha Stolpe, Jutta Walk und Ute Wirth. Ein Dankeschön geht außerdem an den Kartografie-Experten Christoph Otte vom Verlag NaturNavi, der mir für alle Strecken die passenden Wanderkarten nennen konnte.

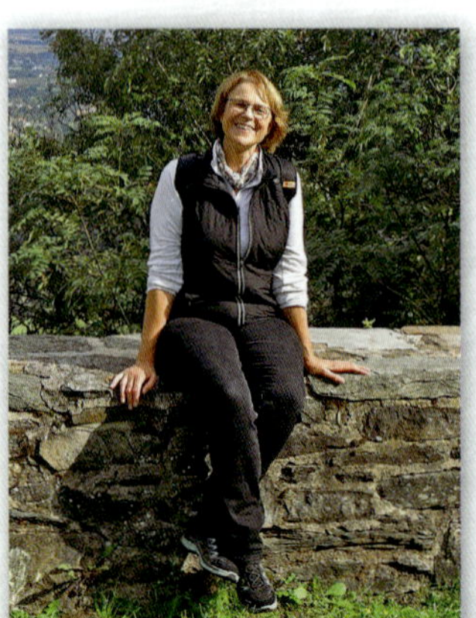

Zum Schluss die Anekdote

Etwas Lustiges, das bei der Arbeit am Buch passiert ist, wünschte sich der Verlag fürs PS. Da fällt mir die Spracherkennung meines Smartphones ein. Ich spreche meinen Text unterwegs auf und das smarte Ding macht geschriebenen Text daraus. Allerdings, das hat seine Tücken. Dies habe ich diktiert: »Am Ende des Ringwalls biegt unser Pfad links.« Und das stand in der Textnotiz: »Am Ende des Regenwalds liegt unser Pferd links.« In diesem Sinne, viel Spaß beim Nachwandern!

Sabine Kolicki

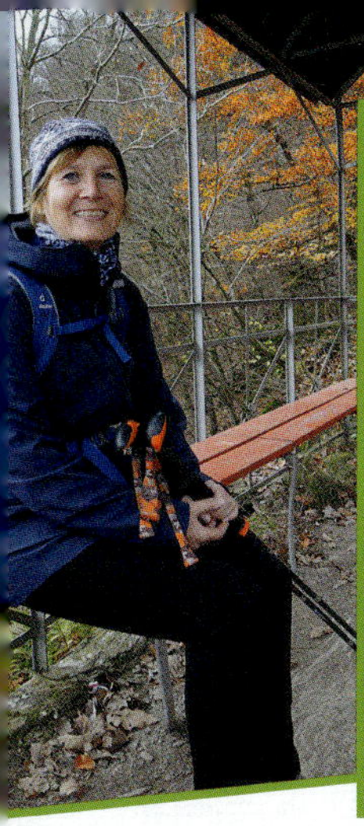
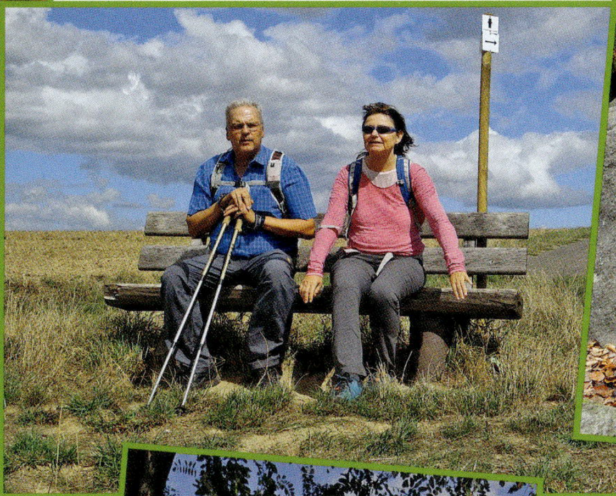
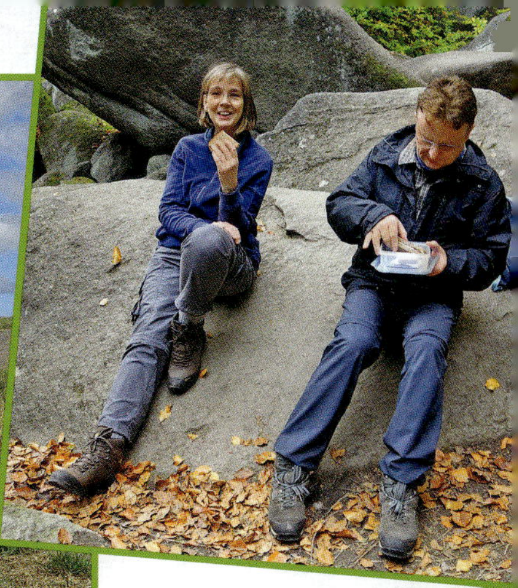
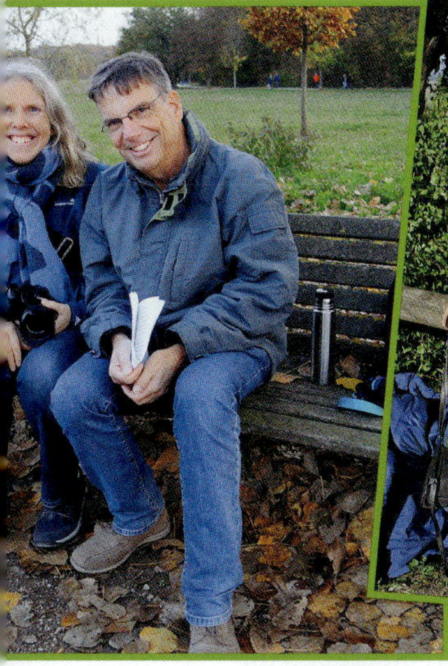
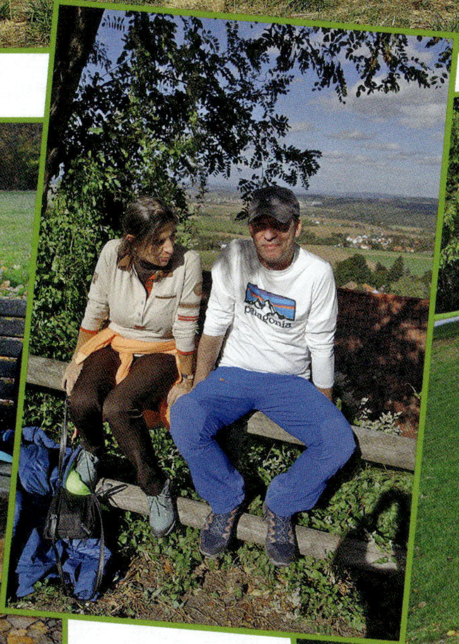
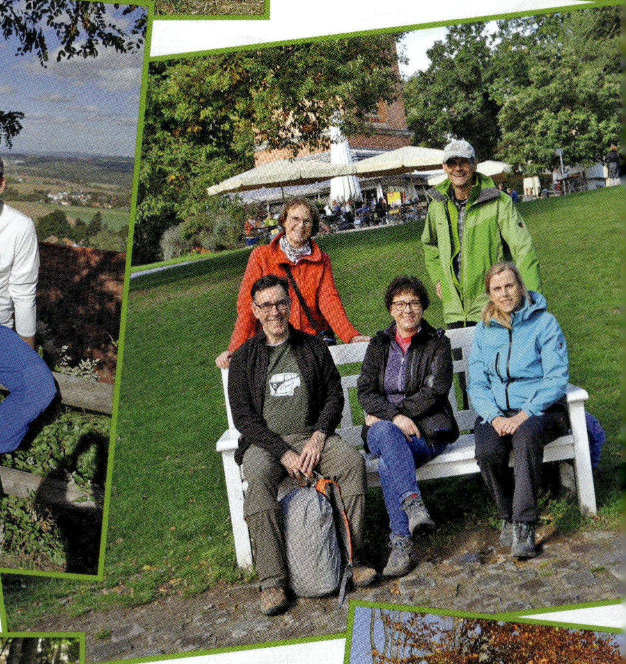
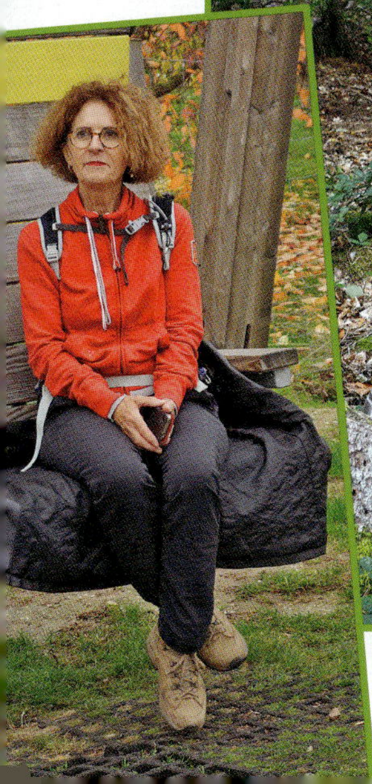
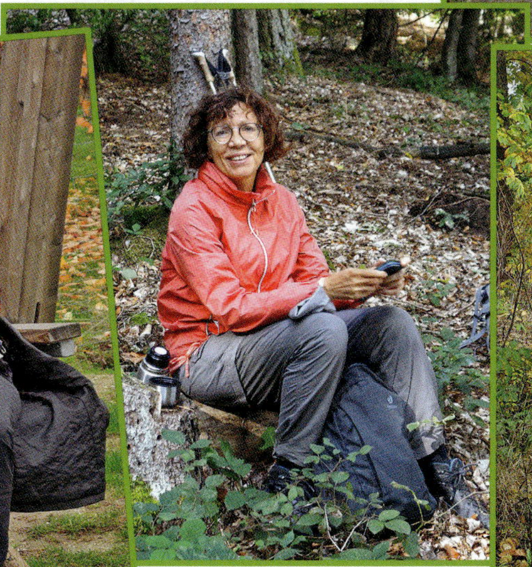
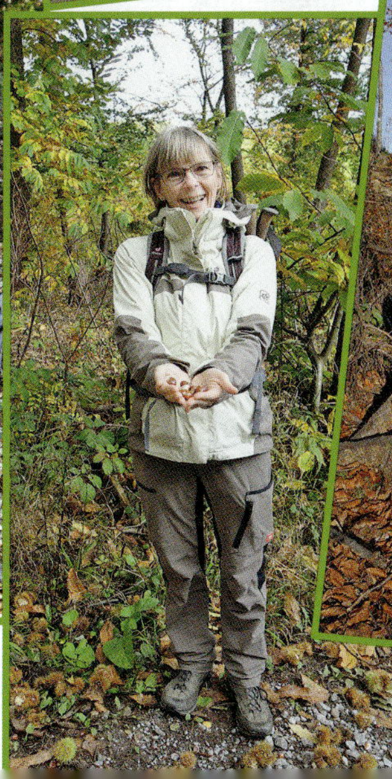
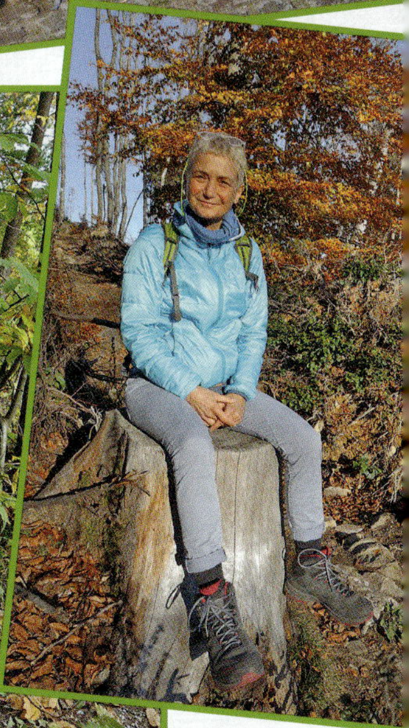

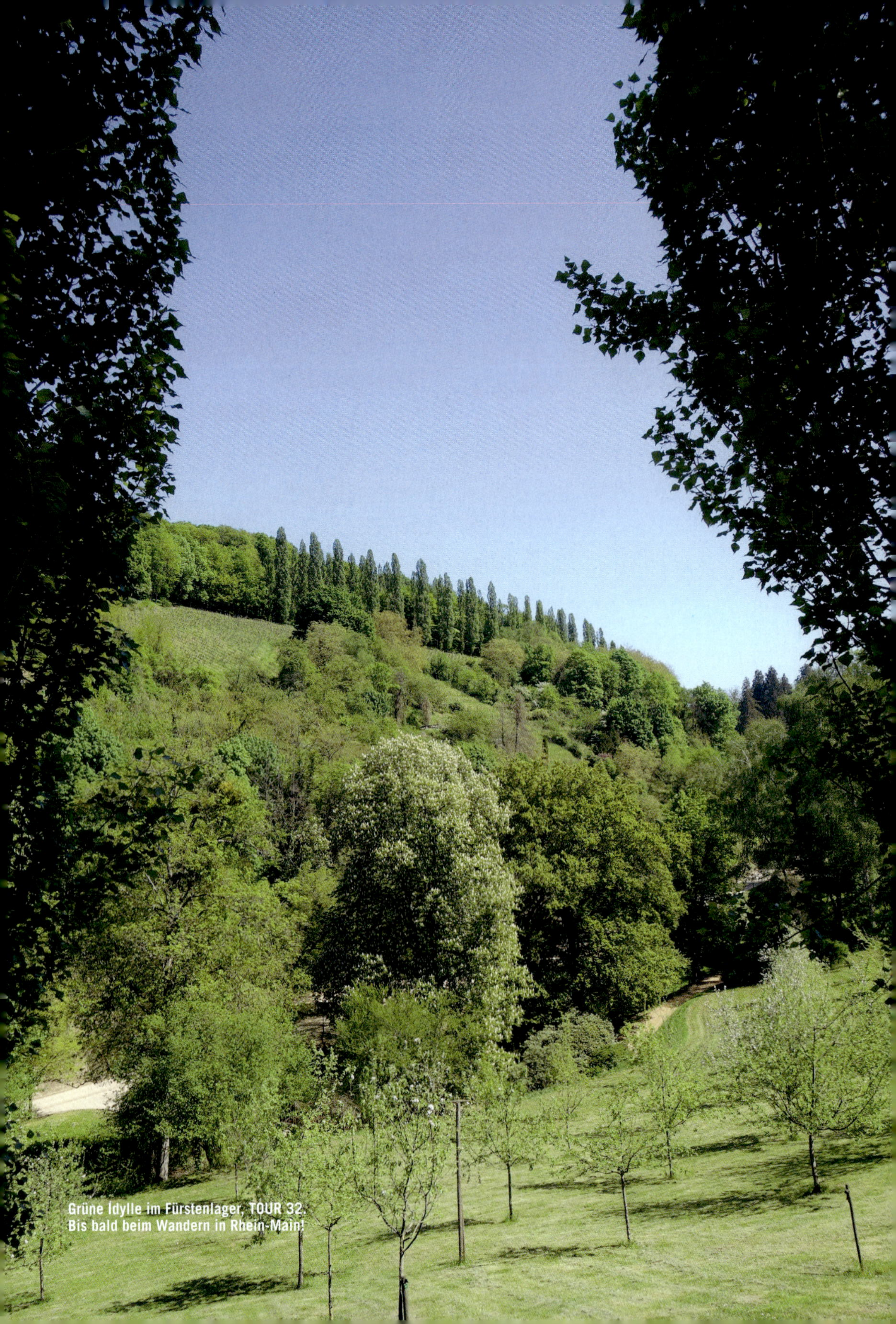

Grüne Idylle im Fürstenlager, TOUR 32.
Bis bald beim Wandern in Rhein-Main!

Register

Ebenfalls erhältlich ...

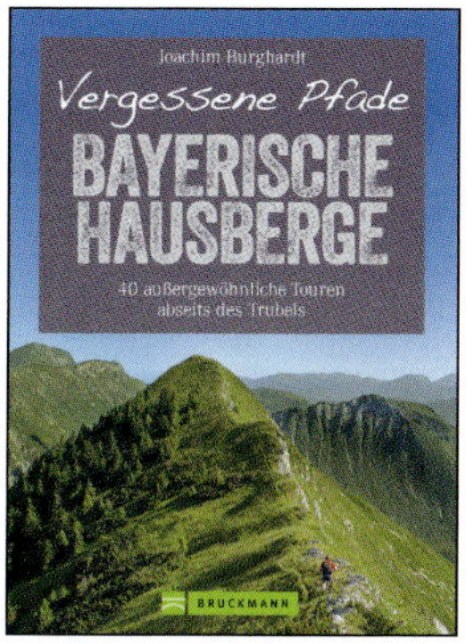

ISBN 978-3-7343-1210-6

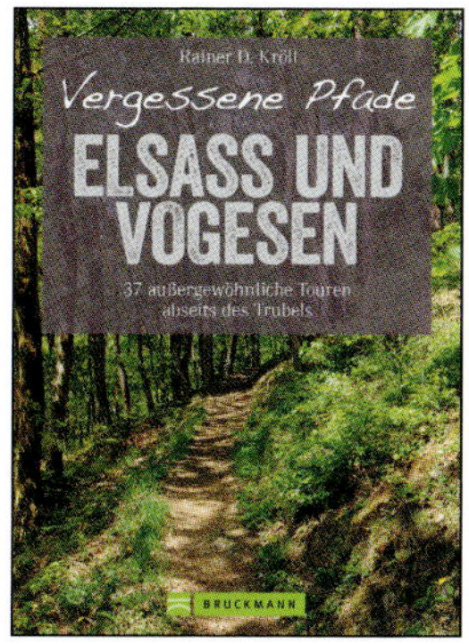

ISBN 978-3-7654-6024-1

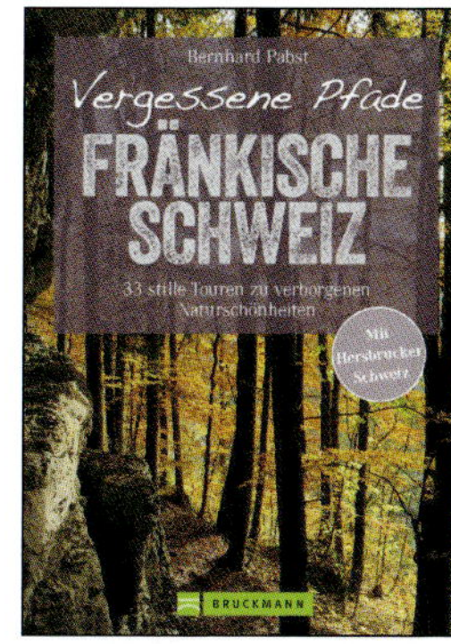

ISBN 978-3-7654-5205-5

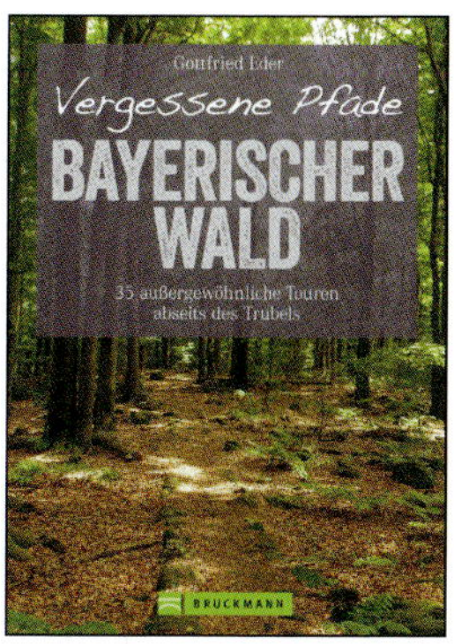

ISBN 978-3-7654-8391-2

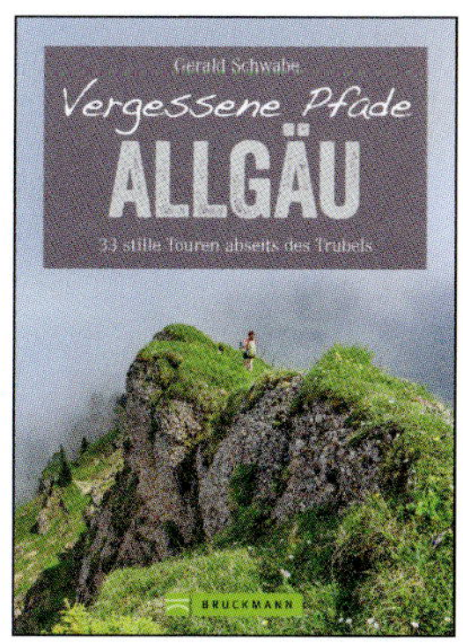

ISBN 978-3-7654-5275-8

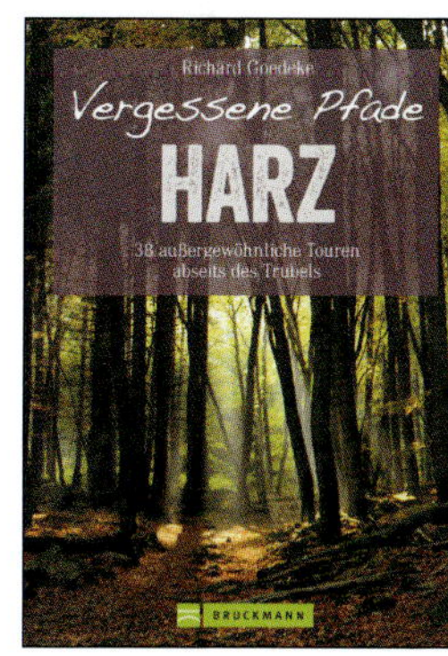

ISBN 978-3-7654-6819-3

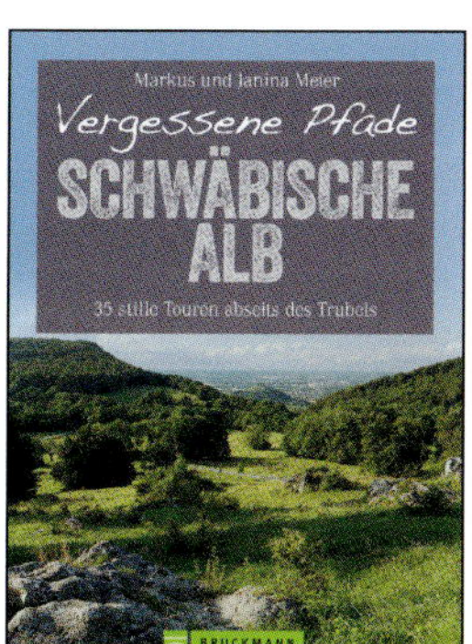

ISBN 978-3-7654-6070-8

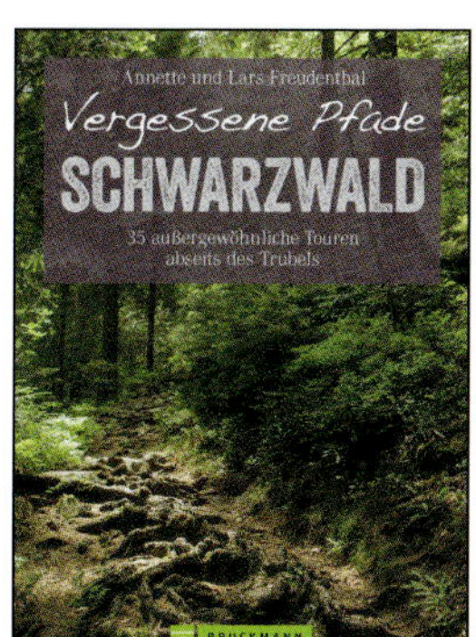

ISBN 978-3-7654-6803-2

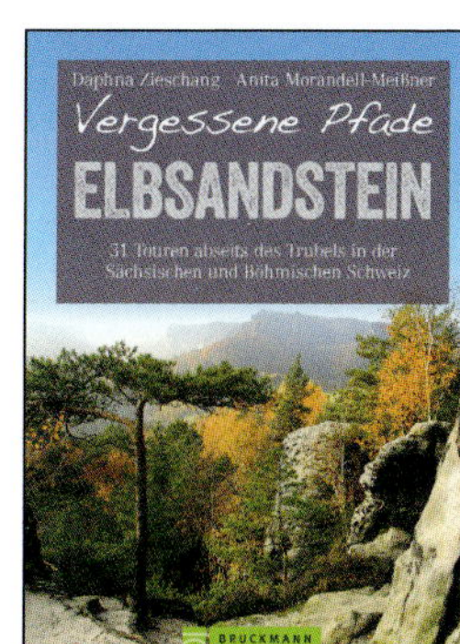

ISBN 978-3-7343-1063-8

BRUCKMANN

www.bruckmann.de

Impressum

Verantwortlich: Stefanie Krüger
Redaktion und Lektorat: Franka Virteburch
Layout: BUCHFLINK Rüdiger Wagner, Nördlingen
Korrektur: Eva Ebenhoch
Covergestaltung: Rudi Stix
Repro: LUDWIG:media
Kartografie: Bruckmann Verlag GmbH
Herstellung: Alexander Knoll
Printed in Slovenia by Florjancic

★★★★★

Sind Sie mit diesem Titel zufrieden? Dann würden wir uns über Ihre Weiterempfehlung freuen. Erzählen Sie es im Freundeskreis, berichten Sie Ihrem Buchhändler, oder bewerten Sie bei Onlinekauf. Und wenn Sie Kritik, Korrekturen, Aktualisierungen haben, freuen wir uns über Ihre Nachricht an Bruckmann Verlag, Postfach 40 02 09, D-80702 München oder per E-Mail an lektorat@verlagshaus.de.

Unser komplettes Programm finden Sie unter www.bruckmann.de

Alle Angaben dieses Werkes wurden von der Autorin sorgfältig recherchiert und auf den neuesten Stand gebracht sowie vom Verlag geprüft. Für die Richtigkeit der Angaben kann jedoch keine Haftung übernommen werden, weshalb die Nutzung auf eigene Gefahr erfolgt. Insbesondere bei GPS-Daten können Abweichungen nicht ausgeschlossen werden. Sollte dieses Werk Links auf Webseiten Dritter enthalten, so machen wir uns die Inhalte nicht zu eigen und übernehmen für die Inhalte keine Haftung.
In diesem Buch wird aus Gründen der besseren Lesbarkeit das generische Maskulinum verwendet. Weibliche und anderweitige Geschlechteridentitäten werden dabei ausdrücklich mitgemeint, soweit es für die Aussage erforderlich ist.

Empfehlung der Redaktion: Sie sind auf der Suche nach weiterführender Literatur? Dann empfehlen wir Ihnen den Titel »Vergessene Pfade Taunus« von Antje Bayer. Oder Sie werfen einen Blick in die Zeitschrift BERGSTEIGER. Hier werden Sie bestimmt fündig.

Bildnachweis: Alle Bilder im Innenteil und auf dem Umschlag stammen von der Autorin außer: Christiane Horn (S. 39, 104), Ignacio Garcia (S. 14), Anke Potyka (S. 27), Gisela Rosi (S. 11, 42, 43, 154/Umschlagklappe), Shutterstock (S. 26, 27, 49, 93, 106).
Umschlagvorderseite: Blick aufs Auerbacher Schloss — Burgen, Wälder, Weinberge: So idyllisch ist die Odenwälder Bergstraße! (Foto: Ernst Wrba)
Umschlagrückseite: Blick auf Eppstein von der Mendelssohn-Gedenkstätte

Die Deutsche Nationalbibliothek verzeichnet diese Publikation in der Deutschen Nationalbibliografie; detaillierte bibliografische Daten sind im Internet über http://dnb.d-nb.de abrufbar.

ISBN: 978-3-7343-1566-4